国家出版基金项目
NATIONAL PUBLICATION FOUNDATION

"十四五"时期国家重点出版物
出版专项规划项目

分子人类学研究丛书

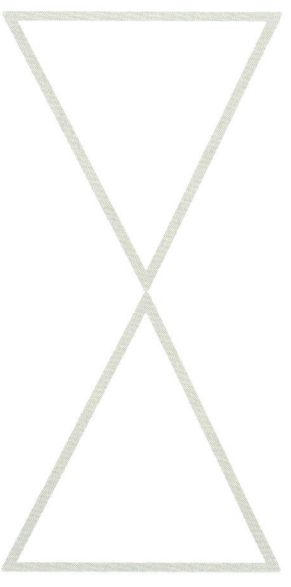

韦兰海　李　辉 **编著**

蒙古语人群的分子人类学溯源

上海科学技术出版社

图书在版编目（CIP）数据

蒙古语人群的分子人类学溯源 / 韦兰海，李辉编著
. -- 上海：上海科学技术出版社，2022.3
（分子人类学研究丛书）
ISBN 978-7-5478-5584-3

Ⅰ.①蒙… Ⅱ.①韦… ②李… Ⅲ.①蒙古语（中国少数民族语言）－群体－分子人类学－研究 Ⅳ.①H531 ②Q986

中国版本图书馆CIP数据核字（2022）第023343号

审图号：GS(2021)3484号

蒙古语人群的分子人类学溯源
韦兰海　李　辉　编著

上海世纪出版（集团）有限公司 出版、发行
上　海　科　学　技　术　出　版　社
（上海市闵行区号景路159弄A座9F-10F）
邮政编码 201101　www.sstp.cn
上海雅昌艺术印刷有限公司印刷
开本 787×1092　1/16　印张 22
字数 370 千字
2022年3月第1版　2022年3月第1次印刷
ISBN 978-7-5478-5584-3/Q·68
定价：228.00元

本书如有缺页、错装或坏损等严重质量问题，请向工厂联系调换

地图由中华地图学社有限公司授权使用

丛 书 序

睁眼看大象：从分子人类学的视角观察人类历史

人类从哪里来？原始人群怎么发展成民族和文明体？人类进化过程中，基因、环境、文化之间如何协同演变？我们的未来会怎么样？这些问题都非常大，却都是我们尤为关心的。

研究大问题，就不能只用小视角。小视角可以在某个专门领域或某个细化的议题上取得前沿的成果，但也可能导致管窥蠡测。由于现代科学研究的对象背后通常都有复杂的系统成因，狭隘片面地看待科学问题，往往是盲人摸象，结论常令人啼笑皆非。有些所谓的科学结论，明显违背常识，却又有科研数据的支持，这就是小视角的盲人摸象的结果。比如，西方学界坚持认为人种之间没有生物学差异，并且拿出了很多基因组的数据证据，这结论显然违背常识，而根源来自片面视角。如何正确地使用基因组的不同数据去解决人类学的不同问题，这就是分子人类学研究要完成的任务。

人类社会的历史，既涉及人的生物学的属性特征，又涉及人的语言、文化、心理等诸多社会学的属性，甚至复合性的属性。所以人类学的研究，必须从多学科多视角的角度、立体地研究，必须进行学科交叉融合。但是学科交叉并不容易，这使得人类学的学科发展走过了漫长的道路。人类学的学科发展历史也因学科交叉程度的不同而分为三个阶段：经典人类学、近代人类学和现代人类学。

经典人类学起源于16世纪，当时属于博物学的四大分支之一，与矿物学、植物学、动物学一道，成为对自然万物进行整理分类的基础学科之一，不断完善各地自然博物馆的收藏和系统性分析。最早的人类学研究，是欧洲人类学家到世界各地的民族和部落中去测量人体的各种特征，属于体质人类学的范畴。后来，各个民族的习俗、语言和文物等也引起了博物学的人类学家的关注，因此又发展出了文化人类学、语言人类学和考古人类学。在经典人类学阶段,各学科分支才刚刚萌发起步,学科是不分家的,也不存在学科交叉问题。当时的人类学家看问题往往是多视角的,很多假说虽然证据并不充分,但是至今看来仍有重要价值。

近代人类学是人类学学科发展影响最大的时期。各个人类学分支领域充分发展以后,形成了很多独特的理论和方法,对人类生物属性和文化属性演化过程、演化规律及演化谱系的解读和构建也得到了不同的结果。因为每个分支学科的研究方法都需要较长时间的专业培训,所以培养了很多专门的人才。又由于各个分支得到的结果不同,又无法彼此说服,人类学分化成了独立的四大分支,学科之间几乎没有交叉。近代人类学是一个大争议的时代,是一个发现问题多于解决问题的时代。但是这种争议,现在回头看,都像是摸象的盲人之间的争议。

现代人类学诞生的契机,是人类基因组计划的实施和完成,与分子人类学同步发展成熟。人类基因组分析技术的完善和分子人类学的科学研究逻辑的成熟,使得我们可以整体性地分析人群与人群之间的血缘距离,从而知道彼此之间分开多久了。分子人类学研究可构建从古至今在时间上不间断、具有很高时间分辨率及明确前后继承关系的人类演化谱系,这样的谱系往往已经没有争议空间,可被认为是人类演化历史的"骨骼"。所以语言人类学、文化人类学和考古人类学又可以与生物人类学对话了。人类演化这头"大象",是时候让我们睁开眼睛来看了。基因组的谱系,用来构建"大象的骨骼";语言学的系属,用来壮实"大象的肌肉";考古学的发现,用来填充"大象的脏腑";文化学的现象,用来陈铺"大象的皮毛"。这些学科交叉融合在一起,才是一头有血有肉的完整的"大象"。我们再也不要用片面的知识去武断地下结论,也不要陷在片面的视角中迷失在浓雾里。现代人类学,再也不需要边界和隔阂。这一切学科发展,都得益于"骨骼"拼接的确定性,如果依赖"肌肉"或者"皮毛","大象"永远拼不出来,这就是分子人类学这一"骨骼"所以关键的原因。

同样是做基因,21世纪的很多研究,不同的基因材料往往会构建不同的谱系,因为不同基因组片段有不同的进化效应。因为全基因组的分子人类学分析,我们才突破了局部基因的局限。而对于古人类学关注的表型特征的研究,表面的零散的研究方法也显然是不科学而且不符合现代人类学要求的,因此"人类表型组学"应运而生。希望在人类基因组和人类表型组的大科学研究中,我们可以充分解读人类的过去和未来。

复旦大学人类学学科从1921年初创,1997年开始正式成立分子人类学研究课题组,对东亚乃至世界人群开展了大量的研究工作,分析得出了一系列具有学术和社会影响力的成果,包括东亚人群非洲起源、汉藏同源于华北、南岛与侗傣起源于江浙……国内兄弟院校在近几十年也发表了大量的研究成果,国外研究单位也基于遗传学数据对欧亚大陆东部人群的起源演化历史进行了持续的研究,并在其他领域的学者和公众中都产生了很大的关注。这些成果确实到了可以总结成书的时机。本套分子人类学研究丛书,以分册介绍族群研究的方式,旨在总结30多年来分子人类学学科发展形成的科学逻辑和研究成果,解答东亚及相关地区各个族群的演化历史,从而让我们更深入更客观地认识自身。这套丛书对于历史学、考古学、语言学、医学和民族学等相关领域的研究者和爱好者都有参考意义,也为未来的研究发展打下扎实的基础。

让我们一起探索人类的历史,眺望人类的未来。

金力 李辉
2022年2月16日

序

本书会令许多人读来异常兴奋。分子遗传学真像一面显微镜,能把埋藏在由书面文献与考古证据所呈现的历史事实之下的深层关系,放大后拿给我们看。很多通过其他途径难以阐明的疑惑,因而也就可能在这层更深的关系中获得梳理。

让我举一个非常明朗有力的例证来说明这一点。近半个世纪以来,人们对于是否存在一个可以覆盖蒙古语族、通古斯-满语族和突厥语族诸语言的"阿尔泰语系",产生出越来越多的疑问和争论。生命科学之加入该课题的讨论,为我们的认识提供了一项很重要的旁证。分子遗传学研究告诉我们,原始蒙古语祖先人群和原始通古斯语祖先人群曾同属于一个共享以 C2a-F1396 为标记的主要父系类型的共祖人群,二者在大约 1.4 万年前,始在外贝加尔与黑龙江中上游之间的某个地区一分为二(见本书第 214—216 页等处)。因此,尽管历史比较语言学很难对互相隔离已长达 6 000 至 1 万年以上的两组语言是否具有真实亲缘关系做出确切判断,现在我们仍可以相信,母语属于上述两语族的各种人群之远古祖先,曾经拥有过同一种原始共同语。它应当就是"阿尔泰语系"原始共同语最重要的祖语之一。另一方面,原始突厥语人群形成于蒙古高原西北和阿尔泰地区,虽然也有不少携带 C2a-F1396 单倍群的人群加入并融合在那里的人口之中,突厥语族却不应被纳入阿尔泰语系。对朝鲜半岛和日本人口起源的精细分析,并可能进一步有助于厘清朝鲜语和日本语是否仍应"暂挂"在阿尔泰语系的问题。

某个人群的遗传演化与其所使用语言的演化这两个过程之间,何以会具有如此契合的对应关系?遗传学家卢卡·卡瓦利-斯福扎等人写道:"主要原因在于,这两种演化原则上发生在同一个被称为裂变序列的历史之中。两个被分离的人群同时开始了基因和语言的分化过程。这两个过程都未必具有完全确定的演化速率,但有理由设想二者都大体与时间的推移保持着某种等比性。因此它们在性质上应当是互相匹配的,除非后世发生基因漂移或语言替代之类的事件。后者或许能使基因和语言的图景变得模糊,可是我以为它做不到完全遮蔽基因和语言图景"[转引自 Colin Renfrew. Archeology, genetics, and linguistic diversity. Man (new series),1992,27(3): 445-478]。

不过本书的研究，其实并不是以人群的基因谱系和语言谱系之间的近似或可叠合性作为出发点来展开的。与基因相比照的对象从语言被置换为族群-部落。这一置换不能说完全没有理由。因为共同语言甚至共同方言在族群和部落的自我身份意识构建中可能会是一种非常重要的原料或素材，或按作者不太准确的说法，"是定义一个族群的主要因素"（第280页）。遵循着这一基本研究策略，作者强调说，通过分析"几乎全部蒙古语人群的遗传结构数据，其中有的数据已经细分到了部落层面……我们可以在相当精细的程度上讨论蒙古语人群的演化过程"（第207页）。

展开在书中的"基因和族群-部落图景"（套用此前引文中卢卡·卡瓦利-斯福扎的词语），对我们原先的相关认识所产生的冲击力绝不可谓不巨大。例如过去曾普遍认为，十二三世纪的克烈部可能源出于唐代漠北草原的九姓鞑靼，属于相当突厥化的蒙古语人群。在前田直典曾推测九姓鞑靼早期居地很接近通古斯人群分布区域的基础上，本书作者推定，与通古斯人群M48（下游支系F5484）呈兄弟支系关系的蒙古语人群M48（下游F7171）应是九姓鞑靼部最初的主要父系类型；换句话说，九姓鞑靼的远古祖先实际上来源于通古斯语人群，先曾在未知历史时期经历了强烈的蒙古化（或鲜卑化）过程，而后又在回鹘汗国时被突厥化（第151—152页）。又譬如，"类乌拉尔成分"的N1c-F4205是当代布里亚特人中的一个重要父系类型，它在呼伦贝尔的布里亚特蒙古人父系类型中的频率高达42.2%。本书揭示出，这种成分的存在表明，辽金时期势力西扩的蒙古语人群把它新支配地区的原居民，即唐代突厥语部落骨里干人的后裔纳入了本人群之中（第93、169页等）。此说与贝尔嘎达耶夫关于不里牙惕一名起源于骨里干（Quriqan＞Burigan＞Burighat＞Buriyat）的讨论（这意味着骨里干人连自己的部族名称也被征服他们的新主人挪用了），颇有不相谋而相合辙之处［见村上正二訳注.モンゴル秘史：チンギス・カン物語（卷3）.东京都：平凡社，1976：94］。

像这一类新鲜见解，不断涌现在全书的诸多章节中。分子遗传学理论和方法可以为拓宽与深化民族史研究提供何等广阔的可能空间，通过本书的学术尝试，想来已足以让我们看得十分清楚了！

新学科的介入为传统学术的更新带来了空前机会。但同时又由于术有专攻，除非遇到像英国考古学家伦福儒那样全面的杰出学者，一般从业者再勤奋、再博学，仍很容易因为难以具备足够充分的跨专业视野及学识，因而在此类交叉研究中误入这样或那样的陷阱。

说老实话，对书里有些部分的讨论，以及由此而获致的若干结论，我是不大赞成的。本书主张，出现在现代蒙古人、哈萨克人及乌兹别克人一些部落中

的较高比例的单倍群C2a-F3796(星簇),可能是金元时期尼伦蒙古部的主要父系类型。其理由盖有以下三条:

一、从该父系类型的分子生物钟信息可以测知,它在公元670年代前后经历过一次剧烈的人口扩张。

二、汉文、蒙古文和波斯文史料一致显示,自公元900年代前后起,尼伦蒙古部从大兴安岭迁至东部蒙古草原,并开始在那里逐渐扩展自己的势力。

三、当代乌兹别克族中有与忙忽惕、朵豁剌惕、许兀慎等古代尼伦部族名称相同的部落。这些部落中父系类型C2a-F3796(星簇)的比例高达25%。在当代哈萨克人的有些部落里,这一比例甚至超过50%(但该单倍群在其中的扩张年代仅始于约500年前)。

作者因此推断说:"上述从遗传学数据上观察到的现象,在整体上支持C2a-F3796(星簇)在蒙古国东部及大兴安岭北部地区起源,之后向西扩散并伴随持续的奠基者效应的结论"(第121页);而时代前后相差数百年的游牧人群中有若干部名相同的事实则使作者深信,因而可以把存在于现代乌兹别克某些部落中的C2a-F3796(星簇)追溯为由这一类同名部落构成的古代尼伦蒙古部的主要父系类型。在我看来,上述论述过程似含有一些亟需再加斟酌的地方。

如果先将理由三置于一边,则C2a-F3796(星簇)在670年代的剧烈扩张与尼伦蒙古部势力的兴起这两个事件之间看起来你中有我、我中有你的对应关系,就变得毫无确定性可言了。从唐后期到辽金时代,除了尼伦蒙古,至少还有塔塔儿、弘吉剌特、札剌亦儿、蔑儿乞、克烈等部落的势力壮大起来。他们都可以被看成是与C2a-F3796(星簇)的扩张相对应的历史事件。在这么多备选项中间,为什么只有尼伦蒙古部特别被挑选出来?于是我们看到,理由三在论证中的分量变得有多么重大。

那么,采自现代忙忽惕、朵豁剌惕等部人口中的基因数据,能够被当作用以追溯数百年前同名部落人口中主要父系类型的依据吗?只有当我们不言而喻地以为,与古代部落同名的那些现代部落必定是继承了前者血脉的后裔集团,或如作者所言"直系后裔"时(第152页),这样的推定才可能成立。可是我以为,没有一个北方民族史领域的专家会同意,我们可以把这种未经证伪的预设作为自明的公理,运用到相关讨论里去。而如果失去了理由三的支撑,C2a-F3796(星簇)是尼伦蒙古部主要父系类型的结论似乎就会受到致命的动摇。作者用现代卡尔梅克人群中土尔扈特部、现代哈萨克中帐所属乃蛮部的基因数据,去追溯古代克烈部和乃蛮部的主要父系类型(第151—152页),恐怕也带有同样的危险性。

其实,这里还存在一个更复杂的问题。如果我们不采纳下述过分简单的假设作为推论前提,即某个古代部落的主要父系类型必定是拥有显著"生殖优势"的部落首领家族的父系类型，那么经历强烈人口扩张的那个单倍群，就完全可能为不止一个部落的人口所共享。亦即它的扩张很可能先后发生在几个部落之中，因而同时成为好几个部落人口的主要父系类型；而这些部落都还同时拥有若干个其他主要父系类型。在这种情形下，各相关部落之间集体遗传结构的差别，就可能并不是体现为其各自主要父系类型之间的差别，而是表现在组成各部落之内的若干个主要父系类型之间的不同频率配置中。

我们知道，九世纪中叶回鹘汗国的瓦解，"为日益强盛起来的室韦-达怛部落提供了扩展牧地的良好时机"；"十世纪初期，漠北草原的民族成分就与以前大不相同了"（陈得芝. 蒙古部何时迁至斡难河源头. 南京大学学报，1981，2：67-70）。尼伦蒙古部以及前面提到的塔塔儿、弘吉剌特、札剌亦儿、蔑儿乞、克烈等部，都是这个"室韦-达怛"部落群体的构成部分。单倍群 C2a-F3796（星簇）的大规模人口扩张，是否就发生在这其中的某几个部落之中？我认为这样的可能性或许要更大一些。

另外，我们还不能忘记，从文化人类学以及当今的民族史眼光来看，族群或部落在本质上都不是血缘群体，尽管在传统史料和民间传说里，族群-部落认同经常是以共同的血缘认同形式呈现出来的。通过追溯与比较不同族群-部落各自的集体遗传结构，可以使我们加深对它们的来龙去脉及其相互间历史关系的实事求是的认识。但界定一个族群-部落的最核心要素不是它的共同血缘或共同语言，而是由这个人群本身塑造的关于"我们是谁"的集体身份认同。族群-部落谱系与基因谱系之间可能存在、也可能不存在较大程度的叠合。二者在某个特定族群-部落中是否叠合，应当是我们从事研究后的结果，而不能事先就想当然地把它假设为研究的前提。

我与本书主要作者兰海老弟互相请教、切磋学问已有很多年头。我从他那里学到了非常多极其有用的关于生命科学的前沿知识。蒙他见重，坚持要我为这本书写一篇序，使我幸得一遂先睹全书之快。这是一本在很多方面带有高度创造性和探索性的著作。崭新的尝试不可能是十全十美的。人们对它最大的期望是从中可以获得丰富的启发性。至于对书里有些内容还可能会有人产生不同意见，需要今后继续在艰苦探索的过程中获得进一步澄清，因此也是十分正常的。不同见解之间的充分交流和互相校正，正是推动我们的认识逐次逼近事实真相所不可或缺的必要条件。

姚大力

2022 年 2 月 25 日

前　言

理解自身的文化传统和生物属性的来源和演化历史是人类普遍的追求，是人类赖以确定自身在已知世界和时空中处于何种位置的基石。上古时期，家族谱系、歌谣、谚语、工艺品、故事、传说、神话和史诗等是承载相关历史信息的载体。文字出现以后，以史籍为主的文字资料成为主要的载体。近代学科体系兴起后，历史学、民族学、考古学和语言学等学科对人类过去的演化历史开展了深入的研究，其产出构成了人类目前相关知识和认知的主要部分。

由于种种原因，有很多历史过程和历史细节被遗忘了，未能在历史学、民族学、考古学和语言学等学科所能获取的研究对象中留下可用的材料和信息。现代遗传学兴起之后，学者发现可以通过分析不同人类个体和群体之间的遗传结构的异同来研究人类的起源和演化历史。以母系线粒体DNA在1985年被完整测序为标记，相关研究从人类经典遗传标记（如GM血型等）转向DNA序列层面，分子人类学由此诞生。

自分子人类学诞生以来，学者们对世界范围内的绝大部分人群都进行了不同程度的研究，取得了丰硕的研究成果，引起了公众的普遍关注，但也存在不少错误和有待细化的地方。目前，已有很多关于东亚不同地区人群的研究。此外，当前的分子人类学研究已经从以测试位点数量有限为特点的第一阶段转向海量古今基因组数据的第二阶段。为此，有必要对第一阶段的工作进行一些总结。

首先，对分子人类学的基本原理及其应用进行系统总结，是很有必要的。为此，在本丛书中，我们撰写了《分子人类学基本原理与应用》一书。由于作者之一在硕博期间的研究以蒙古语人群为主，因此我们尝试撰写《蒙古语人群的分子人类学溯源》一书，对现代蒙古语人群及其古代亲族的起源和演化历史进行综合性的研究。对于满-通古斯语人群和突厥语人群，也有远期的计划，但完成时间不定。显然，欧亚大陆东部地区人群众多而我们的学识和能力有限，希望学者同行一起对这些人群的起源和演化历史进行研究和总结。

本书讨论的材料主要来自两个方面。一方面是历史学、民族学、考古学和语言学等学科此前已有的相关研究成果,另一方面则是近30多年来分子人类学的相关数据和研究成果。早年的研究以母线线粒体DNA为主。在1999年以后,随着父系Y染色体上的单核苷酸多态性(single nucleotide polymorphism, SNP)位点的发现,父系的数据才开始慢慢积累。在2015年以后,全基因组的数据才逐渐增多。

本书于2016年初开始编写,因此绝大部分参考文献的截止时间是2015年底。但之后陆续增加了作者在2016年以后的一部分研究成果。大致在2018年中完成初稿,之后陆续进行了修改和完善。就内容而言,除了阿富汗的莫戈勒人和青海的康家人,基本上现存的其他蒙古语人群都有了相应的数据。因此,可以认为目前对蒙古语人群的研究在人群的层面已经有了初步的认识。后续的研究可以在部落和家族层面上继续开展。

本书第1章总结了传统学科所见的蒙古语人群及其古代亲族的起源和演化历史。在这一章中,按照时间的先后,对相关古代人群和现代人群的主体来源进行了讨论。最后,为亚洲北部人群总结了传统学科所见的11种可能的始祖群体成分,并对这些成分在诸蒙古语人群、突厥语人群和通古斯语人群中的比例进行了大致的估计。本章的部分描述可能略微繁琐。总之,相关的论述是为了说明:**如果对人群的远古始祖群体进行合适的归类,传统学科已有的研究成果本身足以对相关古代人群和现代族群的来源和演变进行准确的判断和描述**。不过,对于缺乏文字记载或者文字记载不清的历史过程和细节,或多或少存在争议,存在不同观点。相关的论述以定性为主,前后继承关系在大多时候难以完全肯定。

第2章的前7节对蒙古语人群的七类主要父系遗传成分的研究过程进行了详细的解读,描述了分子人类学如何发现这些成分以及如何认定这些成分在蒙古语人群形成过程中的作用;后3节对蒙古语人群的父系遗传成分进行了综合性的描述。前7节内容对于非分子人类学专业的读者来讲可能比较难懂,可考虑只细读每一节的结果和讨论部分。

第3章较多地从传统学科与分子人类学结合的视角来讨论蒙古语人群及其古代亲族的起源和演化过程,在论述过程中全面地阐释了不同类型的遗传成分演化过程对应的可能的考古学文化背景和历史背景。这一章的论述以跨学科讨论为主。未有古DNA证据的论述可视为有待进一步研究的假说。

第4章讨论了亚洲北部人群的起源和演化过程的某些议题。蒙古语人群的出现可以认为是亚洲北部人群在经历游牧生活方式转变之后兴起的一大类主要族群。本章进行了一些关于族群形成过程的理论性的讨论。各节的论述看似较为离散,但实际上涉及的内容都属于亚洲北部人群演化历史的某一部分。

本书中由作者开展的研究均依托复旦大学生命科学学院现代教育部重点实验室完成。相关的研究大致开展于2011—2020年之间。没有学院和实验室提供的平台,这些研究是无法完成的。很多研究工作也是共同完成的。在此对实验室以及生命科学学院的全体教职工和同学们表示感谢!在研究的过程中得到复旦大学历史地理研究中心姚大力教授、历史系韩昇教授的指导,也得到中国科学院上海计算生物研究所徐书华研究员、汪思佳研究员以及所内师生的指导和帮助。同时,国内兄弟院校的师生和同行也给以大力帮助,如吉林大学、中国科学院昆明动物研究所、内蒙古大学、内蒙古师范大学、内蒙古民族大学、呼伦贝尔学院、兰州大学和中央民族大学等。给予我们帮助的人很多,不逐一具名,在此一并致以衷心的谢意!最后,在我们十余年的研究中,各地少数民族群众给予我们信任,参与到研究项目中,提供了宝贵的样本,不少还提供了史料未见的家族起源信息。他们的热情和支持使我们终生难忘!也希望本书的研究成果能够为理解蒙古语人群的远古起源过程提供一些帮助,这算是我们作为研究者能够给予他们的不多的回报。

最后,本书所属的丛书得以立项,并成功获得2020年度国家出版基金资助,得益于上海科学技术出版社的大力支持。为确保高质量和权威性,书中凡是涉及地图的图均按国家出版规范要求重新请专业团队绘制并取得审图号。在此致以深切谢意!内蒙古师范大学工艺美术学院的闫静莉老师和她的同事为本书封面挑选了能代表蒙古语人群文化传统的文物图案,在此也一并表示感谢!

由于我们的水平有限,书中的论述如有不妥之处,诚恳地希望读者不吝指正。

作者
2021 年 8 月 10 日

目录

绪 论 1
  0.1 什么是分子人类学 1
  0.2 本书的研究范围 2
  0.3 本书的叙述框架 4
  0.4 与蒙古语人群起源有关的史料与研究 5
  参考文献 8

第1章 历史学、考古学、民族学和语言学对蒙古语人群起源的研究 12
  1.1 引言 12
  1.2 石器时代至公元前后的草原居民：匈奴、东胡和其他 12
    1.2.1 旧石器时代（50 000—8 000 BP）.................. 13
    1.2.2 新石器时代（8 000—4 500 BP）.................... 17
    1.2.3 青铜时代（4 500—2 300 BP）....................... 21
    1.2.4 早期铁器时代与匈奴、丁零和东胡 28
  1.3 第一千纪的草原居民：乌桓、鲜卑、室韦、高车、
柔然、铁勒、突厥、回纥、契丹、鞑靼和其他 31
    1.3.1 乌桓与鲜卑 31
    1.3.2 室韦 35
    1.3.3 柔然 38
    1.3.4 高车与铁勒 39
    1.3.5 突厥、回纥与汪古 41
    1.3.6 契丹 44
    1.3.7 鞑靼、阻卜、克烈、篾儿乞、乌古和羽厥里 45

1.3.8　蒙兀室韦与早期蒙古部 ·············· 50
1.4　第二千纪的草原居民：蒙元时期至现代的蒙古语人群 ·············· 58
　　1.4.1　尼伦蒙古诸部与迭儿列勤诸部 ·············· 58
　　1.4.2　蒙古人在中亚、西亚和东欧的扩散 ·············· 60
　　1.4.3　现代蒙古人的形成 ·············· 63
　　1.4.4　布里亚特诸部 ·············· 71
　　1.4.5　卫拉特诸部 ·············· 74
　　1.4.6　达斡尔族与虎尔哈部 ·············· 79
　　1.4.7　河西走廊地区蒙古语人群的起源 ·············· 84
　　1.4.8　来自欧亚大陆东部其他人群的影响 ·············· 89
　　1.4.9　传统学科所见的现代蒙古语人群的来源 ·············· 90

参考文献 ·············· 94

第2章　分子人类学视角下的现代蒙古语人群的父系遗传结构 ·············· 115
2.1　引言 ·············· 115
2.2　C2a-F3796（星簇）在"原蒙古人"和尼伦蒙古诸部中的分布 ·············· 116
　　2.2.1　背景介绍 ·············· 116
　　2.2.2　材料与方法 ·············· 117
　　2.2.3　统计分析 ·············· 117
　　2.2.4　分子年代计算 ·············· 118
　　2.2.5　结果 ·············· 119
　　2.2.6　讨论 ·············· 123
2.3　C2a-F1756（DYS448del）在全体蒙古人中的分布 ·············· 126
　　2.3.1　材料与方法 ·············· 127
　　2.3.2　统计分析 ·············· 127
　　2.3.3　结果 ·············· 127
　　2.3.4　讨论 ·············· 132
2.4　C2b-M407在布里亚特人以及相关群体中的分布 ·············· 135
　　2.4.1　背景介绍 ·············· 135
　　2.4.2　材料与方法 ·············· 136

		2.4.3	统计分析	136
		2.4.4	结果	136
		2.4.5	讨论	141
	2.5	C2a-M48 在蒙古人西支人群中的分布		143
		2.5.1	材料、方法与统计分析	143
		2.5.2	结果	143
		2.5.3	讨论	149
	2.6	C2a-F8951 在达斡尔族、鄂温克族和爱新觉罗氏中的分布		154
		2.6.1	背景介绍	155
		2.6.2	材料	156
		2.6.3	测试方法	156
		2.6.4	结果	157
		2.6.5	讨论	159
	2.7	Q-M242、R-M207 和 N-M214：蒙古时代以前的草原居民		162
		2.7.1	父系类型 Q-M242	162
		2.7.2	父系类型 R-M207	163
		2.7.3	父系类型 N-M214	165
	2.8	蒙古语人群的其他父系类型的起源与演化历史		171
	2.9	蒙古语人群父系遗传结构的整体面貌		173
		2.9.1	父系遗传结构的层次	173
		2.9.2	蒙古语人群父系遗传结构的整体面貌	175
	2.10	单倍群 C2-M217 不同下游支系在北亚人群中的分布和主成分分析		180
		2.10.1	C2-M217 的谱系树以及 4 个分支在人群中的相对比例	181
		2.10.2	前 4 种成分	186
		2.10.3	主成分分析揭示的 4 类重要父系类型	188
	2.11	蒙古语人群父系遗传结构形成的 5 个阶段		192

参考文献 193

第3章　从多学科的角度研究蒙古语人群的渊源与流变 ········· 204
- 3.1 引言 ········· 204
- 3.2 现代人群与古代人群之间的继承性 ········· 205
  - 3.2.1 第一种情况：完全继承型 ········· 206
  - 3.2.2 第二种情况：大体继承型 ········· 207
  - 3.2.3 第三种情况：少量继承型 ········· 209
  - 3.2.4 第四种情况：名义继承型 ········· 210
- 3.3 距今5万—1万年之间北亚地区的人类迁徙 ········· 211
  - 3.3.1 最初的现代人类群体的来源 ········· 212
  - 3.3.2 3.5万年前后的关键分化 ········· 213
  - 3.3.3 亚洲北部人群体质特征的演化 ········· 215
- 3.4 末次盛冰期之后的重新扩散 ········· 217
  - 3.4.1 末次盛冰期之后人群的扩散 ········· 217
  - 3.4.2 末次盛冰期之后细石器技术的扩散 ········· 220
  - 3.4.3 新石器时代至青铜时代的考古文化和人群演变 ········· 221
- 3.5 父系 C2a-F1756(DYS448del) 在蒙古语人群中的扩散历史 ········· 226
  - 3.5.1 C2a-F1756(DYS448del) 起源和扩散的4个阶段 ········· 228
  - 3.5.2 古 DNA 与相关古代人群的演化历史 ········· 230
- 3.6 父系 C2a-F3796(星簇) 在蒙古语人群中的扩散历史 ········· 233
  - 3.6.1 第一阶段：距今8 000—4 000年之间的时期 ········· 234
  - 3.6.2 第二阶段：距今4 000—1 600年之间的时期 ········· 236
  - 3.6.3 第三阶段：距今1 600—1 100年之间的时期 ········· 239
  - 3.6.4 第四阶段：距今1 100—500年之间的时期 ········· 239
- 3.7 父系 C2b-M407 在蒙古语人群中的扩散历史 ········· 248
  - 3.7.1 父系 C2b-F8465 的起源及其融入蒙古语人群之中的历史 ········· 248
  - 3.7.2 父系 C2b-M407 起源和扩散的4个阶段 ········· 252
- 3.8 父系 C2a-M77 在蒙古语人群中的扩散历史 ········· 257
- 3.9 父系 N-M214 在蒙古语人群中的扩散历史 ········· 263
- 3.10 父系 Q-M242 在蒙古语人群中的扩散历史 ········· 267

3.11 从遗传学的视角看蒙古语人群共同始祖群体的形成 ……………… 270
参考文献 …………………………………………………………………… 273

第4章 旧石器时代迁徙、语言演变与东亚游牧势力的兴起 ………… 280
4.1 引言 ……………………………………………………………………… 280
4.2 从遗传学的角度看蒙古语族诸语言的变迁 …………………………… 280
    4.2.1 蒙古语族诸语言的谱系与"原蒙古语" ……………………… 280
    4.2.2 蒙古语族诸语言的演变 ………………………………………… 283
4.3 古代西伯利亚地区的语言替换 ………………………………………… 289
    4.3.1 判断语言替换的准则 …………………………………………… 289
    4.3.2 父系遗传结构数据总结 ………………………………………… 290
    4.3.3 塞尔库普人可能源自叶尼塞语人群 …………………………… 291
    4.3.4 米努辛斯克盆地的哈卡斯人和绍尔人 ………………………… 292
    4.3.5 图瓦人和图法拉尔人 …………………………………………… 293
    4.3.6 吉尔吉斯人和哈萨克人 ………………………………………… 293
    4.3.7 雅库特人 ………………………………………………………… 294
    4.3.8 蒙古人、卡尔梅克人、布里亚特人和喀木尼堪人 …………… 296
    4.3.9 埃文克人和埃文人 ……………………………………………… 297
    4.3.10 科里亚克人和楚科奇人 ………………………………………… 297
    4.3.11 讨论 ……………………………………………………………… 298
4.4 从遗传学的角度看东亚游牧势力的兴起 ……………………………… 299
    4.4.1 蒙古语人群兴起的地理和族群因素 …………………………… 299
    4.4.2 北亚历史上的游牧族群 ………………………………………… 304
参考文献 …………………………………………………………………… 310

附录 亚洲北部人群的父系 Y-SNP 单倍群频率表 ……………………… 315
参考文献 …………………………………………………………………… 323

索引 ………………………………………………………………………… 326

绪 论

0.1 什么是分子人类学

分子人类学是自然科学与人文社会科学交叉而产生的一门新兴学科,涉及遗传学、计算生物学、解剖学、历史学、考古学、人类学、民族学、语言学和地理学等学科的理论体系、研究方法和研究对象。分子人类学研究群体和个体之间在基因组层面的遗传学数据的差异,并结合其他学科的证据来研究人类的演化历史。分子人类学主要学科任务包括:① 距今500万—100万年间人属各分支的演化过程;② 距今100万—10万年之间智人物种的演化过程;③ 距今10万年以来晚期智人走出非洲并扩散到全世界的过程;④ 距今500万年以来人属各物种及不同地区现代人类古今群体的体质特征的演化过程;⑤ 距今10万年以来古代及现代人类族群的演化;⑥ 距今5万年以来人类文化传统演化的生物学/群体遗传学基础。关于分子人类学的基本原理、研究内容和最新研究进展,可参考本丛书的《分子人类学基本原理与应用》。以下仅作简单介绍。

分子人类学的诞生是以现代生物学和现代遗传学的发展——特别是DNA(脱氧核糖核酸)的发现和测序技术的发展——为基础的。在1967年,分子生物学家文森特·萨里奇(Vincent Sarich)和艾伦·威尔逊(Alan Wilson)利用血清蛋白的氨基酸序列计算了现代人类和非洲猿类的分离时间。这项研究被认为是分子人类学诞生的标志性事件,意味着人类开始可以在分子层面对人类的演化历史进行研究。

分子人类学研究使用的基础数据是各类DNA序列上的遗传标记,如单点DNA突变、插入/缺失突变、长度多态(包括卫星DNA标记、小卫星DNA标记和微卫星DNA标记等)、大片段重复标记、DNA拷贝数变异(copy number variants,CNV)和结构性变异(structural variants)等。这些突变类型有自身独特的遗传特性,应用于不同研究领域。

测序技术的发展和测序成本的下降对分子人类学的发展有决定性的促进作用。新的测序技术有助于测试更完整、更准确的序列。测序成本的下降使得大规模测序成为可能，从而使研究者可以揭示更精细的遗传特征。基于现代人遗传学数据可以对现代人群的祖先的活动历史进行研究和推测，但古DNA数据才能给出关键的、决定性的证据。

分子人类学研究包含一系列的方法论，包括一些基础理论（如"分子进化中性学说"）、选择何种研究对象、如何测序、如何判定序列差异、如何计算个体或群体间的遗传差异、如何绘制DNA序列的分子进化树（突变模型、突变速率、演化模型等）、如何构建及命名系统树的规则、如何研究某个遗传支系的演化历史、如何计算及展示群体演化及混合过程，以及如何与其他学科结合并开展跨学科研究等。

近数十年来，分子人类学为人类的起源和演化历史提供了很多新的知识，取得了丰硕的研究成果，在学界和公众中都产生了广泛的影响。不过，由于分子人类学是一门新兴的学科，研究对象、研究方法和现有研究成果都还有很多不完善甚至错误的地方。与其他学科结合的跨学科研究也有待进一步深入和加强。总之，还有很多有待改善的地方。

目前，国内出版的分子人类学领域的中文版著作有近20部，各有重点。[1-16] 其中，2015年出版的《Y染色体与东亚族群演化》[11] 一书对此前关于东亚地区族群起源的研究进行了很好的总结。此外，还有很多外文专著，如作为分子人类学鼻祖的卢卡·卡瓦利-斯福扎（Luigi Luca Cavalli-Sforza）的 *The History and Geography of Human Genes*[17] 以及德国马普所进化人类学所马克·斯通金（Mark Stoneking）的 *An Introduction to Molecular Anthropology*[18] 等。分子人类学的研究涉及其他学科（如人文社会科学各分支学科以及生物信息学等）的知识、研究方法和研究对象，如果想开展分子人类学的研究，还需要阅读其他相关学科领域的图书。

0.2 本书的研究范围

在本书中，我们将以分子人类学的数据为基础，结合其他学科的研究成果，对现代蒙古语人群的起源和演化历史进行深入的研究。研究对象包括所有现代蒙古语人群以及所有与这些现代族群有亲缘关系的古代人群。其中，通古斯语族群与蒙古语人群有最亲密的关系，因此本书的研究也涉及通古斯语人群的起源。研究重点是那些对现代民族的族群结构产生影响的历史进程,而较少关注具体历史事件的细节。本书中,"蒙古语人群"一词包括**现代蒙古语人群及其可能的古代亲族**(部分存在争议)。

现代人(也就是晚期智人)大约在距今 4.5 万年前后扩散到了澳大利亚和亚洲东部各地[19]。在旧石器时代,亚洲北部地区的人口比较稀少。在蒙古草原及其周围地区,青铜时代(约 3000 BC—800 BC)的人群扩散奠定了后世族群分布的基本格局[20,21]。在过去的两千多年中,游牧部落在蒙古高原及其周围地区建立了一系列游牧政权,不同区域的人群发生了长期而频繁的交流和混合[22]。到公元 17 世纪,现代蒙古语人群的分布地区已经基本稳定。因此,我们的研究主要关注青铜时代至 17 世纪之间的时间范围。在历史上,有部分古代蒙古语人群或者他们的亲族已经消失在历史长河中,或者参与了其他非蒙古语人群的形成。因此,我们的研究空间范围不仅包括现代蒙古语人群分布的所有地区,也包含那些古代蒙古语人群及其亲族曾经活动过的地理区域。

在不同的历史时期,匈奴人、突厥-铁勒部落和回纥部落先后在蒙古高原建立了各自的汗国。他们不但对现代蒙古语人群的文化产生极大的影响,也对其族群结构产生了一定程度的影响。古代的东胡、乌桓、鲜卑、室韦、柔然、契丹和鞑靼被认为是"原蒙古人"(proto-Mongols)[23,24]。其后的蒙古部、塔塔儿部、克烈部、乃蛮部、篾儿乞部以及林中百姓诸部落(包括斡亦剌、豁里秃麻、不里牙惕以及八剌忽等部)被认为是现代蒙古语人群的祖先人群。在公元 12—17 世纪,源自蒙古的部落广泛活动在蒙古高原周围地区、中亚、中东和东欧-俄罗斯地区[25],他们对当地的历史进程产生了重大的影响,但这些部落也逐渐被当地居民同化,最终参与了当地的现代族群的形成。

现代的蒙古语人群包括蒙古人、布里亚特人、卡尔梅克人、卫拉特诸部、达斡尔族、东乡族、土族、保安族、东部裕固族、康家人和阿富汗的莫戈勒人。他们主要分布在中国北部和西北部、蒙古国,以及俄罗斯的布里亚特共和国和卡尔梅克共和国[25]。由于历史上的频繁迁徙和反复融合,蒙古语人群的族群-部落-氏族结构是动态的。部分蒙古语人群内部还可以分成不同的部落和氏族。某一个族群在某一个地区可能以部落分支的形式出现,但在另外一个地区则被认为是独立的族群。而在部分地区,部落结构和氏族结构已经接近消失。所以,在不同的国家或地理区域,这些人群可能会被划分为不同的群体。

在中国北部和西北部生活的蒙古部落主要包括布里亚特人(Buryats)、巴雅兀特部(Bayaad/Bayaud)、明嘎特部(Myangad/Mingad)、巴图特部(Baatud)、敖汉部(Aohans)、巴林部(Baarins)、扎鲁特部(Jaruud)、扎赉特部

(Jalaids)、喀喇沁部(Kharchin)、克什克腾部(Khishigten)、科尔沁部(Khorchin)、郭尔罗斯(Gorlos)、苏尼特部(Sunud/Sünid)、阿鲁科尔沁部(Aru Khorchin)、乌拉特部(Urad)、茂明安部(Muu Myangan)、四子部(Dörben Keüked)、翁牛特部(Onnigud)、阿巴嘎(Abaga)、阿巴哈纳尔(Abaganar)、浩齐特(Khuuchid)、察哈尔部(Chahar)、土默特部(Tümed)、鄂尔多斯部(Ordos)以及卫拉特各部(Ölöd/Ölöts/Olots)[26]。生活在蒙古国的蒙古部落包括喀尔喀部(Halh)、和托辉特部(Khotogoid)、达尔扈特部(Darhad/Darhan)、额勒支斤部(Eljgin)、萨尔塔忽勒部(Sartuul)、达里岗嘎部(Dariganga)、乌珠穆沁人(Üzemchin)、阿尔泰乌梁海人(Uriankai-Altai)、霍屯人(Khotons)、布里亚特人、巴尔虎部(Barga)、杜尔伯特部(Dörvöd/Dörbet)、扎哈沁部(Zahchin)、土尔扈特部(Torguud/Torghut)、巴雅兀特部、和硕特部(Hoshuud)、明嘎特部和额鲁特部(亦称卫拉特)[27]。此外,喀木尼堪人(Khamnigan)散布在俄罗斯、蒙古国和中国呼伦贝尔地区[28]。生活在中国的这部分喀木尼堪人目前是鄂温克族的一部分[29]。

目前,分子人类学已经对几乎所有现代蒙古语人群进行了遗传学调查和研究。因此,我们能够在族群层面上研究这些民族的起源。但是,目前还没有在部落和氏族水平上进行普遍的遗传学调查。随着研究的深入,未来我们将能够在部落和氏族水平上研究蒙古语民族的族群历史。

0.3 本书的叙述框架

本书的主旨是梳理近30多年以来分子人类学的相关研究,结合其他学科的研究成果,对蒙古语人群的演化历史进行详细的讨论。本书是笔者首次尝试进行多学科研究成果的综述,经过分析思考,形成了本书的叙述框架。

第1章1.1节概括了旧石器时代至铁器时代相关主要人群的活动历史。这一时期北亚地区的部分人群是后世"原蒙古人"和蒙古语人群在远古时期的始祖人群。这一时期的文化变迁对后世人群的文化传统有深远的影响。

第1章1.2节概括了公元第一千纪欧亚草原东部人群的活动历史。"原蒙古人"已经是这部分历史的主角之一,但早期的"原蒙古人"族群在后世大都衰落了,如东胡、乌桓、鲜卑和柔然。在这一时段的末期兴起的人群成为公元第二千纪蒙古语人群的直接祖先。在这一时期,"原蒙古人"诸部参与了欧亚大陆东部人群的历史进程,其文化传统直接影响了公元第二千纪蒙古语人群的文化传统。

第 1 章 1.3 节概括了公元第二千纪蒙古语人群的活动历史。在这一时段早期的大扩散之后,散布于各地的蒙古语人群与周围的人群发生深度的混合,形成了今天的蒙古语人群。

在第 2 章中,我们首先总结了近 30 多年以来分子人类学的相关研究,逐一地讨论了蒙古语人群的父系遗传结构中 6 大类主要父系基因类型的演化历史。基于这些讨论,我们为全体蒙古语人群在数量众多的父系基因类型中确定了 4 类关键的奠基者父系类型。最后,对蒙古语人群、通古斯语人群和突厥语人群的父系遗传结构进行了比较,这样有助于读者在北亚人群遗传结构的广阔背景下对蒙古语人群的独特演化历史有更清晰的认识。这章以讨论数据为主。

在第 3 章中,基于第 2 章总结得出的不同父系类型在现代蒙古语人群形成过程中的不同影响,我们逐一地讨论了这些父系类型在蒙古语人群中的扩散过程与相关古代考古文化和历史进程的关联。毫无疑问,目前已有的遗传学数据还不够精细、不够全面,特别是缺乏足够多的古 DNA 数据,不足以提供足够详细的描述和定论。本章以讨论可能的相关古代考古文化和历史进程为主,提出假说,留待今后验证。

与蒙古语人群的族群及其文化传统的演化历史相关的研究课题还很多。目前已有的分子人类学研究能为某一些议题提供一些证据,但距离"为蒙古语人群在过去数千年的族群演化过程以及文化传统演化的群体遗传学背景提供详细的描述"的目标还很远。因此,在第 4 章中,我们讨论了 3 个相对独立的话题。在未来,还有更多的工作有待开展。

0.4　与蒙古语人群起源有关的史料与研究

现代蒙古语人群及其古代亲族的历史活动,对于整个欧亚大陆的人类历史进程产生了重大影响。关于蒙古语人群的研究已经成为世界性的显学,即"蒙古学"。自 11 世纪以来,有无数的学者,包括来自蒙古语人群内部的学者,对蒙古语人群的历史进行了记录和卓有成效的研究,相关的著作和文献不可胜记。《中国通史·第八卷》的《中古时代·元时期》《叙说》部分对相关原始史料进行了非常详细的总结[30]。由于我们均非历史学专业出身,在史学上的知识尚属浅薄,兼本书主要讨论人群起源相关问题,以下仅罗列与本书内容关联较为密切的一部分著作。

从公元 13 世纪开始,有一系列的文献资料记录了古代蒙古人的历史活动。《蒙古秘史》(Mongγol-un Niγuča Tobčiayan)约成书于公元 13 世纪[31]。

这部著作用畏吾儿体蒙古文编纂，被称为脱卜赤颜（Tobčiayan，汉译"国史"），是元代宫廷秘藏的、记录历代蒙古大汗事迹的史书[32]。此书的蒙古文原文版本已经散失。现存最早的版本是根据明初经过翻译和释读的汉文版本。《蒙古秘史》具有很高的史料价值，是研究古代蒙古诸部落的社会历史的第一手材料。《蒙古秘史》一书的记录，也是后世无数学者研讨古代游牧民族社会制度和古代蒙古社会制度的思想源泉。来自世界各地的学者用多种语言对这部著作进行翻译和研究。我国学者乌兰和日本学者原山煌对这些论著进行过总结[33,34]。目前有关《蒙古秘史》的研究已成为一个独立的学术领域，即"蒙古秘史学"。本书后续章节将陆续引用学者们的相关研究成果。

13世纪初成书的《世界征服者史》是最早记述成吉思汗及其子孙的历史活动的原始史料之一[35]。此书由伊朗史学家志费尼在1250—1260年基于其亲身经历和耳闻目睹的第一手材料编写而成。因此，这部著作是相应历史时段的权威性著作。此书由何高济从英译本翻译为汉文。此后，伊利汗国官员瓦萨甫编写了《瓦萨甫史》（*T'artkh-i Wassaf*）。此书以接续志费尼的著作为目标，以记载伊利汗国的历史为主[36]。目前还没有汉文译本。

14世纪成书的《史集》（*Jāmi'al-Tawārīkh*）是一部内容丰富、篇幅浩繁的历史巨著，包含与中世纪各国民族的历史，特别是与蒙古史有关的大量有价值的资料[37]。此书是波斯伊利汗国宰相拉施特（Rashīd al-Dīn Fadhl Allāh，1247—1318）奉合赞汗之命主持编纂。出自朵儿边氏的孛罗丞相为《史集》提供了相当多的远古时期蒙古部落的传说和史料。此书以波斯文写成，1946—1960年在苏联出版了俄文版。学者余大钧和周剑奇据俄文版译成汉文，并进行了校对和注释。《史集》详细记载了蒙古高原及其周围地区许多游牧部落的起源和分化情况，为后世研究13世纪以前的蒙古诸部的历史、其他游牧民族的族源及各部落之间的亲缘关系提供了重要的资料。此外，《史集》还包括了古代蒙古部落的社会制度和游牧民族的风俗习惯等方面的宝贵资料。此书是研究蒙古史和中亚民族历史的必备材料之一。《世界征服者史》、《瓦萨甫史》和《史集》被并称为伊朗文三大蒙古史基本著作。

在蒙古帝国建立以后，为了解蒙古帝国的内部状况，有数名西方传教士奉命或自发前往东方旅行，如普兰诺·卡尔平尼（Giovanni da Pian del Carpine，1180—1252）、鲁不鲁乞（Guillaume de Rubruquis）、鄂多立克（Odoric of Pordenone，1274或1286—1331）和马黎诺里（Giovanni de' Marignolli）。他们都留下了记录当时风土人情的游记[30]。此外，还有著名的《马可波罗行记》[38]。在汉文史料方面，出使蒙古的南宋使者彭大雅和徐霆共同撰写了《黑鞑事略》[39]。有关金帐汗国的历史，有大量记载保留在当时俄罗斯各公国和各个城市的编年史著作中。在外文史料方面，还有《中亚蒙兀儿史—拉失德史》[40]和《突厥世系》等内容极其丰富的著作[41]。

自 14 世纪以后，有很多种史料在蒙古诸部的民众间流传，包括《黄金史纲》（原名为《诸汗源流黄金史纲》）、《蒙古黄金史纲》（俗称《大黄金史》）、《黄史》（原名《古代蒙古汗统大黄史》）、《蒙古源流》、《黄金史鉴》、《阿勒坦汗传》、《阿萨拉格齐史》、《金轮千辐》、《黄金史册》、《水晶珠》和《宝贝念珠》等[42]。在最近数十年来，这些史料也逐渐得到了重视并被深入地研究。这些史料最初大都以手抄本的形式流传。近年来，学者们致力于将这些史料整理并正式出版。其中，《黄金史纲》《蒙古源流》与《蒙古秘史》并称蒙古三大史学著作。有关西部蒙古人即卫拉特人的历史，也有相当多的文献[43]。元代之后，蒙古人与西藏之间的政治、文化交流日趋频繁。因此，以记载佛教历史为主要内容的史籍中也包含了相当多有关蒙古人活动的记载。这类史籍包括《汉藏史集》、《红史》、《新红史》、《青史》、《白史》和《如意宝树史》等重要著作，涉及蒙古王公贵族的家族世系、元代中央政府在西藏的历史活动以及此后蒙古语人群与藏区人群之间的密切交流[44]。这些史料大致成书于约 14—18 世纪之间，除了《白史》以外均以藏文写成。

就全体蒙古语人群的历史而言，汉文史料无疑是最丰富的。中国历代王朝均有良好的治史传统，保留了大量的史料。通常认为，历史上的东胡、乌桓、鲜卑、室韦、柔然、契丹和鞑靼等古代人群与现代蒙古语人群有亲缘关系[45]，这些人群被统称为"原蒙古人"。在这些古代人群中，只有契丹人创立了自己的文字。因此，汉文史料是学者们研究这些古代人群历史的主要材料来源。在后文中我们将陆续引用这些古代典籍。

自近现代以来，有关蒙古语人群历史的研究十分兴盛。在这个领域内，出现了很多享誉全世界的学者和著作，如瑞典学者多桑的《多桑蒙古史》[46]、法国学者雷纳·格鲁塞的《蒙古帝国史》[47]和英国学者巴克尔的《鞑靼千年史》[48]等。最近数十年以来，越来越多的学者将古代蒙古人的历史放在现代世界格局形成的背景之下进行研究，如美国学者杰克·威泽弗德[49]和日本学者杉山正明[50]等。另外，编写蒙古语人群的通史也是学界的工作重心之一。此类著作包括《剑桥中国辽西夏金元史》[51]，《中亚文明史·第四卷》[52]，亨利·豪沃思（Henry Howorth）所著《从第 9 世纪至 19 世纪的蒙古史》[53]，蒙古国学者孛·巴勒吉尼玛著《世界蒙古史》(蒙文版已出版,中文版待出),屠寄著《蒙兀儿史记》[54],蔡美彪、周良霄、周清澍著《中国通史·第七册》(即元代史部分)[55],白寿彝总主编、陈得芝主编的《中国通史·第八卷》的《中古时代·元时期》[30],周良霄、顾菊英著《元代史》[56],翁独健主编《蒙古族简史》[57],韩儒林主编《元朝史》[58],黎东方著《细说元朝》[59],乌云毕力格、白拉都格其主编《蒙古史纲要》[60],以及内蒙古社会科学院历史研究所《蒙古族通史》编写组编著的三卷本《蒙古族通史》[61]等。

值得特别说明的是,2003年由内蒙古大学出版社向国内外出版发行了《蒙古民族通史》,共分5卷6册、200余万字[62]。在撰写过程中,除广泛运用汉文、突厥文、蒙古文和满文史料外,还利用了国外学者用蒙古文、英文、俄文、波斯文、日文、西班牙文等文种发表的研究史料。全书共引用书目近1 000种,被认为是集大成的作品。

新中国成立之后,随着民族识别工作的开展,各调查工作组和研究者们对全国各地少数民族地区的文化、语言和社会历史进行了调查。根据前期的调查和研究成果,学界在20世纪70年代末到80年代初以《民族问题五种丛书》为总题出版了400余种图书,为了解中国少数民族的历史和现状提供了第一手资料,其中也包括与蒙古语人群有关的一系列图书[62]。

本书涉及的外文材料的译名一般采用中文材料中出现过的常用译名,仅在首次出现时备注外文原文,对于一些很不常见的名词(如某个小地点的遗址名)或在中文资料中未找到相应译名的,就不作翻译。

我们今天对于蒙古语人群及其古代亲族的历史的理解,很大程度上是基于数百年来,特别是中国现代史学建立之后的前贤学者的研究成果。蒙古史料以译名复杂多变而著称。研究蒙古史往往需要熟悉多种语言,查阅多种文字的材料。前贤学者的研究可谓筚路蓝缕,为后来的研究者开辟了道路。在后文中,我们将陆续引用他们的研究成果。

参 考 文 献

[1] L. L.卡瓦利-斯福扎,F. 卡瓦利-斯福扎.人类的大迁徙——我们是来自于非洲吗? 乐俊河,译.北京:科学出版社,1998.

[2] 崔银秋.新疆古代居民线粒体DNA研究——吐鲁番与罗布泊.长春:吉林大学出版社,2003.

[3] 布莱恩·赛克斯. 夏娃的七个女儿——追寻人类遗传先祖的科学故事. 金力,李辉,黄颖,译. 上海:上海科学技术出版社,2005.

[4] 朱泓. 东北、内蒙古地区古代人类的种族类型与DNA. 长春:吉林人民出版社,2006.

[5] 史蒂夫·奥尔森. 人类基因的历史地图. 霍达文,译. 北京:生活·读书·新知三联书店,2006.

[6] 斯宾塞·韦尔斯. 人类前史——出非洲记 地球文明之源的DNA解码. 杜红,译. 北京:东方出版社,2006.

[7] 金力,褚嘉佑. 中华民族遗传多样性研究. 上海:上海科学技术出版社,2006.

[8] 蔡大伟. 分子考古学导论. 北京:科学出版社,2008.

[9] 周慧,吉林大学边疆考古研究中心,东北亚生物演化与环境教育部重点实验室,等. 中国北方古代人群线粒体DNA研究. 北京:科学出版社,2010.

[10] 隆娜·弗兰克. 我的美丽基因组——探索我们和我们基因的未来. 黄韵之,李辉,译. 上海:上海科技教育出版社,2015.

[11] 李辉,金力. Y染色体与东亚族群演化. 上海:上海科学技术出版社,2015.

[12] 周慧,吉林大学边疆考古研究中心,吉林大学生命科学学院. 中国北方古代人群及相关家养动植物DNA研究. 北京:科学出版社,2018.

[13] 李辉. 极简人类进化图解. 澳门:亚洲人文自然研究会,2018.

[14] 大卫·赖克. 人类起源的故事——我们是谁,我们从哪里来. 叶凯雄,胡正飞,译. 杭州:浙江人民出版社,2019.

[15] 张振. 人类六万年——基因中的人类历史. 北京:文化发展出版社,2019.

[16] 李辉,金雯俐. 人类起源与迁徙之谜. 上海:上海科技教育出版社,2020.

[17] Cavalli-Sforza L L, Menozzi P, Piazza A. The History and Geography of Human Genes. Princeton:Princeton University Press,1996.

[18] Stoneking M. An Introduction to Molecular Anthropology. New Jersey:Wiley-Blackwell,2016.

[19] Hudjashov G,Kivisild T,Underhill P A,et al. Revealing the prehistoric settlement of Australia by Y chromosome and mtDNA analysis. Proc Natl Acad Sci USA,2007,104:8726-8730.

[20] Новгородова Э. А. Древняя Монголия:некоторые проблемы хронологии и этнокультурной истории. Москва:Наука,1989.

[21] D. 策温道尔吉,D. 巴雅尔,Ya. 策仁达格娃,等. 蒙古考古. 潘玲,何雨濛,萨仁毕力格,译. 上海:上海古籍出版社,2019.

[22] 勒内·格鲁塞. 草原帝国. 蓝琪,译. 北京:商务印书馆,1998.

[23] 箭内亘. 蒙古史研究. 陈捷,陈清泉,译. 上海:商务印书馆,1932.

[24] 张久和. 原蒙古人的历史:室韦——达怛研究. 北京:高等教育出版社,1998.

[25] 内蒙古社科院历史所《蒙古族通史》编写组. 蒙古族通史. 呼和浩特:民族出版社,2001.

[26] Rinchen B,Maidar D. Ethnographic and linguistic atlas of the Mongolian People's Republic. Ulaanbaatar:Academy of Sciences PRM,1979.

[27] Janhunen J. Material on Manchurian Khamnigan Mongol. Helsinki: Castrenianum Complex of the University of Helsinki,1990.

[28] Janhunen J. Material on Manchurian Khamnigan Evenki. Helsinki: Castrenianum Complex of the University of Helsinki,1991.

[29]《蒙古学百科全书》编辑委员会. 蒙古学百科全书·近现代史. 呼和浩特：内蒙古人民出版社,2017.

[30] 白寿彝,陈得芝. 中国通史·第八卷·中古时代·元时期. 上海：上海人民出版社,1999.

[31] 亦邻真.《元朝秘史》的流传与价值. 文史知识,1985,3：32-37.

[32] 亦邻真. 元朝秘史(畏兀儿体蒙古文复原). 呼和浩特：内蒙古大学出版社,1987.

[33] 乌兰.《元朝秘史》文献学研究史概述. 蒙古史研究,2013,11：59-72.

[34] 原山煌. 元朝秘史有关文献目录. 东京：日本蒙古学会,1978.

[35] 志费尼. 世界征服者史. 何高济,译. 呼和浩特：内蒙古人民出版社,1980.

[36] 何高济. 志费尼和《世界征服者史》. 民族研究,1981,6：37-42.

[37] 拉施特. 史集(Jāmi'al-Tawārikh). 余大钧,周建齐,译. 北京：商务印书馆,1983.

[38] 马可波罗. 马可波罗行纪. 冯承钧,译. 北京：中华书局,2004.

[39] 彭大雅. 黑鞑事略校注. 徐霆作疏,徐全胜校注. 兰州：兰州大学出版社,2014.

[40] 米尔咱·马黑麻·海答儿. 拉失德史. 新疆社会科学院民族研究所,译. 乌鲁木齐：新疆人民出版社,2017.

[41] 阿布尔-哈齐-把阿秃儿汗. 突厥世系. 罗贤佑,译. 北京：中华书局,2005.

[42] 包文汉,乔吉. 蒙文历史文献概述. 呼和浩特：内蒙古人民出版社,1994.

[43] 乌兰. 卫拉特蒙古文献及史学. 北京：社会科学文献出版社,2012.

[44] 王尧,王启龙,邓小咏. 中国藏学史. 北京：民族出版社,2003.

[45] 林幹. 东胡史. 呼和浩特：内蒙古人民出版社,2007.

[46] 多桑. 多桑蒙古史. 冯承钧,译. 北京：中华书局,1962.

[47] 雷纳·格鲁塞. 蒙古帝国史. 龚钺,译. 北京：商务印书馆,1989.

[48] 巴克尔. 鞑靼千年史. 向达,黄静渊,译. 上海：商务印书馆,1937.

[49] 杰克·威泽弗德. 成吉思汗与今日世界之形成. 温海清,姚建根,译. 重庆：重庆出版社,2006.

[50] 杉山正明. 忽必烈的挑战——蒙古帝国与世界历史的大转向. 周俊宇,译. 北京：社会科学文献出版社,2013.

[51] 傅海波,崔瑞德. 剑桥中国辽西夏金元史. 史卫民,等译. 北京：中国社会科学出版社,1998.

[52] C. E. 博斯沃思,M. S. 阿西莫夫. 中亚文明史·第四卷. 刘迎胜,译. 北京：中国对外翻译出版公司,2010.

[53] Howorth H H. History of the Mongols, from the 9th to the 19th century. London: Longmans, Green, and Company, 1880.

[54] 屠寄. 蒙兀儿史记. 北京：北京市中国书店,1984.

[55] 蔡美彪,周良霄,周清澍. 中国通史·第七册·元代史. 北京：人民出版社,1983.

[56] 周良霄,顾菊英. 元代史. 上海：上海人民出版社,1993.
[57] 翁独健. 蒙古族简史. 呼和浩特：内蒙古人民出版社,1985.
[58] 韩儒林. 元朝史. 上海：上海人民出版社,1986.
[59] 黎东方. 细说元朝. 上海：上海人民出版社,2007.
[60] 乌云毕力格,白拉都格其. 蒙古史纲要. 呼和浩特：内蒙古人民出版社,2006.
[61] 义都和西格. 蒙古民族通史. 呼和浩特：内蒙古大学出版社,2003.
[62]《蒙古族简史》编写组. 蒙古族简史. 呼和浩特：内蒙古人民出版社,1985.

第1章
历史学、考古学、民族学和语言学对蒙古语人群起源的研究

1.1 引言

本章旨在总结传统学科对蒙古语人群起源的相关研究和成果。这些传统学科包括历史学、考古学、民族学和语言学等。本章聚焦于这些传统学科中与人群来源和流向直接相关的部分。

对于有较明确文字记载以前的时期,按考古学的年代分4个阶段讨论,分别是旧石器时代、新石器时代、青铜时代和早期铁器时代。对于公元第一千纪之间"原蒙古人"诸人群的演化历史,按照史料所见的古代族群分别讨论。对于公元第二千纪蒙古语人群的演化历史,则按照古代部落及其相关的现代后裔人群分别讨论。相关综述中也加入了笔者的一些思考和观点。

正如本章第1.3.9节和表1.2所见,**如果对人群的远古始祖群体进行合适的归类,传统学科已有的研究成果本身足以对相关古代人群和现代族群的来源和演变进行准确的判断和描述**。当然,人文社会科学的研究总是伴随着不断的争鸣,由于缺乏全面的证据,有一些议题尚待解决。后文将从遗传学的角度讨论人群的起源和演化历史,为人文社会科学在相关议题上的研究提供线索和佐证。

1.2 石器时代至公元前后的草原居民:匈奴、东胡和其他

相对于亚洲北部地区的其他居民而言,现代蒙古语人群是拥有自身独特的语言和文化传统的庞大族系。新石器时代之前生活在蒙古高原及其周围地区的古代采集渔猎人群,不仅是后世蒙古语人群的直接祖先,也是现代通古斯

语、突厥语、乌拉尔语和叶尼塞语人群的祖先。通常,学者们不会把后世蒙语人群的独特属性追溯到青铜时代之前。因此,新石器时代之前生活在蒙古高原及其周围地区的古代人群的历史活动,可以认为是蒙古语人群的遗传结构和文化传统起源的广阔时空背景。在青铜时代和铁器时代,在蒙古高原及其周围地区经历了强烈的人口变迁,基本奠定了这一地区现代人群的遗传学基础。而近两千年来蒙古高原上的人群的活动历史,则与这一地区的现代族群的诞生直接相关。因此,我们将蒙古高原及其周围地区的人群历史分成 6 个部分来分别讨论,包括旧石器时代、新石器时代、青铜时代、早期铁器时代、公元第一千纪和第二千纪。蒙古高原的地形如图 1.1 所示。地理环境、气候、植被和经济生活方式对人群的演化有深远的影响,后文将多次讨论这个话题。

图 1.1 蒙古高原的地形

1.2.1 旧石器时代 (50 000—8 000 BP)

现代人(晚期智人)在旧石器时代晚期就已经在亚洲北部定居。自人类出现到新石器时代,这个阶段通常都被称为旧石器时代。但是,旧石器时代末期由现代人创造的更先进的石器文化(包括细石器技术等)也常常被单列为中石器时代,作为新石器时代的前身。在亚洲北部地区,细石器技术从大约 3 万年前开始出现,曾一度非常繁荣,一直延续到近现代。但本书并不讨论石器技术问题,而是关注人群演变的历史及其前后继承关系。因此,在本书中我们不把细石器作为一个单独的阶段进行讨论,而是归入旧石器时代之中。

在整个亚洲北部地区,由现代人创造的最古老的遗址出现在阿尔泰山地区。阿尔泰山地区有一系列年代超过 4 万年的旧石器时代晚期人类活动遗址,包括卡拉-博姆(Kara Bom)、Kara-Tenesh、卡拉克尔河口第 1 地点(Ust-Karakol 1)、丹尼索瓦洞穴(Denisova cave)、阿努伊第 2 地点(Anui 2)和乌斯季伊希姆(Ust' Ishim)等遗址,部分遗址的年代甚至超过 4.5 万年[1-3]。不过,古 DNA 研究表明,阿尔泰山地区的这些遗址中不但有现代人创造的遗存(如乌斯季伊希姆),也有其他两种远古人类创造的遗存。比如,古 DNA 证据已经证实尼安德特人以及一种新定义的智人亚种——丹尼索瓦人——都曾经在丹尼索瓦洞穴中居住过[4,5]。可见,需要从考古材料方面进一步分析阿尔泰山地区现存的遗址中哪些是现代人创造的遗存。而贝加尔湖沿岸地区的 Podzvonkaya 遗址和卡缅卡(Kamenka)遗址的年代也达到 4 万年左右[1]。通常认为,亚洲北部其他地区的旧石器时代晚期的人类考古文化是阿尔泰山地区古代文化扩散的结果[1-3]。

马尔他文化(Mal'ta Culture,约 2.4 万—1.5 万 BP)是旧石器时代西伯利亚地区最重要的考古文化之一[6,7]。马尔他遗址位于贝加尔湖以西的安加拉河流域。此遗址与布列奇遗址、科瓦河口遗址和白河河口遗址等同类遗址所代表的文化被统称为马尔他文化。马尔他文化人群会使用火,会建造房屋和缝制衣服。马尔他文化遗址出土的遗物显示,这些人群很有可能有了原始的宗教。后世北亚盛行的萨满教的一些文化因素可以在马尔他文化中找到最原始的痕迹[7]25-40。另外,马尔他文化中出现了很多女性人像雕刻,学者认为这是生殖崇拜的体现[7]31-32。马尔他文化对之后的欧亚大陆和美洲大陆的旧石器时代文化都有深远的影响。

考古学者在马尔他遗址中发现了一个男孩的遗骨和墓葬遗存,这就是著名的"马尔他男孩(Mal'ta Boy)"[7]7-9。通过古 DNA 研究,遗传学家在 2014 年公布了马尔他男孩的全基因组[8]。结果显示,以马尔他男孩为代表的旧石器晚期西伯利亚古代人群对欧洲人和美洲原住民都有很大的遗传贡献(详见后续章节)。以马尔他男孩为代表的旧石器时代晚期的亚洲北部人群被科学家命名为"欧亚北部古代人群(Ancient Northern Eurasian,简称 ANE)"。值得注意的是,马尔他男孩墓葬的墓室是用石板构建的[7]7-9。在青铜时代的蒙古高原上,石板墓成为主要墓葬形制并形成了"石板墓文化"[9,10]。用石板围住墓穴四周的做法,在后世蒙古高原的诸考古文化中有深远的影响,其中细节,值得深入研究。

雅库特及其周围地区也存在很多旧石器时代晚期的遗址,大部分被归类为久克泰文化(Dyuktai Culture,35 000—9 500 BP)和苏姆那斤文化(Sumnagin Culture,9 500—6 200 BP)[11,12]。考古学家普遍相信,美洲古代文化与久克泰文化的起源有直接的关联[13]。在距今 9 500 年以后,久克泰文化被可能源自马尔他文化的苏姆那斤文化取代[14]。久克泰文化的特点是其石器以非石叶工具为特色,而此后的东北亚的旧石器文化(包括苏姆那斤文化)则以细石叶和细石核为特点。基于石器制作技术方面研究,考古学家推测,被排挤的久克泰文化人群进入了美洲[10,13,14]。而以细石叶为特色的古代文化也在稍晚的时期持续扩散到北美洲北部,从而形成了南美洲以非石叶工具为特色,而北美洲北部以细石叶和细石核为特色的格局。进入美洲的两大群体在石器技术方面有较大差异,进入美洲的时间也有先后。这样的格局可能是今天的南北美洲原住民的遗传结构存在较大差异的原因之一[8,15]。

我国东北地区[15,16]和俄罗斯远东南部地区[7]65-92的旧石器时代晚期文化是十分兴盛的。在图 1.2 中可以看到,在我国松花江流域、黑龙江中下游沿岸地区以及俄罗斯滨海边疆区南部,都存在着延续时间很长的考古遗址。在旧石器时代晚期,俄罗斯境内黑龙江流域北部的遗址主要有兀立玛河口(Ust'Ulma)遗址、格罗马图哈(Gromatukha)遗址和库玛拉(Kumara)遗址。这些遗址的石器以砾石工具为主,与中国东北南部地区的本溪庙后山遗址接近,属于大石器技术传统。而在俄罗斯滨海边疆区以乌斯季诺夫卡(Ustinovka)遗址为代表的诸遗址中,石器工具以石片工具为主,属于小石器技术传统。在中国东北的南部和中部地区,石器技术兼有大石器和小石器传统。细石器技术主要出现在西北部的草原地带,如乾安大布苏、昂昂溪大兴屯和呼玛十八站等遗址。根据现有的考古材料,细石器技术最终也传播到了朝鲜半岛、库页岛和北海道等地[18]。

蒙古国境内的考古研究一直都比较薄弱。目前蒙古国境内经过发掘和研究的旧石器时代遗址包括 Podzvonkaya、Dörölj‐1、Orkhon‐1&7、Tolbor‐4&15、Moyltyn-am、Tsagaan-Agui Cave、Chikhen‐2、Tsatsyn Ereg 2、Orok-nur 1&2&21 和 Bayan-nur-somon‐13[1-3,11,19-23]等。Bayan-nur-somon‐13 遗址的遗物与阿尔泰山地区遗址的遗物近似[3]。蒙古国中部的旧石器时代遗址呈现出一些规律(图 1.2)。首先,俄罗斯境内色楞格河下游支流上的旧石器时代晚期遗址十分兴盛。目前已发掘的蒙古国中部的遗址绝大部分都在色

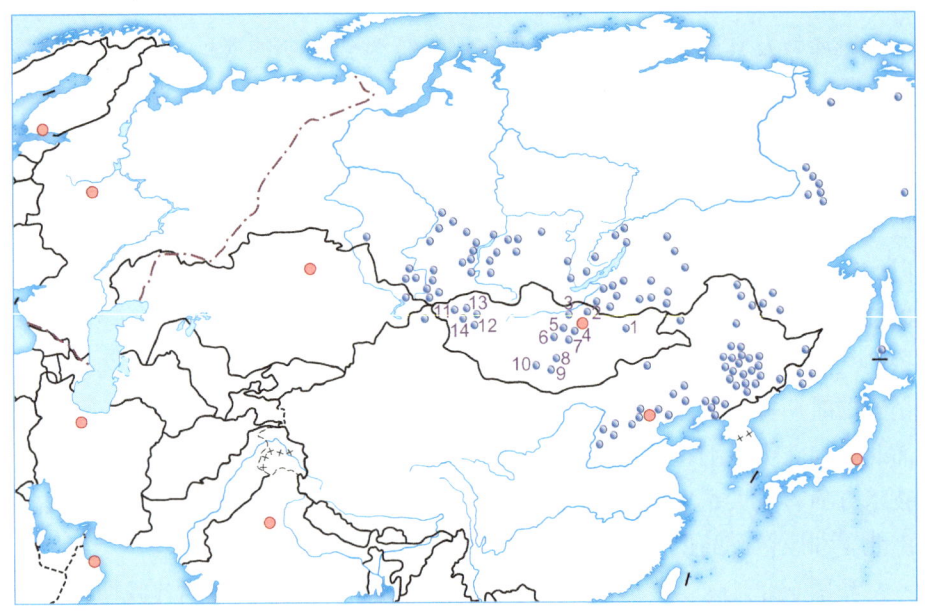

图 1.2　蒙古高原及其周围地区的旧石器时代遗址

图中所示的遗址点的信息来自上文中的参考文献[3]。1. Salkhit Skull；2. Podzvonkaya；3. Dörölj-1；4. Orkhon-1&7；5. Tolbor-4&15；6. Tastsyn Ereg 2；7. Moyltyn-am；8. Orok-nur 1&2&21；9. Tsagaan-Agui Cave；10. Chikhen-2；11. Bayan-nur-somon-13；12. Paiting Cave at Höit Tsenkher Agui；13. Rashan Khad。

楞格河中上游流域(图1.2,第1—6遗址),而第7—9遗址距离上述遗址也很近。其次,蒙古国中部的诸遗址的遗物与南西伯利亚,特别是外贝加尔湖地区出土的遗物十分接近。基于考古遗物的相似性,考古学家认为旧石器时代的阿尔泰山地区和蒙古高原地区属于同一个文化区[19,20,23]。目前,亚洲北部最早的现代人遗址出现在阿尔泰山地区。因此,蒙古高原上最早的现代人很有可能是从南西伯利亚-阿尔泰山地区扩散过来的[19,20,23]。2006年,蒙古国东北部肯特省瑙罗布林县Salkhit河谷出土了一个人类头盖骨,被称为Salkhit头骨[24]。这个遗骨的年代约为34 950—33 900年前,是迄今为止蒙古国境内出土的最古老的人类遗骸。这个头盖骨的形态比较粗壮,体质人类学的研究认为可能是现代人与其他古老型人类混合的结果。但古DNA测试表明,这个个体的母系属于现代人常见类型的早期支系[25]。全基因组的测试还在进行中,未来有望揭示这个个体所代表的古代人群的演化历史的更多细节。

旧石器时代晚期出现的细石器技术在北亚地区十分流行[18]。使用细石器技术制作的锋利箭镞是北亚地区采集狩猎生活方式中不可或缺的一部分。因此,细石器技术在北亚地区长盛不衰,并且扩散到了北美洲的西北部[11,13]。基于对蒙古高原和西伯利亚地区旧石器时代遗存的研究,细石器技术应是在西伯利亚南部地区兴起的[18]。但我国的部分学者主张细石器技术可能源自华北的小石器传统[26]。在我国旧石器时代晚期的宁夏水洞沟遗址中,既出现欧洲常见的勒瓦娄哇类型石核,也有大量具有中国北方小石器传统的石制品和细石器[25]。因此,水洞沟遗址是一个十分重要的遗址,对水洞沟遗址的研究揭示了我国华北地区与北亚地区和欧亚大陆中西部地区古代人群之间的相互关系和文化交流[27]。

据研究,目前中国东北地区已有10余处地点发现了旧石器时代晚期的古人类遗骸[16]1-147。这些遗址分别是辽宁海城小孤山、辽宁建平、辽宁本溪庙后山东洞、辽宁东港前阳、吉林榆树周家油坊、吉林安图石门山、吉林前郭青头山、黑龙江哈尔滨阎家岗和黑龙江呼伦贝尔地区扎赉诺尔等。细石器技术从西伯利亚南部地区扩散到我国北方地区,很可能伴随着一定程度的人群迁徙[18]。

特别值得说明的是,在距今约1.8万年到达极盛的末次盛冰期(last glacial maximum,LGM)对北亚地区的人群分布产生了重大的影响[28,29]。研究表明,随着气候变得更加寒冷,草原和沙漠带急速向南扩张,动物群大举南迁,人群也随之南迁。但在距今1.8万年之后,随着气温的回暖,人群再次向北迁徙。对于末次盛冰期期间人群迁徙的细节,我们知之甚少。

综上所述,尽管目前考古学所见的图景还是比较模糊的,但我们仍可以推测,对于阿尔泰山地区以东的亚洲北部地区而言,阿尔泰山地区很可能是最早出现现代人的区域,年代约在距今4.5万年前后。总之,可以认为,旧石器时代晚期蒙古高原及其周围地区的古代人群,大致有3个来源:一是从阿尔泰山地区向整个亚洲北部地区扩散的人群;二是从我国东北及黑龙江流域向西、向北扩散的人群;三是从我国北方地区向北扩散的人群。这些人群的迁徙、演化和混合过程十分复杂,有待进一步研究。

1.2.2　新石器时代(8 000—4 500 BP)

蒙古高原及其周围地区的不同区域进入新石器时代的时间并不完全一致。不同于世界上其他地方,西伯利亚和蒙古高原的新石器时代考古文化通常没有农业,而只有陶器和磨制石器[7]93-281。这一地区的陶器以尖底或寰底为特点。陶器在西伯利亚南部地区出现的时间很早。根据 C^{14} 测年的结果,乌斯特-卡林加(Ust' Karenga)、斯图金诺耶(Studenoe)和 Ust-Menza 等遗址的陶器的年代为距今 1.1 万—1.4 万年之间[30]。而黑龙江下游地区胡米(Khummi)和加夏(Gasya)遗址的陶器的年代为距今 1.5 万—1.6 万年。同样,日本列岛最早的陶器的年代也达到距今 1.5 万—1.6 万年。学者们认为,上述各地区的陶器很可能是独立起源的[30,31]。

阿尔泰山地区的新石器时代遗址主要有赫姆奇克河口 3 号遗址(Ust-Khemchik-3)(约 6 500 BP)、图瓦盆地诸遗址(如 Toorakhem 等遗址)以及叶尼塞河上游峡谷的一些遗址[32]。这些考古遗址中出土了一些陶器,同时也有大量的细石器工具和野生动物骨骼。这表明当地人群仍然过着以采集渔猎为主的生活方式。

贝加尔湖及其周围地区的新石器文化的年代序列目前还没有被研究得很透彻[7]94-145。经过对内贝加尔湖地区墓地的长期研究,目前认为当地的辛斯基期遗存(Khinsky Phase)属于中石器时代考古遗存[33]。之后,基托伊文化(Kitoi Culture,约 8 000—6 100 BP)是重要的新石器时代文化。其后继者是伊萨科沃-谢洛夫-格拉兹科沃文化(Isakovo-Serovo-Glazkovo Culture,约 5 300—3 300 BP)[34]。基托伊文化与后续文化之间有长达 800 年的断层,且文化因素有很大差异。因此,考古学家普遍认为在考古文化断层前后发生了大规模的人群替换[35]。伊萨科沃-谢洛夫-格拉兹科沃文化的早期属于新石器时代晚期,而这一文化的晚期则已经进入青铜时代[34]。据研究,这一文化内部从新石器时代晚期向青铜时代转变的年代大致在距今 4 800—4 400 年之间。目前,仍有很多学者把伊萨科沃-谢洛夫-格拉兹科沃文化的晚期,也就是格拉兹科沃类型遗存,当作一个独立的青铜时代早中期文化(约 2000—1300 BP)[36]。格拉兹科沃类型的遗存主要分布在安加拉河流域、勒拿河上游和色楞格河下游地区。

在外贝加尔湖地区,出现了整个西伯利亚地区年代最早的陶器(约 14 000 BP)[30]。著名的遗址有色楞格河下游的斯图金诺耶遗址和勒拿河上游的乌斯特-卡林加遗址[30,37,38]。在外贝加尔湖地区东部,先后出现两种新石器时代考古文化,分别是多洛闵文化(Dorominsky Culture)和鄂嫩文化(Ononsky Culture)[38]。多洛闵文化以渔猎经济为主,而鄂嫩文化则有显著的农业因素。蒙古国东部的坦萨布拉格文化(Tamsagbulag Culture,约 5 600 BP)可能对鄂嫩文化的兴起起到了促进作用。

蒙古国境内有很多包含细石器的旧时代晚期遗址。此类遗址广泛分布于蒙古国各地,包括凯雷-乌拉遗址(Kere-Uula)、克鲁伦河9号遗址(Kerulen-9)、穆伊尔廷谷一号文化层(Moiltyn-am)和拉香哈德遗址(Rashan-Khad)等[39]。部分考古学家使用"中石器时代"的概念来称呼那些带有细石器的遗存。上述蒙古中石器时代的文化面貌彼此非常接近,创造这些考古遗存的居民应是旧石器时代晚期已经定居在当地的远古人群。

蒙古国境内还广泛分布着含有陶器和磨制石器的新石器时代遗存(图1.3)[39-41]。除了坦萨布拉格遗址之外,目前在其他遗址中尚未发现与农业有关的文化因素。这种状态与南西伯利亚地区的新石器时代文化相似。而蒙古国南部戈壁沙漠地区的一些遗址中出土的遗物,如沙巴拉赫-乌苏(Shabarak-Usu)遗址中的彩陶,与中国北方地区新石器时代的遗存有相似之处[39]。

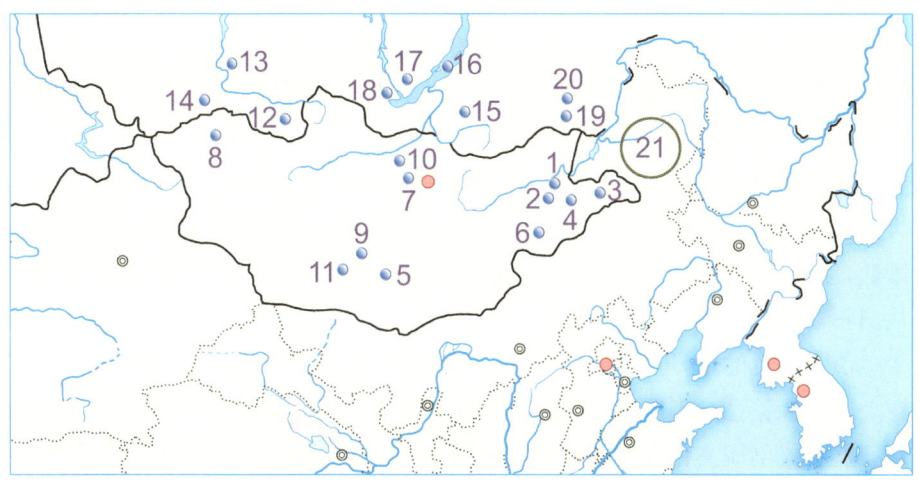

图1.3 蒙古高原及其周围地区主要的新石器时代遗址

图中所示的遗址点信息来自上文中的参考文献[30-41]。1. Yamat-nuur;2. Ovoot;3. Tamsagbulag;4. Khuitynbulag;5. Shabarak-usu;6. Dariganga;7. Arshan-Khad;8. Chandman;9. Uldzit/Ulziit;10. Tolbor;11. Chikhen Agui;12. Toorakhem;13. Khadynnykh;14. Ust-Kemchik;15. Mukhinskoe;16. Olkhon;17. Lenkovka;18. Chastaya&Kinskaya;19. Chindant;20. Budulan;21. Sites of Hake Culture。

位于东方省的坦萨布拉格遗址是蒙古国境内一个重要的新石器时代文化遗址[39-41]。此遗址中出现了宽大的半地穴式住房和很多与农业有关的遗物,包括大量的杵、磨、磨碎器、锄头、磨石以及附在挖掘棒上的重物等。有学者认为蒙古国东部的新石器农业是本土产生的[39]。但是,如果把考察的范围放大到更大的区域上,我们会得出不同的结论。坦萨布拉格文化的主要农作物是粟,而在中国华北和东北的西辽河地区的考古文化中,从距今 8 000 年前开始粟就已经是主要的农作物[42]。蒙古国东部诸省与中国西辽河地区在地理上是毗邻的。在新石器时代早期,源自西辽河流域的新石器时代考古文化强势地扩散到中国东北地区、朝鲜半岛和俄罗斯远东南部地区[7]267-281。我们推测,坦萨布拉格文化可能也是这一大的扩散趋势的结果之一。新石器时代考古文化的传播,往往伴随着人群的迁移。当然,从另一方面看,坦萨布拉格遗址中很多文化因素无疑继承了当地更早的文化传统,表现出很多与贝加尔湖地区新石器时代文化相似的因素。因此可以认为,坦萨布拉格文化人群是当地人群与自南方迁来的人群混合的结果。

在与蒙古国东方省毗邻的中国呼伦贝尔地区,存在一个重要的新石器时代文化——哈克文化(约 8 000—4 000 BP)[43]。哈克文化中的细石器技术十分发达,同时也发现有尖底绳纹陶器,反映了北亚地区的文化传统。但此文化后期的遗存也发现有可能用于收割谷物的石镰以及用于碾谷的磨碎器。这一考古文化与蒙古国东部的坦萨布拉格文化以及俄罗斯境内的鄂嫩文化之间可能存在亲缘关系,但尚有待进一步研究。

从上述材料可知,与旧石器时代晚期所呈现的情况相似,蒙古国北部的绝大部分新石器时代遗址与贝加尔湖地区同时代的遗址共享相似的文化传统。因此,创造这些遗址的古代居民在起源上很可能存在密切的联系,而这种联系从旧石器时代以来就一直存在着。

值得注意的是,坦萨布拉格文化与鄂嫩河流域的鄂嫩文化很可能存在起源上的亲缘关系。创造坦萨布拉格文化的人群很可能是来自我国西辽河流域新石器时代早期文化人群与蒙古国东部当地人群混合的结果。坦萨布拉格遗址出土有较多的人类遗骸,未来可以通过古 DNA 测试来研究这一人群的起源。而蒙古国中部和西部的新石器时代遗址尚未见有人类遗骸的报道。我们希望未来能看到有关蒙古国新石器时代考古文化更深入的研究。

总之,可以看到蒙古国不同地区的新石器时代遗存分别与各自邻近区域的考古文化有更为显著的关联。如蒙古国东部诸遗存与我国东北地区的粟作农业遗址以及呼伦贝尔地区的细石器文化遗存之间存在关联、蒙古国南方的考古遗存与我国西北边境考古文化的关联、蒙古国北方(特别是色楞格河下游)的遗存与贝加尔湖地区的考古文化遗存的关联,以及蒙古国西部的遗存与阿尔泰山-图瓦地区考古文化遗存的关联。

这种关联模式从新石器时代一直延续到青铜时代和各历史时期。这应该与蒙古高原的地理环境(地势)有直接的关联。蒙古高原中部地带海拔高而四周地区海拔相对略低,引发了人群的溢出效应,导致高原上不同区域的人群分别与各自邻近的人群有更密切的关系,而阻碍了这一地区人群的完全融合。在蒙古高原上,某个人群强势兴起,而后又衰落下去并大举迁离这一地区,这样的历史进程不断重复发生。笔者认为,这也与蒙古高原的地理环境(地势)有直接的关联。总之,可以说,蒙古高原的地理环境(地势)对欧亚草原东部的历史进程和族群演化模式有非常深远的影响。

1.2.3 青铜时代 (4 500—2 300 BP)

已有的考古学证据表明,整个欧亚大陆的内陆地区在青铜时代经历了巨大的考古文化变迁,伴随着大规模的人群迁徙[44]。在蒙古高原及其周围地区,青铜时代的人群迁徙在很大程度上改变了新石器时代以来的人群分布,奠定了后续各历史时期人群分布的基础。根据诺夫哥罗德娃(È. A. Novgorodova)早年的研究,蒙古高原青铜时代的考古文化大致分布 3 个大区,如图 1.4 所示[9]。蒙古国中西部地区大致被鹿石文化类型遗存所覆盖,中部和东部地区分布着石板墓文化,而在北部存在大量覆盖赭石粉的土坑竖穴墓类型遗存。随着考古发掘和研究的深入,目前对蒙古国考古文化已经有了更细化的研究成果,但诺夫哥罗德娃这一研究简洁而清晰地概括了蒙古国青铜时代考古文

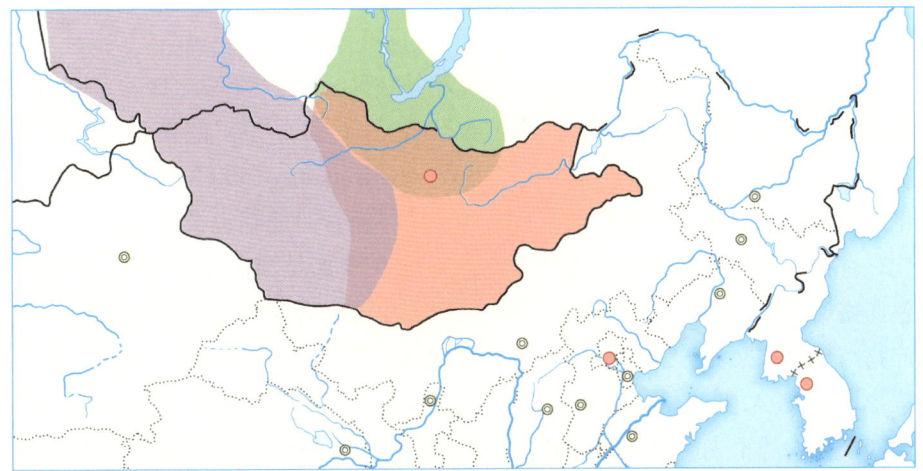

图 1.4 考古学家诺夫哥罗德娃总结的蒙古国青铜时代三大文化区的分布

绿色代表覆盖赭石粉的土坑竖穴墓类型分布区,红色代表石板墓文化分布区,紫色代表鹿石文化分布区。

化的区域特征,目前仍具有很好的指导意义。

1.2.3.1 各区域最早的青铜时代文化遗存

伴随着阿凡那谢沃文化(Afanasievo Culture,3000 BC—1800 BC)和安德罗诺沃文化(Andronovo Culture,1800 BC—1000 BC)的扩散,具有高加索人种体质特征的人群扩散到阿尔泰山周围地区,改变了当地人群的遗传结构,并延续至今[45]。阿凡那谢沃文化属于铜石并用时代,后被奥库涅夫文化(Okunev Culture,2000 BC—1500 BC)所取代。研究者认为奥库涅夫文化来自叶尼塞河流域[46]。奥库涅夫文化人群的颅骨特征具有明显的东部欧亚人群的特征,也有学者认为奥库涅夫文化人群的颅骨特征与美洲印第安人的颅骨特征最为接近[47]。在我国新疆北部存在切木尔切克文化(Chemurchek Culture,2500 BC—1700 BC)[48],在新疆中部存在小河文化(Xiaohe Culture,1800 BC—1500 BC)。切木尔切克文化和小河文化的起源可能与阿凡那谢沃文化人群或者他们的亲缘人群的扩散有关[49]。之后,阿尔泰山周围地区的奥库涅夫文化被从哈萨克西北部兴起的安德罗诺沃文化所取代。通常认为,安德罗诺沃文化就是印度-伊朗语人群的始祖群体创造的考古文化[45]。此后,卡拉苏克文化(Karasuk Culture,1500 BC—800 BC)兴起并广泛扩散到叶尼塞河上游、阿尔泰山周围地区以及哈萨克斯坦东北部地区[50]。之后,卡拉苏克文化被塔加尔文化(Tagar Culture,800 BC—200 BC)所取代。根据目前体质人类学方面的研究,卡拉苏克文化人群的颅骨特征是欧亚大陆西部和东部人群的混合[51],而塔加尔文化人群的颅骨特征则更偏向欧亚大陆西部人群。

贝加尔湖地区的青铜时代文化主要是格拉兹科沃文化(约 2000 BC—1300 BC)和希韦拉文化(Shivera Culture,约 1300 BC—800 BC)[7,9]。但在青铜时代晚期,鹿石-赫列克苏尔类型遗存(Deer Stone-Khirigsuur Complex)和石板墓文化也扩散到了贝加尔湖南部地区[7]282-361。带有鹿石的遗存也被统称为鹿石文化。青铜时代早中期的格拉兹科沃文化分布在安加拉河流域、勒拿河上游和色楞格河下游地区。格拉兹科沃文化古代居民的颅骨特征、服饰以及其他装饰物与现代埃文克人的相关特征有相似之处[52]。因此,俄罗斯考古学家奥克拉德尼科夫(А. П. Окладников)认为这些贝加尔湖沿岸的古代居民可能是现代埃文克人的祖先。林沄和冯恩学也认为,格拉兹科沃文化的陶器上的纹饰和图案,确实与现代通古斯人的萨满所使用的各种器物上的纹饰和图案存在关联[7]295-296。

格拉兹科沃文化被希韦拉文化所取代[7]297-303。希韦拉文化主要分布在安加拉河上游、贝加尔湖沿岸以及蒙古国中东部地区[53]。希韦拉文化以出土卡拉苏克式青铜器著称,主要墓葬形式是积石墓。早期的学者把位于阿尔泰山直至大兴安岭之间所有出现卡拉苏克式青铜器的遗存都包括到希韦拉文化之中,称为希韦拉-卡拉苏克时代遗存[54]。可见,这样的定义过于宽泛。希韦拉文化的确切内涵以及延续的年代都还有待进一步研究。目前暂时可以认为此文化的年代与卡拉苏克文化相当,这一文化应是在卡拉苏克文化的影响下产生的。

在青铜时代,石板墓文化和鹿石-赫列克苏尔类遗存广泛分布在蒙古高原及其周围地区[55-57],但这些考古文化之间的相互关系十分复杂。石板墓文化和鹿石文化的主要分布区域虽有东西的差别,但在蒙古高原中部是重合的;大多数赫列克苏尔遗址仅仅是祭祀遗址,而鹿石和石板墓也常常出现在赫列克苏尔遗址周围;在部分石板墓的东面存在高出墓框的石板,学者们认为这块石板是对鹿石传统的模仿[7]330-343。

目前,学者们已经对鹿石文化进行了细分。以往文献所称的鹿石文化广泛分布在蒙古国西部、蒙古国西北部、外贝加尔、图瓦和阿尔泰山、乌拉尔山南部、哈萨克斯坦东部和西部以及吉尔吉斯斯坦[9,55]。鹿石文化可能是在切木尔切克文化、奥库涅夫文化、中国北方青铜文化和卡拉苏克文化的影响下而兴起的[48]191-201。由于鹿石上常常装饰有卡拉苏克式青铜器,因此鹿石文化被认为主要是在卡拉苏克文化的影响下产生的[54,55]。郭物对相关文化进行了深入的研究[48]191-201。据他研究,分布在蒙古国北部和外贝加尔地区的鹿石遗存被称为乌什斤类型(Ushkin Type)遗存或乌什斤文化(Ushkin Culture)。此类型的鹿石也被称为"蒙古-外贝加尔类型鹿石",通常顶部没有分界,装饰以风格化的飞鹿形象。乌什斤类型遗存的分布中心在蒙古国的库苏古尔省。而主要分布在图瓦地区、蒙古国西北部和新疆北部的鹿石遗存被命名为三道海子文化(1300 BC—600 BC)。这一地区的鹿石也被称为"萨彦-阿尔泰类型"鹿石,顶部有分界,装饰着写实性的鹿、猪和马的形象。但分布在新疆北部富蕴县和青河县的鹿石几乎不装饰动物形象,而仅仅装饰短剑等武器。1100 BC—800 BC是三道海子文化的繁荣期。在900 BC—600 BC之间,此文化扩散到了整个阿尔泰山地区和天山地区。这一文化的影响范围西至哈萨克斯坦草原,东至中国北方农牧交错地带。随着三道海子文化的衰落,阿尔泰山地区的巴泽雷克文化(Pazryk Culture)、图瓦地区的艾迪拜尔文化(Aldy-Bel Culture)和哈萨克草原的塔斯莫拉文化(Tasmola Culture)开始兴起。

整体而言,青铜时代蒙古国境内的考古文化的变迁过程还没有得到较彻底的研究。导致这种状态的主要原因是以往考古发掘工作的不足。自1990年以后,蒙古国与其他国家的考古研究者一起开展了很多跨国合作的考古发掘项目,取得了丰硕的成果[57,58]。2019年,蒙古国D.策温道尔吉等学者编著、我国潘玲等学者翻译出版的《蒙古考古》是对此前工作的一个全景式的总结[60]。我们期待学者们对蒙古国境内的考古文化进行更加广泛而深入的研究。

1.2.3.2 各考古文化的相互关系以及文化变迁的人口背景

在青铜时代早期(5 000—4 000 BP),阿凡纳谢沃文化人群扩散到蒙古国西部和图瓦地区[57-59,61,62]。目前在蒙古国最西部的巴彦-乌列盖省(Bayan Olgii Aymag)发现有两处这一文化的墓地。之后,在阿尔泰山南部地区兴起的切木尔切克文化也扩散到蒙古国西部的巴彦-乌列盖省和科布多省(Hovd Aymag)[105]330-334。在距今约4 000年前,贝加尔湖周围地区出现了格拉兹科沃文化。这个文化可能是当地人群在来自阿尔泰山周围地区的铜石并用时代文化的影响下创造的[54,63]。格拉兹科沃文化人群的一些文化遗物与后世的鄂温克人的文化特征有相似之处[52]。因此我们推测,外贝加尔湖地区距今4 000—3 000年之间的考古文化与后世的通古斯语人群密切相关。但目前这一地区的考古文化变迁还很模糊。在蒙古国中部和东部地区,目前尚未发现青铜时代早期的遗存。

在青铜时代中期,门海尔汗文化(Mönkhkhairkhan Culture,1700 BC—1300 BC)分布在蒙古国西部和中部[62]。目前已发掘的遗址位于巴彦-乌列盖省、科布多省、扎布汗省(Dzavhan Aymag)和库苏古尔省(Hövsgöl Aymag)。门海尔汗文化呈现出自西向东扩散的趋势,但此文化的确切来源尚未确定。门海尔汗文化中的铜刀与哈萨克斯坦北部的塞伊玛-图尔宾诺跨文化现象(Seima-Turbino Phenomenon)的铜刀相似。因此,研究者推测前者的冶金业可能来自后者[62]。但对于门海尔汗文化的研究才刚刚开始,我们还不知道在门海尔汗文化形成过程中,来自西部的技术传播伴随着多大程度上的人群扩散。

卡拉苏克文化的兴起和扩散对阿尔泰山周围地区、南西伯利亚地区、蒙古高原以及我国内蒙古中南部地区考古文化的变迁产生了广泛而深刻的影响[50]。学者们已经对卡拉苏克文化进行了深入的研究[63,64]。特别值得说明的是，卡拉苏克式青铜器与我国商代以及鄂尔多斯式青铜器之间有密切的关系[50,65]。关于卡拉苏克文化的起源是否与鄂尔多斯青铜文化存在关系这一点，学者们也进行了长期的研究[66]。据研究，来自鄂尔多斯地区的技术传播到了米努辛斯克盆地，促进了当地文化的演变[65]。之后，卡拉苏克文化迅速地繁荣起来并快速扩张到了非常辽阔的地域范围内。并且，经过演变的卡拉苏克式青铜器反过来影响了鄂尔多斯地区的青铜文化。可见，卡拉苏克文化和我国北方的古代青铜文化的影响是双向的。

卡拉苏克文化扩散到了西伯利亚西部地区和哈萨克北部地区，替代了当地的安德罗诺沃文化[50]。此外，新疆北部地区的库希类型遗存很可能是在卡拉苏克文化的影响下产生的[48]370-372。卡拉苏克文化扩散到贝加尔湖沿岸和蒙古高原地区，导致了当地的希韦拉文化诞生[54,55]。在以往的研究中，鹿石类考古遗存也被归到卡拉苏克文化之中[55-57]。不过，如上所述，近年来学者们已将鹿石类遗存区分为三道海子文化和乌什斤类遗存（或乌什斤文化）[48]195-201。但是，目前石板墓文化与卡拉苏克文化之间的关系还没有得到详细的研究。

石板墓文化主要分布在贝加尔湖沿岸、外贝加尔地区、蒙古国中部和东部以及蒙古国东南部与中国交界的地区[7,9,60]。目前所称的石板墓文化横跨青铜时代和铁器时代。在石板墓文化之后则是匈奴文化。各个区域的石板墓文化遗存之间有较大的共性。但是，用石板搭建墓室是一种历史非常悠久的传统，在距今约2.4万年的马尔他文化中已经观察到了[7]3-13。这种传统也一直延续到了匈奴时代。因此，石板墓文化是一个非常宽泛的概念，有必要对各地的石板墓遗存所属的考古学文化进行划分。冯恩学在论述到石板墓时，认为"对于石板墓的起源、类型和文化所属者的历史命运等问题，目前还没有解决"。[7]330-343

对于石板墓文化的年代，不同学者之间有很大的分歧。如冯恩学所述，部分学者认为石板墓文化的年代与斯基泰-塔加尔时代（Scythian-Tagar Period）相同，即 800 BC—200 BC[65]330-343。另一部分学者主张石板墓文化的上限可达公元前第二千纪中期（约 1500 BC），下限到匈奴时代或更晚[52]。而策比克塔洛夫（А. Д. Цыбиктаров）根据 C^{14} 测年数据把石板墓文化确定在 1300 BC—600 BC[10]，但其列举的数据，最早的两个数据是 1540 BC 和 1260 BC，最晚的数据是 300 BC。可见，导致分歧的主要原因是石板墓文化本身的内涵过于宽泛。用石板构建墓室的做法是南西伯利亚地区和蒙古高原地区由来已久的文化传统，可能并不适合作为考古学意义上的"考古文化"的划分标准。

根据上文对西伯利亚南部地区和蒙古高原地区青铜时代诸考古文化的讨论,我们可以将目前所称的石板墓文化分为3个阶段。第一阶段是1500 BC—1300 BC。在这一阶段,石板墓的埋葬方式已经出现在蒙古国中部和东部。第二阶段是1300 BC—800 BC。在这一阶段,卡拉苏克文化发生强势扩张并影响了整个蒙古高原地区以及贝加尔湖沿岸地区。以往的学者将位于阿尔泰山直至大兴安岭之间以及贝加尔湖地区所有出现卡拉苏克式青铜器的遗存都包括到希韦拉文化之中,称为希韦拉-卡拉苏克时代遗存[65]297-303。但这种划分方法显然过于宽泛。在1300 BC—800 BC之间,以"萨彦-阿尔泰类型"鹿石为特征的三道海子文化在图瓦地区兴起并强势扩张到了蒙古国西部和阿尔泰山南麓地区。而以"蒙古-外贝加尔类型"鹿石为特征的乌什斤类型遗存(或乌什斤文化)广泛分布于蒙古国北部和外贝加尔地区。这一阶段的石板墓文化的墓葬出土与卡拉苏克文化以及鹿石上雕刻的青铜器类似的器物,而部分石板墓东面单独树立的石板被认为是对鹿石的模仿。第三阶段是800 BC—200 BC。这一阶段的石板墓文化即是吉谢列夫(С. В. Киселёв)等学者所称的典型的石板墓文化[120]。这一阶段的石板墓文化中,出土了"斯基泰-塔加尔式"的青铜刀。但是,我们可以看到,这一时段的石板墓发生了青铜时代向铁器时代的转变。这一阶段本身应该进一步细分为铁器时代之前和之后两个部分。但目前已有的考古学证据还不足以阐明蒙古国中东部的石板墓文化向铁器时代转变的具体过程。特别值得注意的是,在蒙古国中东部的石板墓文化向铁器时代转变的过程中,伴随着多大的人群变迁? 相关的研究似乎还不够深入。

在石板墓文化发展过程中发生了多大程度的人群迁徙和混合,是一个值得思考的问题。贝加尔湖周围的典型希韦拉文化遗存和当地更早的格拉兹科沃文化的墓葬形式是土坑竖穴积石墓,与石板墓有很大差别[65]297-303。在蒙古国中西部,比石板墓文化更早的文化是门海尔汗文化,主要分布于库苏古尔省和扎布汗省[118]。门海尔汗文化墓葬的结构与后世的赫列克苏尔的结构非常相似:长方形墓葬四角有立着的石柱,圆形墓葬周围都有巨石围成的花边,墓葬附近有举行仪式的长方形石头场所[112-114]。但位于阿尔泰山地区的门海尔汗文化墓葬则没有这些特征。在墓葬四角树立石柱的做法,在后世的石板墓文化中也经常出现[65]330-343。由我们推测,门海尔汗文化可能对石板墓文化的出现产生了影响,但具体的细节并不清楚。此外,也不清楚蒙古中东部原有的新石器时代人群的后裔在多大程度上参与和推动了后世当地青铜时代文化的形成。对于蒙古国东部地区,青铜时代晚期的考古材料十分缺乏。目前,可以暂时认为这一地区分布着希韦拉文化(1300 BC—800 BC),它被蒙古东部的石板墓文化(700 BC—300 BC)所替代。

在石板墓文化内部,目前暂时区分出了3个主要的分支[65]330-343,即蒙古中央石板墓文化、蒙古东部石板墓文化和外贝加尔湖南部地区的德尔沃齐文化(Dvortsy Culture)[67]。由于墓葬形制的差异,德尔沃齐文化被认为是石板墓文化的一种特殊地方类型。此外,考古学者在蒙古国中南部的石板墓文化中分辨出了一种新的青铜时代晚期文化,即特布希文化(Tevsh Culture,约1100 BC—900 BC)[62]。此文化在中国内蒙古中南部也有发现,其墓葬传统与中国北方地区的古代文化存在关联。

蒙古中央石板墓文化与蒙古东部石板墓文化的区分主要是来自体质人类学方面的研究[68,69]。在使用颅骨测量数据探索匈奴人起源的过程中,研究者发现蒙古中央石板墓文化人群与东部石板墓人群的颅骨形态虽然都属于新定义的"古蒙古高原"类型,但两者之间还是存在一定差异,具体表现为:相对于蒙古中央石板墓文化人群而言,蒙古东部石板墓人群的短颅、阔颅的趋势更加明显。蒙古中央石板墓文化人群的颅骨形态与贝加尔湖沿岸以及外贝加尔地区的新石器时代人群更加接近,而蒙古东部石板墓人群则与内蒙古地区的新店子组等人群更为接近。短颅、阔颅和圆颅正是现代蒙古人和通古斯语人群中最为显著的颅骨形态。如果我们假设创造蒙古中央石板墓文化和蒙古东部石板墓文化的古代人群拥有共同的始祖人群,那就意味着创造蒙古中央石板墓文化的人群中拥有更多来自蒙古高原西部地区和北部地区人群的混合。这种在颅骨形态上观察到的蒙古中央石板墓文化人群和蒙古东部石板墓文化人群的差异,与我们上文所述的考古文化的变迁过程是一致的。在整个青铜时代(3000 BC—700 BC),阿尔泰山及其周围地区的考古文化持续对蒙古高原中东部以及贝加尔湖地区的古代文化施加影响,并促进了当地青铜时代的产生以及向铁器时代的演变。可以推测,如此广泛而影响深远的文化传播,必定伴随着一定程度的人群扩散。在后文我们将看到,古DNA测试的结果也支持上述推测。

在图瓦盆地和蒙古国西北部地区,还存在一种特殊的"蒙贡-泰加(Mongun Taiga)"类型遗存[70]。其年代约为1400 BC—1100 BC[62]。此类遗存主要为带有墙垣和封堆的石棺葬。石棺、遗骸和随葬品都安放在很浅的墓坑中,遗骸侧身屈肢,头朝向西或西北。此类遗存的分布范围和墓葬形式与后世的巴泽雷克文化和乌尤克文化(Uyuk Culture)的墓葬比较相似。此类遗存也被称为"萨格赛"(Sagsay)类型墓地,被认为是乌尤克文化的早期阶段[71, 72]。蒙古国西北部的乌兰固木(Ulaangom)墓地则被视为乌尤克文化的晚期阶段[72]。

此外,考古学者还在科布多省西南部的布尔干苏木(Bulgan Somon)发现了新的北塔文化(Baitag Culture,1200 BC—900 BC)[62]。研究者认为此文化的埋葬习俗反映了乌克兰和俄罗斯铜石并用时代的传统,并认为此文化是卡拉苏克文化向新疆北部地区扩散的中介。据研究,新疆北部地区的库希类遗存正是在卡拉苏克文化的影响下诞生的[48]。因此,北塔文化与库希类遗存(?—1000 BC)之间可能存在密切的关系。

1.2.4　早期铁器时代与匈奴、丁零和东胡

随着铁器技术自西向东的传播,阿尔泰山周围地区以及蒙古高原周围地区陆续进入铁器时代[73,74]。通常认为,斯基泰人在中亚的扩散是导致铁器技术向阿尔泰山地区传播的原因之一。进入铁器时代以后,阿尔泰山地区分布着巴泽雷克文化(700 BC—300 BC),图瓦盆地分布着艾迪拜尔文化(700 BC—300 BC),米努辛斯克盆地则分布着塔加尔文化(800 BC—200 BC)。颅骨方面的研究显示[75-77],塔加尔文化人群具有明显的欧罗巴人种的特征,而巴泽雷克文化人群和艾迪拜尔文化人群则显示出欧亚大陆西部和东部人群强烈混合的特点。

由于斯基泰文化和塔加尔文化的并行发展,一般将南西伯利亚的早期铁器时代阶段称为斯基泰-塔加尔时代(800 BC—200 BC)[64,78]。据研究,典型游牧文化的关键要素正是在阿尔泰山地区早期铁器时代诸考古文化中兴起的[72-74]。在这一时期,诞生了著名的"斯基泰三要素",包括武器、马具和动物纹饰[64,79]。在全世界范围内,游牧文化也分为很多种类型,包括蒙古草原游牧类型、中亚山地游牧类型、西藏高原游牧类型、东北欧苔原森林游牧类型、西亚山地草原游牧类型、阿拉伯沙漠游牧类型、东非草原游牧类型、西非稀林草原游牧类型和安第斯山游牧类型等[80]4,其中蒙古草原游牧类型被认为是"典型游牧文化"。

有关匈奴人的研究是内亚地区古代史中最重要的内容之一。匈奴帝国是欧亚草原东部历史上游牧人群建立的第一个帝国[81,82]。匈奴帝国控制的区域,向东到达辽河流域,向西到达阿尔泰山地区和新疆塔里木盆地。这个帝国在约公元前209年由冒顿单于建立,之后迅速崛起,成为与东亚中原地区汉王朝对抗的最强大的势力。匈奴人建立了完善的政治组织,并创造了东亚北部

地区历史上第一个成熟的游牧文明[81,82]。在被汉王朝击败后,匈奴中的一部分向西迁徙到中亚地区,建立悦般国。之后,匈奴部落联盟中的一部分,即白匈奴,参与了嚈哒人(Ephthalite)的国家的形成。《草原帝国》的作者勒内·格鲁塞(René Grousset)认为,匈奴人中的一部分迁到东欧,以匈人的面目出现,与东罗马帝国发生联系[82]。不过,对于东欧的匈人与中国北方的匈奴是否存在直接渊源关系这一点,学者们还存在极大的争议,甚至完全相反的观点[83]。近年来,有不少古DNA研究揭示了两者之间的亲缘关系,但还需要更多的数据来支持两者之间的继承和演化关系。但不可否认,匈奴人的活动是欧亚大陆历史上极为重要的一部分。

匈奴人的来源是一个迄今尚未得到完全解决的问题[81]。匈奴帝国中包含很多被征服的、来源完全不同的部落,包括楼烦、林胡、东胡、浑庾、屈射、丁零、鬲昆、薪犁、楼兰、乌孙、呼揭和休屠等部落[81]。而我们所称的"匈奴人"或"匈奴本部"是指匈奴单于家族以及匈奴核心部落,包括虚连题/挛鞮氏、呼衍氏、须卜氏、丘林氏和兰氏等。基于《史记》中的记载,传统的史学观点认为匈奴是夏后氏的后裔,但这种观点已经被近代的学者所质疑[84]。不过,匈奴部落联盟中确实有相当多的成分是来自河套地区的居民。夏后氏的起源是否与山西-陕西北部至河套地区的古代人群有关,还有待进一步研究。另一方面,朱泓等学者对中国华北地区古代人群的颅骨特征进行了长期的研究[85,86]。其结果表明,自新石器时代至春秋晚期,内蒙古中南部地区居民的颅骨形态一直是古华北类型占据主导地位。而在春秋晚期到战国初期,一个新的颅骨形态——北亚蒙古人种类型——出现在中国北方长城地带。后世明确来自匈奴墓葬、鲜卑墓葬、蒙古中央石板墓文化以及蒙古东部石板墓文化的遗骨也大都属于这个类型[68,69]。这种颅骨形态也正是现代蒙古人和通古斯语人群典型的颅骨形态。而秦汉时期匈奴墓葬遗骨的骨骼形态与蒙古中央石板墓文化的遗骨形态最为接近。基于骨骼形态研究以及考古学方面所见典型游牧生活方式兴起的过程,林沄在1992年前相继发表了数篇论文,提出了"戎狄非胡论"[84]。目前这一观点已被学界普遍接受。

学者们对两汉时期匈奴文化的演变也进行了深入的研究[81,84-88]。俄罗斯学者提出了"德列斯图依类型(Derestui type)"和"苏吉类型(Soudzhy type)"的划分方式[87]。潘玲对这两个类型进行更详细的研究,确定所称的"德列斯图依类型"匈奴墓葬是西汉中期的匈奴遗存,而"苏吉类型"匈奴墓葬是东汉前期的匈奴遗存[87]72-83。伊沃尔加城(Ivolga Fortress)的年代在公元前3世纪末至公元 1 世纪之间,其主要居民可能来自中国北方边境地区。整体而言,在中国境内发现的相关墓葬只是匈奴墓葬中很小的一部分,并且规格普遍较低[88,89]。匈奴文化广泛地融合了蒙古高原周围的各种文化因素,与当地更早的石板墓文化之间已经产生了较大的差异。

  近年来,学者们对于匈奴部落的人种特征进行了更为深入的研究。通过对更多颅骨方面的数据进行分析,学者们提出匈奴人的颅骨形态属于新定义的"古蒙古高原类型"[68,69],他们研究认为:这一类型原本被归类于俄罗斯学者所定义的"古西伯利亚类型"。典型的"古西伯利亚类型"的颅骨具有较大的颅长绝对值,颅型特征为中颅型、低颅型结合偏狭的阔颅型。而"古蒙古高原类型"的颅骨则具有较小的颅长绝对值,颅型特征为圆颅型、偏低的正颅型结合阔颅型。在计算相对的"颅长高指数"时,两种类型都会得到较低的数值(低颅),因此被归为同一类型。但这是一种误判,应予以修正。目前,新定义的"古蒙古高原类型"内部包括两个类群[68,69]。第一类群包括蒙古中央石板墓组、蒙古西部匈奴组、蒙古南部匈奴组、蒙古地区匈奴混合组以及我国北方长城地带战国时期各组。第二类群包括外贝加尔石板墓组、蒙古东部石板墓组、蒙古东部匈奴组、内蒙古新店子组和内蒙古阳畔组。而贝加尔新石器组、外贝加尔新石器组、外贝加尔匈奴组以及西伯利亚地区的其他古代文化人群遗骨则属于原来的"古西伯利亚类型"。但蒙古西北匈奴组则具有更多欧罗巴人种的混合特征。以上颅骨分析结果表明,整体而言,蒙古国中南部的匈奴人群与我国北方长城地带战国时期各组的体质特征是比较一致的。但边缘地区的匈奴人群的颅骨形态则更接近当地更早的人群,如蒙古西北匈奴组、蒙古东部匈奴组和外贝加尔匈奴组。这意味着边沿地区的匈奴人群中有较多来自当地原有人群的混合。被认为很可能是东胡人群的井沟子墓地人群的颅骨形态与扎赉诺尔组及蒙古东部石板墓文化人群接近,也属于"古蒙古高原类型"[68,69]。

  历史学家对于东胡人群的来源也进行了长期的探索。早期的研究主张夏家店上层文化(1100 BC—700 BC)是东胡人的考古遗存[90]。但随着更多考古发掘工作的展开,越来越多的学者接受夏家店上层文化是山戎的遗存[91]。而根据史料记载,真正的东胡遗存应该是战国时期燕山以北地区的游牧文化类型的遗存。经过考古发掘[92]和多位学者的论证,井沟子类型遗址(约 600 BC—300 BC)被认为很可能是东胡人群的考古遗存[93,94]。目前发现的井沟子类型遗址包括井沟子西区墓地和铁匠沟 A 区墓葬。不过,由于这两处墓地的规格较低,学者们认为东胡王族的考古遗存还有待发现。目前推测以井沟子遗址所代表的东胡人群是从蒙古高原东部地区迁徙到西辽河地区的[93,94]。但是，由于蒙古国方面考古材料的缺乏，其确切来源尚不清楚。推测，在东胡兴起的过程中，他们与燕山南北地区的古代人群发生了一定程度的融合，如屠何、孤竹、令支和无终等山戎诸部[95]。与这些人群的混合可能是东胡发展壮大的重要原因之一。之后，东胡便直接面对燕国，并与后者发生了长期的冲突。根据历史学的研究，东胡被匈奴击败后，迁往鲜卑山一带的部分形成鲜卑人，而迁往乌桓山一带的部分形成乌桓部落[96]3。

在匈奴时代，蒙古高原及其周围地区的人群首次出现在中文文献中，包括浑庾、屈射、丁零、鬲昆（坚昆）和薪犁等[97]2893。不过，由于史料的缺乏，我们对于这些古代人群的早期活动历史知之甚少。通常认为，南北朝至隋唐时期的一些铁勒部落与上述部落可能存在起源上的关联[98,99]。例如，南北朝时期的狄部被认为是丁零部落的后裔。一部分狄部在西晋时期内迁到定州和并州，一度建立了短暂的翟国，之后则完全融入华北人群之中。而没有南迁的丁零部落与蒙古高原上的其他部落一起，演变为后世的高车人和铁勒人。唐代的浑部可能与浑庾部落存在先后继承关系。此外，通常认为魏晋至唐时期的"结骨/黠戛斯"是汉代坚昆部的后裔。唐代的"黠戛斯"发展成为现代的柯尔克孜族和吉尔吉斯人。另一方面，在被匈奴征服之后，"屈射"和"薪犁"两部的名称就从史料中彻底消失了。在唐代，大致生活在蒙古国西部的拔悉密部落中的一部分降唐，其地被设置为新黎州。州名中的"新黎"可能与"薪犁"有联系，但也可能仅仅是读音上的接近而已。

在匈奴时代，大兴安岭北部东西两侧分布着汉书二期文化（战国至西汉时期，约 500 BC—1 AD）[100]。大兴安岭北部东西两侧是后世室韦部落的分布区域。我们将在后文详述室韦部落的起源与汉书二期文化及其后续文化之间的可能关联。

1.3 第一千纪的草原居民：乌桓、鲜卑、室韦、高车、柔然、铁勒、突厥、回纥、契丹、鞑靼和其他

1.3.1 乌桓与鲜卑

东胡与鲜卑人之间的关系，是历史学家和考古学家长期以来关注的议题。根据《后汉书·鲜卑传》的记载，以往的学者均相信东胡与鲜卑有先后继承关

系。不过,随着研究的深入,学者们厘清了相关古代族群的复杂关系[96,101,102]。"东胡"一词有狭义和广义之分。狭义的东胡是指战国晚期至冒顿单于时期活动在辽东塞外的游牧人群[96]1-3。此人群被匈奴冒顿单于击败后,分成两大部分,分别迁往乌桓山和鲜卑山,其后分别以乌桓和鲜卑之名出现在史籍之中。此外,学者们用"东胡族系"一词来概括一系列在起源和文化上与东胡部落有关的古代人群。这个词汇除了两汉时期的乌桓和鲜卑外,还包括从鲜卑分化出来的多个部落、柔然、契丹、奚、室韦和蒙古等[96]12。不过,结合考古学方面的研究[103,104],我们推测这些部落可能与战国晚期的东胡有血缘上的直接先后继承关系,但也有可能是被同化的部落。值得注意的是,鲜卑山之名在东胡后裔的一支迁徙到当地之前就已存在。并且,也没有任何文献或考古证据表明公元4世纪后出现在大兴安岭中部和北部地区的室韦部落是战国至两汉时期的西辽河流域居民迁徙到当地之后形成的人群[104]。因此,并非全部的南北朝至唐代的室韦部落都是由两汉时期西辽河地区的鲜卑部落演化而来,认识到这一点是特别重要的。室韦部落与东胡、乌桓及鲜卑这三个部落的生活方式和文化中的很多方面存在相似性。但这种相似性可能源自更古老的共同始祖人群,也可能是文化同化的结果。因此这种相似性并不能构成证明两者之间有直接的先后继承关系的充分证据。

乌桓人群主要活动在西汉至北魏时期(约 200 BC—400 AD)[96,102]。乌桓以其骑兵的战斗力著称。辽宁西岔沟墓地被认为是乌桓人的考古遗存[105]。乌桓在两汉时期与中央政权发生密切的联系并陆续南迁。之后,在曹魏政权的打击下,乌桓各部开始衰落并扩散到华北各地。在拓跋部兴起的过程中,一部分乌桓人加入拓跋鲜卑部落联盟;散居各地的乌桓人最后基本都融入了华北汉族[96,102]。

关于鲜卑人群起源的考古材料非常多[159,160]。通常将段部、慕容鲜卑部和宇文鲜卑部统称为东部鲜卑[102]171。与此相对,拓跋部、秃发部和乞伏部可统称为西部鲜卑。一般认为东部鲜卑诸部(特别是慕容鲜卑)是西汉时期鲜卑部落的直系后裔[102]198。北玛尼吐墓地可能是退守鲜卑山时期的鲜卑人群的墓葬[104]。在大凌河流域发现的鲜卑墓葬很可能是慕容鲜卑的遗存[106]。针对这一区域的研究形成了专门的"三燕文化研究"的学术领域[107]。大凌河流域的鲜卑墓葬的文化因素与西辽河上游地区的墓葬(统称舍根文化)的发现最为接近,在时间上有先后接续关系[104,106]。但也有学者认为,舍根文化诸遗址和北玛尼吐墓群是乌桓的遗存[108]。

对于宇文鲜卑首领家族的起源,学者们大都认为出自匈奴的后裔分支[102]203。《北史·匈奴宇文莫槐传》载:"匈奴宇文莫槐,出辽东塞外。其先南单于之远属也,世为东部大人。其语与鲜卑颇异。"《唐书·宰相世系表》引用这条材料,但修改为"宇文氏出自匈奴南单于之裔"。由此,宇文氏出自匈奴单于几乎成为定论。但是,《北史》所言"南单于之远属",理解为"南单于的后裔"稍显勉强,或许也可以理解为"南单于的疏远的部属"。又据《新唐书》,"宇文氏本姓俟汾(鲜卑呼草为俟汾),音讹而为宇文"。这一说法与"南单于之裔"说无疑是矛盾的。至于宇文鲜卑的语言与其他鲜卑语的差异,也可理解为被匈奴长期统治之后学习了匈奴语所致。按常理而言,南单于统治之下的部落来源复杂,其下属部落酋长也并不一定与南单于有直系的父系血缘关系。从东汉南单于至公元3世纪末的宇文莫槐之间,只有关于葛乌菟、普回、莫那的零星记载,其他世系全然不明。再则,咸和八年(公元333年)宇文部发生权力更迭,《北史》载"别部人逸豆归杀乞得龟而自立"。这里的"别部"首领与原来的部落首领的血缘关系是不明的。由此可见,关于宇文氏是否出自匈奴单于家族,以及宇文鲜卑部落本身的首领家族是否发生过替换,都还有待进一步研究。另一方面,宇文氏既然统辖了众多的辽西鲜卑部落,其部落民主要为鲜卑人则是没有疑问的。近来,李海叶和陈长琦考证了早期宇文部从阴山地区东迁的过程[109]。

关于拓跋鲜卑的来源问题,目前还存在争议。有关拓跋鲜卑早期历史的记载非常少。呼伦贝尔地区的扎赉诺尔墓地被发现之后,学者们大都依据《魏书》和《资治通鉴》等史籍的有限记载,认为拓跋鲜卑部最早起源于伦贝尔地区[104]。随着大兴安岭北部嘎仙洞的发现,学界一度认为拓跋鲜卑的起源和迁徙路线问题已经彻底得到解决[110]。但随着嘎仙洞考古发掘和鲜卑相关考古遗址的研究,学者们认为嘎仙洞并非早期拓跋鲜卑遗迹[111]。而在对拓跋氏有关自身族源的认识进行了更深入的研究之后,历史学家认为,拓跋氏把嘎仙洞作为自身部落的起源地是源于一种历史重构,而非真实无误的记忆[112]。其次,早期的研究认为拓跋鲜卑部的迁徙路线是"呼伦贝尔—大兴安岭西麓—阴山地区"[113,114]。但随着更多遗址的发掘以及更深入的研究,学者认为已有的考古学证据并不能支持这样的迁徙路线[104]。考古学者发现,在内蒙古中部偏北地带的二连浩特盐池墓、三道湾墓地发现呼伦贝尔地区墓葬最具特色的器物——桦树皮器[104]。这或许可以作为拓跋鲜卑部与呼伦贝尔地区古代居民之间联系的证据。但有关内蒙古中部早期拓跋鲜卑部遗存的认定和来源问题,还有待进一步研究。

另一方面,被怀疑属于早期拓跋鲜卑部的遗存中,当地传统的文化因素十分突出[104]。这些因素包括无葬具的长方形土坑竖穴墓、陶器和金属牌饰等。在七郎山墓地中,墓葬形制主要是偏洞室墓[115]。而这种墓葬形制在其他地区的鲜卑墓葬中是极为罕见的。根据历史记载,拓跋鲜卑部本身是"鲜卑父胡母"融合而成的部落。早期拓跋部的活动也与贺兰部和独孤部等匈奴后裔部落有非常密切的关系[116]。并且,不同时期归附拓跋部的部落中,也有相当多的匈奴、高车等部落。由此可见,拓跋鲜卑部在文化和血缘上都与匈奴、高车等部落发生了深度的融合。综上所述,拓跋鲜卑部的早期起源和演化过程还有很多模糊的地方,有待进一步研究。

根据历史记载,建立吐谷浑政权的吐谷浑部是慕容鲜卑的分支[117]。部分历史学家认为,古代吐谷浑部落与当地居民发生融合,经过了漫长的历史时期,形成了现代土族[118]。对于土族的形成过程,将在后文予以详细讨论。

由上述可知,单纯从历史学考证的角度而言,鲜卑诸部,特别是拓跋鲜卑和宇文鲜卑部的起源和早期历史还比较模糊。从考古学的角度而言,目前关于拓跋鲜卑从何处起源,以何种路径迁徙到阴山地区,还没有最终的定论。此外,目前考古学方面的研究还没有建立起内蒙古中南部地区疑似拓跋鲜卑部的遗存与呼伦贝尔地区东汉时期遗存之间的直接联系[104]。其次,已有学者提出内蒙古中部地区的部分遗址可能属于檀石槐-轲比能时期的鲜卑部落的遗存,但目前尚一些争议[104,119]。

如果使用分子人类学的方法对古代鲜卑人群的起源和扩散进行研究,有可能解决一些关键问题。从以上综述可知,东胡与乌桓部、慕容部和吐谷浑部之间,可能存在前后继承关系(后文统称东胡直系后裔)。而宇文部和拓跋部与慕容等部很可能没有晚近的同源关系。另一方面,上述所有鲜卑部落之间文化的相似性也是无可置疑的。根据目前的研究进展,拓跋鲜卑部可能源自呼伦贝尔地区西汉时期的古代人群,而东胡人群是从蒙古高原东部迁入西辽河地区的。因此,我们可以推测所有的鲜卑部落可能存在一个更古老的共同始祖群体。而这个群体可能是在 800 BC—200 BC 之间活动在蒙古高原东部和呼伦贝尔地区的"蒙古东部石板墓文化"人群。但即使所有的鲜卑部落存在更古老时期的同源关系,在三国两晋时期他们已经作为独立的部落活动了。因此,从遗传学的角度而言,东胡直系后裔诸部落、宇文部和拓跋部的首领家族的父系 Y 染色体即便是同源的,也已经形成了不同的下游支系。通过对与鲜卑有关的古代墓葬进行古DNA测试,可以研究这些不同父系支系在古代鲜卑墓葬中的分布状态,从而研究各个鲜卑部落的起源和扩散历史。

首先,三燕时期慕容鲜卑部落的墓葬是存在的[120]。其次,东汉晚期到西晋时期(150—350)之间,西辽河上游地区和大凌河流域之间存在一系列舍根文化遗存[106]。舍根文化被认为是东部鲜卑诸部(可能也包括乌桓)始祖人群的考古遗存[121]。通过研究这些墓葬的古DNA,即可研究从乌桓部和东部鲜卑诸部的起源和扩散历史。如上一节所述,目前还没有发现毫无争议的属于古代东胡主体人群的墓葬遗址。井沟子墓地和铁匠沟墓地可能只是东胡人群集团中的一小部分,而非主体[93]。如果乌桓和东部鲜卑诸部的独特父系支系能被确认,则将有助于识别属于东胡主体的墓葬遗址。

拓跋鲜卑部的部落民的来源是很复杂的。根据檀石槐时期的历史现状,来自檀石槐部落联盟中的鲜卑人在后来成为拓跋鲜卑部部落人口的重要来源[96]78-108。而据最新的考古研究,从正北方向(即蒙古国方向)南迁到内蒙古中部地区,进而留下了二连浩特盐池墓地和三道湾墓地的古代居民,很可能是拓跋鲜卑部的主要来源之一[115]。其次,阴山地区当地居民,即所谓匈奴诸部,也是拓跋鲜卑部的主要来源之一[116]。最后,根据献帝邻"七分国人"以及后来《魏书》中有关归附部落的记载,也有不少来自匈奴、高车、柔然、乌桓和东部鲜卑的部落氏族加入了拓跋鲜卑部之中[116]245-255。

如果能从古DNA的角度确定拓跋元氏家族的父系类型,则可以在1—3世纪的墓葬中确定拓跋鲜卑部的核心家族——拓跋元氏的来源,进而研究拓跋部通过不断融合而最终发展壮大的历史进程。通过对宇文家族的遗骸进行古DNA测试,可以给出有关宇文氏起源的准确答案:源自匈奴单于或是东部鲜卑,抑或演化过程中替换了首领家族。

此外,值得说明的是,上述所有鲜卑部落都是古代人群融合的产物。我国内蒙古中南部地区和东北南部的西辽河地区,自新石器时代以来就一直存在繁荣的考古文化。在汉晋南北朝时期的乌桓和鲜卑诸部落中,相对于从外部迁入而主导鲜卑诸部落形成的人群而言,内蒙古中南部地区和西辽河地区的当地居民在人数上可能并不占少数。这些当地居民在后世的历史进程所起到的作用,尚待进一步研究。

1.3.2 室韦

室韦诸部的起源和演化历史是一个庞大而复杂的研究课题[23,122]。室韦诸部在北魏时期始见于史籍记载。隋唐时期,中文史料中关于室韦诸部的记载逐渐增多。室韦诸部一直活动到金代(1115—1234)。被归类为室韦-达怛的部落很多,广泛分布于大兴安岭东西两侧、黑龙江中上游流域和嫩江流域。绝大部分室韦部落拥有相似的语言、生活方式和风俗习惯,但也可能存在语言与其他部落差别很大的部落,比如大室韦部。

通常认为,室韦诸部是后世蒙古语人群的直接祖先[96]214-227。有很多历史学家和考古学家对于室韦的起源和历史进行了深入的研究,取得了丰硕的成果[121-124]。近年来,张久和对室韦诸部的起源、分布地域和其他相关历史进行了非常深入的研究,使我们对室韦诸部演化过程的认识达到了前所未有的高度[123]。其中有关室韦基本史料的辨析以及室韦诸部语言属性的论述,尤为重要。张久和认为,乌洛侯部是南部室韦的一部分,隋代南部室韦与北朝室韦的内涵基本一致,唐代室韦诸部是从隋代五大室韦部演变而来。辽代以后,室韦诸部逐渐演变为蒙古诸部落。

关于室韦的起源大体有5种观点:起源于鲜卑说、起源于肃慎说、起源于丁零说、起源于乌桓说和自成一系说[123]35-40。孙进已认为,室韦诸部的起源是自成一系的,与鲜卑、乌桓等并无直接渊源[180],而张久和则支持室韦起源于鲜卑说[123]。细读两位学者的论述,其中的差异似乎出自关于鲜卑定义的内涵。孙进已所指的鲜卑,是指在1—5世纪活动在西辽河流域和内蒙古中南部的鲜卑诸部。而张久和所指的鲜卑,包含了拓跋鲜卑部南迁之后留在呼伦贝尔及其周围地区的其他亲缘部落。张久和从拓跋部的迁徙、室韦与鲜卑两词同源、室韦与早期拓跋鲜卑地域相同以及语言和风俗习惯等角度,论证了室韦起源于鲜卑说[123]25-34。不过,如上节所述,拓跋鲜卑部源自嘎仙洞以及从呼伦贝尔经由大兴安岭西南麓迁到阴山的迁徙路线,已被目前的考古材料所质疑[104]。拓跋鲜卑部关于自身起源的记忆,是历史重构的结果,而非真实无误的记忆[112]。拓跋鲜卑部可能确实来自呼伦贝尔地区,但其中的迁徙细节尚有待进一步研究。

从考古学的材料看,自夏代到东汉之间,嫩江流域的考古文化延续不断且自成体系,与西辽河流域的考古文化并无渊源,也没有相互强烈影响的迹象[125]。据考古学家的研究,嫩江流域夏代到东汉的考古文化谱系是:小拉哈文化(夏至商早期)—古城类型(商晚期)—白金宝文化(西周至春秋)—汉书二期文化(战国至西汉)—红马山文化(东汉)[125]。在呼伦贝尔地区,两汉时期的考古文化有其自身的演变序列,其中的扎赉诺尔类型遗存被认为是早期拓跋鲜卑的遗存[126]。在这一阶段,呼伦贝尔地区的考古文化开始向外扩散。在魏晋南北朝时期,呼伦贝尔地区的考古文化逐渐与嫩江流域的考古文化趋同[127]。另一方面,在战国至晋代之间(500 BC—500 AD),东胡、乌桓和鲜卑诸部主要活动于内蒙古中南部和西辽河流域[115,124]。因此,可以认为,在500 BC—500 AD之间并不存在这样的现象:即源自西辽河流域的人群,扩散到嫩江流域以及大兴安岭中部和北部地区,并替换了当地的人群。由此可见,从考古学的角度而言,并没有证据能够支持"大兴安岭中部和北部的诸室韦源自西辽河地区鲜卑"的说法。

但是,室韦诸部与鲜卑人群的文化传统之间存在很大的相似性。对于这一现象,除了两者在更古老时期的共同起源外,还需要更多的解释。现有的考古学证据提供了一些线索。在汉书二期文化和红马山文化时期,嫩江流域和呼伦贝尔地区的考古文化之间存在着强烈的相互交流和影响[125-127]。这可能是导致两个区域的人群的文化趋向一致的重要原因。具体而言,可从以下3个方面讨论。

首先,汉书二期文化向西扩张,翻越大兴安岭并与呼伦贝尔地区原有的考古文化发生深度融合[126,127]。平洋墓地和完工墓地最初被认为是早期拓跋鲜卑的典型遗址[113,128],但之后经过辨析认为,这两处墓地并非早期拓跋鲜卑的墓葬,而是源自嫩江流域的汉书二期文化向西扩张后与当地人群混合的结果,并受匈奴文化强烈影响[129,130]。有关颅骨形态方面的研究也支持这样的观点[131]。

其次,对于嘎仙洞遗址的属性,学界近年有了新的研究进展。最初的发掘报告认为嘎仙洞遗址的遗物与扎赉诺尔遗址相似,因此支持嘎仙洞作为早期拓跋鲜卑遗址的观点[132]。但经过对发掘器物的进一步研究,倪润安认为嘎仙洞遗址是嫩江流域红马山文化从东向西翻越大兴安岭过程中留下的遗址之一[126]。嘎仙洞遗址的年代早于扎赉诺尔遗址,但并不是后者的最早源头。此外,乔梁认为,"(嫩江流域)红马山文化所体现的与大兴安岭西侧早期鲜卑文化的联系,表明南下的拓跋鲜卑集团中还有向东挺进到嫩江流域的一支。类似的遗址发现的线索尚很少,反映了鲜卑的东进可能并没有形成大规模的扩张。但从远在三江平原腹地的凤林古城所出土的鲜卑式铜鍑来看,汉晋时期鲜卑集团对东方的影响不能小觑"[127]。总之,我们可以看到,从西汉中晚期开始直到东汉之间,大兴安岭东西两侧的考古文化之间发生了强烈的相互影响和混合,其总体趋势表现为来自西侧的"早期鲜卑"文化影响了东侧的考古文化。嫩江流域的古代人群很有可能在这个时候被同化成为鲜卑部落的一部分。

再次,据张伟研究,嫩江流域的红马山文化与当地更早的汉书二期文化没有明显的继承关系[133]。红马山文化的一些器物有可能来自非常古老的小拉哈文化。红马山文化本身是大兴安岭西部的鲜卑文化向东扩散到嫩江流域之后,与当地文化混合的结果。红马山文化的年代目前判断在西汉晚期到东汉时期。据张久和考证,《魏书》所记北魏初期出现的乌洛侯的大致分布范围是甘河两岸和嫩江上游一带,而此时的室韦部,"即北朝室韦",则居住在嫩江中下游及以西各支流[123]42-44。在室韦西部有地豆于部,在室韦东部有豆莫娄部。《魏书》所记载的室韦部只是隋唐时期所记载的室韦诸部的一小部分[123]40。从东汉末年到北魏早期,约有不到 200 年的时间间隔。其间,从历史记录和考古学材料的角度都没有证据表明存在大规模的人口迁入,从而导致嫩江流域发生了人群替换。因此我们推测,红马山文化人群的后裔可能构成了嫩江流域的乌洛侯部和北朝时期室韦诸部的重要部分。我们的观点有待古 DNA 的研究来验证。

近年来,考古学家注意到了扎赉诺尔组墓葬与俄罗斯境内的布尔霍图伊文化(Burkhotui Culture,公元 2—8 世纪)诸遗址之间的相似性[134-136]。有学者认为,以扎赉诺尔组墓葬为代表的拓跋鲜卑在起源上可能与布尔霍图伊文化人群有非常亲密的关系。不过,布尔霍图伊文化的内涵太过宽泛,其下可细分成多种不同的类型[137]。关于扎赉诺尔组墓葬与布尔霍图伊文化诸类型之间的相互关系,还有待进一步研究。西乌珠尔墓群及其出土物属于高度契丹化的文化遗存,应是唐中晚期游牧在额尔古纳河流域的西室韦人的遗存[136]。对于相关考古文化的演化关系,倪润安认为,"如果把扎赉诺尔组墓葬作为拓跋鲜卑遗存,那么搞清楚平洋文化、红马山文化、布尔霍图伊文化的族属和相互关系,对于推进拓跋起源问题的解决是十分关键的"[126]。

1.3.3 柔然

从公元 4 世纪末开始,柔然部落在蒙古高原及其周围地区活动了近一个半世纪,到公元 6 世纪中叶时被突厥击败[96]146-160。柔然部落的核心是郁久闾氏以及与之有亲缘关系的多个家族和部族[96]146-160。柔然汗国所统辖的人群则几乎囊括当时蒙古高原及其周围的所有族群,包括源自东胡鲜卑、敕勒、匈奴和西部诸部的氏族或部落[138,139]。因此,柔然部落并非一个有完全共同起源或在一定程度上有共同起源的族群。

对于郁久闾氏的起源,有多种说法[96]146-160。现存的史料似不足以说明郁久闾氏的确切起源。《魏书·蠕蠕传》载:"蠕蠕,东胡之苗裔也,姓郁久闾氏。"此外,《魏书·蠕蠕传》载柔然可汗阿那瓌朝见北魏孝明帝时言:"臣先世源由,出于大魏。"但这条材料并不足以说明郁久闾氏的直系血缘祖先的来源。据史料记载,郁久闾氏的始祖木骨闾是拓跋部力微时期鲜卑贵族的奴隶,后来纠集了一些逃亡者依附纥突邻部,最后形成一个独立的部落[138,139]。可见,我们可能无法从史料中论证木骨闾最初源自哪一个部落(或是匈奴、乌桓、拓鲜卑本部或其他鲜卑部)。但是,可以认为在柔然部落形成之时,其文化属性与鲜卑诸部是非常相似的。

目前尚没有发现与柔然有关的大型考古遗址,也没有一个现代族群是柔然王室郁久闾氏的直系后裔。故而,从遗传学的角度去研究柔然的历史是有难度的。所幸的是,2015年陕西省考古研究所在西安市内发现了隋代将军郁久闾可婆头的墓葬[140]。通过对墓主进行古 DNA 研究,我们有可能确定郁久闾氏的父系类型。再通过与相关古代人群的 DNA 进行对比,则有可能进一步研究郁久闾氏父系起源历史。

1.3.4 高车与铁勒

高车和铁勒诸部拥有极为悠久的历史。根据林幹、薛宗正和段连勤等人的研究[98,99,141],汉魏时期,丁零居住在匈奴之北和康居之北,即今蒙古高原北部、贝加尔湖沿岸至哈萨克草原北部一带。北魏时期,蒙古高原上除了柔然外的部落被统称为高车,或高车丁零,或敕勒。北魏政权对高车诸部、内迁到定州和并州的丁零以及柔然这三者是区别对待的。高车诸部的主要部分是高车六部,包括狄、袁纥、斛律、解批、护骨和异奇斤。狄部原为六部之首,在西晋初年内迁中原,后逐渐湮没无闻。随后,原高车六部中排在第二位的袁纥氏成为高车诸部中最强势的部落。北朝后期,高车之名逐渐被敕勒替代。隋唐时期,被统称为铁勒的部落分布在从蒙古高原东部直到里海北部沿岸地区的广阔地域上。从丁零到高车再到铁勒,其中包含的部落逐渐增多。不过,其间的部落离散并重新组合的过程十分复杂,难以还原其中的细节。其中一部分可能确实是人口自然增长带来的,但很大程度上是源于部落人口的融合与重组。

参考前贤学者的考证和研究[98,99,141],我们在这里总结了高车与铁勒诸部的演变过程。值得说明的是,由于史料记载不详,而部落演变过程十分复杂,这些部落的演变过程尚存在很多争议的地方，还有待更深入的研究。

第一阶段：公元1世纪以前。在先秦秦汉时期，丁零诸部可能主要分布在蒙古高原以北至西伯利亚南部地区。此外，有一部分定居在康居以北的丁零部落，被称为西丁零。在这一时期，蒙古高原上还存在着很多其他的部落（如匈奴、屈射、浑庾和鬲昆等）。公元1世纪末，北匈奴被汉王朝彻底击败，部落离散。

第二阶段：公元1世纪至约公元4世纪末。东汉中期至北魏初期，丁零和鲜卑诸部扩散到蒙古高原上，逐渐形成了松散的部落联盟，以高车六部著称。在这一阶段的早期，丁零主部的直接后裔"狄部"可能在部落联盟中占据优势，因此中原王朝史料以丁零来统称蒙古高原上的部落。西晋初年，塞外部落大举南迁。而西晋灭亡之后的十六国时期，华北地区出现了很多丁零部落，并一度建立了政权（大魏国，388—393）。此后，华北地区的丁零部落逐渐融入当地人群。

在这一阶段，随着匈奴的西迁，有大量与之有亲缘关系的部落也随着西迁。这一阶段的大迁徙，很可能为隋唐时期所见的铁勒部落的广泛分布奠定了基础。有史料记载，在公元460年之前，Saragur、Ogur、Onogur和Sabir等部落居住哈萨克北部与黑海北岸之间的广阔地区[142]。

第三阶段：公元5世纪初至6世纪末。由于狄部（丁零主部的直系后裔）的南迁，袁纥部落开始成为蒙古高原上高车诸部之中最强大的部落。在柔然汗国和北魏早期，主要的战争对象已经是袁纥部和斛律部了。在北魏初期，北魏政权曾征服漠北，将大量的高车部落迁到华北北部地区。因不愿随北魏南征，敕勒（即高车）诸部在498年推举袁纥部的树者为首领，反叛北魏王朝并投奔柔然。可见，袁纥部落此时已经在敕勒诸部中占据领导地位。高车六部中的斛律部在北魏之后基本融入了华北人群。护骨部被认为就是早期拓跋鲜卑中的纥骨氏，可见很早的时候就融入了鲜卑之中。解批部后来演变为铁勒诸部中的契弊部和回纥诸部中的契苾部。对于异奇斤部的来源和去向，没有明确的记载。在这一阶段，铁勒诸部先后受到柔然和突厥的统治，回纥诸部也包括在其中。

约在公元487年，由高车副付罗部首领阿伏至罗率部约10万落迁徙到新疆北部，一定程度上促进了后世这一地区突厥语部落的形成。阿史那氏正是在吞并了5万余铁勒部落人口之后才强大起来的。也有很多其他部落在这一阶段迁徙到了新疆北部和阿尔泰山附近地区，如契苾和薛延陀部等。

第四阶段：公元 7 世纪初至公元 9 世纪。为反抗突厥的统治，铁勒诸部建立了短暂的两个汗国，即契苾-薛延陀汗国（605—612）和薛延陀汗国（628—646）。之后，铁勒诸部先后被唐王朝和第二突厥汗国（682—745）所统治。最后，铁勒诸部在回纥部落的领导下，最终建立了回纥汗国（744—846）。

除了回纥部落之外，其他铁勒部落对于后世蒙古语人群形成的影响是比较小的。值得重点说明的是拔野古部落[143]。有学者认为，隋唐时期的拔野古部是匈奴余部拔也稽的后裔[144]9-16。在唐代的时候，拔野古部位于所有突厥语部落的最东北方向的位置上，与室韦或靺鞨部相邻[143]。据史料记载以及相关考证，拔野古部大致居住在色楞格河下游至贝加尔湖以东一带。普遍认为，蒙元时期的巴儿忽部（八剌忽部）是唐代拔野古部演变而来的[145]7-11。巴儿古津地方之得名，很显然与巴儿忽部居住在此地有关。不过，根据《蒙古秘史》和《史集》，"巴尔忽惕"是对生活在贝加尔湖巴尔古津一带蒙古族"林中百姓"的统称，也就是对库里（豁里）、秃剌思、不里牙惕、秃马惕四部的统称[146]。此处的库里（豁里）部的得名，学者们认为与突厥部落骨利干（Qurigan）存在关系[145,146]。而根据布里亚特人对于自身起源的传说，古代的布里亚特部落联盟中包含浩里土默特（布里亚特人）、巴尔虎代人（巴尔虎金）、宝拉嘎德（猎貂人）、伊黑利德和贺日木沁（猎松鼠人）等部落和氏族[147]3。总之，可以认为现代布里亚特蒙古人是古代的突厥部落（拔野古和骨利干）、蒙古部落（秃马惕和不里牙惕等）以及一些森林中的采集狩猎氏族融合而成的。可以预见，在现代布里亚特蒙古人的父系遗传结构中，应该存在两种主要的类型，其一与其他突厥语人群共享，其一与其他蒙古语人群共享。

1.3.5　突厥、回纥与汪古

自 6 世纪初兴起的阿史那氏创立了突厥汗国，促进了古代突厥语族群的形成和发展[154,155,197]。突厥汗国以及后世的突厥语民族的历史，在世界史中占有重要的地位。一般认为，阿史那氏起源于新疆北部和阿尔泰山地区。阿史那氏可能与契骨（即后世黠戛斯部的祖先人群）等古代部落存在起源上的亲缘关系。在突厥汗国统治期间，突厥语在汗国内部广泛传播，导致了突厥化的历史进程。从语言学的角度而言，这一时期也是突厥语族形成的关键时期[148]。突厥汗国崩溃之后，突厥语族群持续向中亚、西亚和东欧地区迁徙，最终导致了现代突厥语人群的广泛分布[142,149]。后世的突厥语族群一定程度上继承了突厥汗国时期的政治、语言和文化传统。据研究，可萨汗国的统治者可能是阿史那氏的直系后裔[150]。之后,可萨汗国的居民部分融入后世的俄罗斯人,其中一部分演变为阿什肯纳兹犹太人(Ashkenazi Jews)[151]。整体而言,由于突厥部落大都西迁到中亚地区,突厥汗国时期的突厥人没有对建立蒙古汗国之前的蒙古部落的遗传结构产生重大影响。不过,在第二突厥汗国时期(682—745)创立的突厥文对后世突厥语族群的语言和文化产生了非常重大的影响。

回纥部落在蒙古高原人群的历史中占据重要地位[152]。《魏书·高车传》提到的"袁纥"是有关回纥部落的最早记载。高车、铁勒和回纥诸部在不同时期形成了不同的部落联盟,而这些部落联盟的具体的部落组成是不断变化的。按《魏书》所记,袁纥部落本是漠北高车部落之一。到了隋唐时期,回纥是种类繁多的铁勒部落之一。在唐代早期,回纥部落曾在时健、菩萨、吐迷度及其后裔的领导之下,联合其他部落形成一个小范围的部落联盟[153]1-14。此后,又先后经历了与薛延陀汗国联合的时期、臣服于唐朝和臣服于第二突厥汗国的3个阶段。在这一时段,参与回纥部落联盟的部落组成也不断变化。到了公元8世纪中期,回纥部落酋长骨力裴罗最终建立了回纥汗国(744—840)。在回纥汗国后期,可汗家族变为跌跌氏[152]209。在回纥汗国崩溃之后,一部分迁往新疆地区,在后世参与了现代维吾尔族的形成;一部分迁往河西走廊并建立甘州回纥[154],这部分居民后来演变为黄头维吾尔和撒里畏吾,最终与部分蒙古部落和甘青地区的当地居民混合而形成现代裕固族[155]。

回纥汗国崩溃之后留在蒙古高原上的部落的演变历史是比较模糊的。通常认为,回纥汗国之中的"九姓鞑靼"与后世的克烈部有直接的关系[156,157]。关于这一议题,我们将在后文讨论。亦邻真认为,乃蛮部是说突厥语的部落[158]。乃蛮部在《辽史》中被记载为"乃蛮"或"粘八葛",在《金史》中被记载为"粘八恩",在其他史料中还有其他写法。有学者对于这一词汇进行了深入的研究,认为"粘八葛"和"粘八恩"实际上是辽人对八部别帖斤(Naiman Betkin)的记录,而"乃蛮"是对"Naiman Betkin"的简称[159]。此项研究的论证十分精彩,解决了一大历史难题。据考证,乃蛮部的起源很可能与黠戛斯以及未知起源的古出兀惕部有关。在被蒙古部征服之后,乃蛮部大部分融入了蒙古人之中;也有一部分西迁到阿尔泰山以西地区,现代哈萨克人和乌兹别克人中的乃曼部可能与这部分乃蛮人有关[160]。

札剌亦儿部(Zhalair 或 Jalair)的演化历史涉及铁勒部落向蒙古部落转变的过程,非常值得深究。据《史集》记载:"……据说,他们(札剌亦儿部)的禹儿体自古以来一直在哈剌和林,对他们来说,那样才是忠顺畏服,即不断向古儿汗即畏兀儿的君主的公驼供奉油脂。由于那个原因,他们的名称曾称为BLAQH。"[161]第一卷第一分册,149 刘迎胜结合波斯文和校本,对《史集》中关于札剌亦儿部的记载进行了更正,并解释了这个部落名称的来源[162]。有学者考证认为,"BLAQH"实为"YLAQH"的误记,并进一步认为札剌亦儿一词的词源是Yalakir,是从回纥可汗所出氏族"药罗葛"一词演变而来[163]。《元史》中将札剌亦儿部记作"押剌伊而"。谢咏梅论证认为,这是源自畏吾体蒙古文的读音规律:畏兀儿文中的半元音"y"(Yalayir,押剌伊而),在畏吾体蒙古文中就会被记录为舌叶塞擦音ĵ(Jalayir,札剌亦儿)。其中,"-ir(伊而或亦儿)"当是表示名词变格的后缀[164]。可见,札剌亦儿一词的词根是"押剌"。至少在回纥汗国时代开始,此部落居住在哈剌和林附近。其部落名与回鹘可汗部落药罗葛是有直接关系的,可能是"直属于药罗葛氏可汗的部落"之意。《西州程记》记载"次历拽利王子族,有合罗川,唐回鹘公主所居之地"。蔡凤林考证认为,此处所记"拽利王子族"即应为回鹘药罗葛部后裔,他们的居地在合罗川(也就是哈剌和林)[156]。综合这些证据,我们可以认为,后世押剌伊而(札剌亦儿)部源自《西州程记》所载的"拽利王子族"。根据史料推测,札剌亦儿部在辽代期间存在一个自西向东北方向扩散的过程。《史集》记载札剌亦儿部最早生活在哈剌和林附近。《辽史》记载有"阻卜札剌部",可见那时札剌亦儿部还不属于克鲁伦河中游附近的敌烈部,有可能当时札剌亦儿部的驻地偏西,更接近位于哈剌和林的阻卜诸部。

但从另一方面讲,札剌亦儿部与蒙古部的关系极为密切[165]。《史集》又记载,"在斡难地区有他们的一部分营地","那时,名为札剌亦儿的蒙古人……有若干部落住在怯绿连河境内,他们共有七十古列延……这条怯绿连河邻近乞台地区"。[161]第一卷第二分册,18 可见,在蒙古部落刚刚兴起的时候(公元10世纪初),札剌亦儿部居住在克鲁伦河与斡难河之间,是拥有大量人口的庞大部落。有一部分札剌亦儿部在斡难河流域与蒙古部落毗邻而居。关于源自札剌亦儿部木华黎将军的记载即说"世居阿难水东"。所以,这种可能性是完全存在的:即在这个阶段,斡难河流域已经有部分札剌亦儿部与蒙古人发生了融合[162]。到蒙古汗国建立的时候,札剌亦儿部逐渐被征服并彻底融入蒙古人之中。一部分人札剌亦儿西迁并成为金帐汗国的居民,之后参与了哈萨克汗国的建立。在现代哈萨克人中,还存在札剌亦儿部落[165]。

汪古部(又译雍古、旺古)是金元时期内蒙古中南部的一个重要部落[166,167]。一般认为,金元时期的汪古部与唐末五代时期的阴山室韦或阴山鞑靼[168]以及辽时期的白达旦部[169]有关。据《史集》和《元史·卷一三四·阔阔传》的记载,汪古部得名的原因是蒙古语把边墙称为 unku[161]第一卷第一分册,230。有学者认为,汪古部之得名来自汪古山(翁衮山)[163]。汪古部的部落来源十分复杂,可能是回鹘后裔、沙陀突厥后裔和一些室韦(鞑靼)部落混合而成[166-171]。

1.3.6 契丹

契丹部落在中国东北地区活动了很长一段历史时期,其建立的辽代是中国历史的一个重要章节[172]。关于契丹部的记录,最早出现在北魏道武帝年间(405)。到了唐代,契丹部已经成为中国东北地区一个强大的部落。契丹部耶律阿保机于公元 916 年建立了契丹国,后改称"辽"。在强盛之时,辽国统治着中国北方地区、蒙古国以及中国西北地区的很多部落。契丹人创立了自己的文字,但通行的时间不长。在公元 1125 年,辽国被完颜部所领导的女真人所灭亡。

由于史料语焉不详,目前学界对于辽代王室耶律氏的起源还有不同的观点[173-176]。《魏书》载:"库莫奚国之先,东部宇文之别种也。初为慕容元真所破,遗落者窜匿松漠之间。"[177]2222 又载:"契丹国在库莫奚东,异种同类,俱窜于松漠之间。"[177]2223 据此,传统的观点认为契丹是宇文鲜卑的后裔。契丹人传说中的始祖奇首可汗可能活动于北魏初年[173]。早期的契丹部落联盟由多个小部落组成,以"八部"著称,定期通过会议选举整个契丹部的首领。据史料记载,大贺氏、遥辇氏和耶律氏先后在契丹部落联盟中占据首领地位[96]169-170。可以看到,目前已有的史料不足以证明耶律氏与大贺氏和遥辇氏等部的首领家族都是奇首或者最初的宇文鲜卑部首领的直系男性后裔。这种情况并非不可理解:在鲜卑部落活动期间(公元 3—6 世纪),东部鲜卑部落内部的人口来源包括东胡的直系后裔乌桓和鲜卑诸部、中国华北地区的居民以及西辽河流域自新石器时代以来就一直生活在当地的居民。在游牧部落快速兴起和消亡期间,部落民众聚散离合,其世系是难以追溯的。此外,据史料记载,奚族与契丹有亲缘关系,在辽代初期被契丹吞并,后遂湮没无闻[96]209-213。

如果使用分子人类学的方法对古代契丹人的遗传结构进行研究,我们有可能解决以下一些关键问题。其一,如果能通过古 DNA 的方法测定耶律氏的确切父系,据此可以研究耶律氏是否与宇文鲜卑或其他鲜卑部落有直接的关系。其二,在辽国统治期间,有一部分回纥后裔、蒙古部落和女真部落都与契丹人之间发生过融合或相互影响。通过测试普通契丹民族的遗传结构来研究整个契丹部落的人群来源,据此探讨北朝至金代期间中国东北地区的族群动态和历史进程。值得一提的是,有部分达斡尔族人和学者认为,辽国灭亡之后北迁的部分居民参与了达斡尔族的形成[178,179]。由于史料缺乏,遗传学的研究可能可以成为解决这些问题的途径之一。

1.3.7 鞑靼、阻卜、克烈、篾儿乞、乌古和羽厥里

辽金时期蒙古高原诸部落的历史,一直是一个极具挑战的研究课题[180]。在此之前,史料中关于大兴安岭北部和蒙古高原东北部古代族群的记载非常稀少。在这一时期之后,蒙古帝国的建立最终导致了现代蒙古语人群的形成。因此,可以认为辽金时期是蒙古语人群形成的关键时期。

1.3.7.1 鞑靼、阻卜、克烈和篾儿乞部

鞑靼部(塔塔儿部)和阻卜部是辽金政权在西北方向上的劲敌[170]。鞑靼部和阻卜部的演化历史和相互关系,是中国古代北方族群历史中最富争议性的议题之一[123,181-187]。很多学者为这个议题的解答做出了重要的贡献。1984年出版的《辽金时代蒙古考》可以视为对于这一议题的阶段性总结[180]。目前普遍接受的观点是:① 鞑靼一名是突厥语人群(突厥和回纥)对东方"异族"部落的泛称[170],阻卜一词近似等价于鞑靼[183],但后者的内涵要稍微宽泛一些[184];② 三十姓鞑靼就是指位于突厥和回纥东方的、大致生活在大兴安岭两侧的室韦部落[179,185];③ "阻卜"的词源可能是"术不姑部"[186]、"Yabaqu部"[187]、"草原部落"[184]或"北方"[182],这个词汇之后被作为对所有鞑靼部的统称。活动在克鲁伦河至呼伦湖一带的塔塔儿部在1196年被金国与克烈部和蒙古部的联军彻底击败,之后逐渐被蒙古部吞并[53,71]。

克烈部是蒙古部兴起前蒙古高原中部最强势的人群。据前田直典研究,第二突厥汗国和回纥汗国时期,九姓鞑靼部落居住在色楞格河下游地区[185]。回纥汗国击败了九姓鞑靼并将其中的一部分迁移到了首都哈剌和林附近。在回纥汗国期间,这些鞑靼(达旦)部落在文化和语言上都经历了突厥化[156,157,185]。《西州程记》所记哈剌和林附近的九族达靼,应该就是这些部落。回纥汗国崩溃之后,这些鞑靼(达旦)部落逐渐成为蒙古草原中地区最强大的部落。在辽代,他们被称为"北阻卜"或者"达旦国九部",在金代时演变为克烈部[188]18。我们觉得亦邻真的观点是比较公允的:"克烈人不像是原蒙古人。

除了突厥化的叙利亚教名之外,见于史书的克烈人名几乎都是突厥语。如果他们是原蒙古人,那也是突厥化程度最高的。"[158]

值得注意的是,居住在色楞格河下游的九姓鞑靼部在唐代以前的起源是未知的。在唐代,骨利干分布在贝加尔湖周围,仆固部和同罗部分布在色楞河的中游和东部[143],拔野古部分布在贝加尔湖到克鲁伦河之间,处在突厥语诸部落的最东北方的位置上。这 4 个部落属于说突厥语的铁勒部落,这基本上是没有异议的[98]。在拔野古的东部,还有一个鞠部。《通典·边防十五》有载:"鞠国 在拔野古东北五百里,六日行。其国有树无草,但有地苔。无羊马,家畜鹿如中国牛马。使鹿牵车,可胜三四人。人衣鹿皮,食地苔。其国俗聚木为屋,尊卑共居其中。"根据这些记录,我们可以看到,在贝加尔湖、拔野古部和鞠部之间这一片宽阔的地理区域上生活的部落,汉文史料中没有任何记载。而根据古突厥文碑铭的记载,突厥-回纥人将色楞格河下游的非突厥语部落称为"九姓鞑靼部"[185]。因此,九姓鞑靼部可能就是贝加尔湖东部地区的居民,他们生活在拔野古部的北方、鞠部的西方。学者普遍认为[189]12,鞠部与后世的通古斯人存在亲缘关系[190]6。据此,我们猜测九姓鞑靼部可能与鞠部,也就是后世一部分通古斯语族群的始祖人群,存在起源上的亲缘关系。另一方面,室韦部落主要生活在大兴安岭两侧[123]6,他们被突厥-回纥人称为三十姓鞑靼[123]117-118。突厥-回纥人所称的"鞑靼",可能同时包含室韦部落和通古斯语部落。这可能是因为外贝加尔湖地区北部的通古斯语族群与大兴安岭的室韦部落都是森林中的采集渔猎部落,在风俗习惯和生活方式确实有很多相似之处。另一种可能的情况是,居住在贝加尔湖东南的鞠部(通古斯语人群)的亲缘人群,在某个时间被"原蒙古化"了,所以突厥-回纥人把他们称为九姓鞑靼。但由于史料的缺乏,尚无证据说明这一过程是否以及何时发生过。

通常认为篾儿乞部(篾尔乞)是属于原蒙古人的一个部落[158]。此部落也被记录为梅里急和密儿纪。有学者认为篾儿乞部是靺鞨西迁的后裔,但主要论据是部落名发音的相似性[191]。松花江流域的靺鞨部越过室韦-蒙古诸部的辽阔分布区域而出现在色楞格河下游,却没有留下任何痕迹,似乎不合常理。我们推测,篾儿乞部的始祖在相当久远的时代就已经生活在色楞格河下游一带了。在被辽代史料记录下来之时,篾儿乞部已经是一个人口较多的强大部落了[191,192]。篾儿乞部的语言与蒙古部的语言有轻微的差异。在被蒙古部击败之后,篾儿乞作为一个部落已经不复存在,但后世仍有少量篾儿乞人的后裔活动[192,193]。根据史料推测,篾儿乞应是色楞格河下游地区的居民,并非和其他蒙古部一样从大兴安岭西迁。但为什么史料中的篾儿乞部与蒙古部存在诸多相似之处?从分子人类学的角度而言,对公元第一千纪色楞格河下游的考古遗存中的遗骨和现存的篾儿乞部后裔进行 DNA 测试,有可能为研究篾儿乞部的起源提供一些证据。

1.3.7.2　乌古-羽厥里的扩散与弘吉剌特部和林中百姓诸部的起源

辽代乌古部的来源和流向,也是学术界非常关注的议题[194-197]。"乌古部"在《辽史》及其他一些史料中又记作乌古里、乌虎里、于厥、乌古、羽厥里、于厥里、于骨里和姐厥律[198,199]。据考证,乌古部和羽厥里部应是彼此有亲缘关系的两个部落,之后"羽厥里"之名消失而统称乌古部[198,199]。乌古部和羽厥里部这两个部落名源自同一个词汇,故而在史书中,这两个部落名有时候并列出现,但有时又可互换使用。关于乌古人的活动地域,一般认为在呼伦湖与大兴安岭之间。经过上引多位学者的考证,目前普遍认可呼伦贝尔地区的乌古部逐渐演化为弘吉剌特部(王纪剌、广吉剌、翁吉剌惕)。

关于弘吉剌特部的起源,史料中有两种传说[200]。一方面,《史集》记载弘吉剌特部与其他蒙古部一样,都是从额尔古涅昆中走出的部落。[161]第一卷第一分册,261 但《史集》又记载了另一种起源传说,即他们源自黄金壶中出生的 3 个始祖。[161]第一卷第一分册,262 这种传说似乎又表明他们与蒙古诸部有不同的起源。据考证,蒙兀室韦部只是唐代大兴安岭北部的北室韦诸部中的一小部分,在金代才开始逐渐向西扩散到草原地带[199],且乌古部在辽代已经是一个强大而人口众多的部族[194,195]。如果把弘吉剌特部全部追溯到额尔古涅昆之中的蒙兀室韦,则唐代数目众多的其他室韦诸部在辽金时期全部没有后裔存在。这是不符合常理的,也与两种起源传说不符。另据考证,北魏时期始见于史料的乌洛侯部,后来演化成为弘吉剌部中的斡勒忽纳惕部[199]。因此,我们推测辽金时期的乌古-弘吉剌特诸部主要源自位于大兴安岭中部和南部的唐代室韦诸部落,但也融合了一部分从大兴安岭北部的额尔古涅昆之中走出的部分"原蒙古"部落。可能正是因为这种融合的关系,弘吉剌部才有两种起源传说。这种融合是有迹可循的。我们知道,合答斤部(合底忻)和山只昆部(撒勒只兀惕)是尼伦蒙古部中最早分化出来的部落[200]。这两个部落在金代就活动在呼伦贝尔地区,与弘吉剌特部毗邻而居。

其次,我们有必要区分贝加尔湖东南一带的羽厥里部和呼伦贝尔地区的乌古部[198]。根据《辽史地理志》的记载,有一部分羽厥里部生活在静边城、皮被河城和镇州城的北方。《新五代史·四夷附录》所录胡峤《陷虏记》载:"西北至妪厥律……水出大鱼,契丹仰食……又其西,辖戛。"冯恩学据此认为,羽厥里部的分布地域至少已经到达贝加尔湖周围地区,并与黠戛斯部邻近[198]。又,俄罗斯考古学家在贝加尔湖西北部勒拿河上游的舍石金(Sheshikin)发现了大量岩画,其中第二组含有车帐的内容[201]。冯恩学认为这些岩画是辽代羽厥里部留下的。相对于贝加尔湖周围原有的采集狩猎人群,羽厥里部的文化有游牧因素,具有更高的文化水平,其文化受到契丹文化的强烈影响。

根据以上证据,我们可以认为,在辽代早期,乌古部和羽厥里部分布在相当广阔的地域之内。根据上引诸位学者的考证,乌古部大致活动在喀尔喀河、呼伦湖、额尔古纳河与大兴安岭之间[194-199]。羽厥里部则生活在静边城、皮被河城和镇州城的北方以及勒拿河上游以东以南之间的广阔区域。值得说明的是,在这一时段,蒙兀部已经开始从大兴安岭北部向西迁徙,并逐渐扩散到呼伦湖与鄂嫩河流域。根据辽金时期的部落分布形势,我们可以推测乌古-羽厥里诸部的扩散早于蒙兀部的扩散。并且,可能正是蒙兀部向西的扩散切断了呼伦贝尔地区的乌古部与迁徙到贝加尔湖东部地区的羽厥里之间的联系。之后,两部分人群的后裔分别走上了不同的发展道路。此外,来自辽国的军事打击可能也导致羽厥里部后来消失在史料中的原因之一。

值得说明的是,根据我们的上述推测,乌古-羽厥里部的扩散直接导致了多个蒙古语人群的形成,是蒙古语人群演化历史上一个重大事件。在此之前,蒙古语人群的祖先——室韦诸部——生活在大兴安岭北部的山林之中[123]59。对于这些族群,中央王朝的史料中只有零星的记载。在此之后,蒙古诸部作为独立部落的历史活动被详细地记录了下来。目前认为,大约从8世纪起就有一些室韦-鞑靼人开始西迁,逐步向蒙古高原渗透[123]157-171。在后世活动于阴山地区的黑车子室韦应该就是最早扩散出去的那部分人群的后裔。在公元840年回纥汗国崩溃之后,包括蒙兀室韦部落在内的室韦诸部大举迁入蒙古高原,辽代乌古部(演变为弘吉剌特部)、塔塔儿部、羽厥里、萌古部(即后世蒙古部)和斡郎改诸部相继出现,使得蒙古高原的主体人群发生了从突厥语人群向蒙古语人群的彻底转变。

羽厥里部向贝加尔湖地区的扩散,很可能正是导致后世豁里秃麻惕、不里牙惕和八剌忽部等林中百姓部落出现在贝加尔湖周围地区的主要原因之一。《契丹国志·卷二十二》记载,"又次北至于厥国。无君长首领管押,凡事并与蒙古里国同"。可见,羽厥里部作为蒙古语族部落是没有疑问的。我们知道,直到回纥汗国时期,贝加尔湖地区周围还居住着骨利干和拔野古等突厥语部落[143]。而在辽代后期,羽厥里部已经消失在史料之中,同时斡郎改部出现在史料之中。到了金代,蒙古已经扩散到鄂嫩河上游地区,且呼伦贝尔地区的乌古部已经演变为弘吉剌特部[199]。贝加尔湖地区的斡郎改部则分化为豁里秃麻惕、不里牙惕和八剌忽等诸林中百姓部落[202]349。再次,据史料记载,辽代的羽厥里部在西部已经与黠戛斯邻近[198]。从元代直到现代,在贝加尔湖以西的地区,蒙古语人群分布地域的西部边界始终停留在安加拉河上游一带,几乎没有变化。总之,与"蒙古里"部风俗习惯接近的羽厥里部的消失与后世贝加尔湖东南部诸蒙古语部落的兴起存在时间先后的接续关系。两者的分布地域大致相同。因此,我们可以推测,羽厥里部与豁里秃麻惕、不里牙惕和八剌忽等部很可能有直接的先后继承关系。

《中国通史·第八卷·元时期》描述了蒙古部兴起之前蒙古草原及贝加尔湖地区诸部落的大致分布区域[202]23-349。在当时,斡亦剌部已经分布到了库苏古尔湖(Khuvsgol Lake)附近地区,他们生活的区域是当时的所有蒙古部落最西部的区域。克烈部在蒙古草原中部占据优势地位,篾儿乞部占据色楞格河下游区域,黠戛斯部在米努辛斯克盆地和图瓦盆地占据优势。元代以后,斡亦剌部逐渐向西南方向迁徙。斡亦剌部与豁里秃麻惕、不里牙惕和八剌忽部都是从贝加尔湖南部地区兴起和扩散的,这可能就是他们被统称为林中百姓部落的原因。当然,蒙古部兴起之初的林中百姓诸部落中也可能包含一些非蒙古语的部落。

结合上述讨论以及前引张久和的考证,我们推测:如图1.5所示,在回纥汗国崩溃(840)之后,与乌古部同源的羽厥里部逐渐向贝加尔湖方向扩散,并最终到达贝加尔湖沿岸地区。在辽代早期(916—1000),羽厥里部散布在克鲁伦河与贝加尔湖之间的辽阔区域内,与乌古部和北阻卜部(即后世克烈部的祖先)一样,成为辽国的劲敌。在这一阶段,蒙兀部(蒙古部)及其亲缘部落也逐渐向呼伦贝尔地区和鄂嫩河流域扩散。在辽代后期至金代之间,贝加尔湖周围的部落先被记录为斡郎改部(林中百姓部落),后被记录为豁里秃麻惕、不里牙惕、八剌忽部和斡亦剌部等部落。我们推测,羽厥里部向贝加尔湖地区的扩散以及与当地居民的融合是导致贝加尔湖地区人群蒙古化的主要原因。

在上文,我们讨论了"原蒙古人"(东胡、乌桓、鲜卑和室韦等)以及相关人群的早期演化历史。对于这些人群的先后继承关系,学者在此前已经进行了

图 1.5　辽代初期蒙古高原各部落的分布

非常深入的研究,提出了很多观点和假说。如图 1.6 所示。对于那些明确的、无争议的先后继承关系,在图 1.6 中才画成实线,其他的都画成虚线。同时,参考上文的讨论,我们为历史时期的人群列出了青铜时代晚期和铁器时代的可能祖先人群。我们认为,通过对史料的综合研究和对相关考古学证据的辨析,能够为"原蒙古人"和蒙古人识别出在没有文字记载的更古老的历史时期的可能祖先群体。参考上文的讨论,我们提出,"原蒙古人"和后世的蒙古人可能存在四大重要始祖群体,分别是:① 旧石器至青铜时代晚期(800 BC)的外贝加尔湖、蒙古高原东部以及呼伦贝尔地区的采集渔猎人群;② 大兴安岭北麓的采集渔猎人群;③ 嫩江下游地区人群;④ 贝加尔湖东南的类通古斯语人群。如图 1.6 所示,这些可能的始祖人群经过复杂的演化过程,形成了历史时期被文献记录下来的人群。在后文,我们将用遗传学的数据来验证我们的推测。

1.3.8　蒙兀室韦与早期蒙古部

1.3.8.1　蒙兀室韦的早期起源

蒙兀室韦的起源可能与北室韦诸部中的钵室韦或者婆萵室韦有关。唐代的婆萵室韦就是隋代的钵室韦,已为多数研究者认同[203]。有学者认为,唐代的婆萵室韦进一步演化为蒙兀室韦[256]79。其中的演变过程可能是这样的:"钵"字可能对应"Bor"一词,在蒙古语中意为"灰色"、"质朴的",后来这个词汇演变为"Bogh"和"Mong-g-hol",后者也就是蒙兀部的名称[205]122。据《史集》记

第 1 章 历史学、考古学、民族学和语言学对蒙古语人群起源的研究 | 51

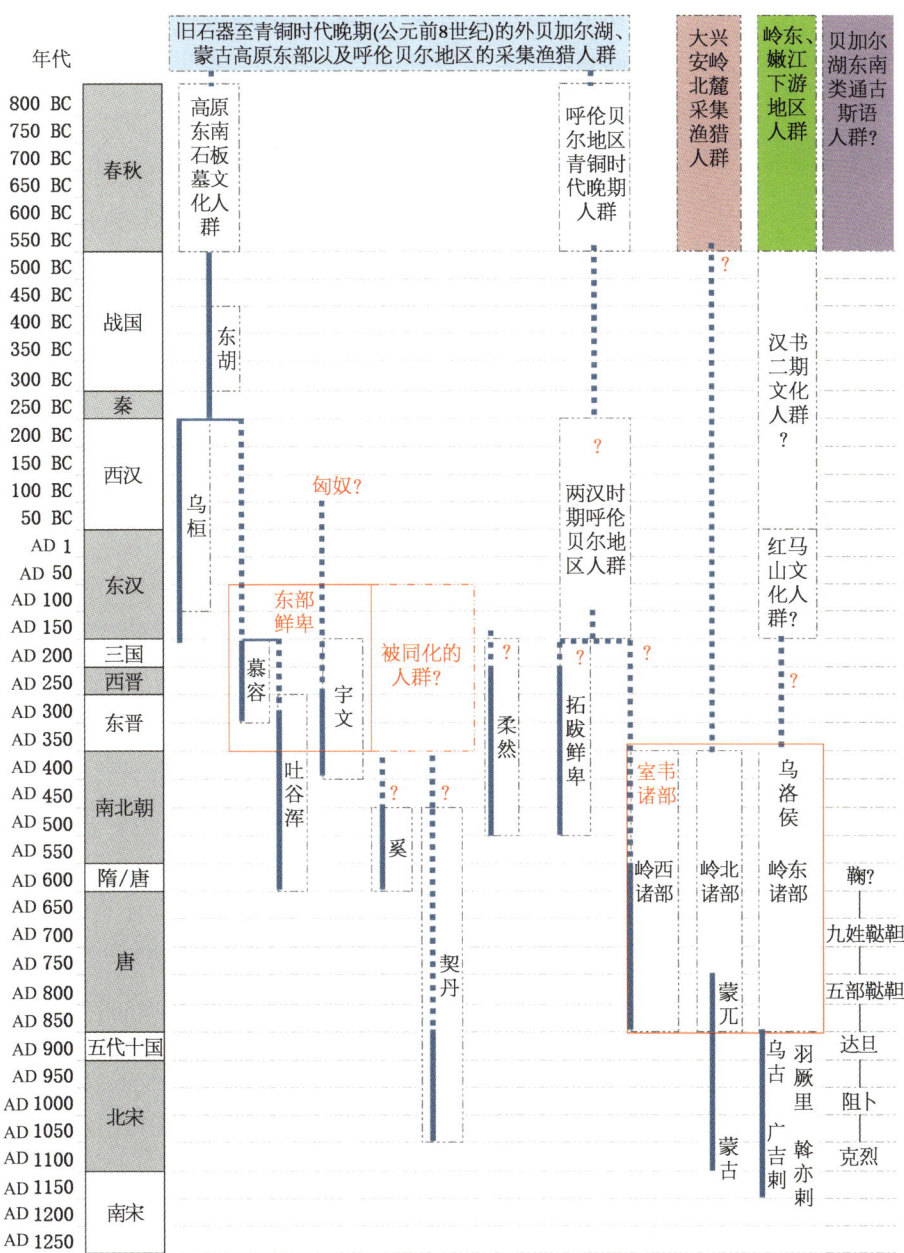

图 1.6 基于史料和考古学研究所见的"原蒙古人"和蒙古人的可能始祖群体及其演化过程
实线表示基于史料完全确定的先后继承关系,虚线表示基于史料尚未完全确定的先后继承关系。

载,"蒙古"一词最初的含义是"质朴无力"。所以,上述学者的论证与《史集》对蒙古一词最初含义的解释是符合的。亦邻真也采纳《史集》的说法[158]。但是,唐代文献同时记载婆莴部和两个蒙兀部落,相关词汇的发音也确实存在较大的差异。因此,其他的学者认为现有证据不足,蒙兀室韦是否确实源自钵室韦或者婆莴室韦,还有待进一步论证[203]。

据考证,隋唐时期的蒙兀室韦的活动地域是"北界黑龙江上游,东抵额木尔山,西邻大室韦(约在额尔古纳河下游西北岸),南至大兴安岭山脉北端"[206]。对照现代地图可知,大致相当于今天从额木尔河流域到激流河流域之间的地区。唐代婆莴室韦大致生活在今漠河县的盘古河流域附近[206],位于上述区域之中。可见,唐代晚期的蒙兀室韦在很大程度上应该就是南北朝至隋唐时期大兴安岭北部地区的北室韦部落自身发展的结果。

不过,上述基于史料的推测,与蒙古部自身的起源传说——"额尔古涅昆"传说和"苍狼白鹿"传说——是有矛盾的[200]。《史集》记载了关于蒙古人起源的"额尔古涅昆传说"。根据这个传说,为躲避与突厥部落的战争,两对男女躲入额尔古涅昆山谷之中,分别繁衍了捏古斯氏族和乞颜始祖。之后,由于人口逐渐增多,便"化铁出山",走出额尔古涅昆,向草原上扩散。拉施特在《史集》中还多次提到额尔古涅这个词汇,并且说在那个时代仍有人亲眼见过额尔古涅昆山。因此,尽管关于额尔古涅昆的起源传说的细节可能存在夸大或偏差的成分,我们仍然可以认为这个传说应该是源自真实的历史事实。村上正二对蒙古的族源传说进行了分析,认为"捏古斯"和"乞颜"两个氏族与"苍狼"和"白鹿"存在一定程度的对应关系[207,208]。一般认为,"额尔古涅昆"传说可能借用突厥语人群的类似传说,是蒙古人在草原上扩散之后与突厥语人群融合的结果[209]。但姚大力认为,虽然洞窟传说的形式确实是借鉴了突厥语人群的类似传说,"额尔古涅昆"传说事实上确实包含了蒙古人对自身来源的朦胧的记忆[200]。据此我们推测,未开始向外扩散的蒙兀室韦部本身已经包含了两个有差异的部分:其一是自南北朝时期就一直生活在大兴安岭北部山岭中的北室韦部落的后裔;其二是从草原地带迁入额尔古涅昆山谷的数个家族,也就是"捏古斯"和"乞颜"两个氏族。不过,因为"捏古斯"和"乞颜"两个氏族的后裔长期在蒙古部落中长期占据领导地位,他们关于自身的起源传说也就成了全体蒙古部人的起源传说。因此可以认为,生活在额尔古涅昆中的、大扩散前夜的蒙兀部在遗传结构上应该已经是一个混合的人群。

蒙兀室韦扩散之后,随着人口的增加以及与其他部落的融合,产生了很多新的部落。据《蒙古秘史》记载,朵奔·蔑儿干祖父的妻子叫忙豁勒真·豁阿。有学者认为[210],忙豁勒真之名意味着她是来自忙豁勒部的女性,而忙豁勒部显然就是蒙古部[211]143-144。因为蒙古人普遍采用族外婚,所以学者推测,朵奔·蔑儿干所在的男性家族在起源的时候很可能并不属于蒙兀部,正是由于朵奔·蔑儿干与忙豁勒部女性的联姻,使得朵奔·蔑儿干的后裔及其亲族都成为忙豁勒部(也就是蒙古部)的一部分[212]。学者的这些推断与"捏古斯"和"乞颜"氏族本身的起源传说是符合的。上文已经提到,如果"额尔古涅昆传说"是基于真实的历史事实的话,"捏古斯"和"乞颜"氏族本是草原上的居民,而蒙兀室韦部中的其他居民——他们在人数上很可能是占据多数的——则是大兴安岭北麓森林中原有的居民。

根据《蒙古秘史》的记载,阿兰豁阿的3个儿子的后裔繁衍为尼伦蒙古诸部,而其他的"捏古斯"和"乞颜"氏族的后裔则形成朵儿边部、不古纳惕和别勒古纳惕[213]12-30。我们知道,《史集》中关于蒙古部古代历史的材料,可能大都来自朵儿边部的孛罗丞相[214]。可见,像朵儿边部这样在全体蒙古部中不占据优势地位的部落,也继承了很多有关早期蒙古部的历史记忆。通过对朵儿边部、不古纳惕和别勒古纳惕等部落的现代后裔进行遗传学研究,将有助于我们研究远古"捏古斯"和"乞颜"氏族的来源和演化历史。

尼伦蒙古诸部(Niru'un Mongols)兴起之后,其他的蒙古部落被统称为迭儿列勤诸部(DRLKIN 或 Durlukin),后来甚至包含更多被征服和融合的部落[200]。在迭儿列勤诸部中[161]第一卷第一分册,250-290,部落民的主体可能出自蒙兀室韦部的部落有客额邻-伯岳兀、者台-伯岳兀、轻吉惕、亦勒都儿勒、速勒都思、许兀慎和斡罗纳尔诸部等部落[200]。目前所有已知的史料中,包括《史集》和《蒙古秘史》,都没有关于这些部落起源的记载,在蒙古部兴起的过程中以普通部落的形式存在。另一方面,在蒙兀室韦部扩散而形成蒙古诸部的过程中,早期见于记载的大兴安岭西北部的室韦部落,完全消失在历史之中。我们猜测,有相当一部分室韦部落后来全部融入了蒙古部之中。例如,据《隋书》和《唐书》记载,深末怛室韦位于蒙兀室韦的西南方向,大致居住在额尔古纳河下游、大兴安岭西北麓一带[206]。蒙兀室韦自东向西向南扩散,并最终到达呼伦贝尔地区和鄂嫩河上游地区。蒙兀室韦的扩散,事实上已经完全覆盖了深末怛室韦所居住的区域。对于其他的室韦部落,可能也存在这种情况。

1.3.8.2 兀良哈部

关于其他迭儿列勤诸部的起源,我们在之前的小节已经进行了讨论。弘吉剌诸部由乌古部演变而来,其部落民的主要来源是普通的南室韦部落,但可能也包含蒙兀部落早期南迁的一些分支部落。弘吉剌诸部中的斡勒忽纳惕部可能可以追溯到南北朝时期的乌洛侯部。与乌古部同源的羽厥里部扩散到贝加尔湖地区后,与当地的突厥语人群(骨利干和拔野古等)发生融合,导致豁里秃麻惕、不里牙惕和八剌忽部等林中百姓部落的出现。

对于历史悠久的、著名的兀良哈/乌梁海部的起源和分化过程,需要进行详细的讨论。"乌梁海部"是一系列有着复杂起源和分化历史的部落的统称[215-217]。乌梁海部在中文史料中也被记为嗢娘改、斡朗改、兀良孩、兀良哈和兀良合,在外文史料中还有其他写法。《使高昌记》中记载有"卧羊梁劲特族,地有都督山,唐回鹘之地"。岑仲勉认为部落名中的"羊"是衍文[218]。这里的部落名"卧梁劲特"与后世的蒙古兀良哈部(Urianguit、Uriankhit 或 Urianɣud)存在关联[191,218]。另据《蒙古秘史》记载,在蒙古人迁来之前,兀良哈部是肯特山一带原有的居民[213]11。可见,兀良哈部至少在北宋时期就已经生活在肯特山一带了。

不过,肯特山一带的兀良哈部是在什么时代从何处迁徙而来的,尚没有学者提出明确的见解。根据史料记载,在隋唐时期,蒙古高原中部地区包括肯特山一带,应该是突厥语部落生活的区域[143]。而蒙元时期的兀良哈部是一个与其他蒙古语部落有亲缘关系的人群。因此,可以推测肯特山一带的兀良哈部应该是从其他地方迁入的。另一方面,学者们认为,"乌瑞(Uri)"意为高原,"杭盖(hangay)"意为山林,乌梁海(Uri+hangay)部落即高原山林部落[219]。这样的话,"斡朗改/兀良哈"一词的最初含义并不是一个有特殊内涵的词汇。在拉施特《史集》中,兀良哈被区分为森林兀良哈和兀良哈两部分,并明确提出森林兀良哈部住在巴尔忽真·脱窟木境内,大致在贝加尔湖东南部一带[161]第一卷第一分册,198-204。在五代至辽时期,贝加尔湖周围地区的部落被统称为嗢娘改或斡朗改,可能是因为辽人对这一地区的具体部落分布不甚了解,只是借用了"斡朗改"一词的最初含义来泛称蒙古高原北部和西伯利亚南部地区的几乎所有居住在森林中的部落,并不意味着这些部落有共同的起源。而到了金末元初,贝加尔湖周围地区出现了数目众多的"林中百姓"部落,包括布里雅特、巴尔浑(巴尔虎)、豁里秃麻惕、斡亦剌特、兀尔速特、合卜合纳思、康合思、图巴昔、帖良古特和客失迪迷等[161]第一卷第一分册,192-204。因此,我们可以推测五代至辽时期的"幹朗改"一词或许与"林中百姓"一样,是一个内涵很宽泛的统称。另一方面,在蒙古人兴起之后,作为部落称谓的"兀良哈"所指代的部落是很明确的,是不儿罕山当地部落的专称而非泛称[216,217]。

兀良哈部在元代之后的演变是很复杂的[216-225]。由于史料的缺乏,兀良哈部在元代至清代之间的演化过程还不十分清晰。元初,兀良哈部中的一部分东迁到吉林西部的洮河和绰尔河一带,后演化成为"朵颜乌梁海"[222,223]。而留在不儿罕山一带的兀良哈部则承担守护成吉思汗陵寝("大禁地")的责任,在明代逐渐形成人口众多的兀良哈万户[216,217,220]。这两部分兀良哈部,其后或被灭亡,或演化为其他的蒙古氏族/部落。金锋对于"兀良哈*/乌梁海"部的历史进行了深入的研究,总结认为:"从13世纪蒙古兴起到18世纪中叶准噶尔汗国灭亡的五百多年期间,兀良合部发生了多次变迁,每次变迁之后兀良合一名所指的部落也有很大不同。概括起来讲:第一,确实从森林兀良合或草原兀良合演变过来并由原真正的兀良合人构成的部落,如绰罗斯、塔崩、鄂尔多斯、额鲁特、小额鲁特、杜尔伯特、喀喇沁、准噶尔等。第二,因为统治者是兀良合部人而一度被称为兀良合的部落,如蒙古勒津、阿尔泰·兀良罕、唐努·兀良罕等。第三,由于政治上的从属关系或者荣誉的追求而被命名和冒名的兀良合部,如原秃绵·乞儿思吉之各部以及巴尔浑、不里牙惕等。第四,由于被统治者是兀良合人而统治者自己也称为兀良合部落,如科尔沁等。"[224,225]

斡亦剌惕部被认为是明代瓦剌部的前身,是后世卫拉特联盟形成的基础[226]。在蒙古国建立前后,斡亦剌惕部大致生活在今蒙古国库苏古尔省至图瓦盆地一带。据《史集》记载,斡亦剌惕部的语言与东部蒙古的语言有轻微差异[161]第一卷第一分册,193。在元代以后,卫拉特诸部向西扩散,主要在阿尔泰山地区和中亚地区活动。卫拉特联盟的部落演化历史十分复杂,我们将在后文加以讨论。

1.3.8.3 早期蒙古部相关的考古文化遗存

对于"额尔古涅昆传说"中所提到的山谷的具体位置,学者们有不同的看法。《史集》解释 Ergüne qun 之义为"峻岭"[161]第一卷第一分册,251-253。亦邻真认为,额

---

* 一个部落名在不同的时代以及不同的文献中有多种写法,一般袭用原始材料的写法。兀良哈和兀良合这两个词汇是等价的,在学界普遍混用,不区分。史料本身有多种写法,但某些地方是专称。比如,引用《史集》《蒙古秘史》中的材料或者讨论蒙元时期以前的这个部落,就必须写"兀良合/兀良合惕",而论及明代"兀良哈三卫"或"朵颜兀良哈"就必须用"哈"字。

尔古涅昆指额尔古纳河流域东岸的山地[158]。《史集》又载,"乞颜在蒙古语中,意为从山上流下的狂暴湍急的'洪流'。"[161]第一卷第一分册,252据孟松林考证,现呼伦贝尔地区北部激流河两岸陡峭,河水湍急,正和《史集》所记"乞颜"的含义[227]。激流河流域附近还有满归镇和奇乾乡等在读音上与"蒙古"和"乞颜"接近的地名。另外,孟松林主张激流河两岸的山脉(或者扩大到额尔古纳市至漠河县城一线以东的整片山脉)就是《元史》提到的"梦哥山(蒙可山)",并推测额尔古涅昆可能正是指激流河上游的河谷,而部落名"乞颜"的起源很可能与激流河有关[227]。近年来,考古学家在激流河流域附近发现较多可能属于室韦部落或早期蒙古部遗存的黄火地祭祀遗址[228]。此外,据考证,黑龙江省额木尔河流域也是早期蒙兀室韦分布的区域。对额木尔河和激流河流域的考古在今后可能会为蒙古族源的相关研究提供关键的证据。

外贝加尔湖地区的布尔霍图伊文化(Burkhotui Culture)被认为与鲜卑-室韦部落的起源有关[126]。这个文化主要分布在鄂嫩河和石勒喀河流域,年代约在公元2世纪至8世纪之间[229]。但此考古文化本身的内涵过于庞杂,演化过程也尚待进一步研究。目前此考古文化被划分为4种类型,各种类型的延续时间各不相同[7]502-508。布尔霍图伊文化中有一部分墓葬是独木棺或桦树皮棺墓葬。据考证,独木棺是元代蒙古皇室的传统葬具,因此独木棺被认为是判断蒙兀室韦墓葬的重要标记[230]263-269。不过外贝加尔湖的独木棺葬与呼伦贝尔地区的西乌珠尔类型独木棺葬有一定差异。故而,冯恩学认为独木棺并非蒙兀室韦所独有。布尔霍图伊文化的陶器与古代鲜卑的陶器近似,有学者据此认为拓跋鲜卑部的始祖与创造布尔霍图伊文化的人群存在密切关联[126]。此外,在布尔霍图伊文化分布的南部和西部地区,也就是赤塔州以及布里亚特共和国的南部分布着达拉孙文化(Darasun Culture)[7]508-509。此文化被认为是突厥语部落的遗存,年代约在6—9世纪[231]。在布尔霍图伊文化分布的北方,即赤塔州的东部、中部和北部森林地带,分布着温杜贡文化(Undugun Culture,约12—15世纪)[7]511-512。此文化被认为是鄂温克人的遗存[232]。

目前在我国呼伦贝尔地区发现了不少与早期室韦部落(包括蒙兀室韦)有关的遗址。1986年和1995年,呼伦贝尔盟文物站在陈巴尔虎旗巴彦库仁镇的西乌珠尔墓地先后发掘了6座独木棺墓葬[233,234]。西乌珠尔墓地的年代约为7—8世纪。在1997—1998年之间,中国社会科学院考古研究所主持了对位于海拉尔区谢尔塔拉农牧场附近谢尔塔拉墓地的发掘,共清理了10座独木棺墓葬[235]。谢尔塔拉墓地的年代约为9—10世纪。2014年,中国社会科学院考古研究所主持发掘了位于陈巴尔虎旗呼和诺尔镇以东的岗嘎墓地,共清理了16座独木棺墓葬[236]。岗嘎墓地的年代约为8—10世纪。此外,考古工作者在沿额尔古纳河右岸的考古调查中,由南到北在西乌珠尔、黑山头、七卡、室韦镇和奇乾乡等地,还发现了较多的室韦遗存[237]。发掘者建议将谢尔塔拉墓地和奇乾乡小孤山聚落遗址等同类遗存命名为"谢尔塔拉文化"[235]。西乌珠尔墓地、谢尔塔拉墓地、岗嘎墓地、黄火地祭祀遗址、奇乾半地穴居住遗址和其他同类遗址,将是揭开蒙兀室韦部起源过程的关键。随着"蒙古族源与元朝帝陵综合研究"项目的展开,我们将有望看到更多的考古材料和研究成果。

综合以上讨论,我们总结了12世纪时期蒙古诸部的大致起源和演化过程,如图1.7所示。

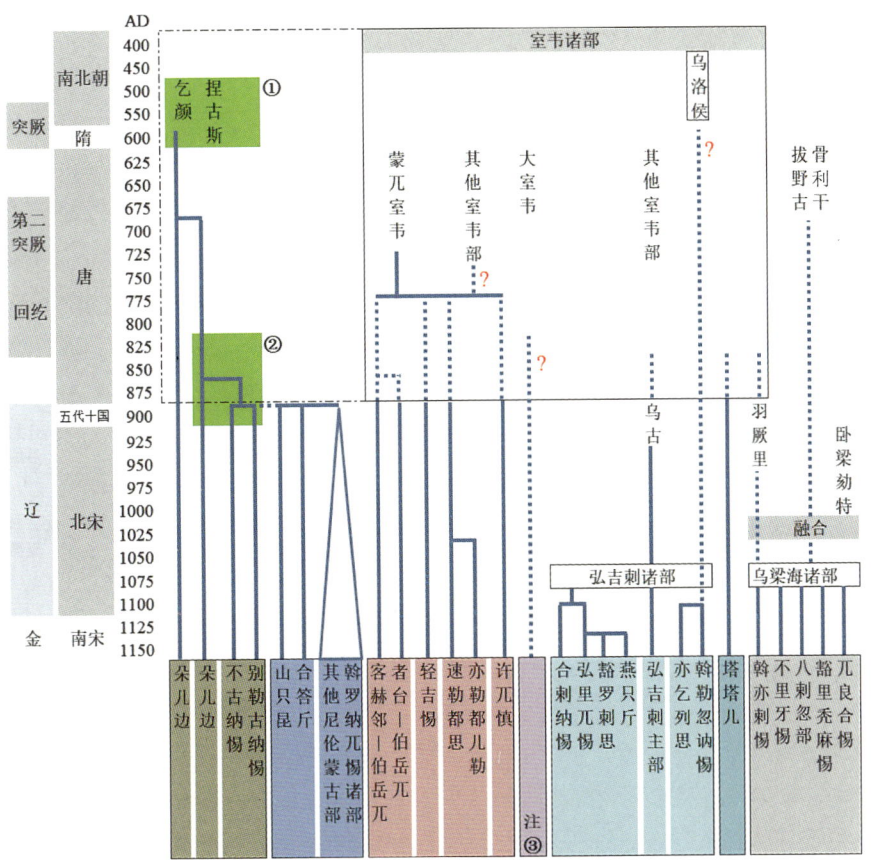

图1.7 早期蒙古部的演化过程

①表示乞颜和捏古斯家族传说中的起源;②表示尼伦蒙古部的起源阶段;③表示达斡尔族可能起源于北部室韦部落。

1.4 第二千纪的草原居民：蒙元时期至现代的蒙古语人群

1.4.1 尼伦蒙古诸部与迭儿列勤诸部

尼伦蒙古诸部和迭儿列勤诸部是现代蒙古语人群的主体来源[200]。根据《蒙古秘史》、《史集》的记载和前文所引学者的论证，尼伦蒙古部的始祖——孛端察儿三兄弟大约生活在公元 10 世纪初[213]，到成吉思汗出生之时(1162)，尼伦蒙古部已经发展成为包含 24 个分支的庞大部落集团[213]（图 1.8）。一般认为，对于游牧部落，真正具有直接血缘关系的可能只是在人口上占少数的部落首领或贵族，而在人口上占多数的普通部落民可能与首领有久远的亲属

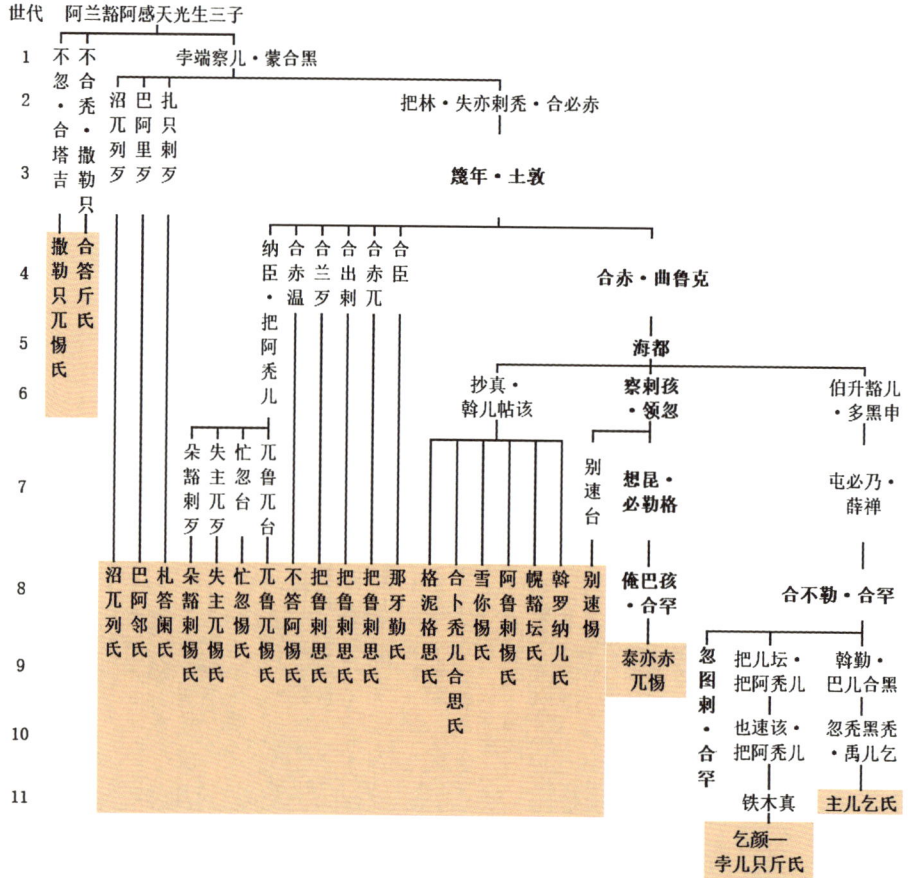

图 1.8 尼伦蒙古部的分化

关系,也可能来自其他部落的离散人口,或是来自被融合或被征服的其他部族[200]39-90。

"迭儿列勤"包含一系列部落,并且其范围不断扩大[200]。最初的迭儿列勤可能是指生活在"额尔古涅昆"的蒙兀室韦部落中那些与尼伦蒙古的前身保持相互婚配关系的胞族。据《史集》记载,到了成吉思汗的时代,迭儿列勤包括3类部落:① 同为远古"乞颜氏"后裔的部落,包括朵儿边、不古纳惕和别勒古纳惕;② 普通的蒙古部落,包括客额邻-伯岳兀、者台-伯岳兀、斡罗纳兀惕诸部、轻吉惕、速勒都思、亦勒都儿勒、许兀慎;③ 与蒙古部落发生深度融合的部落,包括弘吉剌惕诸部、兀良哈部[161]第一卷第一分册,250-323。值得说明的是,对于尼伦蒙古所包含的部落,《史集》与《蒙古秘史》的记载稍有差异。在这里我们同意姚大力的相关考证,即认为朵儿边氏和斡罗纳兀惕诸部应属于迭儿列勤[254]。

随着蒙古汗国的建立,一些被征服的族群逐渐被纳入"蒙古人"的范围之中。《史集》将这些族群归类为"现今称为蒙古的突厥诸部落"[161]第一卷第一分册,148-205。这些部落被归类为蒙古人的原因各有不同。札剌亦儿部的主体源自回纥后裔"押剌"部,但在很早的时候就融入蒙古部之中[164]。秃马惕部被认为是唐代突厥部落都播的后裔,是现代图瓦人的祖先群体之一[164]10。此外,雪你惕部属于斡罗纳兀惕诸部之一,因此应属于迭儿列勤[200]。而兀剌速惕、帖良古惕和客思的谜等部分布地域偏西,可能是突厥语部落[219]386-436。撒合亦惕部则是克烈部的一个分支[164]102。除了上述部落外,其他的部落是在成吉思汗兴起之前已经存在的蒙古部落,包括塔塔儿部、篾儿乞部、古儿列兀惕部、塔尔忽惕、斡亦剌惕部、巴儿忽惕、豁里和秃剌思部、不剌合臣和客列木臣部、森林兀良合惕部和火儿罕部。这些部落在最初的起源上与蒙兀室韦没有直接的关联,但仍属于与蒙古部有亲缘关系的人群。这种现状,实际上是非常值得重视的。这些部落的存在意味着,在蒙兀室韦部扩散到草原上之前,大量蒙古语部落已经分布在广阔的地域范围之内。

如上述章节所论述,隋唐时期,室韦诸部的分布地域已达呼伦湖周围[206]。这些部落中的一部分演变为后世的塔塔儿部[199]。而如前文所述,从回纥汗国灭亡之后到辽代早期,羽厥里部自呼伦贝尔地区向贝加尔湖扩散并与当地族群发生融合,这一过程很可能是导致辽金时期贝加尔湖周围地区出现巴儿忽惕和斡亦剌惕等"林中百姓"诸部落的直接原因。根据《蒙古秘史》等史料和上述章节关于羽厥里部的考证,我们推测斡亦剌惕部可能在金代初期前后从贝加尔湖东南部迁徙到了今蒙古国库苏古尔省和叶尼塞河上游之间的地区(见图1.7)。对于篾儿乞部,学界一般认为他们也属于原蒙古人[158],但这个部落的起源目前并不清楚,也尚未有文献研究这个部落成为蒙古语人群的原因。在室韦-达怛诸部之前,被认为属于原蒙古人的人群还有东胡、乌桓、鲜卑诸部、柔然、契丹和库莫奚等[96]。总之,我们可以推测,在12世纪蒙兀室韦部落兴起之前的数百年中,在蒙古高原东部地区已经发生过一次大范围的"原蒙古人"的扩张过程。蒙兀室韦部落兴起之后,几乎征服了蒙古高原及其周围地区所有"原蒙古人"的后裔部落,从而形成了新的蒙古人的共同体。

1.4.2 蒙古人在中亚、西亚和东欧的扩散

随着蒙古汗国(1206—1270)的扩张和元朝(1271—1368)的建立,蒙古人扩散到中亚、西亚、南亚和东欧地区[188]。之后又经过漫长的历史时期,扩散到欧亚大陆各地的蒙古部落逐渐与当地人群融合,或形成了蒙古语人群,或参与了其他族群的形成。

察合台汗国中的蒙古部落主要来自被成吉思汗授予察合台的军队和属民,以4个千户为主[240]61-63。在察合台汗国时期,蒙古部落经历了不同程度的突厥化[241]。根据对后世文献的研究,察合台汗国境内的蒙古部落主要有巴鲁剌思部(尼伦蒙古的一个分支)、朵豁剌惕(也是尼伦蒙古的一个分支)、翁吉剌惕部、札剌亦儿部和速勒都思部[242]。约在14世纪中叶,察合台汗国分裂为东察合台汗国与西察合台汗国[240]434-445。西察合台汗国最后被源自巴鲁剌思部的帖木儿(Timür, Tamerlan)所灭亡[240]471-474。帖木儿的后裔巴布尔(Babur,1482—1530)征服了南亚并建立了莫卧儿帝国(Mughal Empire, 1526—1857)[243]。在现代印度,仍存在很多莫卧儿王室的后裔。另一方面,朵豁剌惕家族几乎主宰了东察合台汗国(亦称蒙兀儿斯坦)的政治进程[244]31-55。"向阳地"是朵豁剌惕家族的世系领地,大致相当于今新疆西南部及其邻近地区。在哈萨克汗国兴起以后,原东察合台境内的大批朵豁剌惕部、札剌亦儿部和翁吉剌惕部的部落民加入了哈萨克汗国[242]。后来,这些部落演化为现代哈萨克人中的杜拉特(Dulat)、札剌亦儿和弘吉剌特(Konrat)等部落的居民。位于新疆西南部的朵豁剌惕部一部分融入南疆维吾尔族,一部分融入吉尔吉斯人[245]。此外,有学者认为,南疆地区的刀郎人也是朵豁剌惕部的后裔[246]216,他们仍然保留了与古代蒙古人相似的文化传统[247],但其他学者对此有不同的意见[248]。

金帐汗国由术赤及其后人统治,地域十分辽阔,都城位于伏尔加河下游的

萨莱城(Saray)[249]。术赤的军队最初主要由4个千户组成,即撒勒只兀惕部的1个千户、许兀慎部2个千户和轻吉惕部(可能就是格你格思部)的1个千户[240]18-38。这3个部落是金帐汗国军队的中坚力量。另据《金帐汗国兴衰史》的描述,金帐汗国境内还有明安部、弘吉剌惕部、札剌亦儿部、克烈部和乃蛮部等其他部落[249]。在金帐汗国内部,游牧部落的人数是相对较少的,而主体居民是钦察人(Kipchak,也译作克普恰克)、其他突厥语人群以及生活在城镇中的居民[249]130-145。因此,金帐汗国内部的蒙古人迅速突厥化。最终,钦察语(克普恰克语)成为官方语言。金帐汗国境内的蒙古部落在后世演化为现代乌兹别克人、哈萨克人、诺盖人(Nogais)以及俄罗斯境内和东欧地区的鞑靼人等人群[250]。

现代乌兹别克人的形成与金帐汗国中白帐汗国的居民有直接的关系。白帐汗国境内的部落包括钦察、康里(Kanly)、乌孙(Uysun,由许兀慎部/兀孙部演化而来)、札剌亦儿、阿里钦(Alshin/Alchin)、葛逻禄(Qarluq)、奈曼、克烈(Kirei)、阿尔根(Argyn)、弘吉剌惕和哈拉喀萨克等[251]。15世纪中期,在原来的白帐汗国境内形成了新的诺盖(Nogai Horde)汗国和月即别汗国(Uzbek Khanate)[252]6-7。在这个时候,后世形成哈萨克人的部落还是月即别人的一部分[252]7-8。16世纪初,大量月即别人在昔班尼(Muhammad Chaybani)的率领下,侵入河中地区(Mawarannahr)[253]34-37。之后,他们与当地的突厥语人群融合,形成现代乌兹别克人。部分乌兹别克部落明显源自古代蒙古部落,包括明格部(Ming)、札剌亦儿、弘吉剌惕、伯岳吾、兀孙/乌孙和篾儿乞惕等[254]。

哈萨克汗国可被视为金帐汗国在中亚地区的继承者之一。约在15世纪中期,白帐汗国巴拉克(Baraq)汗的两个儿子贾尼别克(Janibek)和克烈因不满大汗阿布勒哈依尔(Abul Khayr)汗的统治,率部东迁到七河(Jeti-suw/Semirechie)一带(楚河、塔拉斯河之间)[252]8。在这里,他们得到东察合台汗国(亦称蒙兀儿汗国)统治者的支持。随后,他们建立了哈萨克汗国并不断扩大版图,越来越多的部落,包括原东察合台汗国的部落,加入哈萨克联盟之中[252]8-12。其中,乌孙、杜拉特、札剌亦儿和弘吉剌特等部落的起源可以追溯到古代的蒙古部落[242]。直到今天,哈萨克人中的部落结构仍然存在。而这种部落结构,在其他大部分突厥语和蒙古部人群中已经接近消失。因此,对哈萨克人的不同部落进行遗传学研究,对研究古代突厥语和蒙古语部落群体遗传结构而言是非常关键的。

诺盖汗国也是金帐汗国的继承者之一。曼格特部(Manghit)是诺盖人中的主体部落[252]9-11。"Manghit"一词也写作 Manghud,应是源自尼伦蒙古部的忙忽惕部(Mangqut)(见图 1.8)。在 16 世纪至 19 世纪之间,经过复杂的历史过程[255]76-173,诺盖人中一部分融入克里米亚鞑靼人之中[256]43-53,另一部分形成今天俄罗斯达吉斯坦及其附近地区的现代诺盖人(Nogay 或 Nogais)[257]159-162。而留在中亚的部分,与一些突厥语部落混合并形成了卡拉卡尔帕克人(Karakalpak 或 Qaraqalpaqs)[258]1056-1061,他们南迁到阿姆河下游地区以后,在16 世纪时受乌兹别克人创立的布哈拉汗国所统治。不过,在 18 世纪,他们中的曼格特部、明格部和弘吉剌特部分别取得了乌兹别克人建立的 3 个汗国的统治权,即布哈拉汗国(Khanate of Bukhara)、浩罕汗国(Khanate of Kohand)和希瓦汗国(Khanate of Khiva)[252]53-88。在现代,乌兹别克斯坦西部的卡拉卡尔帕克人仍保留着自己的传统生活方式[259]81-96。

除了上述人群,原金帐汗国境内的居民逐渐演化为不同地区的鞑靼人。西伯利亚地区的鞑靼人主要分为西伯利亚鞑靼人(Siberian Tatar)和楚累姆鞑靼人(Chulyms Tatars)[260]596。而西伯利亚鞑靼人本身又分为 3 个群体,分别是托博尔-额尔齐斯鞑靼人(Tobol-Irtysh Tatars)、巴拉巴鞑靼人(Baraba Tatars)和托木斯克鞑靼人(Tomsk Tatars)。这些部落是由突厥语部落、叶尼塞语部落和乌拉尔语部落混合而成的[255]93-101。在西部地区,还有喀山鞑靼人(Kazan Tatars)、克里米亚鞑靼人(Crimean Tatars)和阿斯特拉罕鞑靼人(Astrakhan Tatars)等分支[260]624-626。在我国新疆北部的阿尔泰山地区,也居住着一些塔塔儿族,他们是 19 世纪以后陆续从俄国和中亚地区迁来的[261]10-13。金帐汗国境内的鞑靼人本身是由人口占少数的源自蒙古人的上层贵族与占多数的当地更早的居民融合而成的[249]53-54。最终,这些蒙古部落都突厥化了。因此,在现代各地的鞑靼人群中,源自古代蒙古部落的部分具体占据多少比例,还有待进一步研究。

伊尔汗国(Ilkhanate,1256—1335)建立后,大量蒙古军队驻扎在汗国的各个地区[262]91-134。蒙古人的总数量相对当地人而言是很少的。因此,这些蒙古人在后世基本上都融入当地人群之中。在阿富汗地区驻扎的蒙古军队在后世形成了哈扎拉人(Hazara)。据《史集》记载,蒙哥合罕把"忻都斯坦与呼罗珊交界之处"的两万军队的指挥权交给撒里那颜,并要求他永远驻扎在那里[161]第一卷第一分册,178。在印度莫卧儿帝国创立者巴布尔的回忆录中,也提到了阿富汗东南部地区的哈扎拉人[263]221-252。现代的哈扎拉人已经改说了波斯语,尽管他们仍可被视为蒙古人的直系后裔[264]。此外,在阿富汗西部赫拉特省

(Herat)的几个村庄,还居住着少量的莫戈勒人(Mogholi)[265]248-264。语言学家推测他们也应该是古代蒙古驻军的后裔[266]2。这个人群和他们的语言已经接近消失。

1.4.3 现代蒙古人的形成

本节主要讲述元明清以来中国及蒙古国境内蒙古人的演化过程。在15世纪,由于明朝持续的军事打击以及蒙古各部之间的纷争,北元政权(1368—1635)长期衰落,而卫拉特诸部势力兴起[267]21-95。此后,西部蒙古诸部以瓦剌统称,而东部蒙古诸部则以鞑靼统称。在这一阶段,蒙古各部的政局进入了一个十分混乱的时期[267]61-113。在16世纪初,达延汗(1474—1517)重新统一了蒙古各部,重建万户制,并按照传统分封自己的儿孙担任各万户及万户之下各鄂托克的领主[267]193-216。达延汗的分封对现代蒙古人的形成和诸部落的分布有决定性的影响。在清代以后,蒙古各部的分布地域渐渐稳定下来,从而最终形成了现代蒙古人的分布状态[268]22-245。

由于世界范围内不同国家的民族划分存在差异,"蒙古人"一词在不同的场合的内涵也有差异。在现代,蒙古人(Mongolian)一词通常用来称呼生活在蒙古国和中国境内的蒙古族人。卡尔梅克人(Kalmyks)以及布里亚特人有各自独立的聚居区域,因此国际学者通常都把他们作为独立的族群来进行讨论。不过,由于历史上的亲密关系,卫拉特诸部和(俄罗斯和蒙古国的)布里亚特也被包括在广义的"蒙古人(Mongols)"的范围内。中国境内的蒙古族主要包括明代达延汗六万户的后裔、巴尔虎-布里亚特蒙古人、西北地区的卫拉特诸部以及散居各地的蒙古族人,蒙古国境内的蒙古部落则更为复杂。不过,在现代社会,各地蒙古人的部落结构都在慢慢消失。

1.4.3.1 科尔沁诸部和朵颜三卫

元时期东道诸王后裔领有的部众在后世形成翁牛特部和科尔沁蒙古诸部[269]。成吉思汗诸弟拙赤合撒儿、合赤温、铁木哥斡赤斤和别里古台的封地都在蒙古草原东部、大兴安岭以西地带,故统称东道诸王[270]。诸王后裔领有的属民和领地被统称为"往流"(翁牛特),意思是"王属"[271]。科尔沁部是东部蒙古中的一个大集团。成吉思汗从军队中抽调箭法出众者,组成了直接由成吉思汗统领的"怯薛"护卫军[213]371-380。这些护卫军以及家属在后世演变为科尔沁部。因此,可以认为科尔沁部是全体蒙古人的各种成分的集合。科尔沁部原居住在额尔古纳河、海拉尔河和呼伦湖一带[161]第一卷第二分册,67。明嘉靖年间,一部分科尔沁人东迁到大兴安岭以东的嫩江流域[272,273]。从此,这部分科尔沁人就被称为"嫩江科尔沁",简称"嫩科尔沁",包括科尔沁部、扎赉特部、郭尔罗斯部和杜尔伯特部。仍旧留驻原地的科尔沁人则被称为"阿鲁科尔沁",包括阿鲁科尔沁部、四子部落、乌拉特部和茂明安部[272,273]。

明朝初年,明廷在霍林河至嫩江中下游一带设立了朵颜卫、泰宁卫和福余卫,统称"朵颜三卫",又称兀良哈三卫[274]90-334。朵颜卫的部众主要是元初迁到此地的兀良哈部[223],后称朵颜兀良哈[216,217]。泰宁卫的部众主要是翁牛特部[275]。福余卫的部众主要是乌齐叶特或乌济业特[222]。在明代和清代,这些部落南迁并广泛分布到内蒙古中部和东部、河北省北部以及东北地区的西部区域[219-225],参与了后世这些地区的蒙古人的形成。明宣德十年(1435),因与其兄阿岱汗就属民问题发生了纠纷,科尔沁部首领乌鲁克贴木尔率领一部分以福余卫乌济特人为主的属民西迁并加入了卫拉特联盟[276]。他们最后发展成为卫拉特诸部中的和硕特部(Hoshuud)。关于和硕特的历史,我们将在后续有关卫拉特的章节再展开讨论。

此外,清代初期科尔沁诸部中的部落民也包括锡伯人和卦尔察人。通常认为,锡伯人是古代鲜卑和室韦的直系后裔[277]51-107。但是,目前确切提到锡伯族的史料最早只到明末清初[278]100-102。在有关唐代的室韦与明朝末年的锡伯的史料之间,有长达600年的时间间隔。在此期间,锡伯人的始祖人群的确切起源、迁徙以及与其他人群的融合过程,都还不清楚。有学者推测,锡伯人可能是绰尔河和洮儿河流域的室韦部落的后裔[279]20,并且可能与辽金时期的女古皮室、黄头室韦等室韦部落有关[280]87-92。但也有学者提到,在呼伦贝尔地区海拉尔河流域的东南至大兴安岭山中,存在很多明显与"锡伯"一词有关的地名[280]6-8。因此,锡伯族的始祖可能是从上述地区迁徙到嫩江流域的。又或者,海拉尔河、绰尔河和洮儿河流域可能都是锡伯族的始祖分布的区域[279]20。另一方面,在现代锡伯族的形成过程中,可能与契丹人、女真人发生了大范围的混合[277]90-92。在清代以后,锡伯族散居全国各地。一部分锡伯族前往新疆伊犁,为保卫边疆做出了重大的贡献[277]154-355。总之,锡伯族的最古老的来源以及现代族群的复杂形成过程,还有待进一步研究。卦尔察人的来源则尚不确定。学者认为,"卦尔察"一词意为"江边的人"[281,282],卦尔察人是不受科尔沁诸部直接统治的一部分郭尔罗斯部的称呼[282]43。另一方面,有关满族瓜尔佳氏的研究显示,明朝末年在嫩江流域也生活着多个瓜尔佳氏分支[283]。不确定这些瓜尔佳氏与"卦尔察"是否确实存在渊源,抑或仅仅有发音上的相似性。清代以后,一部分锡伯人形成现代锡伯族,另一部分融入满族[282],而卦尔察人则融入满族和蒙古族中[282]。

1.4.3.2 察哈尔部和永谢布-喀喇沁诸部

察哈尔部是元朝及北元时期蒙古大汗的直属部落[284]。其部落民主要源自元代的"怯薛"(护卫军),之后也混合了来自其他部落的人口[285-287]。元代的"怯薛"(即护卫军组织)是从各万户、千户、百户各级那颜等大小贵族子弟中挑选混合组成的[213]295-296。在清代,清廷将原察哈尔八部分设为8个扎萨克旗,同时也将来源于其他地区的蒙古族人安置在察哈尔八旗之中[288]。因此,今天的察哈尔部人可以认为是全体蒙古人的各种成分的集合。此外,康熙年间,察哈尔本部的一部分、林丹汗之孙布尔尼领有的部众,因故被迁至河北宣化与山西大同以北地区[289,290]。康熙十四年(1675),清廷将察哈尔扎萨克旗、八旗察哈尔民众以及宣化与山西大同以北地区的察哈尔人编组形成了后来的察哈尔八旗[291,292]。察哈尔八旗中的蒙古部众演变为现代乌兰察布市察哈尔右翼前/中/后三旗、锡林郭勒盟的正蓝旗/正镶白旗/镶黄旗以及附近地区的蒙古族人[291,292]。在清代,为协助边疆地区驻防的需要,清廷从察哈尔各部中抽调了部分官兵前往新疆各地[293,294]。这些官兵及其家眷的后裔形成现代新疆各地的察哈尔部蒙古族人。

明代察哈尔部的附属部落包括克什克腾部、浩齐特部、乌珠穆沁部、苏尼特部、敖汉部和奈曼部等[285]。其中,克什克腾部来自元代的"怯薛",是为大汗营帐护卫执勤的军事组织[295]。其成员可以认为是蒙古各部的集合。在明代,浩齐特部是达延汗后裔领有的部落,但其首领的具体世系尚有争议[296],其部落民的来源复杂。现代浩齐特部人的生活区域属于锡林郭勒盟东、西乌珠穆沁两旗的一部分。乌珠穆沁部的部落名意为"葡萄山人"[297]。他们最初可能是元代初期蒙古国西北方向上的林中百姓的一部分[298]。乌珠穆沁部在明代和清代期间不断迁徙,最终定居在今天锡林郭勒盟东西乌珠穆沁两旗以及蒙古国东部地区[298,299]。苏尼特部(雪你惕)是一个历史非常悠久的蒙古部落,在蒙古汗国建立之前就已经存在[297]159-163(图1.8)。在归附了清朝以后,苏尼特部的驻地分别成立苏尼特左旗和苏尼特右旗,延续至今[300]。敖汉部和奈曼部被认为是察哈尔部两个最重要的分部[301]。一般认为,"敖汉"一词的含义是"正统汗、元王"[302]。达延汗的后裔岱青杜楞把自己的部众称为敖汉部[302]。

在清初,以敖汉部在老哈河与大凌河之间的活动区域为基础建立了敖汉旗,延续至今。在明代,岱青杜楞的弟弟额森伟徵诺颜把自己的部众称为奈曼部[302]。对于此奈曼部的部落民是否与成吉思汗时代以前的乃蛮部有继承关系这一问题,还存在争议[303]。明末,奈曼部在老哈河和教来河一带活动[304]。在归附清朝以后,以原奈曼部驻地为基础建立了奈曼旗,延续至今[305]。

永谢布-喀喇沁诸部的部落民的来源是极其复杂的。一般认为,"喀喇沁"一词源自"合剌赤人",意为"酿黑马乳者"[295]。喀喇沁部最初主要由被征服的中亚和欧洲居民组成。而"永谢布"一词则源自"云需府"(云需总管府)[305]。在明初,原属元朝皇室的护卫亲军钦察卫和阿速卫、滦河上游的察罕脑儿行宫的各族工匠以及东北地区的"五投下"部众以及其他部族,共同形成了新的部落集团——喀喇沁部[305]。大约在乩加思兰太师时期,这一部落集团被称为永谢布万户。永谢布万户的部落民包括阿速(阿速特)、阿喇嗔(喀喇沁)、舍奴郎(西剌努特)、孛来(布里亚特)、叭儿慝(巴尔虎)、当喇儿罕(Danglagar)、荒花旦(晃豁坛)、失保嗔(昔保赤)、奴母嗔(Nomucin)和塔不乃麻(Tabun Aimag)等[305]。此外,乩加思兰太师本身可能领有乜克力部,此部落在明初可能生活在哈密以北地区[274]674-682。因此,永谢布万户的部落民可视为原蒙古人、阿兰人、合剌赤人、中亚各族工匠、钦察人和华北地区人群的混合。在明代中后期,永谢布-喀喇沁诸部大致生活在今天的河北省张家口以西以北的地区[274]526-542。另一方面,原居住在嫩江流域的朵颜三卫民众在明代中期逐渐南迁并扩散到东至辽东,西至独石口今河北省张家口市北部的广大地区[219,306]。大约在明朝末年,一部分喀喇沁部人东迁到辽西地区[274]541-642。在那里,他们与扩散到当地的朵颜兀良哈部的民众融合,最终形成了今天的喀喇沁蒙古人[306]。在现代,喀喇沁蒙古人主要生活在今天的喀喇沁旗(右旗)、宁城(中旗)、辽宁喀左(右旗)及其邻近地区[307,308]。此外,在明朝中期,由于反抗达延汗的兼并战争,一部分永谢布万户以及鄂尔多斯部的部众迁往青海[309]。这些部众之后被和硕特部的固实汗所征服,最后融入青海当地的蒙古族人之中。

1.4.3.3 鄂尔多斯部、土默特部以及阿拉善盟的蒙古人

"鄂尔多斯"一词是由斡耳朵(意为"宫帐"),为宫帐守护者之意[310-312]。鄂尔多斯部中的达尔哈特人(达尔罕部)是忽必烈时期从蒙古各部选出的500户后裔,负责守护祭祀成吉思汗的八白室。今天所称的"鄂尔多斯部"或"鄂尔多斯蒙古人",并不仅仅指达尔哈特人,也包含所有在不同的历史时期迁入鄂尔

多斯地区的其他蒙古族[313]。包头市和呼和浩特市的蒙古部落主要包括：土默特部[314]、达尔罕部[310]和茂明安部[315]。茂明安部本是科尔沁部的分支[316]。他们在清代早期与四子部和乌拉特部一起迁徙到现在的居住地[316]。

土默特部是一个历史悠久的部落。通常认为，土默特部的起源与《蒙古秘史》和《史集》中的"豁里·秃马惕"有关[318]。不过，对于"秃马惕"一词是否能够演变为"土默特"一词，学界还有一定的争议[318]。据考证，明代土默特万户包括土默特、蒙郭勒津、卫郭尔沁、杭锦、巴岳特部、弘吉剌和兀鲁特等部[319,320]。可见，其部落民的来源也是十分复杂的。在今天，包头市和呼和浩特市的土默特蒙古人是明代土默特万户的后裔[314]。在明末，一部分土默特部人东迁到今辽宁朝阳和阜新地区，后形成东土默特左右两旗[321]。这些土默特人后来与一部分的朵颜兀良哈人融合，形成了今天北票、朝阳和阜新等地的蒙古人[306,322]。其中，阜新蒙古族自治县的部分蒙古人自称蒙古贞（蒙古勒津）[321]。

乌兰察布市的蒙古部落主要包括察哈尔部、土默特部、达尔罕部、四子部、茂明安部和乌拉特部[323]。四子部、乌拉特部和茂明安部都是科尔沁部的分支，在清代早期迁徙到现在的居住地[316]。阿拉善盟的蒙古人主要由和硕特部、土尔扈特部、喀尔喀部（Halh）以及部分蒙古族穆斯林组成[324-326]。另据考证，阿拉善蒙古族穆斯林的来源十分复杂，其中一部分是跟随和硕特部而来，一部分从青海西宁迁来，一部分是由阿拉善和硕特旗第三代王罗布藏多尔济随清军讨平新疆准噶尔部后带来，还有一部分来自新疆维吾尔商人[327-329]。

1.4.3.4 蒙古国境内的诸蒙古部落

在元代，蒙古高原中部是蒙古诸部活动的核心地区。在明代前期，由于北元大汗权威的衰落、卫拉特诸部的兴起以及蒙古诸部之间持续不断的纷争，蒙古高原中部地区成了战火频繁的区域[274]215-334。在明代后期，随着兀良哈万户的解体，最初活动在喀尔喀河的喀尔喀部向西发展，融合了大部分原兀良哈万户的部民，形成了人口众多的庞大集团，覆盖今天蒙古国境内的大部分地区[220]。在现代，喀尔喀诸部以及东部和西部的其他部落共同组成了今蒙古国境内的全体蒙古人。

喀尔喀万户中各部的来源比较复杂，近年来数位青年学者对此进行了深入的研究[330-333]。据森川哲雄和冈田英弘考证，最初的喀尔喀部可能是由元代的"五投下"的部众发展而来[334,335]。札剌亦儿、兀鲁兀、忙兀、弘吉剌和亦乞烈思五部构成"五投下",是成吉思汗和元政权所倚重的重要军事力量[336]。五投下的一部分部众参与了后世漠南地区,尤其是今内蒙古中南部地区诸蒙古部落的形成[337]。在明代,北撤的五投下部众(可能以札剌亦儿部和弘吉剌部为主)与朵颜三卫的后裔(如斡者)以及元末留居于蒙古东部喀尔喀河周围的若干部落融合成了喀尔喀万户,驻牧于喀尔喀河附近[338]。在达延汗的分封中,第五子阿勒楚博罗特领有喀尔喀左翼五部,第九子格列森扎领有喀尔喀右翼七部[333]14。喀尔喀右翼七部演变为"漠北喀尔喀"诸部,最终演变成为现代蒙古国的蒙古人的主体部分。兀良哈万户的解体,为喀尔喀右翼七部(即"漠北喀尔喀"诸部)的发展壮大提供了广阔的空间[339]25-28。如前文所述,在尼伦蒙古诸部扩散到肯特山一带之前,兀良哈部是当地更早的居民[215-217],兀良哈部在相当早的时候就融入了蒙古部之中。从元代开始,居住在肯特山的兀良哈千户及其后人负责为成吉思汗以及历代元代皇帝守陵[217]。到了明代早期,肯特山一带的兀良哈部已经发展成人口众多的兀良哈万户[221]。16世纪初(1524—1538),在达延汗后裔的持续打击之下,兀良哈万户完全解体,其部众和领地被瓜分。兀良哈万户的原居地和大部分部落民被纳入喀尔喀万户之中[339]25-28。在明代后期形成的喀尔喀右翼七部之中,原兀良哈的部落民是重要的组成部分。

在清代早期,"漠北喀尔喀"诸部的领地分为东、西、中三路,分别属车臣汗、土谢图汗和扎萨克图汗管辖[340]。雍正十年(1732),喀尔喀亲王额驸策棱击败准噶尔部有功。清廷从土谢图汗的领地中分出一部分划归策棱的赛音诺颜部[341]。从此,赛音诺颜部的地位大大提高,与三汗部并列。此后,漠北蒙古统称喀尔喀四部[342]。在清代末年,喀尔喀诸部的势力已经到达阿尔泰山地区[339]29。在近代,在喀尔喀四部以及蒙古高原周围其他蒙古部的基础上形成了现代蒙古国。

明末至清代之间漠北喀尔喀蒙古的鄂托克的演变非常复杂[330-333]。相关的研究表明,喀尔喀右翼七部的部众包含源自札剌亦儿部、别速惕、额勒只斤(Eljigen)、克噜特(吉尔吉斯)、郭尔罗斯、库克亦特(克烈)、合答斤、唐古特(Tanghud)、撒儿塔兀勒(Sartahul)、兀良哈、速勒都思、阿巴嘎、阿巴嘎纳尔、弘吉剌特部(兀鲁忽努特)、巴尔虎、巴岳特部[巴雅兀特(Bayaud)]、部分卫拉特人以及阿尔泰山-图瓦盆地附近其他部落的部落民[333]33-52。可见,发展壮大之后的喀尔喀万户中的蒙古部众实际上包括了蒙元时期活动在蒙古高原上的大部分部落的后裔。因此,可以认为喀尔喀万户中的蒙古部众是元代蒙古高原人群重新组合的结果,是元初全体蒙古人的集合,同时也融合了更多阿尔泰山-图瓦地区突厥语人群的成分。

现代蒙古国中的蒙古部落包括喀尔喀部、和托辉特部(Khotogoid/Hotgoid)、达尔扈特部(Darhad)、额勒支斤部(Eljgin)、萨尔塔忽勒部(Sartuul)、达里岗嘎部(Dariganga)、乌珠穆沁人(Üzemchin)、阿尔泰乌梁海人(Uriankai-Altai)、布里亚特部、巴尔虎部(Barga)、杜尔伯特部(Dörvöd/Dörbet)、扎哈沁部(Zahchin)、土尔扈特部(Torguud/Torghut)、巴雅兀特(Bayaad, Bayaud)、和硕特部、明嘎特部(Myangad/Mingad)、额鲁特部(Ööld/Ölöts/Olots)、霍屯人(Khotons)和查坦人(Tsaatan/Dukha)等[343]。在上述现代蒙古国的诸部落中,除了在明代喀尔喀万户中已经存在的部落外,其他部落的来源都很复杂。源自卫拉特蒙古的部落包括杜尔伯特部、土尔扈特部、和硕特部、额鲁特部、和托辉特部、扎哈沁部和明嘎特部。这些部落主要生活在蒙古国西北部地区[343]。达尔扈特部(达尔哈特人)本是负责守护祭祀成吉思汗的八白室的500户的后裔[311]。他们现在生活在库苏古尔省。查坦人是居住在库苏古尔省一个小的突厥语部落,其起源可能与图瓦人相关[344]。布里亚特部和巴尔虎部则一直居住在外贝加尔湖地区[344]1-7。在17世纪初,由于俄罗斯人的入侵,部分布里亚特人(包括巴尔虎部)南迁到今天的蒙古国境内[344]11-16。

值得说明的是,唐努乌梁海地区的居民和阿尔泰乌梁海人与明代中期的兀良哈万户之间并没有直接的继承关系[225]。由于部民中包含大量原兀良哈万户的民众,漠北喀尔喀中右翼贵族也被称为"兀良哈诺颜"[384]31。阿勒坦汗家族即出自漠北喀尔喀右翼[333]24。所以,阿勒坦汗家族统治之下的图瓦盆地(唐努山)和阿尔泰山地区的居民也有了"兀良哈/乌梁海"的称呼[333]32-39。在17世纪初,因与林丹汗不和,原居住在锡林郭勒地区的一部分乌珠穆沁部投奔了漠北喀尔喀车臣汗硕垒[333,334]。在现代,乌珠穆沁部生活在蒙古国苏赫巴托尔省和东方省。达里岗嘎部(Dariganga)是由生活于达里冈厓牧场的蒙古族人组合而成[345]。霍屯人则可能源自中亚或新疆[346]。

由达延汗第五子阿勒楚博罗特领有的喀尔喀左翼五部后来基本都迁徙到了今天的内蒙古地区[274]483-518。喀尔喀左翼五部包括扎鲁特部、巴林部、翁吉剌特部、巴岳特部和乌齐叶特部,由虎喇哈赤的5个儿子(乌巴什伟征、苏巴海、乌班贝穆多克新、索宁岱青、舒哈克卓里图鸿台吉)分别领有[330]15。在16世纪中叶,达赉逊库登汗率领察哈尔万户和喀尔喀左翼五部向东迁徙至西辽河流域[347]。东迁后的喀尔喀左翼五部又称"山阳喀尔喀"或"内喀尔喀五部"[330]13。东迁后的内喀尔喀五部活动在明廷辽东都司的西北边墙之外,约今锦州-辽阳-沈阳-铁岭-开原一线以北[274]503。由于明末清初持续的战争,内喀尔喀五部中的翁吉剌特部、巴岳特部和乌齐叶特部溃散[274]517。根据当时的形势推测,这3个部落的民众可能融入了察哈尔部、满族和现代西辽河地区当地的各族人群之中。而巴林部和扎鲁特部则被编为外藩扎萨克旗,不再冠以喀尔喀名号。

巴林部是一个历史悠久的部落。巴林部(八邻/巴阿邻)是尼伦蒙古的早期分支[213]29。元初在阿尔泰山以北的西伯利亚地区设有八邻万户[348]。在明代后期兴起的喀尔喀左翼五部中也存在独立的巴林部[330]15。喀尔喀左翼五部之中,领有巴林部的苏巴海(速把亥)一度成为内喀尔喀五部的首领[274]488-492。可见在当时,巴林部应该是一个比较强大的部落。在天聪八年(1634),后金划定蒙古诸部驻牧地之后,巴林部的驻牧地在西拉木伦河中游北岸一带[349]10-16。不久之后,巴林部的部众被分为左右两翼,延续至今[301]。

扎鲁特部是内喀尔喀五部的核心部落[330]15。这个部落由虎喇哈赤的长子乌巴什(伟征)直接领有。据考证,札刺亦儿部应是最初的喀尔喀部右翼中最大的部落,而扎鲁特部则是喀尔喀部左翼中最大的部落[350]。有学者认为,"扎鲁特"一词可能源自兀良哈部的札儿赤兀歹的后裔形成的氏族[351],但这种说法还有待进一步考证。在明末清初,扎鲁特活动在辽河中游一带[349]。在归附清朝之后,扎鲁特部驻地被安排在今鲁北河一带,并划分为左翼和右翼两旗[352]。在近代,扎鲁特两旗又合并为一个扎鲁特旗,延续至今。

大约在1630年前后,漠北喀尔喀土谢图汗部的朝克图台吉(绰克图台吉、却图台吉)率所部4万之众前往青海[353]。此后,朝克图台吉的部众在青海北部乌兰县一带活动[354]。在清代之后,这些喀尔喀部众逐渐融入当地的蒙古族人之中[354]61。

清朝顺治十年(1653)二月,由于喀尔喀部内乱,本属喀尔喀右翼土谢图汗部的本塔尔率部众千余户归附清朝[356]14368。清廷将他们安置在今内蒙古中部的塔尔浑河及艾布盖河流域,称为喀尔喀右翼部[357],亦称达尔罕旗[358]1。之后,喀尔喀右翼部与四子王旗、乌拉特三旗和茂明安旗共同构成乌兰察布盟[323]。这4个部落的民众构成了今天乌兰察布市蒙古族人的主要来源。此外,由于相同的原因,本属喀尔喀札萨克图汗部的衮布伊勒登、额璘沁等人在清康熙三年(1664)率部归附清朝[356]14368。清廷将他们安置在今内蒙古通辽市南部地区,称喀尔喀左翼旗[359],360。1934年,喀尔喀左翼旗被合入库伦旗,延续至今。

1.4.4　布里亚特诸部

布里亚特人是现代蒙古语人群中的一个重要集团[147]。因为与其他地区的蒙古族人有密切的亲缘关系，布里亚特人也可被称为布里亚特蒙古人。在中国呼伦贝尔地区的布里亚特人被划归蒙古族。今天，在中国、蒙古国和俄罗斯联邦境内都生活着大量布里亚特人。

在1.3.8节中，我们论证了"林中百姓"诸部的形成过程。我们推测，从回纥汗国灭亡之后到辽代早期，羽厥里部自呼伦贝尔地区向贝加尔湖方向扩散并与当地的突厥语人群（骨利干和拔野古）发生融合，这一过程很可能是导致金代时期贝加尔湖周围地区出现"林中百姓"诸部落的直接原因。《蒙古秘史》将贝加尔湖东南一带称为"巴儿忽真地方"[213]10。《蒙古秘史》中提到的贝加尔湖沿岸部落有很多[146]，其中与后世布里亚特有关的是豁里·秃马惕部、不里牙惕和巴儿浑[213]394。此外，还提到附属于篾儿乞人的一些捕鱼（只合臣）、捕貂（不鲁合臣）、猎兽（戈劣兀鲁臣）的人们[213]123。《史集》记载，巴儿忽惕、豁里、秃剌思和秃马惕部落被统称为巴儿忽惕[161]第一卷第一分册,198-201。此外，与这些部落毗邻而居的还有斡亦剌惕、不剌和臣、客列木臣和槐因·兀良合部落。对比两份材料，"捕貂的人们（不鲁合臣）"应该与"不剌和臣"相当。根据历史学家的考证，巴儿忽部应该是唐代的铁勒部落拔野古演变而来[143]。而豁里·秃马惕部则由骨利干和都波演化而来[161]第一卷第一分册,10。对于"不里牙惕/布里亚特"一词最早的词源，目前还没有一致的意见。

布里亚特人关于自身起源的传说是这样的[147]14：在远古时期，贝加尔湖边住着巴尔虎·巴特尔（Barga baatar）。他有两个儿子，分别叫布里亚特和浩里太。布里亚特的两个儿子分别繁衍了伊黑利德八姓以及宝拉嘎德（猎貂人）七姓，他们向北方、西方和西南方向扩散，最后居住在勒拿河与和鲁古河流域、巴尔虎津地区、胡图里草原和色楞格河沿岸。留在贝加尔湖南岸故地的浩里太繁衍出浩里十一姓，他们居住在东南方向，即贝加尔湖东南岸到黑龙江之间的广大地区。有学者考证，浩里十一姓的氏族名称可能主要源自马的颜色[361]32。在这则传说中，史料中存在的3个部落名（巴尔虎、布里亚特和浩里太）被当作真实存在过的男性始祖。这一则布里亚特人关于自身起源的传说显然是族群融合的产物，但一定程度反映其早期融合和扩散的历史。这一则传说记录了古代布里亚特人的3个主要集团，即伊黑利德八姓、宝拉嘎德七姓和浩里十一姓。宝敦古德·阿毕德在《布里亚特蒙古简史》中，把《史集》提到的"客列木臣"解释为"猎松鼠人(贺日木沁)",作为古代布里亚特人的一部分[147]3。俄文材料把这个部落名记录为 Хэрмэчин(Khermechin)[362]。

近代学者通过考古学、民间传说故事、语言学材料及其他史料研究了布里亚特人的来源[362-365]。综合而言,中世纪时期布里亚特人主要由霍里人(古称 Коро/Khoro,今称 Хорин/Khorin)、额吉里特(古称 Икирес/Ikires,今称 Эхирит/Ekhirit)和布拉戈特(古称 Бурлгач/Burlgach,今称 Булагат/Bulagat)组成。之后,源自蒙古人的洪戈托尔人(Хонг одор/Khong Odor)也融合了进来。在 18 世纪初,又融进了丛格尔(Цонгор/Chongol)和萨尔杜勒人(Сартулы/Sartul)。这两个人群本身是蒙古各部族混杂而成。这些论述中提到的额吉里特(Ekhirit),对应布里亚特人自身传说中提到的"伊黑利德八姓"。《史集》中记载有"亦乞列思部(aīkirās)",有俄国学者认为"Ekhirit"可能源自"亦乞列思部",所以把"Ekhirit"一词还原为"Ikires"[414]。布拉戈特(Bulagat)对应的则是布里亚特人自身传说中提到的"宝拉嘎德七姓(猎貂人)"、《史集》提到的不剌和臣[B(ū)l(a)ḡājīn]和《蒙古秘史》提到的"捕貂的人们(不鲁合臣)"。而霍里人(Khorin)对应史料中的"豁里",则是没有疑问的。在今天布里亚特人分布的区域中,有一些地名与上述古代部落是明显相关的,如 Khorinsky 区、Barguzinsky、Ekhirit-Bulagatsky 区。综合以上讨论,我们把与布里亚特人起源有关的信息总结在表 1.1 中。总之,可以认为现代布里亚特人是元代初期的豁里·秃麻惕、不里牙惕、八剌忽部以及贝加尔湖周围地区其他采集狩猎人群融合的结果。

表 1.1　布里亚特人各分支起源的相关资料

《蒙古秘史》	《史集》		自身起源传说		民族学调查
豁里·秃马惕	豁里	统称巴儿忽惕	浩里十一姓 浩里汉	浩里太的后裔	霍里人
	秃马惕				
	秃剌思				
巴儿浑	巴儿忽惕				
不里牙惕					
捕鱼的人们 (只合臣)					
亦乞列思?	亦乞列思?		伊黑利德八姓	布里亚特的后裔	额吉里特
捕貂的人们 (不鲁合臣)	不剌和臣		宝拉嘎德七姓 (猎貂人)		布拉戈特

(续表)

《蒙古秘史》	《史集》	自身起源传说	民族学调查
	客列木臣?	贺日木沁（猎松鼠人）	
猎兽的人们（戈劣兀鲁臣）			
斡亦剌惕	斡亦剌惕		
?	槐因·兀良合		
			洪戈托尔
			丛格尔
			萨尔杜勒

值得注意的是,作为古代布里亚特人的主要部分,"豁里·秃马惕"部众的"秃马惕"一词在后世布里亚特人的语言中消失。一方面,这可能是由于成吉思汗时代的战争导致部落人口的聚散离合[161]第一卷第一分册,200。另一方面,学者多主张今天内蒙古中南部地区的土默特部与元代的"豁里秃·麻惕"有前后继承关系,尽管在语音演变上还有一些有待考证的地方[318]。

另外一则传说说明了布里亚特人与卫拉特人的远古亲缘关系。这则传说声称巴尔虎·巴特尔有3个儿子,分别是斡(亦)勒歹(Uleedei)、不里亚太(Buriatai)和豁里台-篾尔干(Xoridoi-mergen)[361]34。很显然,排除了作为男性名标识的"-dei/-tai/doi",3个儿子名字中剩下的部分其实是3个古代部落名。"斡(亦)勒歹/Uleedei"一词去掉后缀的"Ulee",应与斡亦剌惕一词有共同的起源[366]。在蒙古部兴起的时期,斡亦剌惕和布里亚特诸部都属于林中百姓。林中百姓部落本身的来源很复杂。但这则传说暗示,相对于其他部落,斡亦剌惕和布里亚特诸部之间拥有更亲密的亲缘关系。

17世纪中叶,俄罗斯人扩张到贝加尔湖地区并控制了布里亚特人生活的区域[147]11-13。因此,布里亚特人被迫开始迁徙到其他地方。留在原地的那部分人成为现代俄罗斯境内的布里亚特人,他们主要分布在布里亚特共和国、赤塔州(Chita Oblast)、阿加布里亚特自治区(Agin-Buryat Autonomous Okrug)、伊尔库茨克州(Irkutsk Oblast)和乌斯季奥尔登斯基布里亚特自治区(Ust-Orda Buryat Autonomous Okrug)。其中一部分人向南投奔喀尔喀蒙古,后来成为今天蒙古国境内的布里亚特部和巴尔虎部;一部分人迁往齐齐哈尔,后来成为中国境内的现代布里亚特蒙古人(主要是巴尔虎部)。1723年,清廷将居住在嫩江流域的巴尔虎人(布里亚特蒙古人)与其他人群一起迁往呼伦贝尔地区,编为"索伦八旗"[366]20-24,这部分巴尔虎人后来被称为"陈巴尔虎"。1734 年,原生活在喀尔喀蒙古境内的一部分巴尔虎人也迁入呼伦贝尔地区[147]15,这部分巴尔虎人后来被称为"新巴尔虎"。到了 20 世纪初,又有部分布里亚特人从贝加尔湖地区迁徙到呼伦贝尔地区[147]41。这些人群共同形成了今天呼伦贝尔地区陈巴尔虎旗、新巴尔虎右旗、新巴尔虎左旗以及邻近地区的巴尔虎-布里亚特蒙古人。

1.4.5　卫拉特诸部

卫拉特诸部的早期起源和演化过程,是蒙古史研究中一个难度很高的领域[367]。卫拉特诸部的历史非常悠久。在不同的历史时期,卫拉特诸部曾有多个称谓,包括斡亦剌惕、卫拉特四千户、卫喇特四万户、瓦剌、额鲁特、卫拉特和漠西蒙古等。汉文史料中有关卫拉特诸部内部演变历史的史料较为缺乏。即使在现存的史料中,也有很多记载模糊不清的地方,甚至出现同一历史事件的历史人物的名称在不同的文献中完全不同的情况。关于卫拉特诸部的历史中,还有很多有争议的地方。研究卫拉特部的历史需要涉及多种语言,包括托忒文文献,因此是很有难度的。尽管如此,经过学者们长期的努力,我们对卫拉特诸部的历史已有大致的了解。

卫拉特诸部的前身是成吉思汗时代的斡亦剌惕部部长忽都合别乞领有的林中百姓,即"斡亦剌惕四千户"[161]第一卷第一分册,368。首先,如前文所述,在成吉思汗时代,分布在从外贝加尔湖地区直至阿尔泰山区之间的广大区域内各个部落都被称作"林中百姓"。在"林中百姓"诸部落中,斡亦剌惕部与巴儿忽惕有较近的亲缘关系。此外,"林中百姓"诸部落也包括一些讲突厥语的部落,包括图巴昔(被认为是图瓦人的祖先)和黠戛斯等[213]394。由于忽都合别乞的功绩,成吉思汗命他统领斡亦剌惕四千户[213]394-397。忽都合别乞领有的部众中,原斡亦剌惕部和秃马惕的部众可能是主要来源,也包含其他林中百姓部落。据此,我们可以推测,在蒙古汗国建立之时,"卫拉特四千户"之中以"原蒙古人"为主,但也混合了少量突厥语人群的成分。斡亦剌惕部最初的活动地域在今叶尼塞河上游锡什锡德河(Shishid River)一带[213]184。据研究,大约在元代期间,斡亦剌惕部从锡什锡德河一带扩散到了杭爱山以西、唐努岭以南的乌布苏湖(Uvs Nuur)、扎布干河(Zaykhan River)和空奎河流域(Hunguy River)[368]中卷,198。在此期间,斡亦剌惕部的经济生活方式由以采集狩猎为主转向以畜牧为主。这一阶段的扩散和生活方式的转变是后世卫拉特诸部得以发展壮大的基础。

金峰的研究为卫拉特联盟的3个发展阶段确定划分时间点[371-469]。参照金峰的观点,早期四卫拉特联盟的延续时间是公元1437—1502年[369]。这一阶段始于脱欢打败阿岱汗,结束于1502年大瓦剌西迁、卫拉特诸部溃散。在这一阶段,绰罗斯部也先汗的活动使卫拉特的势力达到顶峰[369]。以也先汗的死亡(1454)为分界线,早期四卫拉特联盟可以分为前后两个阶段,即大四卫拉特联盟和小四卫拉特联盟[369]。中期四卫拉特联盟的延续时间大约是公元1503—1636年[372]。以和硕特部博贝密尔咱被推举为四卫拉特汗位为分界线,中期四卫拉特联盟也可以分为前后两个阶段,即以绰罗斯部为领导的前期和以和硕特为领导的后期。这一阶段结束的标志事件是顾实汗南迁青海。晚期四卫拉特联盟的延续时间是公元1637—1758年[373]。这一阶段结束的标志事件是准噶尔汗国的灭亡。在不同的历史时期,"四卫拉特联盟"包含的部落拥有不同的起源,部落兴衰的历史也很复杂。而在不同的时期构成四卫拉特联盟的部落数量很多。具体请参见相关的历史文献[372,373]、金峰的考证[369-371]以及其他学者的研究[374,375]。

辉特部被认为是早期卫拉特的核心部落[368]中卷,197-200。根据《蒙古族通史(中卷)》所引用托忒文文献《萨拉图吉》(大黄册)记载:"辉特的首领们是亦纳勒赤和脱劣勒赤(忽都合别乞的两个儿子)的后裔。"[368]中卷,199另据巴图尔·乌巴什·图们的《四卫拉特史》记载,"四卫拉特最著名的最初的汗是雅巴干篯儿根"[372]。而这个"雅巴干篯儿根"正是辉特部首领家族的始祖。因此,一般认为辉特部就是元初斡亦剌惕部忽都合别乞领有的部众的直系后裔[368]中卷,199。巴图特部最初附属于辉特部,因此可能与辉特部有共祖关系[372,373]。根据相关的史料,斡亦剌惕诸部是阿里不哥家族的主要军事力量[368]中卷,197-200。14世纪中晚期,猛可帖木尔(乌格齐哈什哈)联合巴尔虎特、忽里牙特、巴图特、绰罗斯等部建立了卫拉特联盟(被称为早期四卫拉特联盟)[368]中卷,197-200。对于这个"猛可帖木尔(乌格齐哈什哈)"的族属,早期的研究有一些争议。蒙古文献记载乌格齐哈什哈是克哷古特首领[376]。因此,有学者推测,猛可帖木尔(即乌格齐哈什哈,有争议)可能是土尔扈特世系中的某一个旁系分支[376]。但也有学者考证认为猛可帖木尔应该是土尔扈特部人[377]。绰罗斯家族兴起后,势力十分强盛,一度征服东部蒙古诸部[378,379]。此后,辉特部不再在卫拉特联盟中占有主导地位。在中期四卫拉特时期,辉特部的部众溃散,一部分附属于杜尔伯特部[370]。在清代初期土尔扈特部西迁之后,辉特部主要活动于天山中部的裕勒都斯河流域[380]。晚期四卫拉特联盟时期,辉特部代替土尔扈特部成为联盟中的一个重要组成部分[371]。在固实汗率和硕特部迁往青海时,一部分辉特部也随之迁到青海[371],这部分辉特部在后世融入青海蒙古族人之中[381]。未迁居青海而留在原地的和硕特部在后来归附了清朝,最终隶属于喀尔喀札萨克图汗部和杜尔伯特部,驻牧今天的蒙古国西北部地区[368]中卷,349。大约在15世纪上半叶,从辉特部中分化出了和托辉特部[369]。大约在16世纪末,和托辉特部已经归喀尔喀右翼扎萨克图汗统治了[370]。他们就是今天蒙古国西北部的和托辉特部的来源。

关于额鲁特(厄鲁特)部的起源,目前学界还有较大争议。绰罗斯家族是额鲁特、准噶尔部和杜尔伯特部的首领家族[369-371]。传统的观点认为额鲁特是卫拉特固有的部落之一[371]。但根据在新疆新发现的托忒蒙古文《汗廷史》,金峰考证认为绰罗斯部实际上起源自元初不儿罕山的兀良合惕部[225]。在14世纪中晚期,卫拉特权臣猛可贴木儿一度统一了全蒙古[368]中卷,200。可能因为这个原因,一部分兀良哈人也被征服并融入卫拉特之中[225]。不过,兀良哈人融入卫拉特的具体过程还需要更深入的研究。对于"厄鲁特"一词的含义,或认为由"卫拉特"一词演变而来[382],或认为源自"兀鲁黑塔格山(即阿尔泰山)"[383]。金峰认为,"厄鲁特"一词与卡尔梅克一样,都是"留下来的人们"的意思[371]。此外,绰罗斯家族的托欢太师自称是"苏岱额客"的后裔[384]。"苏岱"是"苏都"的阴性词,意为"具有威灵的女性祖先"。有学者据此认为,"额鲁特"一词可能源自亦乞列思部的"月列台"或者成吉思汗母亲的名字"斡额仑"[384]。月列台的曾祖父孛秃和成吉思汗的母亲都源自弘吉剌特诸部。而弘吉剌特诸部被称为成吉思汗的母舅部落,这可能就是绰罗斯家族的托欢太师自称是"苏岱额客"后裔的原因。但这种说法也可能只是绰罗斯家族为抬高自己的地位而提出的[384]。此外,卫拉特人有关绰罗斯氏的起源传说提到他们源自被树木养育的始祖[372]。这种传说与畏兀儿人的起源传说有相似之处,而古代森林兀良合人也有以桦树汁液当饮料的习惯[385]。综上所述,绰罗斯家族的父系或源自斡亦剌惕部,或源自兀良合惕部,或源自弘吉剌特诸部。由于早期史料的缺乏以及现有史料本身的相互抵牾,从历史学的角度提出的各种观点尚不能达成一致。分子人类学的研究或许能够为绰罗斯家族的起源提供更多的证据。

准噶尔部是从额鲁特部众分化出来的[370]。"准噶尔"一词在蒙古语中意为左侧、左翼、左方等[386]。"准噶尔部"之得名,可能是因为他们组成了卫拉特左翼军队[371],或者他们的活动地域位于卫拉特诸部的北方(也就是左部)[387]。在15世纪中期也先汗之子斡失帖木儿当政的时候,绰罗斯部的核心部分位于蒙古国西部地区,形成北部集团[386]。而南部集团大致生活在哈密以北的地区。有学者认为正是绰罗斯部的北部集团(也就是左部)在后世形成了准噶尔部[386]。16 世纪末,绰罗斯部大致在额尔齐斯河上游地区驻牧[370]。通过长期发动对中亚和新疆地区的战争,绰罗斯部以及卫拉特诸部最终占领了塔什干和新疆的大部分地区,建立了强大的准噶尔汗国[388]131-133。在公元 1755 年准噶尔汗国被灭亡之后,汗国的部众溃散[389]。综上所述,准噶尔部的部落民应是以绰罗斯家族的部众为主,但也融合了其他卫拉特部落以及中亚地区其他人群的成分。

在今天,准噶尔汗国民众(包括准噶尔部)的后裔作为蒙古族的一部分生活在中国境内的新疆、甘肃、宁夏和青海等地[390]260。准噶尔汗国灭亡(1755)之时,准噶尔部和辉特部几乎被清廷屠杀殆尽。一部分残余的部众被编为"额鲁特十苏木",驻地在塔尔巴哈台(今塔城地区)[391]。他们后来演变为今昭苏县、尼勒克县、额敏县、乌苏市和阿勒泰地区的蒙古族[392,393]。1731 年,噶尔丹策令汗之弟色卜腾旺布(舍布腾旺布)率部归附清朝[394]。之后,他们被安置在呼伦贝尔地区的伊敏河东部一带,后来被称为(呼伦贝尔的)陈额鲁特。准噶尔汗国灭亡之后,又有一部分杜尔伯特部和辉特部(明嘎特部)的部众也被安置在呼伦贝尔地区。他们后来被称为(呼伦贝尔的)新额鲁特[394]。此外,在 1754 年,阿卜达什和巴桑率领一部分卫拉特部的部众归附清朝[395]。这部分卫拉特人包括卫拉特各个部落的民众。在 1757 年,他们被安置在今天黑龙江省富裕县的乌裕尔河流域,形成依克明安旗[396]。此外,据研究,今黑龙江省富裕县境内的柯尔克孜人也是在这个时期从阿尔泰山周围地区迁来的[397,398]。

据托忒文文献的记载,杜尔伯特部与准噶尔部的首领家族同源,都源自孛罕[372]。有学者考证,杜尔伯特部与额鲁特本部的分离大约发生在 15 世纪末阿力古多的时代[399]。而"杜尔伯特"一名可能源自《蒙古源流》在 1574 年的事件中所提到的"绰罗斯四鄂托克"[399]。在明末清初,杜尔伯特部游牧于额尔齐斯河沿岸[370]。在 1628 年土尔扈特部西迁之时,也有一部分杜尔伯特部随之西迁,成为后世卡尔梅克人的一部分[400]11。乾隆十八年(1753),由于准噶尔部内部的斗争,杜尔伯特部蒙古的 3 个台吉率部归附清朝[401]。之后清廷将他们安置在科布多地区的乌兰固木附近。这就是今天蒙古国西北部杜尔伯特部蒙古人的来源。

各种史料都比较一致地认为,和硕特部的首领家族是哈撒儿的后裔[373]。据考证,明宣德十年(1435),因与其兄阿岱汗(阿鲁克帖木儿)就属民问题发生了纠纷,科尔沁部首领乌鲁克贴木儿率领一部分以福余卫乌济叶特人为主的属民西迁，加入了卫拉特联盟，最后发展成为和硕特部[369]。不过，有学者认为，"乌鲁克贴木尔"这个名字在科尔沁王公的谱系中并不存在，所以和硕特部的首领家族与哈撒儿的关系尚需存疑[388]76,77。一些学者认为，"和硕特"意为"每两个中的一个"，意思是指和硕特部的部落民是从原科尔沁诸部中抽调而来的[402,403]。而乌济叶特人可能是女真化的嫩江下游当地人群与朵颜三卫的居民混合而成[402,403]。由此推测，最初的和硕特部众的来源本身已经十分复杂。在明末清初，和硕特部游牧于额敏河两岸、乌鲁木齐和天山南北一带[370]。1636年，和硕特部的顾实汗率卫拉特联军远征青海[368]中卷,207-212。之后，大部分和硕特民众就留在了那里，成为今天青海省[454]和内蒙古阿拉善地区[405]蒙古族的主要来源之一。但仍有相当一部分民众留在原地[368]中卷,210，他们后来成为准噶尔汗国的主要部落之一[371]。之后，由于持续的战乱，陆续有一些和硕特部投奔已经迁徙到伏尔加河流域的土尔扈特部[370]27-29。在土尔扈特东归之时，大部分和硕部都随之东迁。但也有很小一部分和硕特部人留了下来，他们最后成为现代卡尔梅克人的一部分。东归之后，和硕部特和土尔扈特部一起，被安置在今天的巴音布鲁克草原一带[406]。他们至今仍生活在那里。

土尔扈特部是卫拉特诸部的重要组成部分。"土尔扈特"意为"护卫军"。根据托忒文文献，土尔扈特部的首领家族是克烈部王罕的后裔[372,373]，学者普遍接受这种观点。托忒文文献认为土尔扈特部是在也先汗时期（1407—1454）才加入卫拉特联盟的[372,373]。土尔扈特作为一个部落出现在嘎班沙喇布所记载的四卫拉特联盟之中[373]。但是，目前并不清楚古代克烈部部众的后裔加入卫拉特并演变成为土尔扈特的具体过程。在明末清初，土尔扈特部原游牧于塔尔巴哈台附近地区[420]。在1628年，土尔扈特部西迁到伏尔加河地区[368]中卷,206。同时一起迁徙以及在之后的时间陆续前往伏尔加河的还有杜尔伯特部、和硕特部和准噶尔部[400]93,94。俄罗斯人将他们称为卡尔梅克人。在1771年，在渥巴锡汗的率领下，土尔扈特部与其他部落一起，重新返回新疆北部地区[368]中卷,338。迁徙的过程中，损失和伤亡十分惨重。由于伏尔加河没有及时结冰的原因，一部分卡尔梅克人被滞留在伏尔加河西岸，他们包括一部分土尔扈特部、杜尔伯特部、和硕特部和准噶尔部[400]95，最终演变成为今天的卡尔梅克人[400]11。东归之后的民众首先被临时安置在伊犁附近[407]。此后，各部落的游牧区域又有复杂的迁移、变动和扩大，散布在新疆北部和蒙古国西部[407,408]。此前，土尔扈特部的阿拉布珠尔带领一些部众前往西藏礼佛，因故未能返回伏尔加河，遂归附清朝[409]5-9。他们最终演变为今天额济纳地区的土尔扈特部人。格坲克楚勒特木的《土尔扈特史》记录了土尔扈特部王公的世系[460]。

综上所述，卫拉特诸部的部落民的来源很复杂，但各个部落仍然有自身的主体来源。在卫拉特诸部发展壮大的过程中，也不可避免地融合了蒙古高原西部以及阿尔泰山周围地区其他人群的成分。

1.4.6 达斡尔族与虎尔哈部

目前对达斡尔族早期起源和演化历史的认识还比较模糊[411,412]。达斡尔族的历史非常悠久，但"达斡尔"这个族称出现的时间却很晚。亦邻真认为，元朝时黑龙江、松花江流域的"水达达（Su Mongγol，水蒙古）"可能包括达斡尔人[413]。据《蒙古源流》记载，在明代晚期，达奇鄂尔、珠尔齐特和额里古特三部通过科尔沁部，向察哈尔部的图们可汗（？—1592）交纳赋税[411]14。和田清认为这里的达奇鄂尔就是达斡尔，写为 Dagighur[274]435。而道润梯步则把《蒙古源流》中的这个词汇写作"达吉忽尔"，认为可能是达斡尔[213]328。亦邻真也同意这种看法，并把"达奇鄂尔"写为 Dagiγur[413]。由于音译的不同，在清代的史料中对"达斡尔"一词有多种写法，如达呼尔、达呼里和打虎儿等[411]1。对于"达斡尔（Daur）"一词的含义，学者们尚未能达成一致的意见[411]1，或认为是"耕种者"[171]439，或认为源自今洮儿河的古称"塔兀儿河"[411]2。

对于达斡尔族的起源，学界主要有契丹后裔说、蒙古分支说以及其他很多观点[414]。在18世纪下半叶，清代乾隆皇帝在钦定《辽史》重印本时，将达斡尔的族源与契丹贵族大贺氏联系起来[411]6，这种说法被不少著作采纳。但当代的学者认为这种说法只是基于发音的接近，实际上是不能成立的[179,416]。但在达斡尔人中确实可以观察到很多可能源自契丹的文化现象，比如古老的求雨仪式、精细的农业技术和曲棍球等[178,417]。另一方面，达斡尔人关于自身的起源传说中还提到了泰州原野[411]7以及辽代或金代的边界壕[418]。因此，学者们普遍认为，可能确实有一部分契丹人后来融入了达斡尔族之中。但从辽国灭亡（1125）到达斡尔族出现在史料中（约1590），其间有长达400多年的间隔。我们尚不清楚在这一时期的人群迁徙与融合的细节。

蒙古分支说是晚清至民国时期为了顺应当时的形势而提出的[412]5,6。这种观点认为达斡尔人本身是蒙古人的一个分支，甚至等同于蒙古人。如果这种观点中的"蒙古人"限定为近现代蒙古族人的话，这种观点有不合理之处。另一方面，语言学的研究表明，达斡尔语确实保留了很多古代蒙古语的词汇[419]。

阿尔达扎布在其父祖的研究基础上,论证了达斡尔语中还保留了很多在 13 世纪时期写成的《蒙古秘史》中的古代蒙古语词汇,而这些词汇在现代蒙古语中已经不使用了[419]。在《黑龙江古代民族史纲》中,干志耿和孙秀仁推测北部室韦中的落俎、婆莴和深末怛诸部可能与达斡尔族有关[171]440。在唐代的北部室韦诸部中,除了蒙兀室韦外,还有很多其他的部落[420]。但在唐代以后,史料中只有关于蒙兀室韦演变为蒙古人的记录,而对其他北部室韦部落几乎没有任何记录[123,420]。16 世纪达斡尔族人生活的区域,与唐代北部室韦部落的生活区域是大致重合的[258]。因此,我们赞同干志耿和孙秀仁的推测。总之,我们可以将"蒙古分支说"进一步修改为"原蒙古人早期分支说"。

在达斡尔族关于自身起源说中,他们的祖先最早生活在格尔必齐河(Gerbici River)、石勒喀河(Shilka River)、鄂嫩河直至精奇里江[Jingkiri River,即结雅河(Zeya River)]沿岸[411]5-6。某时,大汗率军西征,而留下来的部分形成了后世的达斡尔人。格尔必齐河是今赤塔州的一条河流。达斡尔族人在黑龙江上游和中游北部地区广泛分布。因此,俄罗斯人把这一地区称为"达斡里亚(Dauria)"[411]12。所谓的达斡里亚的地理范围十分广阔,含今赤塔州雅布洛诺夫山脉(Yablonov Mountains)以东,沿石勒喀河、额尔古纳河、结雅河、布列亚河(Bureya River)延伸,并包括一部分松花江和乌苏里江流域[411]12。据《隋书·室韦传》记载,大室韦部落与其他室韦部落"语言不通",一般认为这表明大室韦的族属与其他室韦部有所不同[420]。但语言不通也可发生在同一个语族之下的两种分离很久的语言之间。据张久和考证,隋唐时期的大室韦部落大约生活在额尔古纳河下游两岸,几乎是所有室韦部落中分布地域最北的部落[206]。对比而言,在清代,达斡尔族的分布区域在额尔古纳河和黑龙江中游以北地区,也正是除了布里亚特人之外蒙古语人群中分布最北的人群。大室韦分布地域最北,靠近通古斯语人群,这种状态与清代达斡尔人中已经融合了非常多的通古斯语人群成分的状态也很相似。总之,笔者推测,达斡尔族早期族源的核心成分应是包含了大室韦部落的北部室韦诸部。

此外,通过对另外一则达斡尔人传说进行研究,陈述认为达斡尔人可能是元代初期归附蒙古的契丹后裔"库烈儿"所领有的一部分民众的后裔[417]。而与"库烈儿"有关的地名存在于呼伦贝尔北部的根河流域。以上种种信息表明,达斡尔人的祖先确实曾一度广泛地分布在贝加尔湖至大兴安岭之间的地区。考虑到以上种种因素,我们认为达斡尔族是"原蒙古人(proto-Mongols)"的一个早期分支。在公元 10—12 世纪,随着回纥汗国的崩溃,室韦-鞑靼部落大举西迁并广泛分布在蒙古高原上,他们的主要经济生活方式从采集渔猎转向以游牧为主。达斡尔人很可能是那些没有迁入草原而一直留在大兴安岭北部以及黑龙江中上游两岸的古代室韦-鞑靼部落的后裔。

结合上述讨论以及清代以后达斡尔族的演化历史[411]27-89,我们可以将现代达斡尔族群的形成过程分成4个阶段(图1.9)。第一阶段为公元900—1200年之间。在这一阶段,一部分原契丹国境内的居民迁徙到呼伦贝尔以北的额尔古纳河两岸。原居住在大兴安岭北麓的蒙兀室韦部与其他室韦部落一起大举向西迁入草原地区,逐渐转向游牧生活方式,形成后世的蒙古人。同时,在大兴安岭北部、黑龙江中上游两岸,很多原来的北部室韦部落仍生活在当地,保持采集渔猎的生活方式。源自原契丹国境内的居民与原北部室韦后裔的居民可以认为是现代达斡尔人的两大主要来源。第二阶段为公元1200—1550年之间。这个阶段是达斡尔人的上述两大祖源充分融合并发展壮大的阶段。在这一阶段的末期,达斡尔人扩散到了相当辽阔的区域[411]5-12:西至鄂嫩河与石勒喀河中下游,北至外兴安岭北部的阿尔丹河上游流域,东至精奇里江下游以东地区,南部可能跨越黑龙江[418]。由于居住地的邻近,有很多鄂温克人和鄂伦春人融入了达斡尔人之中[418]。但正如下文所讨论,也有很多与达斡尔族有亲缘关系的人群被通古斯化了。第三阶段为公元1550—1700年之间。可

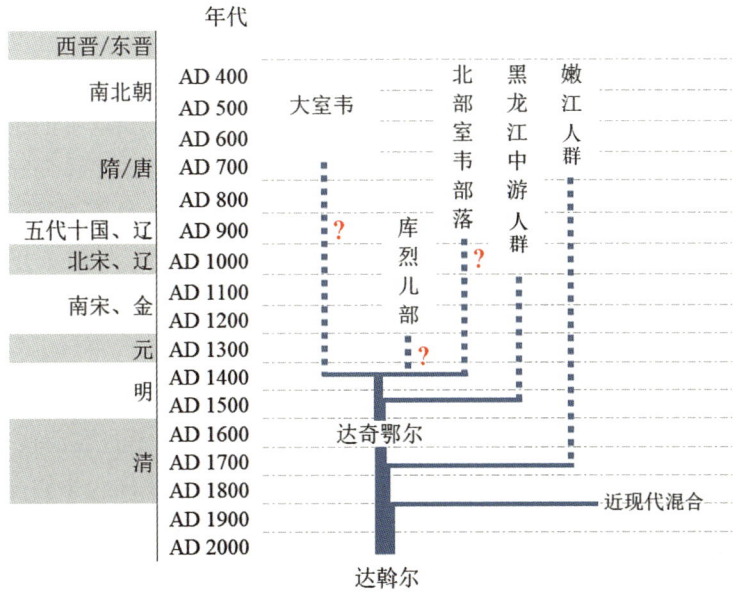

图 1.9　达斡尔族的可能起源过程

能是被科尔沁部所征服[411]14,达奇鄂尔(被认为是达斡尔)、珠尔齐特和额里古特三部,向察哈尔部的图们可汗(?—1592)交纳赋税[212]331。这是达斡尔人相关族称首次出现在史料中。在17世纪初,达斡尔与其他黑龙江中游的部落一起,归附了清朝[171]448,449。在17世纪中叶以后,沙俄侵略者的入侵给达斡尔族人带来了深重的灾难[171]450,451。达斡尔人、鄂温克人和鄂伦春人逐渐南迁到黑龙江以南地区。可以推测,南迁的达斡尔人与嫩江流域原有的居民发生了一定程度的融合。第四阶段为公元1700年至现代。定居到嫩江流域并被编为布特哈八旗之后,达斡尔人的发展进入了全新的历史阶段[412]14-17。达斡尔人被编为八旗组织之中,为保卫黑龙江北部边境做出重大的贡献[412]18-20。在1763年,一部分达斡尔族官兵移居伊犁地区,与其他来源的官兵一起,构成保卫北疆地区的重要力量[412]20。在今天,达斡尔族主要聚居在呼伦贝尔市的莫力达瓦达斡尔族自治旗、鄂温克自治旗以及黑龙江齐齐哈尔市的梅里斯区和富拉尔基区等地。

此外,清代黑龙江中游的萨哈尔察部和虎尔哈部可能与达斡尔人有一定的亲缘关系。这两个部落大致生活在结雅河下游、黑河市(原瑷珲城)以东以南地区[421]。对于萨哈尔察部的族源,还有较大的争议[422]。需要特别注意的是,黑龙江中游地区自远古以来就是蒙古语人群和通古斯语人群分布交界的地方。在这个区域中,这两大族群相互影响、相互同化的过程是一直在发生的。后金至清代早期,清廷本身对黑龙江中下游地区的人群分布状态和实际族属不甚了解,因此造成了一些史料的混乱。有学者考证,"萨哈连部"可能泛指黑龙江中游沿岸的部落[423]。狭义的"萨哈连部"可能指嘉荫河口到松花江口的黑龙江两岸的女真人[424]。这些部落全部被后金征服并编入满洲八旗[424]。此后,"萨哈连部"这个称呼就消失了,之后被"萨哈尔察部"一词所替代[423]。"萨哈尔察部"意为"贡产黑貂之部",本质上仍是一个泛称,而不是部落名专称。"萨哈尔察部"可能是达斡尔人的一个分支部落[421]。

据吉田金一和阿南惟敬的考证,《清实录》记载的虎尔哈部就是俄罗斯方面记载的久契尔部,他们是讲满-通古斯语的人群[418,421]。不过在清代初期,他们受达斡尔部的巴尔达齐的管辖。而这个久契尔部又被称为果古尔部[418]。"久契尔"是"女真"的另一种写法[418]。虎尔哈部(久契尔部、果古尔部)生活在结雅河口以下到苏鲁河之间的黑龙江沿岸。又据《清实录》,皇太极出征瑚尔喀(虎尔哈)之前说过这样一段话:"较从前所获各处瓦尔喀,此地人民语言与我国同。携之而来,可以为我用。攻略时语之曰:尔我本是一国之人……"云云[418]。据此,吉田氏支持多尔基赫的观点,即认为虎尔哈部(久契尔部)是讲满洲语的人群。虎尔哈部整体归附清廷以后,他们居住的地方被赫哲人(或称高尔特人)占据了[418]。对于虎尔哈人与达斡尔人和其他索伦人的关系,史料是相互矛盾的[421]。一方面,虎尔哈人也被称为"久契尔",也就是女真人的意思[418,421]。另一方面,一部分达斡尔人居住的村落,也被认为是虎尔哈人的村落[421]。因此,虎尔哈人的真正族源是值得重新考虑的。以下假说可以解决上述矛盾:虎尔哈人很可能是达斡尔人的一个分支。因为他们的居住地位于达斡尔人的东部的位置,与通古斯语人群最为接近。因此,他们在某一个通古斯语人群强盛的时代——可能是靺鞨人或女真人的时代——被通古斯化了。在后来的历史时期,通古斯语人群的势力衰落而达斡尔人重新兴起。因此,虎尔哈部再次被达斡尔人的首领管辖。

此时,我们可以重新考虑被图们可汗与科尔沁部征服的3个部落(达奇鄂尔、珠尔齐特和额里古特)的来源。上文提到,达奇鄂尔即后世的达斡尔[274]435。对于"额里古特",一般认为是鄂温克族别名[425,426]。但金鑫指出,"额里古特"一词实际就是萨哈尔察部在蒙古语中的写法[427]。对于"珠尔齐特",一致认为就是"女真"一词的记录[425,426]。但女真部落繁多,以往学者没有论证珠尔齐特是女真中的哪一个部落。结合我们以上的论证,我们认为《蒙古源流》所记珠尔齐特就是后世俄罗斯方面所记的久契尔部,也就是《清实录》所记的虎尔哈部。学者已经论证,在明代后期,这3个部落生活的区域彼此邻近[418,421]。很可能正因为如此,他们在图们汗时期或者更早的时期一起被科尔沁部征服。我们在图1.10中展示了达斡尔人和虎尔哈部在明末清初的大致分布与后期的迁徙。

虎尔哈部是一个特殊的部落。据研究,这个部落传说中的祖先与建立清朝的爱新觉罗家族传说中的始祖是同一个人,即布库里雍顺[200]。传说中提到的布库里山,大致在黑河市(原瑷珲城)东南一带。姚大力考证认为,虎尔哈部与爱新觉罗家族共享同一个始祖传说,很可能说明了爱新觉罗家族最古老的起源[200]。这意味着爱新觉罗家族的始祖很可能居住在黑龙江中游地区。爱新觉罗家族的始祖经过多次迁徙,先后在依兰(三姓地方)和图们江流域活动,最后到达辽宁新宾附近[428,429]。对于有关布库里雍顺传说的解读,事实上包含了有关爱新觉罗家族和满族起源的重要史实。后文,我们将详细讨论这一议题。

图 1.10　明末清初达斡尔人和虎尔哈部的分布与后期的迁徙

1.4.7　河西走廊地区蒙古语人群的起源

除了上节提到的蒙古人、卫拉特人和布里亚特人，现代蒙古语人群还包括达斡尔族、东部裕固族、土族、保安族、东乡族和康家人。在阿富汗西部赫拉特省的 Kundur 和 Karez-i-Mulla 等村庄，还居住着少量的莫戈勒人（Mogholi），他们是古代蒙古驻军的后裔。这个人群和他们的语言已经接近消失。此外，现代阿富汗的哈扎拉人已经改说了塔吉克语，但他们仍可被视为蒙古人的直系后裔。关于莫戈勒人和哈扎拉人，我们在上文 1.4.2 节已经提到。

1.4.7.1　土族的起源

土族人拥有悠久的历史，主要聚居在青海省互助、民和、大通等县，其余散居在青海和甘肃的其他地区[430]。至 2000 年，全国的土族约有 24 万人。互助、大通和天祝一带的土族自称"蒙古尔（蒙古人）"或"察罕蒙古（白蒙古）"，民和县的土族多自称"土昆"（土人），其他地区的土族自称"土户家"[430,431]。

对于土族的早期起源，目前还存在一定争议[432]。长期以来，主要存在 3 种观点，即源自吐谷浑说、源自蒙古说和源自沙陀突厥说。一般认为，土族这个族称源自古代的吐谷浑[433]，而现代土族人群的主要来源是蒙古人与当地的霍尔人（包括吐谷浑人）的混合。"霍尔"是藏族人对藏北游牧人群的泛称，但一度曾专门指代吐谷浑人[433,434]。在早期，支持吐谷浑说的著作比较多[432-436]，吕建福在近年出版的《土族史》被认为是这方面的代表作[437]。

不过,一直以来有学者主张土族的主要来源是蒙古人[438]。建国初期出版的《土族简史简志合编》首次对此观点进行了详细的阐述[430]。之后,陆续有其他学者发表相关著作[439,440]。其中,以李克郁的著作最为丰富[441,442]。近年,祁进玉对于"现代土族在多大程度上继承了吐谷浑的古代居民"这一议题提出了方法论上的再思考[443],并进一步对土族这一族群共同体的形成过程进行了非常深入的研究[444]。根据这些研究,元代以来陆续有蒙古人迁入青海东北部地区,他们与当地更早的居民(包括吐谷浑人的后裔)以及藏族和汉族居民不断融合,从而形成现代的土族。

此外,目前学界已基本较为一致地认为土族土司家族的来源并不能等同于全体土族的来源。据考证,从元代延续至民国的青海李土司家族源自沙陀突厥[445],他们的后裔融入了土族之中[446]。但也有学者主张李土司家族源自西夏[447]。此外,甘青地区很多土司的始祖可能也是蒙古人[448,449],如西祁土司、鲁土司家族[450,451]和汪土司等[452]。不过,这些土司家族的具体起源还有待进一步研究,他们的后裔也都融入了当地的各族人民之中。

值得说明的是,上述学者之间的观点并不是完全相互排斥的。正如《土族简史简志合编》所提出的那样,现代土族人群的主要来源是蒙古人与当地的霍尔人(可能是吐谷浑人的后裔)的混合[430]。在现代社会,绝大部分族群都是多个古代人群混合的结果。因此,我们在讨论土族远古族源的时候,需要更加关注不同人群在何时以何种方式发生混合并最终形成现代土族的过程。图1.11展示了在不同历史时期不同人群混合形成现代土族的大致过程。

1.4.7.2 裕固族的起源

今天的裕固族由说一种突厥语的西部裕固族和说一种蒙古语的东部裕固族组成。西部裕固族的主要来源是历史上的回纥部落[152,453]。根据史料记载和学者研究,西部裕固族早期演化历史大概是这样的:唐天宝三年(744),蒙古高原上铁勒部落回纥部的首领药罗葛氏的骨力裴罗建立了回纥汗国。开成五年(840),在黠戛斯人的打击下,回鹘汗国(即回纥汗国)崩溃,一部分民众前往河西走廊。之后在药罗葛氏的领导下建立了甘州回鹘政权(约900—1036),占据瓜州、沙州、肃州、甘州、凉州等地。甘州回鹘被西夏国所灭亡,部分民众西逃至瓜州、沙州以南以及柴达木盆地西沿,后来以"黄头回纥"的面目出现在宋代的史料中。13世纪蒙古西征,黄头回纥归附于蒙古,被称为"撒里

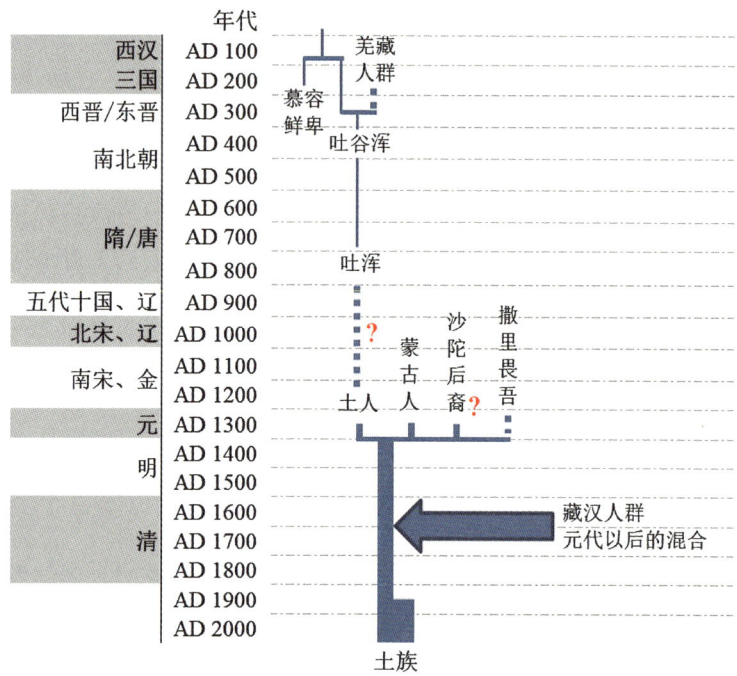

图1.11 土族的可能形成过程

畏吾"。元初撒里畏吾地区由"曲先塔林都元帅府"管辖,后由元宗室宁王卜烟贴木尔统领。此后,撒里畏吾儿人与驻守当地的蒙古军队及其家属逐渐混合[454]。

明代在嘉峪关以西设立关西七卫,又称"西北七卫"和"蒙古七卫"(因七卫首领皆为蒙古贵族),先后有安定、阿端、曲先、罕东、沙州、赤斤蒙古和哈密七卫[454,455],后沙州卫内迁,在其故地又设罕东左卫。在这一时期,上层蒙古贵族、普通蒙古部众与源自回纥的撒里畏吾人渐渐融为一体。从14世纪开始,由于各种原因,关西七卫的民众向东迁徙,开始散住在肃州和甘州之间以及西部的祁连山区[454,455]。16世纪中叶以后,裕固族开始有了固定的活动区域。约在清代中后期,裕固族总称为黄番七族[456,457]。黄番七族包括大头目家、杨哥家、罗尔家、五个家、西八个家、亚拉格家和贺朗格家。其中,西八个家、亚拉格家和贺朗格家说西部裕固语,其余部落说东部裕固语。其中,居住在今裕固族自治县康乐区的有大头目家、杨哥家和罗尔家,五个家和西八个家主要居住在大河区,拉格家和贺朗格家则居住在大河区和明花区。此外,黄泥堡裕固族已经汉化过深,不存在部落组织。板达鄂托克的裕固族已改说藏语且人数较少,也没有构成一个部落。在清代末期至民国之间,由于战乱等原因,裕固族的人口曾一度减少到 300 余户,之后才缓慢增加[458]89。到 2000 年,裕固族的人口约有 13 万[459]。

现代裕固族有两大主源,即回纥和蒙古。裕固族的历史、语言和文化是学者们研究的焦点。据钟进文研究,裕固族中的亚拉格部源自回纥的核心家族药罗葛氏,因此,裕固族自称"Sarigh",意为中央回鹘、正统的回鹘[460]。但也有学者主张裕固族与龟兹回纥有关联。汤开建认为,文献中的"草头鞑靼"应为"黄头鞑靼"之讹,是裕固族的主要来源之一[461]。明代设立关西七卫之时,充分考虑到了东部察合台后王集团在当地的势力,早期七卫首领主要由察合台系诸王担任[462-464]。之后,则以出伯家族和安定王家族为首领。罕东、沙洲、赤斤和罕东左卫,其部落人口的主要来源是蒙古人[504]。

此外,在历史上,藏文化对裕固族及其文化的影响非常深远[465]。藏族居民与裕固族毗邻而居,因此在历史上有大量藏族居民融入裕固族,以至于裕固族在某些时段被认为是藏民(黑番)的一部分。清代及民国时期,以河西走廊为主源地的汉族移民不断向祁连山北麓藏族、裕固族居住的地区迁居。在这个过程中,有不少汉族人融入裕固族[466]。

从现存裕固族的姓氏来源看,裕固族(主要是东部裕固族)中源自蒙古人的成分也是很复杂的。在近现代,有很多学者对裕固族的姓氏进行了调查和研究,如《新疆民族史研究》[467]31-39、《裕固族》[458]25-34、《裕固民族尧熬尔千年史》[468]113-140、《裕固族东乡族保安族社会历史调查》[469]3-9 和《裕固族风情》[470]1-28。此外,还有很多期刊文献也对此进行了详细的讨论。裕固族一直保留有比较好的部落结构。现代裕固族的姓氏是明代至清代之间由部落名转变而来的,其对应关系比较确定。裕固族中源自蒙古的姓氏有:安(Andzhan、奄章,七卫首领)、苏(Sultus,速勒都思)、Arlat(阿鲁刺惕,对应的现代姓氏未知)、郭(Konggirad,弘吉刺特)、铁(Temurchin)、艾/安(Oirat,卫拉特)、钟(Chunghyl,钟鄂勒,或源自"仲云")、柯/哈(Kalka,卡勒嘎尔)、白(Ake-Tatar、阿克塔塔儿)、巴/白/吴(Bayad、巴依亚提)、左(Choros,绰罗斯)、贺(Kerait,克烈)、郑/耿(Qinggis,增格斯汗)和孟(Monggol,蒙戈勒)。元明二代,裕固族及其先民以察合台的后裔出伯家族和元宗师卜烟帖木儿的安定王家族为首领[463,464]。此外,窝阔台之子阔端的斡儿朵就是现在东部裕固族的行政中心皇城镇的所在地[471]。因此,裕固族(特别是东部裕固族)中可能存在元代宗室的直系后裔。在今天，西部裕固族人与东部裕固族人在生活的各个方面都已相互融合，部落结构渐渐消失。图 1.12 展示了裕固族的可能形成过程。

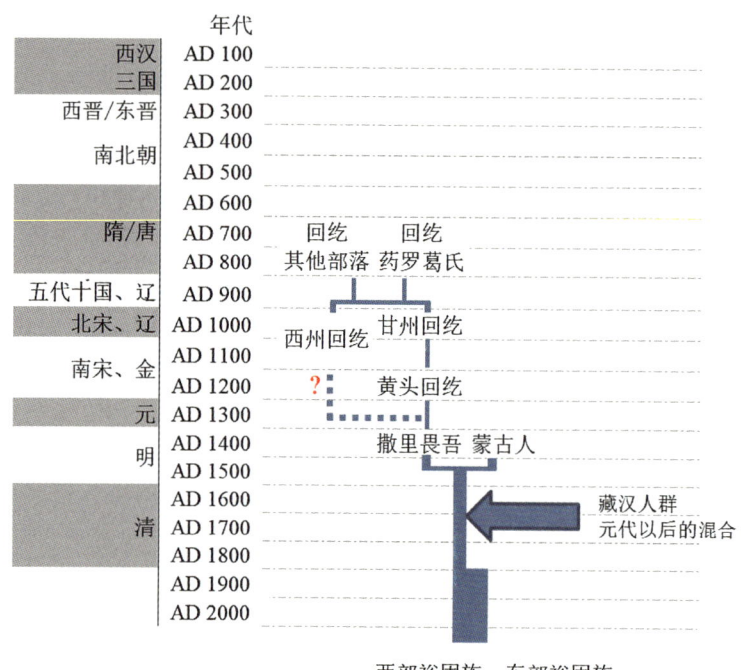

图 1.12　裕固族的可能形成过程

1.4.7.3　保安族、东乡族和康家人的起源

保安族聚居在甘肃省积石山保安族东乡族撒拉族自治县境内，人口约有 2 万人[469]155-158。一般认为，保安族是元代时期信仰伊斯兰教的中亚色目人与当地蒙古人、东乡族、撒拉族和藏族人融合而成的[469]155-163。历史上，保安族曾聚居在青海同仁地区，后来在清朝咸丰、同治年间迁居到甘肃积石山下[472]7-10。保安族的语言保安语被归类为蒙古语族中的一种语言，与东乡语和土族的语言比较接近。

东乡族主要聚居在甘肃省东乡族自治县以及邻近的市县境内，目前人口约有 50 万[473]1-2。在 12 世纪末至 13 世纪，蒙古军队在征服中亚的过程中，将大量的当地居民以及工匠编入军队或为其服役[473]20-28。这些人中的一部分被安排驻扎在今天甘肃省的东乡一带。之后，这些人群与蒙古人以及当地的其他居民融合，形成今天的东乡族人。

此外，吴承义于 1988 年发现的康家语也属于蒙古语族[474]。康家语是中国青海省海南藏族自治州省尖扎县康杨镇的一部分康家回族人说的一种语言[475]。相对于蒙古语族中的其他语言，康家语比较接近保安语和东乡语[476]。据研究，康家人的来源包括从甘肃河州和东乡地区来的回族人和蒙古人、从青海同仁保安地区来的保安人或回族人以及当地的居民[474-476]。康家语目前处于濒临失传的状态[477]。

1.4.8　来自欧亚大陆东部其他人群的影响

在蒙古语人群兴起之前，在北亚地区生活着各式各样的人群。在"阿尔泰语系"人群兴起之后，很多北亚地区的人群都被同化到他们之中了，但仍有很多其他族群一直生活到现代，他们被称为"古亚细亚人（Paleo-Siberian）"[478]238-278。通常所说的"古亚细亚人"包括楚科奇人（Chukchis）、科里亚科人（Koryaks）、伊捷门人（Itelmens）、尼夫赫人（Nivkhs，Gilyaks）、尤卡吉尔人（Yukaghirs）和凯特人（Kets）。有时，因纽特-阿留申人和阿伊努人也被包含在这个概念里。在蒙古语人群形成的过程中，这些人群并没有产生过重大的影响。从现有的遗传学数据看，有一些北亚地区的采集渔猎人群被融入了蒙古语人群之中。不过，这样的遗传成分在现代蒙古语人群中所占的比例非常少，我们在后文会逐一进行详细讨论。

现代乌拉尔语人群主要生活在西西伯利亚地区以及欧洲北部[479]。叶尼塞语人群曾广泛分布在从图瓦盆地到叶尼塞河下游之间的区域，曾经有很多不同的分支，但目前只有凯特人还存在[480,481]。在蒙古语人群形成的过程中，乌拉尔语人群并没有直接产生过重大的影响。另一方面，匈奴人被认为很可能是讲叶尼塞语的人群[482]163-201。匈奴人建立了蒙古草原上第一个游牧帝国（约 300 BC—1 AD）[81]。匈奴人的语言、文化和政治制度对所有蒙古高原周围的人群都产生了重大的影响。但是，在这一时段，现代蒙古人的直接祖先人群还生活在大兴安岭北部森林之中[206]。因此，匈奴人对于后世蒙古人的影响主要是文化层面的，而不是遗传结构层面的。不过，分布在阿尔泰山周围地区、图瓦盆地、米努辛斯克盆地（Minusinsk Basin）和贝加尔湖周围地区的古代人群在突厥语人群兴起之后都被突厥化了，而部分突厥语人群在后来又被蒙古化了。这些古代人群本身的起源与叶尼塞语人群和乌拉尔人群有密切的关系。我们在后文将会对相关的族群演化历史进行详细的讨论。

对蒙古语人群而言，来自印欧语人群的影响显然是不可忽略的。从中亚或东欧迁来的印欧语人群及其亲缘人群为阿尔泰山及蒙古高原周围地区带来了青铜技术、铁器技术、小麦、绵羊、家马和马车等文化因素[45]。这些文化因素最终导致了蒙古草原上典型游牧生活方式的兴起[80]。另一方面，印欧语人群及其亲缘人群的迁来决定性地改变阿尔泰山周围地区人群的遗传结构[483]。直到今天，阿尔泰山地区人群，包括蒙古国西部地区人群，仍拥有很大比例的来自西欧亚人群的遗传成分[484,485]。在青铜时代以后，此类遗传成分逐渐扩散整个蒙古高原及其周围地区。

此外，汉藏语人群对现代蒙古语人群的形成也产生了一定的影响。蒙古高原的游牧政权与东亚农耕地区中央政权之间长达数千年的冲突与交流，是东亚历史最重要的一部分[80]。在蒙古高原的东南方向，蒙古语人群和汉语人群毗邻而居，两个族群之间相互的遗传交流也是持续存在的。此外，在元代以后，随着佛教在蒙古语人群中的传播，青藏高原人群和蒙古语人群发生了广泛的接触[368]161-170。并且，在明代，蒙古人曾一度对青藏高原进行直接的统治[368]207-212。在现代，仍有很多蒙古语人群就生活在青藏高原及其周围地区。因此，我们可以推测，青藏高原人群和蒙古语人群之间的相互遗传交流也是很频繁的。

1.4.9 传统学科所见的现代蒙古语人群的来源

根据以上内容的讨论，我们试图以传统学科的研究成果为基础，总结蒙古高原及其周围地区古代的关键始祖群体及其在漫长的历史过程中演化为古代原蒙古人和现代蒙古语人群的过程。如表1.2所示，我们对现代蒙古语人群的可能始祖群体进行了简略的归类，根据上述的讨论，给出了各种可能的始祖群体对现代各蒙古语人群遗传结构的贡献程度。贡献程度的评估是粗略的，主要是为了反映现代各蒙古语人群的遗传结构的可能差异，而这些差异反映了彼此之间演化历史的差异。我们希望传统学科所见的现代各蒙古语人群的演变过程与遗传学研究所揭示的人群的遗传结构是可以相互比较的。对有重大差异之处进行深入的讨论，或许能为古代人群演化历史提供更为清晰的描述。同时，我们也罗列了突厥语人群和通古斯语人群的基本情况，以供比较。

如史料所记载，12世纪初的蒙古部主要由北室韦诸部之一的蒙兀室韦部演化而来。根据上文的讨论，我们将"北室韦-蒙兀室韦"视为现代蒙古语人群最重要的始祖群体之一。这一始祖群体的遗传成分在各地蒙古人和卡尔梅克

表 1.2　现代北亚人群可能的始祖群体及其遗传贡献的粗略评估

人　群	北室韦-蒙兀室韦	南室韦-乌古-羽厥里	蒙古高原中东部细石器人群	类克烈乃蛮成分	类乌拉尔成分	类叶尼塞成分	类印欧成分	中东-南亚-中亚成分	藏缅成分	类汉成分	类通古斯成分
蒙古人-蒙古国	大量	较多	少量	较多	较多	少量	较多	少量	少量	较多	少量
蒙古人-内蒙古	大量	较多	少量	少量	较多	少量	少量	少量	少量	大量	/
蒙古人-青海	大量	大量	少量	大量	较多	少量	少量	少量	较多	少量	少量
蒙古人-新疆	大量	大量	少量	大量	较多	少量	少量	少量	少量	少量	少量
卡尔梅克人	大量	大量	少量	大量	少量	少量	少量	少量	少量	少量	少量
布里亚特人	较多	大量	少量	少量	大量	较多	少量	少量	少量	少量	较多
东部裕固族	少量	少量	少量	少量	少量	少量	较多	大量	大量	大量	少量
土族	少量	少量	少量	少量	少量	少量	较多	大量	大量	大量	少量
东乡族	少量	少量	少量	少量	少量	少量	大量	大量	大量	大量	少量
保安族	少量	少量	少量	少量	少量	少量	大量	大量	大量	大量	少量
达斡尔族	较多	少量	少量	少量	较多	少量	少量	少量	少量	大量	较多
莫戈勒人	较多	较多	少量	少量	少量	少量	大量	大量	/	/	/
哈扎拉人	较多	较多	少量	少量	少量	少量	大量	大量	/	/	/
突厥-哈萨克人	大量	少量	少量	较多	少量	少量	大量	大量	少量	少量	少量
突厥-东南语支	较多	少量	少量	少量	少量	较多	大量	大量	少量	较多	少量
突厥-西南语支	少量	少量	少量	少量	少量	较多	大量	大量	少量	少量	少量
突厥-西北语支	少量	少量	少量	少量	较多	较多	较多	较多	少量	少量	少量
突厥-东北语支	少量	少量	少量	少量	大量	较多	大量	少量	少量	少量	少量
突厥-雅库特	少量	少量	少量	少量	大量	少量	少量	/	/	/	少量
北通古斯	少量	/	少量	/	较多	少量	少量	/	/	/	大量
南通古斯	少量	少量	少量	少量	少量	少量	/	/	少量	大量	较多

注：少量：贡献度<5%；较多：5%<贡献度<15%；大量：15%<贡献度。

人中的遗传结构中的比例应该是比较高的。布里亚特蒙古人的始祖是林中百姓诸部之一，其遗传结构中可能有较多来自古代铁勒部落的混合成分。甘肃及周边地区的蒙古语人群可能混合了较多当地藏语人群和汉语人群的遗传成分。达斡尔族可以认为是古代北室韦部落的直接后裔，其居住地区接近通古斯语人群的分布区，迁到黑龙江以南以后也与当地人群发生了混合。对于莫戈勒人和哈扎拉人，情况也应该是类似的，即有较高的来自当地人群的混合成分。

根据上文的讨论，我们提出"南室韦-乌古-羽厥里"也是现代蒙古语人群最重要的始祖群体之一。张久和首次强调了南室韦和北室韦部落在各方面的重大差异，包括地理、气候、经济生活和风俗习惯等[123]42-83。一般认为，不同地区的室韦部落之间的差别，是源自同一个始祖群体的人群扩散到不同地区后由于地理环境的限制而产生的差异。我们提出，南室韦部落可能是少量扩散到当地的鲜卑-室韦部落同化了当地自新石器时代以来人口众多的当地人群而形成的。南室韦和北室韦部落在各方面的重大差异很可能不是扩散后分化的结果，而是更古老时期不同来源的人群混合成为一个共同体之后的内部差异。

"南室韦-乌古-羽厥里"最直接的后裔应是弘吉剌特部和卫拉特诸部。弘吉剌特部已整体融入现代蒙古人之中，但在哈萨克人中还存在独立的弘吉剌特部。卫拉特诸部演化为今天蒙古国西部，中国青海、新疆地区的蒙古人以及卡尔梅克人。总之，今天各地的蒙古人中均应有较多源自始祖群体"南室韦-乌古-羽厥里"的成分。值得说明的是，"南室韦-乌古-羽厥里"成分的多少，可以认为是东蒙古和西蒙古之间差异的主要来源，可追溯到12世纪蒙古部落和林中百姓诸部的差异，在更早的时候还可以追溯到北室韦部落和南室韦部落之间的差异。甘肃及周边地区的蒙古语人群中这类成分的比例可能比较少。由于缺乏直接的接触，这类成分在达斡尔族中的比例也应是比较低的。

根据上文的讨论，我们认为"蒙古高原中东部细石器人群"也是现代蒙古语人群最重要的始祖群体之一。这一人群可能继承自旧石器时代亚洲北部采集渔猎人群，蒙古高原中部和东部繁荣的细石器文化可能是这一人群所创造的，比如呼伦贝尔地区的哈克文化。根据前文的讨论，考古学家和民族学家认为上述人群演变为蒙古中部和东部石板墓文化人群，进而演变为"东胡族系"人群，其最早的代表就是战国时期的东胡人群及其在蒙古高原中部和东部的亲族。鲜卑和乌桓是他们的直系继承者。鲜卑和乌桓衰落之后，其部落人口融入后世的蒙古语人群、突厥语人群和汉族人群之中。因此，"蒙古高原中东部细石器人群"成分可能普遍见于上述人群之中，但比例应该都不高。

在唐代源自贝加尔湖东南部的"九姓鞑靼"在更远古时期的族属和起源过程尚不清晰。这一地区毗邻通古斯语人群分布的区域。不同于大兴安岭一带的三十姓鞑靼，"九姓鞑靼"在远古时期最初的族属可能并不是原蒙古人。在此，我们定义了"类克烈-乃蛮成分"。在成吉思汗领导的蒙古部兴起之前，克烈部和乃蛮部是蒙古草原上的主体人群，人口众多。这些部落在之后大多融入了蒙古人（特别是卫拉特蒙古诸部）之中，也有一部分融入了哈萨克人之中。

因此，我们将此成分在现代人群中的比例大致罗列如表1.2所示。

根据本章前文的讨论，匈奴人、突厥人和蒙古人兴起的历史阶段是相对晚近的。从旧石器时代到青铜时代，在蒙古高原北部到西伯利亚的南部地区，一直生活着种类繁多的、与乌拉尔语人群有亲缘关系的部落。在匈奴人、突厥人、蒙古人和通古斯语人群兴起之后，他们中的大部分都被融入其中。这些融入的人群可能构成了丁零-铁勒部落的重要组成部分。汉代以后，很多铁勒部落又融入了蒙古语人群之中。为此，我们定义了"类乌拉尔成分"。此类成分在各地蒙古人中可能都有相当的比例。由于骨利干部和拔野古部参与了布里亚特蒙古人的形成，"类乌拉尔成分"在布里亚特蒙古人中应有较大的比例。

叶尼塞语人群曾经广泛分布在叶尼塞河中上游地区。匈奴语被认为很可能与叶尼塞语有亲缘关系。如上文所讨论，突厥语人群兴起的时间可能是偏晚的。因此，从铜石并用时代（开始于约距今5 000年前）到早期铁器时代（约距今2 500年前），类叶尼塞语人群可能广泛分布在蒙古高原及其周围地区。这些类叶尼塞语人群在后世演变为丁零-铁勒部落，进而融入蒙古语人群之中。为此，我们定义了"类叶尼塞成分"。这种成分在现代各蒙古语人群中可能都有少量的比例。

自欧亚草原西部和中部地区迁往南西伯利亚及蒙古高原西部地区的人群促进了当地铜石并用时代和青铜时代考古文化的兴起。相关的人群遗传成分我们称为"类印欧成分"。这种成分在突厥语人群中有较高的比例，在蒙古语人群应不显著。不过，这种成分在蒙古国西部的一些部落中可能有较高的比例。此外，由于起源上的原因，这种成分在东乡族和保安族中的比例可能稍高。由于后期的混合，这种成分在莫戈勒人和哈扎拉人中也应有一定的比例。

我们将来自中东、南亚和中亚地区的、与印欧人关系不显著的人群成分统称为"中东-南亚-中亚成分"。由于起源上的联系和后期的混合，这种成分在东乡族、保安族、莫戈勒人和哈扎拉人中应都有一定的比例。

现代蒙古语人群和汉族人群的祖先群体在历史上有长期的接触。另一方面，旧石器时代、新石器时代及青铜时代生活在我国北方长城沿线的古代人群（从甘肃西部到东北地区的西南部）同时为后来的汉族、藏缅语人群、朝鲜族、满族和蒙古族等族群做出了重要的遗传贡献。汉族人群本身可视为东亚地区多种古代人群混合形成的集合体。由于汉族在人口数量上的多数，在尚不能精确细分的情况下，将这些古代人群的成分归类为"类汉成分"是可行的。基于居住区域的邻近程度，不同地区蒙古语人群中的"类汉成分"可能有较大的差异。此外,甘肃及周边地区的蒙古语人群在形成过程中可能混合了较多当地人群的遗传成分。因此,这些蒙古语人群可能有较大比例的"类藏缅成分"。其次,古代的通古斯语人群广泛分布在黑龙江下游和中上游地区以北的区域。居住地与之毗邻的蒙古语人群可能含有较多的"类通古斯成分"。可以预见,由于居住区域的重叠和历史上的混合,起源自黑龙江中上游北岸的达斡尔族应拥有较大比例的"类通古斯成分"。对上述3种成分的评估,见表1.2。

需要再次说明的是,这一章节和表1.2中关于各种源自古代人群混合成分的评估,仅仅是为了做出粗略的判断,对不同蒙古语人群之间的差异进行粗略的总结,不代表对绝对比例的精确估计。表1.2中所列出的比例,与实际的情况很可能有较大的偏差,需要经过实际数据的验证。

参 考 文 献

[1] Hamilton M J, Buchanan B. Archaeological support for the three-stage expansion of modern humans across Northeastern Eurasia and into the Americas. PLOS ONE, 2010, 5(8): e12472.

[2] Kuzmin Y V. Chronological framework of the Siberian Paleolithic: recent achievements and future directions. Radiocarbon, 2007, 49(2): 757 - 766.

[3] Rybin E. Tools, beads, and migrations Specific cultural traits in the Initial Upper Paleolithic of Southern Siberia and Central Asia. Quaternary International, 2014, 347: 39 - 52.

[4] Reich D, Green R E, Kircher M, et al. Genetic history of an archaic hominin group from Denisova Cave in Siberia. Nature, 468(7327): 1053 - 1060.

[5] Prufer K, Racimo F, Patterson N, et al. The complete genome sequence of a Neanderthal from the Altai Mountains. Nature, 2013, 505(7481): 43 - 49.

[6] Chard, Chester S. Northeast Asia in prehistory. Madison, WI: The University of Wisconsin Press, 1974.

[7] 冯恩学. 俄国东西伯利亚与远东考古. 长春: 吉林大学出版社, 2002.

[8] Raghavan M, Skoglund P, Graf K E, et al. Upper Paleolithic Siberian genome reveals dual ancestry of Native Americans. Nature, 2014, 505(7481): 87 - 91.

[9] Новгородова Э. А. Древняя Монголия: некоторые проблемы хронологии и этнокультурной истории. Москва: Наука, 1989.

[10] А. Д. 策比克塔洛夫. 蒙古与外贝加尔地区的石板墓文化. 孙危, 译. 北京: 商务印书馆, 2019.

[11] Vasil'ev S A, Kuzmin, Y V. Radiocarbon-based chronology of the Paleolithic in Siberia and its relevance to the peopling of the New World. Radiocarbon, 2002,

44(2): 503-530.

[12] Pitul'ko V V, Pavlova E Y. Geoarchaeology and radiocarbon chronology of Stone Age Northeast Asia. College Station: Texas A&M University Press, 2016.

[13] Ted G. Pleistocene human colonization of Siberia and peopling of the Americas: an ecological approach. Evolutionary Anthropology, 1999, 8(6): 208-227.

[14] Мочанов Ю А, Федосеева С А, et al. Археологические памятники Якутии: Бассейны Алдана и Олекмы. Новосибирск: Наука, 1983.

[15] Moreno-Mayar J V, Potter B A, Vinner L, et al. Terminal Pleistocene Alaskan genome reveals first founding population of Native Americans. Nature, 2018, 553 (7687): 203-207.

[16] 赵宾福. 东北石器时代考古. 长春: 吉林大学出版社, 2004.

[17] 张博全, 魏存成. 东北古代民族、考古与疆域. 长春: 吉林大学出版社, 1998.

[18] Kidong B. Origin and patterns of the Upper Paleolithic industries in the Korean Peninsula and movement of modern humans in East Asia. Quaternary International, 2010, 211(1): 103-112.

[19] Gladyshev S A, Olsen J W. Chronology and periodization of upper paleolithic sites in Mongolia. Archaeology, Ethnology and Anthropology of Eurasia, 2010, 38(3): 33-40.

[20] Zwyns N, Gladyshev S A, Gunchinsurend B, et al. The open-air site of Tolbor 16 (Northern Mongolia): preliminary results and perspectives. Quaternary International, 2014, 347: 53-65.

[21] Fiedel S J. Radiocarbon date frequency as an index of intensity of paleolithic occupation of Siberia: did humans react predictably to climate oscillations? Radiocarbon, 2007, 49(2): 741-756.

[22] Buvit I, Izuho M, Terry K, et al. Radiocarbon dates, microblades and Late Pleistocene human migrations in the Transbaikal, Russia and the Paleo-Sakhalin-Hokkaido-Kuril Peninsula. Quaternary International, 2016, 425(15): 100-119.

[23] Rybin E P, Derevianko A P. Early upper paleolithic stone tool technologies of Northern Mongolia: the case of Tolbor-4 and Tolbor-15. Archaeology, Ethnology and Anthropology of Eurasia, 2013, 41(4): 21-37.

[24] Coppens Y, Tseveendorj D, Demeter F, et al. Discovery of an archaic homo sapiens skullcap in Northeast Mongolia. Comptes Rendus Palevol, 2008, 7: 51-60.

[25] Devièse T, Massilani D, Yi S, et al. Compound-specific radiocarbon dating and mitochondrial DNA analysis of the Pleistocene hominin from Salkhit Mongolia. Nature Communications, 2019, 10: 274.

[26] Chen C, Wang X Q. Upper Paleolithic microblade industries in North China and their relationships with Northeast Asia and North America. Arctic Anthropology, 1989, 26 (2): 127-156.

[27] Pei S W, Gao X. The Shuidonggou site complex: new excavations and implications for

the earliest Late Paleolithic in North China. Journal of Archaeological Science, 2012, 39(12): 3610-3626.

[28] 吉笃学, 陈发虎, Bettinger R L, 等. 末次盛冰期环境恶化对中国北方旧石器文化的影响. 人类学学报, 2005, 24(4): 270-282.

[29] Yang S L, Ding Z L, Li Y Y, et al. Warming-induced northwestward migration of the East Asian monsoon rain belt from the Last Glacial Maximum to the mid-Holocene. Proceedings of the National Academy of Sciences, 2015, 112(43): 13178-13183.

[30] Kuzmin Y V. The origins of pottery in East Asia and neighboring regions: an analysis based on radiocarbon data. Quaternary International, 2017, 441: 29-35.

[31] Sato H, Natsuki D. Human behavioral responses to environmental condition and the emergence of the world's oldest pottery in East and Northeast Asia: an overview. Quaternary International, 2017, 441: 12-28.

[32] Vasil'ev S A, Semenov V A. Prehistory of the Upper Yenisei area (Southern Siberia). Journal of World Prehistory, 1993, 7(2): 213-242.

[33] Mongait A. Archaeology in The U.S.S.R. Moscow: Foreign Languages Publishing House, 1959.

[34] Lieverse A R, Weber A W, Bazaliiskiy V I, et al. Osteoarthritis in Siberia's Cis-Baikal: skeletal indicators of hunter-gatherer adaptation and cultural change. American Journal of Physical Anthropology, 2007, 132(1): 1-16.

[35] Kuzmin Y V. Hiatus in prehistoric chronology of the Cis-Baikal Region, Siberia: Pattern or artifact? Radiocarbon, 2007, 49(1): 123-129.

[36] Weber A, McKenzie H G. Evaluation of radiocarbon dates from the Middle Holocene hunter-gatherer cemetery Khuzhir-Nuge XIV, Lake Baikal, Siberia. Journal of Archaeological Science, 2005, 32(10): 1481-1500.

[37] Kuzmin Y V, Vetrov V M. The earliest Neolithic complex in Siberia: the Ust'Karenga 12 site and its significance for the Neolithization process in Eurasia. Documenta Praehistorica, 2007, XXXIV: 9e20.

[38] Tsydenova N, Piezonka H. The transition from the Late Paleolithic to the Initial Neolithic in the Baikal region: technological aspects of the stone industries. Quaternary International, 2015, 355: 101-113.

[39] Derevianko A P, Dorj D. Neolithic tribes in northern parts of Central Asia//Dani A H, Masson V M. History of civilization of Central Asia. Paris: UNESCO Publishing, 1992.

[40] Seferiades M L. Neolithisation in Mongolia: the Mesolithic-Neolithic site of Tamsagbulag (Dornod district). Documenta Praehistorica, 2004, 31: 139-149.

[41] Lisa J. Chronology of post-glacial settlement in the Gobi Desert and the Neolithization of arid Mongolia and China. Tucson: The University of Arizona, 2017.

[42] Yang X, Wan Z. Early millet use in Northern China. Proc Natl Acad Sci U S A, 2012, 109(10): 3726-3730.

[43] 中国社会科学院考古研究所. 哈克遗址. 北京：文物出版社，2010.

[44] Dani A H, Masson V M. History of civilizations of Central Asia, Vol. I: the dawn of civilization: earliest times to 700 B.C. Paris: UNESCO Publishing, 1999.

[45] Anthony D W. The Horse, the wheel, and language: how Bronze-Age riders from the Eurasian Steppes shaped the modern world. Princeton: Princeton University Press, 2010.

[46] Sokolova L A. Okunev cultural tradition in the stratigraphic aspect. Archaeology, Ethnology and Anthropology of Eurasia, 2007, 30(2): 42 – 51.

[47] Kozintsev A G, Gromov A V, Moiseyev V G, et al. Collateral relatives of American Indians among the Bronze Age populations of Siberia? American Journal of Physical Anthropology, 1999, 108(2): 193 – 204.

[48] 郭物. 新疆史前晚期社会的考古学研究. 上海：上海古籍出版社，2012.

[49] 邵会秋. 东西方文化早期的碰撞与融合——从新疆史前时期文化格局的演进谈起. 社会科学战线，2009，9：146 – 150.

[50] Jettmar K. The Karasuk Culture and its South-eastern affinities. Bulletin of the Museum of Far Eastern Antiquities, 1950, 22: 83 – 126.

[51] Kozintsev A G. Craniometric evidence of the early Caucasoid migrations to Siberia and Eastern Central Asia, with reference to the Indo-European problem. Archaeology, Ethnology and Anthropology of Eurasia, 2009, 37(4): 125 – 136.

[52] Okladnikov A P. The Neolithic and Bronze Age in the Baikal region (in Russian). Moscow&Leningrad: AN SSSR, 1955.

[53] Michael H N. The Neolithic Age in Eastern Siberia. Nature, 1958, 182: 1061 – 1062.

[54] Goriunova O I, Novikov A G. The Bronze Age in Cis-Baikal: a review of research and future prospects.//Andrzej W. Weber A W, Katzenberg M A, et al. Prehistoric hunter-gatherers of the Baikal Region, Siberia: bioarchaeological studies of past life ways. Philadelphia: University of Pennsylvania Museum of Archaeology and Anthropology, 2010.

[55] Volkov V V. Deer stones of Mongolia (in Russian). Ulaanbaataar: Academy of Sciences, 1981.

[56] Fitzhugh W. Pre-scythian khirigsuurs, deer stone art, and Bronze Age cultural intensification in Northern Mongolia.//Bryan H, Lindduff K. New research directions in Eurasian Steppe archaeology: the emergence of complex societies in the third to first millennium BCE. Cambridge: Cambridge University Press, 2009.

[57] Fitzhugh W. The Mongolian deer stone-khirigsuur complex: dating and organization of a Late Bronze Age menagerie.//Pohl E. Archaeology of Mongolia: Proceedings of the August 2007 Symposium. Ulaanbaatar, 2007.

[58] Bemmann J, Parzinger H. Current archaeological research in Mongolia: Papers from the first international conference on "archaeological research in Mongolia". Bohn: University of Bohn Press, 2009.

[59] 塔拉,恩和图布信,陈永志,等. 蒙古国古代游牧民族文化遗存文化考古调查报告: 2005—2006 年. 北京:文物出版社,2008.

[60] D. 策温道尔吉,D. 巴雅尔,Ya. 策仁达格娃,等. 蒙古考古. D. 莫洛尔俄,译,潘玲,何雨濛,萨仁毕力格,译. 上海:上海古籍出版社,2019.

[61] 塔拉. 蒙古国浩腾特苏木乌布尔哈布其勒三号四方形遗址发掘报告. 北京:文物出版社,2008.

[62] Kovalev A A, Erdenebaatar D. Discovery of new cultures of the Bronze Age in Mongolia according to the data obtained by The International Central Asian Archaeological Expedition// Bemmann J, Parzinger H. Current archaeological research in Mongolia: Papers from the First International Conference on "Archaeological Research in Mongolia" Bohn: University of Bohn Press, 2009.

[63] Weber A, Katzenberg M A, Schurr T G. Prehistoric hunter-gatherers of the Baikal Region, Siberia: Bioarchaeological studies of past life ways. Philadelphia: University of Pennsylvania Press, 2011.

[64] Kiselev S V. Drevniaia istoriia Iuzhnoi Sibiri (ancient history of Southern Siberia). Moscow & Leningrad: AN SSSR, 1951.

[65] 松本圭太. 卡拉苏克式短剑的形成与发展//《鄂尔多斯青铜器国际学术研讨会论文集》编辑组. 鄂尔多斯青铜器国际学术研讨会论文集. 北京:科学出版社,2009.

[66] 内蒙古自治区文物工作队,田金广,郭素新. 鄂尔多斯式青铜器. 北京:文物出版社,1986.

[67] Tsybiktarov A. D. Kul'tura Plitochnykh Mogil Mongolii i Zabaikal'ia (Slab Grave culture in Mongolia and Cis-Baikal, in Russian). Ulan-Ude: Isd-vo Buriatskogo Gosuniversiteta, 1998.

[68] 陈靓. 匈奴、鲜卑和契丹的人种学考察. 长春:吉林大学,2003.

[69] 张全超. 内蒙古和林格尔县新店子墓地人骨研究. 北京:科学出版社,2013.

[70] Askarov A, Volkov V, Ser-Odjav N. Pastoral and nomadic tribes at the beginning of the first millennium BC//Dani A H, Masson V M. History of civilizations of Central Asia, Vol. I: The dawn of civilization: earliest times to 700 B.C. Paris: UNESCO Publishing.

[71] Grach A D. Drevnie kochevniki v tsentre Azii (ancient nomads in the centre of Asia, in Russian). Moscow: Nauka, 1980.

[72] Volkov V V. Early nomads of Mongolia.//Davis-Kimball J, Bashilov V A, Yablonsky L T. Nomads of the Eurasian Steppes in the Early Iron Age. Berkeley: Zlnat Press, 1995.

[73] Davis-Kimball J, Bashilov V A, Yablonsky L T. Nomads of the Eurasian steppes in the Early Iron Age. Berkeley: Zinat Press, 1995.

[74] Jacobson E. The deer goddess of ancient Siberia: a study in the ecology of belief. Leiden: E. J. Brill, 1993.

[75] Schmidt R W, Evteev A A. Iron Age nomads of southern Siberia in craniofacial

perspective. Anthropological Science, 2014, 122(3): 137 - 148.

[76] Chikisheva T A. The origin of the early Nomadic populations of Tuva: craniometrical evidence. Archaeology, Ethnology and Anthropology of Eurasia, 2008, 36 (4): 120 - 139.

[77] Moiseyev V G. Nonmetric traits in early Iron Age cranial series from Western and Southern Siberia. Archaeology, Ethnology and Anthropology of Eurasia, 2006, 25 (1): 145 - 152.

[78] Alekseev A Y, Bokovenko N A. A chronology of the Scythian antiquities of Eurasia based on new archaeological and 14C data. Radiocarbon, 2001, 43(2B): 1085 - 1107.

[79] Kossack G. On the origin of the Scytho-Iranian animal style//Hänsel B, Harding A F. Towards translating the past. Georg kossack-selected studies in archaeology. Ten Essays written from the year 1974 to 1997. Rahden/Westf: Verlag Marie Leidorf, 1998.

[80] 王明珂. 游牧者的抉择: 面对汉帝国的北亚游牧部族. 桂林: 广西师范大学出版社, 2008.

[81] 林幹. 匈奴史. 呼和浩特: 内蒙古人民出版社, 2007.

[82] Grousset R. The empire of the steppes. New Brunswick: Rutgers University Press, 1970.

[83] Thompson E A. The Huns. Hoboken: Wiley-Blackwell, 1996.

[84] 林沄. 中国北方长城地带游牧文化带的形成过程. 燕京学报, 新十四期: 95 - 146.

[85] 朱泓. 内蒙古长城地带的古代种族//朱泓. 边疆考古研究. 第一辑. 北京: 科学出版社, 2002.

[86] 朱泓. 中国西北地区的古代种族. 考古与文物, 2006, 5: 60 - 65.

[87] 潘玲. 伊沃尔加城址和墓地及相关匈奴考古问题研究. 北京: 科学出版社, 2007.

[88] 单月英. 匈奴墓葬研究. 考古学报, 2009, 1: 35 - 68.

[89] 寇兹拉索夫. 关于早期匈奴遗存. 古代的东欧//潘玲. 伊沃尔加城址和墓地及相关匈奴考古问题研究. 北京: 科学出版社, 2007, 64 - 83.

[90] 靳枫毅. 夏家店上层文化及其族属问题. 考古学报, 1987, 2: 177 - 208.

[91] 李健菁. 族群、生态、资源的对话——以夏家店上层文化与"山戎"文化为例. 边疆考古研究, 2002, 00: 253 - 267.

[92] 内蒙古自治区文物考古研究所, 吉林大学边疆考古研究中心. 林西井沟子——晚期青铜时代墓地的发掘与综合研究. 北京: 科学出版社, 2007.

[93] 朱泓, 张全超, 常娥. 探寻东胡遗存——来自生物考古学的新线索. 吉林大学社会科学学报, 2009, 49(1): 63 - 68.

[94] 王立新. 探寻东胡遗存的一个新线索. 边疆考古研究, 2004, 1: 84 - 95.

[95] 苗威. 山戎、东胡考辨. 中国边疆史地研究, 2008, 4: 67 - 72.

[96] 林幹. 东胡史. 呼和浩特: 内蒙古人民出版社, 2007.

[97] 司马迁. 史记·匈奴列传. 北京: 中华书局, 1959: 2893.

[98] 林幹. 突厥史. 呼和浩特: 内蒙古人民出版社, 1988.

[99] 薛宗正. 突厥史. 北京：中国社会科学院出版社，1992.

[100] 赵宾福. 汉书二期文化研究——遗址材料和墓葬材料的分析与整合. 边疆考古研究，2009，1：98-116.

[101] 周伟洲. 敕勒与柔然. 上海：上海人民出版社，1983.

[102] 马长寿. 乌桓与鲜卑. 桂林：广西师范大学出版社，2006.

[103] 孙危. 鲜卑考古学文化研究. 北京：科学出版社，2007.

[104] 吴松岩. 鲜卑起源、发展的考古学研究. 上海：上海古籍出版社，2018.

[105] 潘玲. 乌桓、扶余抑或匈奴——西岔沟墓地族属之谜. 大众考古，2013，3：43-45.

[106] 乔梁. 鲜卑遗存的认定与研究//许倬云，张忠培. 中国考古学的跨世纪反思·下. 北京：商务印书馆，1999.

[107] 吴珍锡. 三燕文化及其与高句丽、朝鲜半岛南部诸国文化交流的考古学研究. 长春：吉林大学，2017.

[108] 韦正. 鲜卑墓葬研究. 考古学报，2009，3：349-378.

[109] 李海叶，陈长琦. 宇文氏东迁时间及与拓跋鲜卑的关系. 文史哲，2016，3：151-168.

[110] 田立坤. 鲜卑文化源流的考古学考察//吉林大学考古学系. 青果集——纪念吉林大学考古专业成立二十周年. 北京：知识出版社，1993.

[111] 郑君雷. 早期东部鲜卑与早期拓跋鲜卑族源关系概论//吉林大学考古学系. 青果集——纪念吉林大学考古专业成立二十周年. 北京：知识出版社，1993.

[112] 罗新. 民族起源的想像与再想像——以嘎仙洞的两次发现为中心. 文史，2013，2：5-25.

[113] 宿白. 东北、内蒙古地区的鲜卑遗迹——鲜卑遗迹辑录之一. 文物，1977，5：42-54.

[114] 李逸友. 扎赉诺尔古墓为拓跋鲜卑遗迹论//中国考古学会. 中国考古学会第一次年会论文集. 北京：文物出版社，1979.

[115] 吴松岩. 七郎山墓地再认识. 草原文物，2009，01：96-105.

[116] 田余庆. 拓跋史探. 北京：生活·读书·新知三联书店，2003.

[117] 周伟洲. 吐谷浑史. 桂林：广西师范大学出版社，1983.

[118]《土族简史》编写组. 土族简史. 北京：民族出版社，2009.

[119] 乔梁. 内蒙古中部的早期鲜卑遗存//吉林大学考古学系. 青果集——纪念吉林大学考古专业成立二十周年. 北京：知识出版社，1993.

[120] 田立坤，李智. 朝阳发现的三燕文化遗物及相关问题. 文物，1994，11：20-32.

[121] 孙进己，孙海. 鲜卑考古学文化. 草原文物，2003，02：59-70.

[122] 金昭. 蒙古民族发祥地考论. 北京：文化艺术出版社，2009.

[123] 张久和. 原蒙古人的历史·室韦-达怛研究. 北京：高等教育出版社，1998.

[124] 孙进己. 室韦的起源. 求是学刊，1985，1：88-94.

[125] 赵宾福. 中国东北地区夏至战国时期的考古学文化研究. 北京：科学出版社，2009.

[126] 倪润安. 呼伦贝尔地区两汉时期考古遗存的分组与演变关系. 边疆考古研究，2010，1：105-125.

[127] 乔梁. 黑龙江汉晋时期考古学遗存的分布与文化格局. 边疆考古研究，2013，1：197-206.

[128] 郝思德,杨志军,李陈奇. 平洋墓葬族属初论——为纪念苏秉琦先生从事考古工作55周年而作. 北方文物,1989,3:17-23.
[129] 潘玲,林沄. 平洋墓葬的年代与文化性质. 边疆考古研究,2002,1:194-203.
[130] 潘玲. 完工墓地的文化性质和年代. 考古,2007,9:78-86.
[131] 张旭,魏东. 平洋、完工墓地古代居民种系问题再认识. 草原文物,2012,1:79-86.
[132] 呼伦贝尔文物管理站. 鄂伦春自治旗嘎仙洞遗址1980年清理简报//内蒙古文物考古研究所. 内蒙古文物考古文集(第二辑). 北京:大百科全书出版社,1997.
[133] 张伟红. 马山文化辨析. 北方文物,2007,3:1-16.
[134] 倪润安. 光宅中原:拓跋至北魏的墓葬文化与社会演进. 上海:上海古籍出版社,2017.
[135] 范恩实. 从历史学、考古学、民族学的多重视角看室韦起源问题. 黑龙江民族丛刊,2017,2:78-86.
[136] 毕德广,曾祥江. 西乌珠尔墓群族属补证的探讨. 文博,2014,4:44-50.
[137] 阿谢耶夫,基里洛夫,科维切夫. 中世纪时代外贝加尔的游牧民族. 王德厚,高秀云,译.//东北亚考古资料译文集·俄罗斯专号. 哈尔滨:北方文物杂志社,1993.
[138] 曹永年. 柔然源于杂胡考. 历史研究,1981,2:106-112.
[139] 杜晓宇. 论柔然职官的氏族构成. 内蒙古社会科学(汉文版),2009,30(2):30.
[140] 刘呆运. 关中地区隋代墓地分布研究. 考古与文物,2015,5:74-79.
[141] 段连勤. 丁零、高车与铁勒. 桂林:广西师范大学出版社,2006.
[142] Golden P B. An introduction to the history of the Turkic peoples:ethnogenesis and state formation in medieval and early modern Eurasia and the Middle East. Wiesbaden:Otto Harrassowitz,1992.
[143] 包文胜. 铁勒历史研究——以唐代漠北十五部为主. 呼和浩特:内蒙古大学,2008.
[144] 李青分. 铁勒拔野古部研究. 西安:西北大学,2008.
[145] 刘迎胜. 西北民族史与察合台汗国史研究. 北京:中国国际广播出版社,2012.
[146] 刘正寅.《史集·部族志》巴儿忽惕诸部研究. 元史及民族与边疆研究集刊,2013,2:133-143.
[147] 宝敦古德·阿毕德. 布里亚特蒙古简史. 海拉尔:呼伦贝尔盟历史研究会,1985.
[148] Dybo A V. Chronology of Türkic languages and linguistic contacts of early Türks. Moscow:Academia Publishers,2004.
[149] Czaplicka M A. The Turks of Central Asia in history and at the present day. Oxford:Clarendon Press,1918.
[150] 桂宝丽. 可萨突厥. 兰州:兰州大学出版社,2013.
[151] Sand S. The invention of the Jewish people. London:Verso,2009.
[152] 杨圣敏. 回纥史. 桂林:广西师范大学出版社,2008.
[153] 陈恳. 突厥铁勒史探微. 台北:新世界出版社,2013.
[154] 朱悦梅,杨富学. 甘州回鹘史. 北京:中国社会科学出版社,2013.
[155] 本书编写组. 裕固族简史. 兰州:甘肃人民出版社,1983.
[156] 蔡凤林. 蒙古克烈部族源考述. 内蒙古社会科学(汉文版),2006,27(1):46-51.

[157] 王伟. 蒙古兴起前的克烈部落. 科教文汇,2008,20：229-230.
[158] 亦邻真. 中国北方民族与蒙古族族源. 内蒙古大学学报(哲学社会科学版),1979,Z2：3-25.
[159] 齐达拉图. 乃蛮部历史若干问题研究. 呼和浩特：内蒙古大学,2010.
[160] 王伟,李文博. 乌兹别克族乃蛮部落的起源. 贵州工业大学学报(社会科学版),2008,4：291-295.
[161] 拉施特. 史集(Jāmi'al-Tawārikh). 余大钧,周建奇,译. 北京：商务印书馆,1983.
[162] 刘迎胜.《史集·部族志·札剌亦儿传》研究//中国蒙古史学会. 蒙古史研究(第四辑). 呼和浩特：内蒙古大学出版社,1993：1-10.
[163] 塔力甫江·吐尔逊艾力. 札剌亦儿考略. 青海民族研究,2016,27(2)：199-202.
[164] 谢咏梅. 蒙元时期扎剌亦儿部研究. 沈阳：辽宁民族出版社,2012.
[165] 谢咏梅. 札剌亦儿部驻地变迁及留驻食邑和分成中原. 内蒙古师范大学学报(哲学社会科学汉文版),2004,33(3)：18-23.
[166] 周清澍. 汪古部事辑//中国蒙古史学会. 中国蒙古史学会成立大会纪念集刊. 呼和浩特：中国蒙古史学会,1979：147-206.
[167] 洪用斌. 汪古部社会制度初探//中国蒙古史学会. 中国蒙古史学会成立大会纪念集刊. 呼和浩特：中国蒙古史学会,1979：207-229.
[168] 高荣盛. 隋唐时代阴山地区的室韦. 南京大学学报(哲学·人文科学·社会科学),1992,1：74-79.
[169] 魏坚,张晓玮. 阴山汪古与景教遗存的考古学观察. 边疆考古研究,2013,2：193-212.
[170] 王国维. 鞑靼考//王国维. 观堂集林·附别集·卷14. 北京：中华书局,1959.
[171] 干志耿,孙秀仁. 黑龙江古代民族史纲. 哈尔滨：黑龙江人民出版社,1987.
[172] 脱脱. 辽史. 北京：中华书局,1974.
[173] 杨军. 契丹始祖传说与契丹族源. 首都师范大学学报(社会科学版),2014,6：1-7.
[174] 任爱君. 关于契丹族源诸说新析//中国蒙古史学会. 蒙古史研究(第七辑). 呼和浩特：内蒙古大学出版社,2003：31-36.
[175] 陈永志. 契丹史若干问题研究. 北京：文物出版社,2011.
[176] 李艳阳. 契丹始祖奇首可汗事迹考. 辽宁师范大学学报(社会科学版),2008,31(1)：123-125.
[177] 魏收. 魏书. 北京：中华书局,1974.
[178] 王咏曦. 从民俗论达斡尔族源于契丹. 黑龙江民族丛刊,1986,2：51-54.
[179] 刘金明. 关于达斡尔族源于契丹说的质疑. 黑龙江民族丛刊,1990,4：57-60.
[180] 史卫民. 辽金时代蒙古考. 呼和浩特：内蒙古自治区文史研究馆,1984.
[181] 那顺乌力吉. 论"阻卜"与"鞑靼"名称的变迁. 呼和浩特：内蒙古民族大学,2007.
[182] 徐屏,贾敬颜. 辽金时代蒙古考. 呼和浩特：内蒙古自治区文史研究馆,1984.
[183] 蔡美彪. 辽金石刻中的"鞑靼". 北京大学国学季刊,1952,7(3)：377-387.
[184] 余大钧. 论阻卜与鞑靼之异同. 历史研究,1981,6：43-51.
[185] 前田直典. 十世纪时的九姓达怛//日本学者研究中国史论著选译(卷九). 北京：中

华书局,1993:302-309.
[186] 刘浦江. 再论阻卜与鞑靼. 历史研究,2005,2:28-41.
[187] 刘迎胜. 辽与漠北诸部——胡母思山蕃与阻卜//余太山主编. 欧亚学刊(第3辑). 北京:中华书局,2002:210-215.
[188] 韩儒林. 元朝史. 上海:上海人民出版社,1986.
[189] 本书编写组. 鄂温克族简史. 呼和浩特:内蒙古人民出版社,1983:174.
[190] 张帅. 清代呼伦贝尔索伦八旗研究. 哈尔滨师范大学,2014.
[191] 蔡凤林. 蒙古篾儿乞部族源考述. 黑龙江民族丛刊,2005,5:52-59.
[192] 苏北海. 篾儿乞惕部在辽、元时期的历史活动. 喀什师范学院学报(汉文版),1991,2:98-105.
[193] 张晓慧. 蒙元时期的篾儿乞部. 中国边疆史地研究,2016,26(4):128-134.
[194] 孟广耀. 辽代乌古敌烈部初探. 中国蒙古史学会成立大会纪念集刊,1979.
[195] 程妮娜. 辽朝乌古敌烈地区属国、属部研究. 中国史研究,2007,02:87-97.
[196] 津田左右吉. 辽代乌古敌烈考//津田左右吉. 朝鲜地理历史研究报告·第二册. 东京:东京帝国文科大学,1916:8-12.
[197] 贾敬颜. 东北古代民族地理丛考. 北京:中国社会科学出版社,1993.
[198] 冯恩学. 贝加尔湖岩画与辽代羽厥里部. 北方文物,2002,1:38-42.
[199] 齐达拉图. 十至十二世纪蒙古高原部族史探讨. 呼和浩特:内蒙古大学,2015.
[200] 姚大力. "狼生"与早期蒙古部族的构成——与突厥先世史的比较//姚大力. 北方民族史十论. 桂林:广西师范大学出版社,2007:141-163.
[201] 奥科拉德尼克夫. 舍石金岩画——贝加尔湖沿岸古代文化遗存. 伊尔库茨克,1959.
[202] 白寿彝,陈得芝. 中国通史·第八卷·中古时代·元时期. 上海:上海人民出版社,1999.
[203] 张久和. 关于室韦语言的几个问题——室韦史研究之二. 内蒙古社会科学(汉文版),1992,2:96-100.
[204] 伯希和,列维. 吐火罗语考. 冯承钧,译. 北京:中华书局,1957.
[205] 傅朗云,杨旸. 东北民族史略. 长春:吉林大学出版社,1983.
[206] 张久和. 南北朝隋唐时期室韦地域考——室韦史研究之一. 内蒙古社会科学(汉文版),1991,5:57-61.
[207] 村上正二. 蒙古部族的起源传说(一). 史学研究,1964,73:7.
[208] 村上正二. 蒙古部族的起源传说(二). 史学研究,1964,73:8.
[209] 赵永铣. 传说《化铁熔山》源流探析——兼谈蒙古族对突厥族文化之吸收与融合. 内蒙古社会科学(汉文版),1988,5:67-71.
[210] 道润梯步.《蒙古秘史》新译简注. 呼和浩特:内蒙古人民出版社,1975.
[211] 吕思勉. 中国民族史. 北京:东方出版社,1996.
[212] 苏日巴达拉哈. 蒙古族源之新探(续). 内蒙古社会科学(汉文版),1982,1:79-86.
[213] 余大钧.《蒙古秘史》译注. 石家庄:河北人民出版社,2001.
[214] 余大钧. 蒙古朵儿边氏孛罗事辑//韩儒林. 元史论丛(第1辑). 北京:中华书局,1982:179-191.

[215] 王金炉. 兀良哈族族源初探. 北方论丛,1987,5：59-62.
[216] 奥登. 蒙古兀良哈部落的变迁. 社会科学辑刊,1986,2：60-66.
[217] 奥登. 蒙古兀良哈部落的变迁(续). 社会科学辑刊,1986,3：75-76.
[218] 岑仲勉. 达怛问题//岑仲勉. 岑仲勉史学论文续集. 北京：中华书局,2004：56-97.
[219] 戴维彧. 蒙古贞兀良哈人的来历考. 满族研究,2002,3：59-63.
[220] 冈田英弘,孙慧庆. 兀良哈蒙古族的灭亡. 蒙古学信息,1993,4：10-14.
[221] 宝音德力根. 兀良哈万户牧地考. 内蒙古大学学报(人文社会科学版),2000,32(5)：4-12.
[222] 王国志. 兀良哈三卫蒙古族部落追踪. 黑龙江史志,1994,2：27-29.
[223] 乌云毕力格. 关于朵颜兀良哈人的若干问题//中国蒙古史学会. 蒙古史研究(第七辑). 呼和浩特：内蒙古大学出版社,2003.
[224] 金峰. 兀良合部变迁(提要). 内蒙古师范大学学报(哲学社会科学版),1988,3：38-39.
[225] 金峰. 再论兀良合部落的变迁. 新疆师范大学学报(哲学社会科学版),1990,2：37-43.
[226] 刘志宵. 卫拉特蒙古简史. 乌鲁木齐：新疆人民出版社,1992.
[227] 孟松林. 呼伦贝尔是蒙古民族发源地初探. 蒙古族源学术研讨会,2012.
[228] 霍文琦. 探寻蒙古族源·构建蒙古史前史框架. 中国社会科学报,2013-08-23.
[229] А. П. 奥克拉德尼科夫,王德厚. 西南外贝加尔铁器时代的布尔霍图伊文化. 北方文物,2008,2：105-112.
[230] 林梅村. 松漠之间：考古新发现所见中外文化交流. 北京：生活·读书·新知三联书店,2007.
[231] В. Н. 阿尔金,郭仁. 阿列克桑德罗夫卡村附近的达拉孙文化的墓葬. 北方文物,1996,1：100-102.
[232] И. И. 基里洛夫. 后贝加尔东部地区铁器时代的温杜贡文化. 王德厚,译. 北方文物,1988,3：106-112.
[233] 呼伦贝尔盟文物管理站. 陈巴尔虎旗西乌珠尔古墓葬调查清理简报. 草原文物,1997,2：75-79.
[234] 毕德广,曾祥江. 西乌珠尔墓群族属补证的探讨. 文博,2014,4：44-50.
[235] 中国社会科学院考古研究所,呼伦贝尔民族博物馆,海拉尔区文物管理所. 海拉尔谢尔塔拉墓地. 北京：科学出版社,2006.
[236] 刘国祥,白劲松,陈永志,等. 内蒙古陈巴尔虎旗岗嘎墓地. 考古,2015,7：75-86.
[237] 魏坚. 蒙古早期遗存的考古学观察//中国人民大学北方民族考古研究所,中国人民大学历史学院考古文博系. 北方民族考古(第1辑),2014.
[238] 姚大力. 蒙元制度与政治文化. 北京：北京大学出版社,2011.
[239] 韩儒林. 穹庐集——元史及西北民族史研究. 上海：上海人民出版社,1982.
[240] 刘迎胜. 察合台汗国史研究. 上海：上海古籍出版社,2011.
[241] 刘迎胜. 西北民族史与察合台汗国史研究. 北京：中国国际广播出版社,2012.
[242] 吐娜：哈萨克汗国大玉兹境内的蒙古部落研究//于晓克,何天明,云广. 朔方论丛(第

一辑). 呼和浩特：内蒙古大学出版社，2011.
[243] Richards J F. The mughal empire. Cambridge：Cambridge University Press，1993.
[244] 田卫疆. 丝绸之路与东察合台汗国史研究. 乌鲁木齐：新疆人民出版社，1997.
[245] 潘祖刚. 论蒙兀儿人的伊斯兰化及其影响. 乌鲁木齐：新疆师范大学，2011.
[246] 新疆社会科学院民族研究所. 新疆简史（第一册）. 乌鲁木齐：新疆人民出版社，1980.
[247] 张诠. 阿瓦提县及叶尔羌河中下游平原的刀郎人和刀郎文化. 新疆地方志，2005，4：32-37.
[248] 李树辉. 刀郎维吾尔人渊源试探. 西域研究，2003，3：24-32.
[249] Grekov B D，Yakubovskii A Y. 金帐汗国兴衰史. 余大钧，译. 北京：商务印书馆，1985.
[250] 钱伯泉. 成吉思汗西征中亚的原因和历史背景. 喀什师范学院学报（汉文版），1996，2：44-48.
[251] 苏北海. 蒙元时代哈萨克草原的白帐汗国. 新疆大学学报（哲学·人文社会科学汉文版），1987，4：27-33.
[252] Olcott M B. The Kazakhs. Stanford：Hoover press，1987.
[253] Adle C，Habib I，Baipakov K M. History of civilizations of Central Asia，Vol. V：development in contrast：from the sixteenth to the mid-nineteenth century. Paris：UNESCO Publishing，1998：485.
[254] Allworth E A. The modern Uzbeks：from the fourteenth century to the present：a cultural history. Stanford：Hoover Press，2013.
[255] Khodarkovsky M. Russia's steppe frontier：the making of a colonial empire，1500-1800. Bloomington：Indiana University Press，2002.
[256] Williams B G. The crimean tatars：the diaspora experience and the forging of a nation. Leiden：BRILL，2001.
[257] Akiner S. Islamic peoples of the Soviet Union（Revised）. New York：Routledge，2013.
[258] Henry H H. History of the Mongols，from the 9th to the 19th century. London：Longmans，Green，and Company，1880.
[259] Schlyter B N. The Karakalpaks and other language minorities under Central Asian state rule//Schlyter B N. Prospects for democracy in Central Asia. Istanbul：Swedish Research Institute in Istanbul，2005.
[260] Olson J S，Pappas L B，Pappas N C. An ethnohistorical dictionary of the Russian and Soviet Empires. Westport：Greenwood Publishing Group，1994.
[261] 周建华，郭永瑛. 塔塔尔族. 北京：民族出版社，1993.
[262] 威廉·巴托尔德. 中亚突厥史十二讲. 罗致平，译. 北京：中国社会科学出版社，1984.
[263] Beveridge A S，Babur E O H. The Babur-Nama in English（memoirs of Babur）. Charleston：Bibliolife DBA of Bibilio Bazaar II LLC，2015.
[264] Farhadi A G R. The Hazaras in Afghanistan：origins and linguistic evidence//Centlivres-Demont M，Roy O. Afghanistan：identity，society and politics since 1980.

London：I.B.Tauris，2015.
[265] Weiers M，Janhunen J M. The Mongolic Languages. London & New York：Routledge，2003.
[266] Miran M A. The functions of national languages in Afghanistan. New York：Afghanistan Council，Asia Society，1977.
[267] 曹永年. 蒙古民族通史(第三卷). 呼和浩特：内蒙古大学出版社，2002.
[268] 乌云毕力格，成崇德，张永江. 蒙古民族通史(第四卷). 呼和浩特：内蒙古大学出版社，2003.
[269] 玉芝. 蒙元东道诸王及其后裔所属部众历史研究. 呼和浩特：内蒙古大学，2006.
[270] 宝音德力根. 往流、阿巴噶、阿鲁蒙古——元代东道诸王后裔部众的统称、万户名、王号. 内蒙古大学学报(哲学社会科学版)，1998，4：1-11.
[271] B·济哈齐岱. 往流和往流四万户//中国蒙古史学会. 蒙古史研究(第五辑). 呼和浩特：内蒙古大学出版社，1997.
[272] 胡日查. 科尔沁部牧地考. 新疆师范大学学报(哲学社会科学版)，1990，2：45-50.
[273] 胡日查. 科尔沁所属鄂托克及部族考. 内蒙古师范大学学报(哲学社会科学版)，1989，2：63-68.
[274] 和田清. 明代蒙古史论集. 潘世宪，译. 北京：商务印书馆，1984.
[275] 宋德辉. 明朝泰宁卫考述. 博物馆研究，2010，3：57-63.
[276] 斯琴巴特尔. "和硕特"名称的由来. 青海民族研究，1993，2：49-53.
[277] 贺灵，佟克力. 锡伯族史. 乌鲁木齐：新疆人民出版社，1993.
[278] 白友寒. 锡伯族源流史纲. 沈阳：辽宁民族出版社，1986.
[279] 佟克思. 锡伯族历史与文化. 乌鲁木齐：新疆人民出版社，1989.
[280] 稽南，吴克尧. 锡伯族. 北京：民族出版社，1990.
[281] 王国学. 郭尔罗斯及其纳仁汗部. 伯都讷文艺季刊，2009，7：13-18.
[282] 陈鹏. 清代东北地区"新满洲"研究(1644—1911). 沈阳：东北师范大学，2008.
[283] 文言. 锡伯族瓜尔佳氏家谱考见. 满族研究，1991，1：84-89.
[284] 宝音初古拉. 察哈尔蒙古历史研究. 呼和浩特：内蒙古大学，2006.
[285] 那顺乌力吉. 察哈尔万户的起源与形成. 内蒙古师范大学学报(哲学社会科学汉文版)，2008，37(5)：55-59.
[286] 达力扎布. 清初察哈尔设旗问题考略. 内蒙古大学学报(人文社会科学版)，1999，1：40-46.
[287] 靳玉虎. 浅析察哈尔蒙古族的溯源、传承(一). 锡林郭勒职业学院学报，2016，1：15-18.
[288] 达力扎布. 清代八旗察哈尔考//达力扎布. 明清蒙古史论稿. 北京：民族出版社，2003：316-333.
[289] 王霞. 清初察哈尔部安置和布尔尼之乱若干问题的探讨. 呼和浩特：内蒙古师范大学，2006.
[290] 芦婷婷. 清廷平定布尔尼之乱研究. 兰州文理学院学报(社会科学版)，2011，27(6)：119-123.

[291] 樊永贞. 察哈尔左翼四旗沿革考略. 集宁师范学院学报,2017,39(4):35-38.
[292] 樊永贞. 察哈尔右翼四旗沿革详考. 集宁师范学院学报,2012,34(1):70-74.
[293] 吴元丰. 清代察哈尔蒙古西迁新疆. 清史研究,1994,1:6-14.
[294] 韩香. 清代察哈尔蒙古的西迁及其对新疆的开发. 中国边疆史地研究,1996,3:51-65.
[295] 李俊义. 赤峰市及其所属旗县区名称小考之二·克什克腾、巴林. 松州学刊,2010,6:14-18.
[296] 钢特木日. 从浩奇特部落的历史记忆探析浩奇特部落认同建构. 呼和浩特:内蒙古大学,2013.
[297] 高·阿日华. 乌珠穆沁部落研究. 沈阳:辽宁民族出版社,2013.
[298] 乌日按汗,巴·那仁朝克吐. 乌珠穆沁部落变迁. 内蒙古统战理论研究,2011,2:44-45.
[299] 睦希叶. 跨境乌珠穆沁人的迁徙、交流与认同. 呼和浩特:内蒙古大学,2016.
[300] 苏日巴达拉哈. 苏尼特探源. 锡林郭勒史料,1986:2.
[301] 李俊义. 赤峰市及其所属旗县区名称小考之四——敖汉、喀喇沁. 松州学刊,2011,00(02):54-59.
[302] 包国庆. 敖汉、奈曼部归清始末——从满蒙文档案史料看察哈尔本部的分裂//中国蒙古史学会. 蒙古史研究(第七辑). 呼和浩特:内蒙古大学出版社,2003.
[303] 余大钧. 关于蒙古兀鲁兀惕部的起源. 内蒙古大学学报(哲学社会科学版),1978,Z1:80-81.
[304] 根柱. 奈曼旗蒙古族姓氏研究. 呼和浩特:内蒙古师范大学,2010.
[305] 薄音湖. 关于永谢布. 内蒙古大学学报(哲学社会科学版),1986,1:3-8.
[306] 特木勒. 十六世纪后半叶的朵颜卫//中国长城学会. 中国长城博物馆暨中国长城学会优秀文集,2005:49-55.
[307] 汪振泽,刘利民. 辽西北地区喀喇沁蒙古人的族源与迁徙状况研究. 文化学刊,2016,10:55-58.
[308] 乌凤丽. 喀左蒙古族的来源及喀喇沁左翼旗的形成. 满族研究,2004,2:67-70.
[309] 李文君. 西海蒙古中的永谢布. 内蒙古师范大学学报(哲学社会科学汉文版),2005,34(6):57-61.
[310] 奇·斯钦. 鄂尔多斯部的由来考. 内蒙古社会科学(汉文版),2013,34(6):44-48.
[311] 乌兰杰. "鄂尔多斯"一词钩沉. 内蒙古大学艺术学院学报,2012,9(2):124-128.
[312] 齐·森布尔. "鄂尔多斯"一词的来历与含义//鄂尔多斯市鄂尔多斯学研究会. 鄂尔多斯学研究成果丛书·鄂尔多斯历史研究. 鄂尔多斯:鄂尔多斯学研究会,2012:25-32.
[313] 杨勇. 鄂尔多斯蒙古族及其文化特征//鄂尔多斯市鄂尔多斯学研究会. 鄂尔多斯学研究成果丛书·民俗研究. 鄂尔多斯:鄂尔多斯学研究会,2012:34-39.
[314] 麻国庆. 都市、都市化与土默特蒙古族的文化变迁——内蒙古土默特地区的考察. 阴山学刊,1990,2:98-106.
[315] 屈罗木图. 茂明安部迁徙原因考述. 内蒙古社会科学(蒙文版),2015,5:13-15.

[316] 李俊义. 内蒙古盟旗名称小考——达尔罕茂明安. 西部资源,2010,4:35-37.
[317] 齐木德道尔吉. 乌喇忒部迁徙考. 中央民族大学学报(哲学社会科学版),2006,3:81-86.
[318] 晓克. "土默特"名称溯源. 内蒙古社会科学(汉文版),2006,27(5):57-61.
[319] 晓克. 蒙古土默特万户的部落构成及其驻地分布. 西北民族研究,1988,2:249-259.
[320] 奥登. 十六世纪蒙古土默特万户十二部考. 内蒙古社会科学(汉文版),1984,4:57-62.
[321] 白凤岐. 概述辽宁蒙古族的源与流(下). 满族研究,1988,2:83-89.
[322] 乌云毕力格. 论东土默特蒙古//中国蒙古史学会. 蒙古史研究(第八辑). 呼和浩特:内蒙古大学出版社,2005:206-236.
[323] 屈罗木图. 清代乌兰察布盟形成考述. 内蒙古财经大学学报,2016,2:124-127.
[324] 梁丽霞. 阿拉善蒙古研究. 兰州:兰州大学,2005.
[325] 额尔敦巴特尔. 西套阿拉善蒙古族的由来. 内蒙古社会科学(汉文版),1982,6:80-80.
[326] 成崇德,赵云田. 西套厄鲁特部起源考辨. 民族研究,1982,4:48-53.
[327] 嘎尔迪. 阿拉善左旗信仰伊斯兰教的蒙古人之由来. 西北民族大学学报(哲学社会科学版),1990,2:62-68.
[328] 海日,索音布. 试论蒙古族穆斯林的历史与现状——以阿拉善左旗为例. 神州,2013,16:26-27.
[329] 丁明俊,夏亮. 阿拉善左旗的蒙古族穆斯林. 中国穆斯林,2006,3:45-49.
[330] 姑茹玛. 入清前(1691)的喀尔喀车臣汗部研究. 呼和浩特:内蒙古大学,2008.
[331] 萨如拉. 喀尔喀右翼鄂托克的构成与牧地变迁研究. 呼和浩特:内蒙古大学,2008.
[332] 王红芝. 喀尔喀蒙古札萨克之演变. 呼和浩特:内蒙古大学,2012.
[333] 桂花. 入清前(1691)的喀尔喀万户右翼研究. 呼和浩特:内蒙古大学,2014.
[334] 森川哲雄. 喀尔喀万户及其成立. 东洋学报,1972,55(2).
[335] 冈田英弘,薄音湖. 达延汗六万户的起源. 蒙古学资料与情报,1985,2:9-13.
[336] 谢咏梅. 五投下军及五投下探马赤军统领权的演变. 内蒙古师范大学学报(哲学社会科学版),2008,37(1):5-8.
[337] 贾敬颜. 五投下的遗民——兼说"塔布囊"一词. 民族研究,1985,2:29-36.
[338] 谢咏梅. 札剌亦儿万户、千户编组与变迁. 内蒙古师范大学学报(哲学社会科学版),2006,4:8-15.
[339] 根那. 16—17世纪的喀尔喀与卫拉特关系研究. 呼和浩特:内蒙古大学,2013.
[340] 乌云毕力格. 喀尔喀三汗的登场. 历史研究,2008,3:23-33.
[341] 崇德,高翔. 简论赛音诺颜部的设立. 清史研究,1988,1:39-42.
[342] 徐实. 论赛音诺颜部与清朝的关系. 兰州大学学报(社会科学版),2008,36(3):52-57.
[343] Баянтөр М, Нямдаваа Г, Баярмаа З. Монгол улсын ястангуудын тоо, байршилд гарч буй өөрчлөлтүүдийн асуудалд. Монголын хүн амын сэтгүүл, 2002, 6:57-70.
[344] Mongush M V. Tuvans outside of Tuva: the problem of ethnic self-conservation.

Senri Ethnological Studies,2014,86:197-213.

[345] 周学军.达里冈爱牧场被外蒙古占领时间考辨.中国边疆史地研究,2000,4:101-110.

[346] Batsuuri J. Anthropological characteristics of the ethnic group Khoton. Proceedings of the Institute of General and Experimental Biology,1977,12:111-127.

[347] 特木勒:蒙元汗庭东迁之地考述//马永真.论草原文化(第九辑).呼和浩特:内蒙古教育出版社,2012:436-448.

[348] 白初一.试论13世纪巴林部的重要地位及其驻地变迁.赤峰学院学报(哲学社会科学版),2015,2:23-27.

[349] 董玉瑛.宰赛援铁岭和后金与内喀尔喀部关系.史学集刊,1988,4:16-27.

[350] 乌云毕力格.《金轮千辐》所载扎鲁特蒙古.西北民族大学学报(哲学社会科学版),2010,6:15-23.

[351] 王帅.扎鲁特蒙古部与清朝早期的关系研究.呼和浩特:内蒙古民族大学,2018.

[352] 额尔敦朝格图.扎鲁特部与扎鲁特二旗贵族世袭研究.呼和浩特:内蒙古大学,2015.

[353] 乌云毕力格.关于绰克图台吉.内蒙古大学学报(哲学社会科学版),1987,3:52-57.

[354] 图雅.喀尔喀绰克图洪台吉生平研究.呼和浩特:内蒙古大学,2004.

[355] 李文君.明代西海蒙古史研究.北京:中央民族大学,2004.

[356] 赵尔巽.清史稿·卷五百二十·列传三百七·藩部三·四子部落 茂明安 喀尔喀右翼 乌喇特.北京:中华书局,1977.

[357] 布和朝鲁.喀尔喀右翼旗历史变迁考.中国蒙古学,2010,2:17-19.

[358] 宝泉.喀尔喀右翼旗社会历史问题研究.呼和浩特:内蒙古师范大学,2006.

[359] 额尔敦巴特尔.关于喀尔喀左翼旗札萨克的建立.内蒙古社会科学(蒙文版),2017,4:42-51.

[360] 忙古特·额尔德尼巴特尔.喀尔喀左翼旗历史演变.中国蒙古学,2008,1:60-63.

[361] 石双柱.中国布里亚特蒙古族的历史与现代文化的变迁.呼和浩特:内蒙古文化出版社,2009.

[362] Р.Н.杜加洛夫,范丽君.关于族称"霍尔""胡里".蒙古学信息,2002,3:2-12.

[363] И.Д.布拉耶夫,范丽君.贝加尔湖地区的语言融合和布里亚特语的形成.蒙古学信息,2003,1:49-51.

[364] 何俊芳.布里亚特语的形成、使用和发展问题.西伯利亚研究,2000:447-450.

[365] 包梅花.呼伦贝尔地区索伦八旗制的施行和民族的构成.中国蒙古学,2012,691-699.

[366] 刘正寅.《史集·部族志·斡亦剌传》译注.中国边疆民族研究,2012,00:209-221.

[367] 刘志霄.卫拉特蒙古简史.乌鲁木齐:新疆人民出版社,1992.

[368] 内蒙古社科院历史所《蒙古族通史》编写组.蒙古族通史.北京:民族出版社,2001.

[369] 巴岱,金峰,额尔德尼.论早期四卫拉特.内蒙古师范大学学报(哲学社会科学版),1987,S2:126-134.

[370] 金峰.论中期卫拉特联盟.内蒙古社会科学(汉文版),1989,4:50-56.

[371] 金峰,额尔德尼,巴岱.近十年来我们在卫拉特史研究方面提出的一些新看法.新疆

师范大学学报(哲学社会科学版),1992,4:1-5.
[372] 巴图尔·乌巴什·图们,特克希. 四卫拉特史. 蒙古学信息,1990,3:27-35.
[373] 噶班沙喇布,乌力吉图. 四卫拉特史. 蒙古学资料与情报,1987,4:9-17.
[374] 马曼丽,胡斯振. 四卫拉特联盟初探. 民族研究,1982,2:14-21.
[375] 青格力. 四卫拉特联盟的形成. 欧亚学刊,2004,6:244-258.
[376] 白翠琴. 瓦剌王猛可帖木儿杂考——瓦剌兴衰史探究之一. 民族研究,1985,6:55-61.
[377] 吴其玉. 从猛可帖木儿说到玛哈齐蒙克——谈明初历史的一个问题. 福建师范大学学报(哲学社会科学版),1979,4:81-87.
[378] 金晓. 北元可汗权力衰弱的深化——谈权臣阿鲁台和马哈木、脱欢父子为首的东西蒙古争霸斗争. 语文学刊,2012,12(23):66-67.
[379] 白翠琴. 关于评价也先汗的几个问题. 内蒙古社会科学(文史哲版),1993,2:58-64.
[380] 那木斯来. 十七世纪前半叶卫拉特历史活动. 内蒙古社会科学(汉文版),1990,3:99-103.
[381] 陈秀实. 青海的蒙古旗考述. 青海民族研究,2004,15(1):93-96.
[382] 杜荣坤. 厄鲁特族源初探. 新疆大学学报(哲学·人文社会科学汉文版),1981,2:56-63.
[383] 李文田.《元朝秘史》(四部丛刊三编本)注.
[384] 额尔德木图. "额鲁特"探源. 内蒙古民族大学学报(社会科学版),1991,1:47-52.
[385] 包海青. 蒙古族树始祖型族源传说起源探讨. 北方民族大学学报,2012,3:47-51.
[386] 羽田明,罗贤佑. 十六至十七世纪的准噶尔史,厄鲁特的起源. 蒙古学资料与情报,1985,Z1:27-32.
[387] 邢洁晨. 准噶尔部形成考辨. 民族研究,2001,3:56-64.
[388] 宫淳胁子. 最后的游牧帝国:准噶尔部的兴亡. 晓克,译. 呼和浩特:内蒙古人民出版社,2006.
[389] 惠男. 18世纪中期准噶尔汗国消亡后的厄鲁特人. 全球史评论,2016,2:141-158.
[390] 本刊编写组. 准噶尔史略. 北京:人民出版社,1985.
[391] 吐娜. 清代塔尔巴哈台额鲁特蒙古十苏木的戍守和开发. 中国边疆史地研究,2002,12(1):55-63.
[392] 门德别列克,苏仁加甫. 塔尔巴哈台额鲁特十苏木历史简况. 西部蒙古论坛,2010,2:65-71.
[393] 李满喜. 晚清伊犁及塔尔巴哈台地区蒙古人口变化. 中国蒙古学,2016,3:113-117.
[394] 那顺乌力吉. 呼伦贝尔厄鲁特之来源. 内蒙古社会科学(汉文版),2001,22(4):65-66.
[395] 何日莫奇. 黑龙江的依克明安蒙古部. 内蒙古社会科学(汉文版),2002,23(2):37-41.
[396] 姜黎. 黑龙江依克明安旗始末. 北方文物,1986,2:105-109.
[397] 吴占柱. 黑龙江省柯尔克孜族的迁入. 黑龙江民族丛刊,2008,4:82.
[398] 吴元丰. 黑龙江地区柯尔克孜族历史满文档案及其研究价值. 满语研究,2004,1:

61-68.
[399] 那顺达来. 卫拉特杜尔伯特部起源考. 内蒙古师范大学学报(哲学社会科学汉文版),2013,1:113-116.
[400] 帕拉斯. 内陆亚洲厄鲁特历史资料. 昆明:云南人民出版社,2002.
[401] 张伯国. 康雍乾时期准噶尔归附人安置考析. 青海民族研究,2018,29(2):146-152.
[402] 胡日查. 试谈科尔沁和硕特部起源. 新疆师范大学学报:哲学社会科学版,1989,2:19-27.
[403] 乌云毕力格. 和硕特的起源与名称. 青海社会科学,1988,5:103-107.
[404] 佐藤长,孟秋丽. 青海卫拉特诸部落的起源(续二). 西藏民族学院学报(哲学社会科学版),2010,31(2):10-16.
[405] 成崇德,赵云田. 西套厄鲁特部起源考辨. 民族研究,1982,4:48-53.
[406] 吐娜. 南路土尔扈特、和硕特部社会制度探析. 西部蒙古论坛,2010,4:22-29.
[407] 赵志强. 土尔扈特部东返后的安置与编旗. 西北民族研究,1988,2:83-98.
[408] 吐娜. 东返后的土尔扈特社会制度及其经济概况. 新疆大学学报(哲学·人文社会科学汉文版),1994,3:52-57.
[409] 李金轲. 额济纳旗土尔扈特史述论. 兰州:兰州大学,2007.
[410] 格垿克楚勒特木,乌力吉图. 土尔扈特史. 蒙古学资料与情报,1988,4:3-11.
[411] 本书编写组. 达斡尔族简史. 呼和浩特:内蒙古人民出版社,1986.
[412] 满都尔图. 达斡尔族. 北京:民族出版社,1991.
[413] 亦邻真. 额尔古纳·巴尔虎·布特哈. 陈晓伟,译. 中国边疆民族研究,2013,1:307-310.
[414] 玛娜. 达斡尔族族源研究述略. 黑龙江民族丛刊,1987,3:69-74.
[415] 吉田金一,古清尧. 十七世纪中叶黑龙江流域的原住民. 世界民族,1980,6:112-119.
[416] 孟盛彬. "达斡尔"词源词义考辨. 大连民族大学学报,2008,10(6):487-490.
[417] 陈述. 试论达斡尔族的族源问题. 民族研究,1959,8:43-50.
[418] 吉田金一,古清尧. 十七世纪中叶黑龙江流域的原住民. 世界民族,1980,6:112-119.
[419] 阿尔达扎布,斯琴高娃.《蒙古秘史》中的达斡尔语词汇(蒙文). 呼和浩特:内蒙古人民出版社,2004.
[420] 张久和. 北朝至唐末五代室韦部落的构成和演替. 内蒙古社会科学(汉文版),1997,5:36-43.
[421] 阿南惟敬,陈劭平,古清尧. 关于清初的黑龙江虎尔哈部. 世界民族,1983,3:52-57.
[422] 杨茂盛. 萨哈尔察部. 黑河学刊,1988,2:95-96.
[423] 杨茂盛,杨春南. 萨哈连部考. 黑龙江民族丛刊,1991,4:48-53.
[424] 吴智超. 萨哈连部和萨哈尔察部初探. 北方文物,1985,3:67-69.
[425] 聂晓灵. 林丹汗东征科尔沁部与后金的政治关系. 内蒙古社会科学(汉文版),2012,33(2):68-71.
[426] 景爱. 谈博穆博果尔的族属问题. 学问,2016,1:53-58.

[427] 金鑫. 萨哈连额驸身世释疑——兼议萨哈尔察部族属. 满语研究,2017,1:128-137.
[428] 卢伟,张克. 也说满族起源问题. 黑龙江民族丛刊,2014,5:118-124.
[429] 崔羲秀,崔雄权. 从朝鲜族传说看努尔哈赤祖先的发祥地. 满族研究,1993,2:18-24.
[430] 中国科学院民族研究所青海少数民族社会历史调查组. 土族简史简志合编. 中国科学院民族研究所,1963.
[431] 《土族简史》编写组. 土族简史. 北京:民族出版社,2009.
[432] 杨沛艳. 关于土族族源争论的几个焦点问题. 青海民族研究,2007,18(4):87-91.
[433] 李文实. 霍尔与土族. 青海民族学院学报,1982,4:1-16.
[434] 石硕,拉毛太. 论藏文文献中"ཧོར"(霍尔)的概念及范围. 青海民族研究,2016,27(2):149-154.
[435] 芈一之. 土族族源再考. 青海民族学院学报,1982,4:29-46.
[436] 周伟洲. 关于土族族源诸问题之管见——评《土族简史》有关论述. 青海民族学院学报,1983,4:53-60.
[437] 吕建福. 土族史. 北京:中国社会科学出版社,2002.
[438] 祁进玉. 土族族源研究及其反思. 青海民族学院学报,2009,35(4):61-65.
[439] 李生华. 土族绝非吐谷浑后裔——对土族族源研究若干问题的思考. 青海社会科学,2004,4:149-160.
[440] 秦勇章. 甘宁青地区多民族格局形成史研究. 北京:民族出版社,2005.
[441] 李克郁. 土族,(蒙古尔)源流考. 西宁:青海人民出版社,1993.
[442] 李克郁,李美玲. 河湟蒙古尔人. 西宁:青海人民出版社,2005:502.
[443] 祁进玉. 历史记忆与认同重构:土族族源"源"与"流"之争. 青海民族研究,2013,2:139-143.
[444] 祁进玉. 历史记忆与认同重构:土族民族识别的历史人类学研究. 北京:学苑出版社,2012.
[445] 李克郁. 土族土司研究——土族李土司家族史. 青海民族研究,2002,13(3):29-38.
[446] 赵英. 李土司家族制度研究. 陕西师范大学,2007.
[447] 李培业. 西夏皇族后裔考. 西北大学学报(哲学社会科学版),1995,3:46-52.
[448] 李克郁. 拨开蒙在土族来源问题上的迷雾. 青海民族研究,2000,11(3):59-63.
[449] 李克郁. 拨开蒙在土族来源问题上的迷雾(续). 青海民族研究,2000,11(4):26-37.
[450] 王瑛. 河湟蒙古裔土司——鲁氏家族研究. 兰州:西北师范大学,2015.
[451] 郭永利. 甘肃永登连城蒙古族土司鲁氏家族研究. 兰州:兰州大学,2003.
[452] 朱普选. 青海土司制度研究. 西藏民族学院学报(哲学社会科学版),2005,26(3):40-44.
[453] 林幹,高自厚. 回纥史. 呼和浩特:内蒙古人民出版社,1994.
[454] 程利英. 明代关西七卫探源. 内蒙古社会科学(汉文版),2006,27(4):45-49.
[455] 高自厚. 明代的关西七卫及其东迁. 兰州大学学报(社会科学版),1986,1:42-48.
[456] 高自厚. 裕固族社会制度的特征. 西北民族研究,1993,2:73-80.
[457] 闫天灵. 自治与县辖的"马拉松之争"——1942—1954年裕固族地区行政改制研究.

民族研究,2009,1:92-102.
- [458] 范玉梅. 裕固族. 北京:民族出版社,1986.
- [459] 杨琰,杨小通. 甘肃裕固族人口发展研究. 民族研究,1998,4:31-39.
- [460] 钟进文. 裕固语地名"西至哈至"考释. 西北史地,1997,2:1-5.
- [461] 汤开建. 解开"黄头回纥"及"草头鞑靼"之谜——兼谈宋代的"青海路". 青海社会科学,1984,4:77-85.
- [462] 高自厚. 论裕固族源流的两大支系. 西北民族研究,1995,1:102-110.
- [463] 胡小鹏. 察合台系蒙古诸王集团与明初关西诸卫的成立. 兰州大学学报(社会科学版),2005:85-91.
- [464] 高自厚. 撒里畏吾与蒙古宗王出伯——裕固族源流中蒙古支系的由来、演变及其重大影响. 西北民族大学学报(哲学社会科学版),1990,4:34-39.
- [465] 贺卫光. 论藏文化对裕固族及其文化形成的影响. 西北民族学院学报(哲学社会科学版),1999,4:26-32.
- [466] 闫天灵. 清代及民国时期祁连山北麓的汉族移民与族别改易. 中南民族大学学报(人文社会科学版),2008,28(4):80-86.
- [467] 佐口透. 新疆民族史研究. 章莹,译. 乌鲁木齐:新疆人民出版社,1993.
- [468] 铁穆尔. 裕固民族尧熬尔千年史. 北京:民族出版社,1999.
- [469] 甘肃省编辑组. 裕固族东乡族保安族社会历史调查. 兰州:甘肃民族出版社,1987.
- [470] 田自成,多红斌. 裕固族风情. 兰州:甘肃文化出版社,1994.
- [471] 胡小鹏. 略论元代河西的阔端系诸王. 西北民族大学学报(哲学社会科学版),1992,1:54-60.
- [472] 马少表. 保安族. 北京:民族出版社,1989.
- [473] 本书编写组. 东乡族简史. 兰州:甘肃人民出版社,1984.
- [474] 吴承义. 康杨回族乡沙里木回族讲土语及其由来的调查报告. 青海民族研究,1990,4:50-54.
- [475] 韩建业. 初谈康家话语音系统及词汇的构成. 青海民族研究,1992,1:52-62.
- [476] 斯钦朝克图. 康家语研究. 上海:上海远东出版社,1999.
- [477] 斯钦朝克图. 从康家语濒危看语言变化//民族语文国际学术研讨会·民族语文国际学术研讨会文集,2007.
- [478] Comrie B. The languages of the Soviet Union. Cambridge:CUP Archive,1981.
- [479] Б. А. Серебренников,惠秀梅. 乌拉尔诸语言. 外语学刊,2016,5:17-18.
- [480] Popov A A, Dolgikh B O. The Kets//Levin M G, Po-Tapov L P. The peoples of Siberia. Chicago:University of Chicago,1964:587-606.
- [481] Prokof'yeva E D. The Selkups//Levin M G, Po-Tapov L P. The peoples of Siberia. Chicago:University of Chicago,1964:607-619.
- [482] 蒲立本. 上古汉语的辅音系统. 潘悟云,徐文堪,译. 北京:中华书局,1999.
- [483] Keyser C, Bouakaze C, Crubezy E, et al. Ancient DNA provides new insights into the history of South Siberian Kurgan people. Hum Genet,2009,126,3:395-410.
- [484] Derenko M V, Grzybowski T, Malyarchuk B A, et al. Diversity of mitochondrial

DNA lineages in South Siberia. Ann Hum Genet, 2003, 67(Pt 5): 391-411.
[485] Derenko M, Malyarchuk B, Denisova G A, et al. Contrasting patterns of Y-chromosome variation in South Siberian populations from Baikal and Altai-Sayan regions. Hum Genet, 2006, 118(5): 591-604.

第2章
分子人类学视角下的现代蒙古语人群的父系遗传结构

2.1 引言

本章旨在展示分子人类学的研究方法、研究过程及如何发现各类遗传成分,并评估其在古代人群和现代族群起源和演化过程中所起的作用。相关的研究过程包括如何选择科学问题、如何开展研究、如何分析数据、如何结合传统学科的成果进行解读,以及提出观点和假说。

在过去20多年中,世界范围内不同机构的学者对世界各地人群的遗传结构和起源过程进行了长期的研究。笔者也进行了多项关于蒙古语人群的研究。目前,可以认为已经基本厘清蒙古语人群的遗传结构,对蒙古语人群中不同的遗传成分在人群演化历史中的作用已经有较为清晰的了解。因此,可以略有主次地对各类遗传成分进行综合的分析。

首先,对疑似尼伦蒙古诸部主要父系类型C2a-F3796(星簇)进行了研究。其次,已有很多古DNA证据证实父系C2a-F1756(DYS448del)是古代东胡人群和鲜卑人群的主要父系类型,在现代蒙古语人群也普遍存在。因此,对这一父系也进行了较为详细的研究。第三,父系类型C2b-M407的情况较为特殊。这一父系在西部蒙古语人群中较为高频,但它的旁系支大多出现在汉族和朝鲜族中。对这一父系的深入研究,有助于揭示全体蒙古语人群在史前时期的多个重要始祖群体的兴起过程。第四,父系型C2a-M48在西部蒙古语人群中也有很高的比例。这一父系的起源和扩散可能与九姓鞑靼、克烈部和乃蛮部有关,相关的人群演化过程也是现代蒙古语人群演化历史的重要部分。第五,C2a-F3796(星簇)存在一个兄弟分支C2a-F8951,它是达斡尔族的主要父系类型。满族爱新觉罗家族的父系也属于这个支系,但分化时间已非常久远。这一父系类型的起源和演化历史可以反映蒙古语人群和通古斯语人群在我国东北地区及黑龙江中下游地区的活动和融合历史。

在全体蒙古语人群中，也存在很多其他父系类型，但整体频率略低。这些父系类型的出现大致可视为蒙古高原及其周围地区一部分史前人群的遗存，以及蒙古语人群兴起之后与周围其他人群的广泛混合。以这些类型为主要父系的人群参与古代和现代蒙古语人群形成过程的时间有早有晚，需要逐一进行讨论。最后，笔者总结了蒙古语人群父系遗传结构的整体面貌，讨论了蒙古语人群和其他亚洲北部人群在遗传结构上的差异。

2.2　C2a-F3796（星簇）在"原蒙古人"和尼伦蒙古诸部中的分布

Y染色体单倍群*C2a-F3796（星簇）（原称C3*-星簇，全称C2a1a3a1-F3796）是现代蒙古语人群的主要父系类型之一，在所有蒙古语人群都有一定比例的存在。Zerjal等人于2002年首次发现了这种父系类型，这一父系样本的Y-STR网络图呈星状扩张状态，故而被称为"星簇"[1]。这一父系类型在欧亚大陆中部地区广泛分布，但共祖年代很晚（1 000±300年前）。经过对含有这一父系类型族群的起源历史进行分析，Zerjal等人认为这一父系类型的扩散与蒙古人在13世纪之后的强烈扩张直接相关，它很有可能是成吉思汗或者其男性亲属的父系类型[1]。但最近数篇文献的研究结果均与这一假说冲突。为了研究C2a-F3796（星簇）的确切起源及其与成吉思汗家族和蒙古语人群形成之间的关系，我们对它进行了一次综合的研究[2]。虽然我们没有发现这一父系类型与成吉思汗本人的直接联系，但是具有高比例的父系C2a-F3796（星簇）的人群均可以追溯到尼伦蒙古部。此外，本节也探讨了这一父系类型的具体扩散过程。

2.2.1　背景介绍

C2a-F3796（星簇）是一个非常著名的父系类型，它在从黑龙江流域到里

---

* 某一个生物个体的单系遗传的染色体区域（如父系Y染色体的大部分区域和母线线粒体）上发生的稳定突变，被这个个体的多个后裔所继承。这些后裔个体构成一个由这个突变定义的、生物学意义上的"群"。于是，定义这个"群"的遗传标记（如L1373）的完整名称（如C2a-L1373）在遗传学上被称为"单倍群"。

海地区之间的人群中具有较高的频率(约 8%)。它的最晚共祖时间为 1 000±300 年前,与成吉思汗生活的年代(1162—1227)非常接近。它分布的区域与蒙古帝国的最大统治区域十分吻合。它在可能是成吉思汗后裔的阿富汗哈扎拉人中也非常高频。基于以上证据,Zerjal 等人提出成吉思汗或其男性亲属很可能就是 C2a - F3796(星簇)这一父系的奠基者。

但是,其他研究者对这一父系进行更深入的研究之后,仍未能找到它与成吉思汗的直接联系[3-7]。它在哈萨克的两个人群中极为高频(Kerey-Abakh 和 Kerey-Ashmaily,分别是 89.3% 和 55.0%)[8],而这两个部落的父系起源似乎与成吉思汗并没有直接的关系。此外,蒙古国学者对成吉思汗的直系后裔——北元可汗达延汗(1474—1517)的后裔进行了测试,结果却认定为 C2b - M407 类型[9]。在本节中,我们测试了更多人群的样本,总结了几乎所有可见的文献的数据,以此研究这一蒙古语人群中最主要的父系的起源过程及其与成吉思汗和蒙古语人群扩散之间的关系。

2.2.2 材料与方法

本节的研究涉及本实验室以往收集的 74 个东亚人群的 6 348 个样本。这些样本是在 2012 年至 2015 年间收集。被调查者对参与本项研究各项细节有明确的了解,并签署了知情同意书。

首先,通过进行常规的 core Y - SNP Pannel 测试,确定了其中属于单倍群 C - M130 的样本。然后,对属于 C - M130 的样本进行了以下位点的测试: C1 - M8、C1 - M38、C2 - M217、C2b - M93、C2a - P39、C2a - M48、C2b - M407、C3e - P53.1、C4 - M347 和 C5 - M356。在本项研究的早期阶段,部分人群的样本量不足,故没有测试这些下游位点。数据表格过长,从略,请参考相关英文文献[2]。对所有样本都用 AmpFlSTR® YFiler™ 的 PCR 扩增试剂盒(Applied Biosystems, CA, USA)进行了 17 Y - STR 的测试,包括 DYS19、DYS385a、DYS385b、DYS389I、DYS389II、DYS390、DYS391、DYS392、DYS393、DYS437、DYS438、DYS439、GATA - H4、DYS448、DYS456、DYS458 和 DYS635。扩增的产物在 ABI 3730 和 ABI 3130 Genetic Analyzers (Applied Biosystems)进行分析。电泳的结果使用 Genscan v. 3.7 和 Genotyper v. 3.7 (Applied Biosystems)进行了分析。

2.2.3 统计分析

Zerjal 等人发现的父系类型 C2a - F3796(星簇)被更多的文献证实为

M217+，M93−，P39−，M48−，M407−，P53.1−[3-7]。为了获得这一父系类型在现代欧亚大陆人群更清晰的分布状态，我们从公开发表的文献中整理了164个欧亚大陆人群的 C-M130 单倍群的比例以及 Y-STR 数据（附表从略）。判断一个 Y-STR 单倍群属于 C2a-F3796（星簇）的方式依据 Zerjal 等人所提出的准则[1]，即在一系列 Y-STR 位点上与一个数据中心值有3步以内的突变，包括 DYS389I、DYS389b、DYS390、DYS391、DYS392、DYS393、DYS388、DYS425、DYS426、DYS434、DYS435、DYS436、DYS437、DYS438、DYS439，但排除不常用的数个位点（DYS425、DYS426、DYS434、DYS435、DYS436）。判断的结果经过 Y-STR 网络图检验。对于 Y-STR 数据（附表从略），使用 NETWORK 4.6.0.0 软件（Fluxus Engineering[10]）进行了 Network 网络图的构建。之后，使用 Surfer 7.0（Golden Software, Inc., CO, USA）软件绘制了 C2a-F3796（星簇）在欧亚大陆上的分布。只有那些15个 Y-STR（从17 STR 上减去 DYS385a/b 这两个位点）上数据完整的单倍型*才被适用于后续的统计分析。对于 C2a-F3796（星簇）的样本数量超过5个群体，我们使用 Arlequin 3.11 软件15 Y-STR 数据计算了群体内的基因多态性以及群体间的 Fst**。之后，使用 SPSS 软件（SPSS, Chicago, USA）对 Fst 进行了多维尺度分析（multi-dimensional scaling, MDS），使用 Arlequin 3.1 软件进行了分子方差分析（analysis of molecular variance, AMOVA）***。

2.2.4 分子年代计算

我们使用 ASD（average squared distance）[11-13] 和 BATWING（Bayesian analysis of trees with internal node generation）[14,15] 的方法对 C2a-F3796（星簇）的最晚共祖时间（the most recent common ancestor, TMRCA）进行了估算。ASD 方法假设现有所有 Y-STR 单倍型的中心值就是奠基者的单倍型。而 BATWING 的算法假设人群在出现线性增长之前保持稳定的（有效）人口数量。绘制 Y-STR 网络图使用的位点权重与此位点的突变速率呈反比。在两种计算过程中，我们都用了进化速率（evolutionary rate）[11] 和家系速率

---

* 某一个生物个体的单系遗传的染色体区域（如父系 Y 染色体的大部分区域和母线线粒体）上的基因型，即为单倍型。不同个体之间的"单倍型"通常存在差异，因此具有个体识别度。

** Fst 即群体间的遗传分化指数，是种群分化和遗传距离的一种衡量方法，分化指数越大，差异越大。

*** AMOVA 算法根据设定的分组把总体的方差分解为组间、组内群体间和群体内三个层次，从而从多个层面对群体的遗传结构进行检验。

(genealogical rate)[16]。人类世代间隔被设定为 25 年。BATWING 每次运算都收集了 1.5 亿次 MCMC 抽样并且舍弃了前 0.5 亿次的结果，以便得到比较可靠的结果。

2.2.5 结果

在来自欧亚大陆东部 238 个人群中 2 266 个 C-M130+样本之中，我们判定 701 个属于 C2a-F3796(星簇)的样本。这些样本构成 588 个 C2a-F3796(星簇)的单倍型(部分样本的 Y-STR 数值完全一样，故属于一个单倍型)，其中来自 420 个样本的 385 个 Y-STR 单倍型具有完整的 15 个 Y-STR 数据，被用于后续的统计分析。C2a-F3796(星簇)的单倍型在 Y-STR 网络图上聚类在一个特别的簇上，与来自其他单倍群的 Y-STR 单倍型明显分离。和 Zerjal 等人的发现一样，使用 C2a-F3796(星簇)的 9 个 Y-STR 数据以及 15 个 Y-STR 数据网络图都呈现出星状扩张的状态(图 2.1，未显示基于 9 个

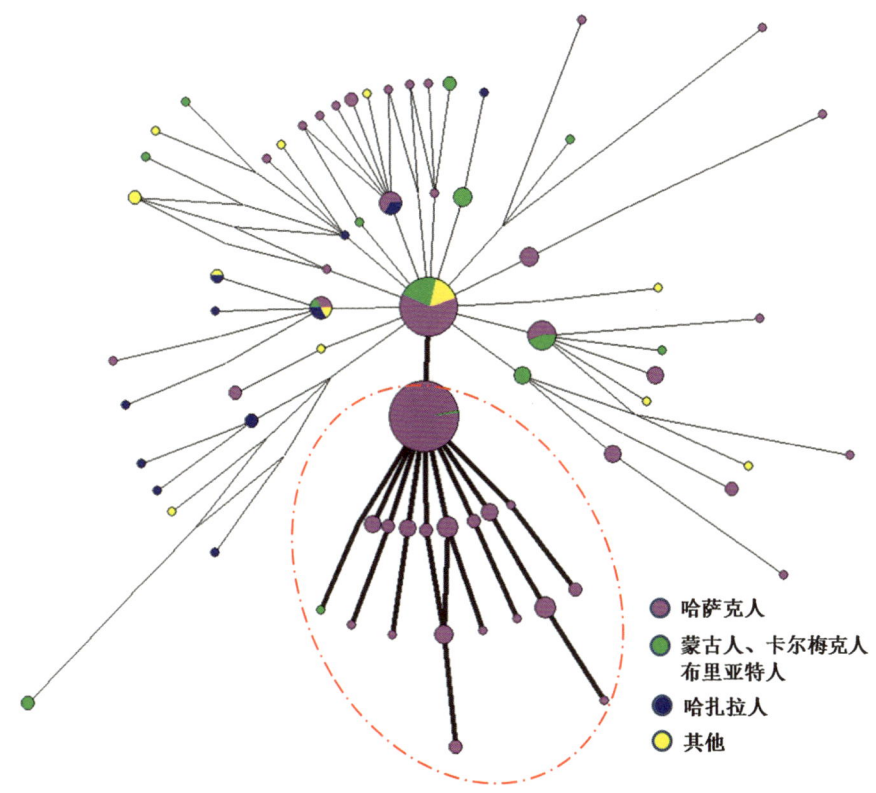

图 2.1　**C2a-F3796(星簇)的 Y-STR 网络图**

Y-STR的网络图)。这是某一种遗传谱系类型在群体中得到剧烈扩张的标志。

图2.2呈现了C2a-F3796(星簇)在欧亚大陆东部的分布状态。最高频的C2a-F3796(星簇)首先出现在哈萨克人群中,其次是蒙古人、布里亚特-巴尔虎人和乌兹别克人。总共有17个人群中的C2a-F3796(星簇)的比例超过25%,其中13个来自哈萨克人。有7个人群的C2a-F3796(星簇)的比例超过50%,全部来自哈萨克人。根据采样信息,所有这些C2a-F3796(星簇)的比例超过50%的哈萨克人样本均采自哈萨克大帐部落或哈萨克-克烈部。以上数据表明,单倍群C2a-F3796(星簇)是这些哈萨克人群中占优势的父系类型。另一方面,在非"阿尔泰语系"人群中,C2a-F3796(星簇)的比例极少或者没有,唯一的两个例外是哈扎拉人和呼伦贝尔的汉族。阿富汗哈扎拉人目前说一种波斯语,但史料明确记载他们是蒙古驻军的后裔[17]。而呼伦贝尔地区的汉族人群与其他蒙古族人毗邻而居,高比例的C2a-F3796(星簇)很可能来自晚近的遗传交流。

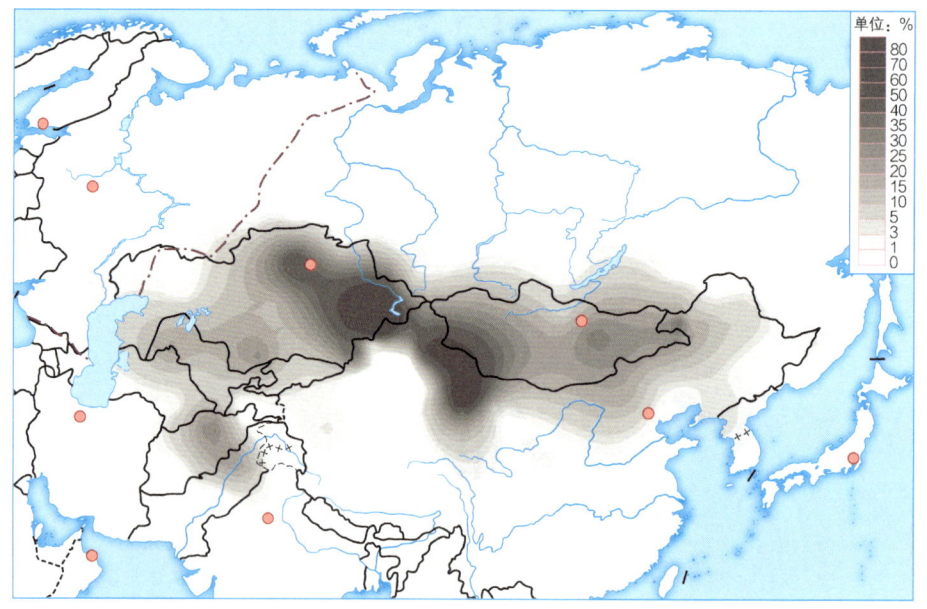

图2.2 父系类型C2a-F3796(星簇)在欧亚地区东部的分布状态

在阿尔泰地区的哈萨克人、蒙古人、布里亚特人和哈扎拉人中观察到了比较高的Y-STR多样性(表2.1)。与此相反,其他哈萨克人和乌兹别克人的多样性很低。Y-STR多样性呈现的状态与这个单倍群的频率分布呈现不同的趋势。当把所有哈萨克人的样本作为一个群体与其他人群进行AMOVA分析的时候,群体内部的多样性大于群体间的多样性。上述分析结果表明,哈萨克人中C2a-F3796(星簇)的比例很高,但Y-STR数值多样性很低。哈萨克人中的C2a-F3796(星簇)在不同的人群(部落)中存在差别较大的不同支系,因此哈萨克内部本身不同群体间的差异较大。这种遗传学上观察到的状态与哈萨克人的口头历史是比较吻合的。根据哈萨克人对于自身部落起源的主张,一个部落的男性通常都可以追溯到同一个男性[18]。很明显,这种表述并非百分百完全成立,部落人口的来源通常都是多种多样的。不过,遗传学的数据在一定程度上支持哈萨克人的这种表述,即哈萨克部落中的大部分男性可以追溯到一个比较晚近的共同父系始祖,这导致这个部落中男性Y-STR数据多样性很低,也导致不同部落间的父系差异较大。结合历史学有关蒙古部落的起源和扩散过程的相关研究,上述从遗传学数据上观察到的现象,在整体上支持C2a-F3796(星簇)在蒙古国东部及大兴安岭北部地区起源,之后向西扩散并伴随持续的奠基者效应的结论。

表 2.1 父系类型 C2a-F3796(星簇)的 Y-STR 在不同人群中的多样性

人　　群	样 本 数	多 样 性
哈萨克人-阿尔泰	30	0.188 659
哈扎拉人	14	0.173 626
图瓦人	6	0.160 000
哈萨克人-阿尔班+黑宰	10	0.158 519
哈萨克人-阿巴克+奈曼	8	0.150 000
布里亚特人	7	0.146 032
布里亚特人-巴尔虎	11	0.140 606
哈萨克人-克烈-Ashmaily	11	0.138 182
蒙古人-喀尔喀	11	0.134 545
哈萨克人-阿尔班+黑宰	11	0.127 407
蒙古人-卫拉特	9	0.111 111
哈萨克人-阿巴克+奈曼	60	0.095 254
哈萨克人-阿巴克+奈曼	37	0.090 991
乌兹别克人	6	0.088 889
哈萨克人-阿尔泰	21	0.085 397
哈萨克人-阿巴克	25	0.079 111
哈萨克人-南方	24	0.069 082
哈萨克人-阿巴克+阿克赛	74	0.055 535

对于一种父系类型的最晚共祖时间和扩张时间的估算,有助于我们理解这一父系类型的起源和扩散过程。在 Y-STR 网络图中,存在一个在"哈萨克-克烈-阿巴该部落"中出现的独特支系。这一独特支系的 DYS448=23,区别于其 C2a-F3796(星簇)的数值(DYS448=22),我们称之为"C2a-F3796(星簇)α"支。"C2a-F3796(星簇)α"支本身也呈现星状扩张的状态。因此,我们对 C2a-F3796(星簇)和 C2a-F3796(星簇)α 支都进行了年代方面的计算,结果见表 2.2。使用 ASD 方法和家系速率的计算得到的年代与相关的历史记载更为吻合。C2a-F3796(星簇)在俄罗斯诺盖人、格尼格斯(Keneges)人和杜拉特(Dulat)人中较为高频。这 3 个人群的起源都可以追溯到约距今 1 100 年前兴起的尼伦蒙古部(Niru'un Mongols,详见下文讨论部分)。另一方面,哈萨克部落的口头传说认为"克烈-阿巴该部"的起源非常晚近[18,19]。"克烈-阿巴该部"从"Kerey-Ashmaily"部落分化的时间,要晚于哈萨克汗国成立的时间(即 1456 年)。使用 ASD 方法和家系速率的计算得到 C2a-F3796(星簇)和 C2a-F3796(星簇)α 的年代分别为距今 1 330±1 074 和 492±222 年。这一计算结果与上述尼伦蒙古部兴起和"克烈-阿巴该部"起源的年代吻合。而基于进化速率计算的结果则远远超过蒙古人和哈萨克人本身出现的时间,与史实不符。使用 BATWING 算法加家系速率计算得到的年代与 ASD 算法的结果比较接近。但是,使用 BATWING 算法得到的群体扩张时间大于相应支系的最晚共祖时间。这一矛盾可以归因于 C2a-F3796(星簇)这一父系的特殊群体历史。根据蒙古人自身的历史记载,蒙古人在欧亚大陆上扩散之前,尼伦蒙古内部已经经历了非常迅速的扩张[20]。如《蒙古秘史》所记录,尼伦蒙古部的始祖是 3 个男性。经历了约 260 年后,到成吉思汗出生的年代,3 个男性始祖的后裔已经达到 20 多个部落(当然,可以推测部落中的大部分人口有其他的

表 2.2 C2a-F3796(星簇)最晚共祖时间和扩张时间

单倍群	ASD		BATWING-共祖年代		BATWING-扩张年代	
	N	ρ±σ	Median	95% C.I.	Median	95% C.I.
进化速率						
C2a-F3796(星簇)	420	3 996±2 788	7 288	[7 160—7 946]	5 215	[5 020—5 774]
C2a-F3796(星簇)α	227	1 902±1 273	6 143	[3 260—12 722]	4 748	[2 107—11 147]
家系速率						
C2a-F3796(星簇)	420	1 330±1 074	2 218	[2 052—2 383]	3 340	[3 211—3 470]
C2a-F3796(星簇)α	227	492±222	1 526	[826—2 969]	2 090	[474—6 327]

起源)。在如此短的时间内,群体数量有较大程度的增加。此后,尼伦蒙古部和其他蒙古部落迅速扩散到欧亚大陆各地。这样的群体历史并不符合 BATWING 的假设,即在群体扩散之前,有效人口数量保持稳定。基于同样的原因,我们认为相对于 BATWING 算法得到的年代而言,基于 ASD 算法得到的年代更为可信,与历史记录更为吻合。

2.2.6 讨论

根据 14 世纪成书的《史集》的记载,所有的原蒙古人可以分成两部分[21]:一部分是迭儿列勤,代表普通的蒙古人;另一部分是尼伦蒙古,意为"纯粹的蒙古人",据传说是阿阑·豁阿 3 个儿子的后裔组成的部落[20]。但我们知道,古代部落的人口来源极其复杂,很有可能尼伦蒙古诸部的首领家族确实出自阿阑·豁阿 3 个儿子的后裔,但部落的其他民众则可能有其他来源,成吉思汗即出自这个尼伦蒙古部的一个分支部落。综合公开发表的其他有关 C2a-F3796(星簇)的文献,我们发现目前可见的 C2a-F3796(星簇)高频的人群均可追溯到尼伦蒙古部。

1. 乌兹别克人的曼格特部

曼格特部(Manghit)也被称为 Manghud 部或 Mangqut 部。根据史料记载,曼格特部源自尼伦蒙古部的分支部落忙忽惕[20-22],他们随术赤的军队西迁并生活在金帐汗国内部。据《金帐汗国兴衰史》,金帐汗国在 1219—1502 年之间统治了欧洲东北部和中亚地区[22]。曼格特部的首领极大程度地参与了金帐汗国的政治事务。最初,曼格特部追随诺盖可汗(Nogai Khan,1299)建立了在金帐汗国内部半独立的诺盖汗国(Nogai Horde)。之后,他们支持自己的酋长 Edigu(1352—1419)建立了自己的汗国,称诺盖汗国或曼格特汗国(Manghit Horde,14—15 世纪)[22]。从此,他们自称诺盖人并在北高加索和克里米亚地区一直生活到 17 世纪。而曼格特部的另一部分作为月即别人(后世成为乌兹别克人的主源)的一部分南迁到河中地区,并最终在公元 1785 年建立了统治布哈拉地区的曼格特王朝(Khanate of Manghit)[23]。这部分曼格特部最终成为目前乌兹别克人中的卡拉卡尔帕克人中一个部落[24]。

来自现代诺盖人的 C2-M217 样本绝大部分都是 C2a-F3796(星簇)[3]。Sabitov 等人报道的乌兹别克人中唯一的一例 C2-M217 样本也属于 C2a-F3796(星簇)[25]。在 Chaix 等人报道的曼格特部的 Qarasyraq 分支的 14

个样本中,有 11 个样本的 Y-STR 数值与已有的 C2a-F3796(星簇)的 Y-STR 数值完全一致[26]。这表明 C2a-F3796(星簇)确实是曼格特部人中 C2-M217 的主要部分。

2. 格尼格斯部

根据史料记载,格尼格斯部也是尼伦蒙古部的后裔分支[20-22]。在 13 世纪早期,格尼格斯部作为术赤的 4 个属部(四个千户)之一,被派往金帐汗国。金帐汗国崩溃之后,格尼格斯部与曼格特部一样,作为月即别人的一部分向南迁到河中地区,并最后成为乌兹别克人中卡拉卡尔帕克人的一个分支部落[24,27]。

Sabitov 等人报道的格尼格斯部样本中的 3 个属于 C2a-F3796(星簇)[25]。格尼格斯部中的其他样本,根据 Y-STR 可以推测属于高加索地区常见的 G2a-P15。可见,C2a-F3796(星簇)是格尼格斯部中唯一可以追溯到东方的父系类型。

3. 杜拉特部

杜拉特部,也称朵豁刺惕部(Duqlat 或 Dughlat),是尼伦蒙古部的一个分支部落[20,21,27]。朵豁刺惕部本是察合台的 4 个属部(四个千户)之一,后来成为察合台汗国中主要的蒙古部落之一[21]。朵豁刺惕部在察合台汗国以及东察合台汗国的政治事务中占据极高的地位[28-30]。在东察合台汗国的后期(或称蒙兀儿汗国,Moghul Khanate),很多蒙古起源的部落都加入了新兴的哈萨克汗国,包括许兀慎部(Husin)、札剌亦儿部(Jalair)和朵豁刺惕部(Duqlat)[30]。随后,他们成为现代哈萨克人中的"大帐(Great Jüz)"中的部落乌孙(Uysun)、Zhalair 和杜拉特[31]。不过,对于哈萨克现今的部落是否是上述蒙古部落的直接后裔,还有部分争议。

在一项哈萨克人父系遗传结构的研究中,来自杜拉特部 4 个样本中的 3 个属于 C2a-F3796(星簇)[32]。在来自哈萨克斯坦东南部大帐地区的其他 3 组哈萨克人样本也有高比例的 C2a-F3796(星簇)(附表从略)。在本实验室来自昭苏县的哈萨克人阿尔班部(Alban)的样本中,C2a-F3796(星簇)也是占优势的主要父系类型。阿尔班部是从大帐部落中分化出来的一个部落。

4. 哈萨克人中的乌孙部和克烈部

在哈萨克人的克烈部中也观察到了非常高频的 C2a-F3796(星簇)。我们发现,在乌兹别克人的 C2-M217 样本中,C2a-F3796(星簇)也是主要的部分。创造哈萨克汗国的部落是从乌兹别克汗国(金帐汗国后期的一部分)中分化出来的。最初的哈萨克部落融合了来自东察合台汗国的蒙古部落之后,他们被称为大帐(Great Jüz,也叫 Uysun Jüz)[27,33]。哈萨克人的谱系记录之中有关克烈部的起源有多种且互相矛盾[34,35]。其中有一种说法认为 Kerey-Ashmaily 部是远祖男性 Kerey 的后裔,而 Kerey-Abakh 部是从大帐部落分离出来的。而另一种说法认为 Kerey-Ashmaily 部是哈萨克人三大始祖的后裔,而 Kerey-Abakh 部是从 Kerey-Ashmaily 部中分化出去的。在本节的研究中,Kerey-Abakh 部样本中比例最高的单倍型属于 C2a – F3796(星簇)α,距离 C2a – F3796(星簇)的中心值的单倍型只有一步突变。因此 Kerey-Abakh 部样本中比例最高的单倍型可能来自 Kerey-Ashmaily 部或者其他大帐部落。目前的遗传学数据仅能说明两者的主要父系类型都是哈萨克人的主要父系类型,且彼此很接近。已有的数据还不够精细,还不能就 Kerey-Ashmaily 部和 Kerey-Abakh 部之间相互关系提供准确的答案,需要测试更多的样本才能分辨上述提到的关于 Kerey-Abakh 两种起源的传说。

5. 阿富汗哈扎拉人

在 Zerjal 等人研究中,哈扎拉人被认为是成吉思汗的直系后裔,因此成为支持其结论的重要证据之一[1]。但是 Zerjal 等人引用的文献本身即说明哈扎拉人是成吉思汗派往阿富汗地区的驻军集团的后裔,而不是成吉思汗的直系男性的后裔[17]。据《史集》记载,蒙哥合罕把"忻都斯坦与呼罗珊交界之处"的 2 万军队的指挥权交给撒里那颜,并要求他永远驻扎在那里[21]第一卷第一分册,178。在印度莫卧儿帝国创立者巴布尔的回忆录中,也提到了阿富汗东南部地区的哈扎拉人[36]221-252。这些被派往阿富汗的驻军主要是普通的蒙古士兵,也可能包括被征服的其他部落的士兵。可见,并没有这群人是成吉思汗本人的直系男性后裔的记录。史料中成吉思汗的子代和孙代的活动在蒙哥合罕时期的史料中是非常清楚的。总之,Zerjal 等人用以立论的这一条证据是不成立的。

6. 尼伦蒙古部

根据上述的历史记载,曼格特部、格尼格斯部和杜拉特部的起源可以追溯到尼伦蒙古部,而不是成吉思汗本人[20]。在成吉思汗所生活的年代,尼伦蒙古部已经分化成了 20 多个部落,如图 1.8 所示。成吉思汗所出自的部落,只是这 20 多个部落之一。在蒙古帝国建立前后,尼伦蒙古诸部在汗国中的地位较高,提供了绝大部分军队和首领。尼伦蒙古诸部作为成吉思汗的主要军队,参与了蒙古帝国的建立,并在之后作为镇守征服地的驻军被派往世界各地。据前文讨论,曼格特部、格尼格斯部、杜拉特部和哈扎拉人都是被成吉思汗,或其继承者派往各地的蒙古驻军的后裔。

根据《蒙古秘史》的记载推测，尼伦蒙古部出现的时间约为公元 900 年前后，距今约 1 100 年。这个年代比 C2a-F3796（星簇）的整体年代（1 330±1 074 年前）要晚一些。这可以解释为：尼伦蒙古部只是 C2a-F3796（星簇）父系类型的所形成的很多部落中的一部分。在尼伦蒙古部被史料记录之前，C2a-F3796（星簇）很可能已经在蒙古草原上存在了很长一段时间。

另一方面，到目前为止所有的研究都没有发现 C2a-F3796（星簇）与成吉思汗本人有直接的关系。由于成吉思汗本人属于尼伦蒙古的分支乞颜部，因此其本人的父系很有可能也是这一种类型。不过，在迄今为止的所有遗传学研究中，没有一个父系属于 C2a-F3796（星簇）的男性可以将自己的父系谱系精确且不间断地追溯到成吉思汗本人，而从谱系上追溯到成吉思汗的现代男性样本中没有一例被测出属于 C2a-F3796（星簇）。因此，如前文所论证的那样，就目前的证据而言，无法确定 C2a-F3796（星簇）与成吉思汗本人的直接联系，我们更应把父系 C2a-F3796（星簇）追溯到尼伦蒙古部。

总之，我们提供的遗传数据为阐明 C2a-F3796（星簇）的起源及其在最近 1 000 年在欧亚大草原上的扩散提供了非常详细的图景。我们认为，父系 C2a-F3796（星簇）的起源和扩散与尼伦蒙古部的活动直接相关。成吉思汗本人也出自尼伦蒙古部。在未来，需要对更多的样本，包括有可信谱系的成吉思汗的直系男性后裔，进行测试才能最终得出确切的结论。

2.3　C2a-F1756（DYS448del）在全体蒙古人中的分布

单倍群 C2a-F1756（DYS448del）是一个特殊的父系类型，属于这种父系的男性 Y 染色体在 DYS448 和 DYS589 两个 Y-STR 基因座上有缺失（测得零值，即 null）。因此，早期的文献把这个支系写成 C3*-DYS448del 或 C2*-DYS448del。基于目前已有的精确谱系树，这个支系的全称可以写成 C2a1a1a1a-F1756（DYS448del），简写为 C2a-F1756（DYS448del）。这个父系类型在蒙古语人群和突厥语族群中都有一定分布，但整体比例并不高[4-6,14]。分布在美洲原住民中特有的父系类型 C2a1a1a2-P39 也与这个支系有密切的关系。以往的研究把它和 C2a-F3796（星簇）都归类在 C2*-M217 之中。涉及多个古代遗址人类遗骨的古 DNA 研究显示，这个父系是古代东胡-鲜卑人群的主要父系类型[37-42]。东胡和鲜卑人群都属于"原蒙古人"。所以，这个父系的起源和演化历史对研究蒙古语人群的起源是非常重要的。在本节中,我们对单倍群 C2a-F1756(DYS448del)进行综合研究,讨论这一父系类型的确切起源及其与蒙古语人群形成之间的关系。

2.3.1 材料与方法

这个支系的 Y-STR 数值具有 DYS448 等于零值的特点。同时,这个支系的 Y-STR 数值本身也是一组特殊的数组,与 C2a-F3796(星簇)的数值有很大的差异。因此,我们能够从公开发表的文献的 Y-STR 数据中判断出属于 C2a-F1756(DYS448del)的样本。当然,因为以往的文献都没有测试相应的 Y-SNP 位点(如 F1756),我们在本节的讨论主要是基于 Y-STR 簇本身的分布和特征。

与上一个章节类似,我们首先从所有公开发表的文献以及我们实验室自己测试的数据中总结了 C2a-F1756(DYS448del)在欧亚大陆东部人群中的分布以及相应的 Y-STR 数据(附表过长,从略,请参考作者相关英文论文或向作者索取)。此外,为了厘清这个父系类型的谱系树,我们对一些样本进行了 Y 染色体全序列测试。之后,也对公开发表文献中的 Y 染色体全序列数据进行了综合分析。

2.3.2 统计分析

与上一个章节类似,我们首先用 Sufer 软件绘制了这种父系类型的地理分布图,用 Network 软件绘制了基于 Y-STR 的网络图。然后,用 ASD 和 BATWING 的算法计算了这个父系支系的诞生年代。对于 Y 染色体全序列数据,我们使用常规的二代测序数据分析方法确定了每一个样本的突变。之后,根据 YCC 提出的规则,我们建立了这个父系支系的全新的下游谱系树。最后,用 BEAST 软件计算了这个父系的起源和扩散年代。

2.3.3 结果

图 2.3 展示了 C2a-F1756(DYS448del)在亚洲北部地区的分布状态。它在亚洲北部人群中的整体频率是比较低的,只在有限的几个人群中的比例超过 5%,包括蒙古国的蒙古人、内蒙古的蒙古族、呼伦贝尔的布里亚特人、天津回族、乌兹别克人、吉尔吉斯人、卡尔梅克人和阿尔泰山周围的阿勒泰人、铁列乌特人(Teleuts)和哈萨克人。除此之外,这一父系在其他人群中的频率普遍很低或者不存在。从图 2.3 中也可以看到,C2a-F1756(DYS448del)的分布是

离散、不连续的。在蒙古高原的东部地区、阿尔泰山附近、乌兹别克斯坦与吉尔吉斯斯坦附近以及卡尔梅克人分别有一个分布中心。

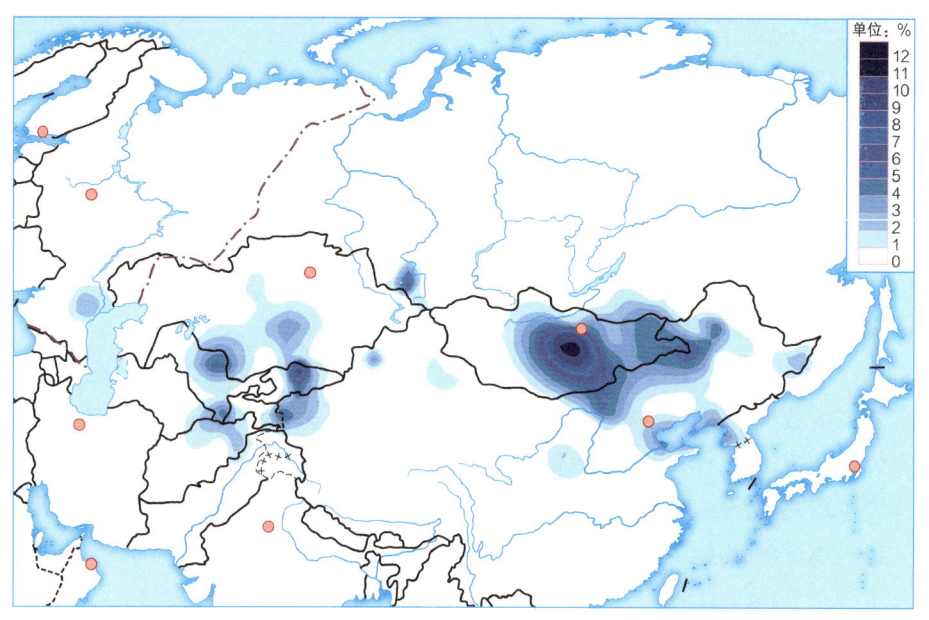

图 2.3　C2a‑F1756(DYS448del)在北亚地区人群中的分布

经过对测序数据的分析，我们构建了 C2a‑F1756(DYS448del)的最新谱系树。首先，我们确定所有在 DYS448 上数值缺失的 C2*‑M217x(M48，M407)样本都属于单倍群 C2a‑F1756(DYS448del)。这一类样本的 Y 染色序列上存在长达 0.6M 的大片段缺失，缺失的位置位于第 24M 以内的区域，因为 DYS488 和 DYS589 就位于这个区域之内。因此，由于这一个大片段缺失，DYS488 和 DYS589 在属于父系 C2a‑F1756(DYS448del)的样本上都没有读值(也就是零值)。

C2a‑F1756(DYS448del)的上游单倍群是 C2a1a1a‑F3918(图 2.4)。在 C2a1a1a‑F3918 之下，目前为止发现了 3 个支系。其中，我们在裕固族中发现了一个罕见的支系 C2a1a1b‑F8535。此外，在科里亚克人(Koryak)中发现的一例样本也构成了一个独特的支系。最后，美洲原住民特有的 C2‑P39 目前被证实属于 C2a1a1a‑F3918 的一个下游支系，重新命名为 C2a1a1a2‑P39。根据目前的计算，C2a1a1a‑F3918 下游的这 4 个支系至少在 1.4 万年之前就已经分开了。之后，C2a1a1a2‑P39 迁往美洲并成为美洲原住民的主要父系类型之一。而在 C2a‑F1756(DYS448del)之下，我们发现了 13 个下游支系，相关的样本来自从华北到蒙古高原和阿尔泰山区之间的广大区域。目前我们测到的 C2a‑F1756(DYS448del)样本的 DYS488 数值都是缺失的。

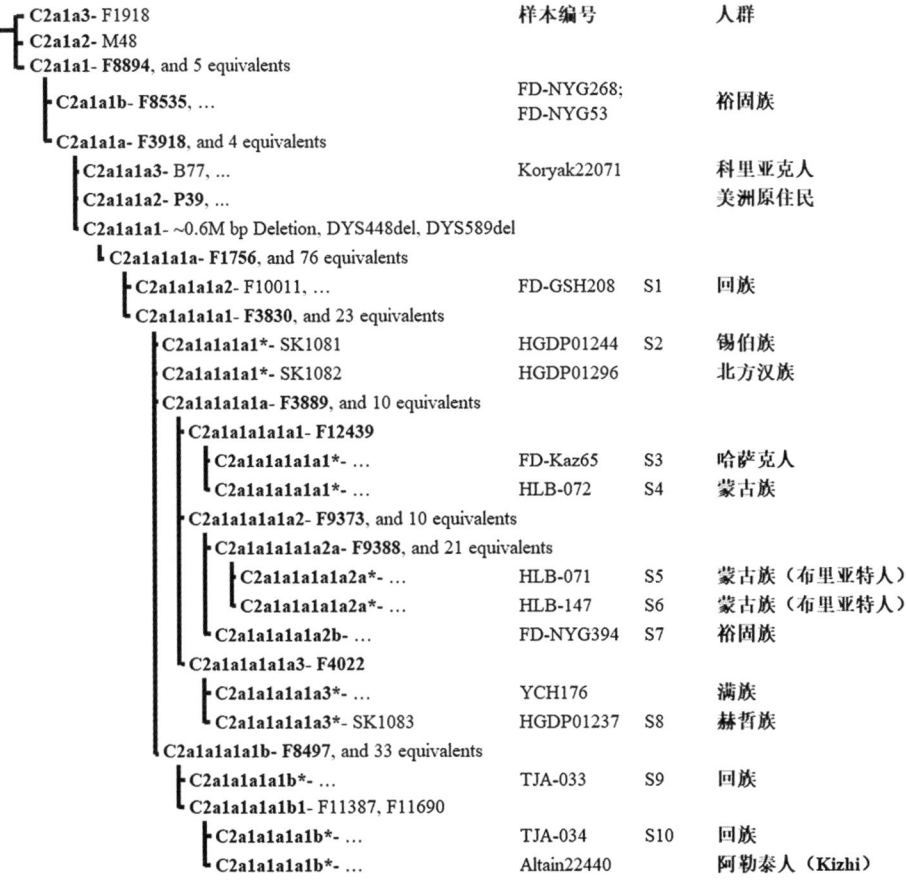

图 2.4　父系的 C2a‑F1756(DYS448del)谱系树

我们使用 Y 染色体全序列数据计算了 C2a‑F1756(DYS448del)谱系树的分化年代，其结果如图 2.5 所示。可以看到，C2a1a1a‑F3918、C2a1a2‑M48 和 C2a1a3‑F1918 这 3 大支系的分化年代约为距今 1.4 万年。分离之后经过了一段时间，C2a1a1a‑F3918 发生小范围的遗传学意义上的扩散，诞生了 4 个支系，其中一个支系迁往美洲。而在 C2a‑F1756(DYS448del)支系的 Y 染色体发生了一个约 0.6M 的大片段缺失。此后，这一支系又经历了一个约 8 000 年的瓶颈期。在大约距今 5 500 年之后，单倍群 C2a‑F1756(DYS448del)开始大范

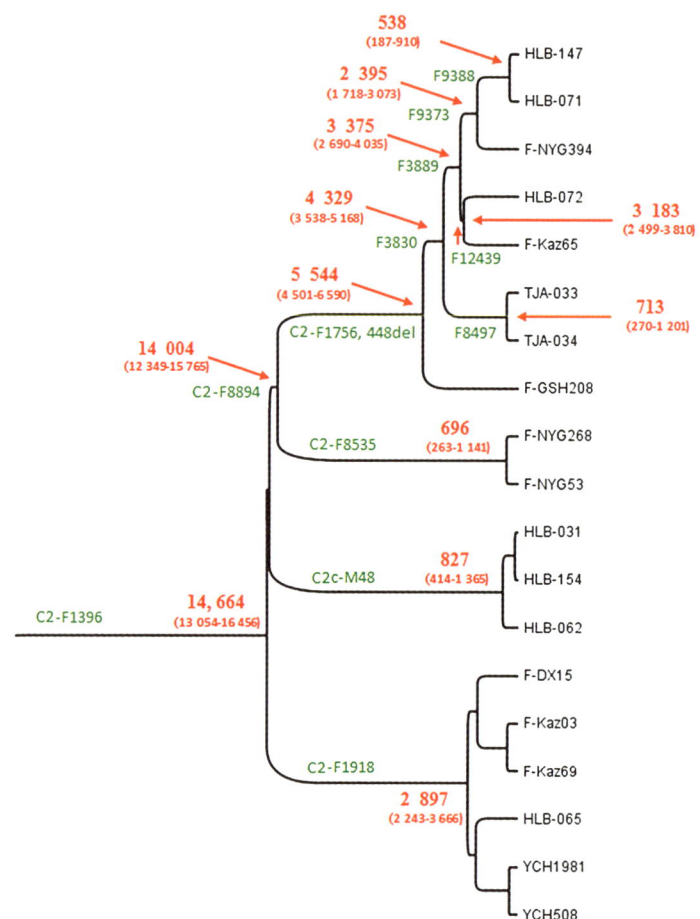

图 2.5　C2a‑F1756(DYS448del)谱系树的分化年代

注：数字为年代，单位为年，括号中的数字为置信区间。

围地扩张。目前所有测序的样本都属于这一次扩张的后裔。

Y‑STR 网络图能够揭示不同族群中不同支系之间的分化关系。从图 2.6 中可以看到，来自蒙古语族的样本占据了网络图的中央位置。对照原始数据，我们发现全体 C2a‑F1756(DYS448del)样本的 Y‑STR 数值的中心值的组合出现在来自蒙古语族的样本之中。比较有意思的是，来自回族的样本散布在网络图上，Y‑STR 也形成了自身独特的支系（位于网络图右上角）。我们在甘肃回族和天津回族中测到了一定比例的 C2a‑F1756(DYS448del)。回族人群中的这种父系类型的来源值得深究。

此外，我们可以看到来自突厥语人群的样本在网络图的左上角形成一个

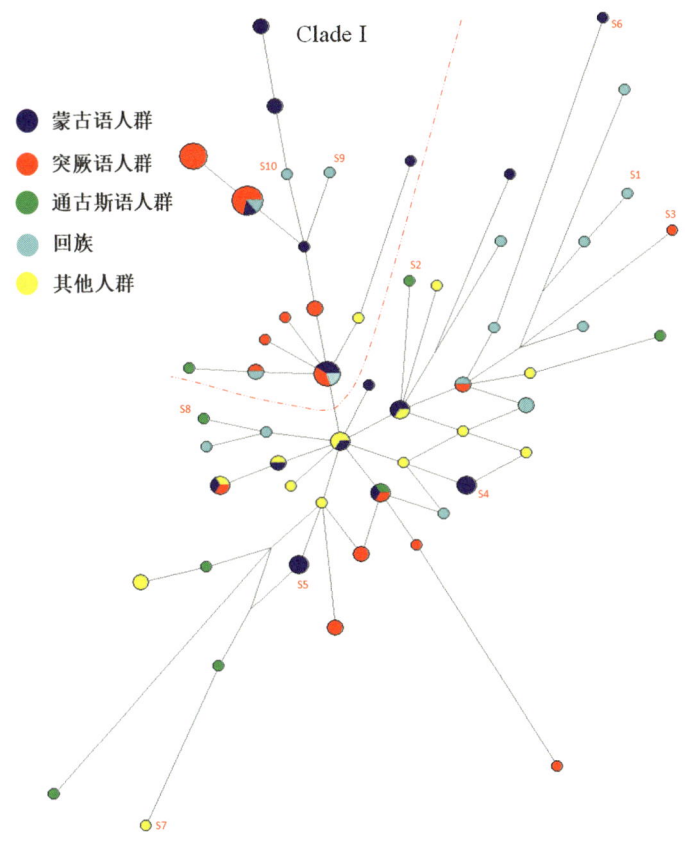

图 2.6 C2a‑F1756(DYS448del)的 Y‑STR 网络图

Y‑STR 簇,我们称之为"C2a‑F1756(DYS448del)‑阿勒泰簇",标注为 Clade I。网络图左上角最大的两个圆圈由来自 Altai‑Kizhi、柯尔克孜人和西部蒙古族人的样本组成。柯尔克孜人有多个样本的 Y‑STR 数值与 Altai‑Kizhi 人共享,而来自卡尔梅克人的 4 个样本也属于这个簇。根据 Y 染色体测序数据,来自这个簇的两个样本(TJA‑033 和 TJA‑034)与 Altain22440 样本共同构成了下游支系 C2a1a1a1b‑F8497。Y‑STR 数值属于"C2a‑F1756 (DYS448del)‑阿勒泰簇"的男性样本很有可能都属于 C2a1a1a1a1b‑F8497,但还有待 Y‑SNP 测试来证实。而 C2a1a1a1a1b‑F8497 在较早期就已经与其他支系发生了分离。根据历史资料,今天吉尔吉斯斯坦的柯尔克孜人以及俄罗斯的卡尔梅克人都是从阿尔泰山‑蒙古国西部地区迁徙而来的[44,45]。我们在 C2a‑F1756(DYS448del)父系支系上观察到的这个特殊的 Y‑STR 簇,应该就是代表了源自阿尔泰山-蒙古国西部地区人群的一种父系成分。以上Y-SNP谱系结构和Y-STR簇说明在C2a-F1756(DYS448del)之下存在一个以阿尔泰山-蒙古国西部地区为扩散中心的特殊的簇。这个簇主要分布在阿勒泰人、柯尔克孜人、东部哈萨克人和卡尔梅克人中，而C2a-F1756(DYS448del)之下其他支系则主要分布在蒙古高原东部以及华北的北部地区。上文的分布图(图2.3)也很好地体现了这种不同支系在不同地理区域的离散状态。

但是，在阿尔泰山以西的地区，也存在属于"C2a-F1756(DYS448del)-阿勒泰簇"的样本，包括塔吉克人、乌兹别克人以及哈扎拉人中的一些样本。我们知道，乌兹别克人和哈扎拉人的起源与12世纪之后蒙古人的扩张有直接的关系。因此，这些人群中的C2a-F1756(DYS448del)很可能与蒙古人的历史扩张有关。

2.3.4　讨论

根据Y染色体全序列计算的结果，在距今约5 500—4 500年之间，父系类型C2a-F1756(DYS448del)经历了较为成功的扩张。除了一个独立支系(C2a1a1a1a2-F10011)之外，C2a-F1756(DYS448del)的主要下游支系都是这一个时间段内发生分化(图2.5)。而此前，C2a-F1756(DYS448del)更上游的其他支系在距今约1.4万年前就已经分化出去。旧石器时代已经分化出去的早期支系(如迁往美洲的C2a1a1a2-P39)与新石器时代以后扩张的人群之间的关系并不密切。因此，我们将重点讨论在新石器时代发生扩张的C2a-F1756(DYS448del)支系。

根据最新的谱系树以及Y-STR网络图，我们可以看到，"C2a-F1756(DYS448del)-阿勒泰簇"(近似等于C2a1a1a1a1b-F8497)主要分布在阿尔泰山以西的地区，而C2a-F1756(DYS448del)其他支系则主要分布在蒙古高原东部以及华北的北部地区。C2a-F1756(DYS448del)下游支系在东部和西部的分化在这种父系类型的地理分布也有很好的体现。

根据以上讨论，我们将父系类型C2a-F1756(DYS448del)及其下游支系的特点总结如下。

① 这一父系类型在约距今4 500年之后发生持续扩张，扩张年代要远远早于现代蒙古人群的核心父系类型C2a-F3796(星簇)(约2 900年前)，也早于通古斯语人群的核心父系类型C2a1a2a-M77的扩张时间(约3 300年前)。

② 这一父系类型主要分布在蒙古高原东部以及华北的北部地区。蒙古高原东部是分布中心,而华北地区是分布的边沿地带。

③ 虽然这一父系类型在蒙古高原东部扩张时间比 C2a－F3796(星簇)的早得多,但它在现代蒙古语人群中的比例却远远低于 C2a－F3796(星簇)的比例,并且它的分布相对离散。

④ 在阿尔泰以西地区,存在一个独特的支系,即"C2a－F1756(DYS448del)-阿勒泰簇"(近似等于 C2a1a1a1a1b－F8497)。这个支系在约 4 300 年前已经与其他支系发生分离。这个支系主要分布在源自阿尔泰山地区的人群之中。因此,我们可以把单倍群 C2a－F8497 称为"C2a－F1756(DYS448del)西支"。

⑤ 另一个支系 C2a－F3889 在约 3 300 年前发生较大规模的扩散,目前分布于蒙古高原东部及其周围地区。我们称之为"C2a－F1756(DYS448del)东支"。这个支系扩张的时间大约相当于蒙古高原东部青铜文化开始繁荣的时期。

⑥ 有意思的一点是,在阿尔泰山以西地区起源于 12 世纪蒙古人的乌兹别克人和哈扎拉人中,这种父系也有一定比例的存在。

以上种种现状表明,父系类型 C2a－F1756(DYS448del)代表了这样一个古代人群,即:一是这一人群在更古老时期的起源还不清楚,但在距今 5 500 年前已经发生了一次重要的东西分离,西部支系最初可能活动在蒙古国西部和环阿尔泰山地区;二是在蒙古人于公元 12 世纪兴起之前,这个古代人群的东部部分在蒙古高原东部发生过广泛的扩张并且扩散到了华北北部地区;三是在蒙古人兴起之后,这个古代人群完全融入蒙古语人群之中,并伴随蒙古语人群扩散到欧亚大陆;四是源自这个古代人群的成分在 12 世纪的蒙古人中的比例并不高,因而这个古代人群的主要父系类型在现代蒙古语人群之中虽然普遍存在,但频率很低。

对照历史学方面的材料和研究成果,我们认为父系类型 C2a－F1756(DYS448del)的历史与古代东胡人和鲜卑人的历史十分吻合。东胡人在战国晚期(公元前 3 世纪)之后开始出现在史料中,在西汉初期(公元前 2 世纪)被匈奴击溃[46],并进一步分化为乌桓人和鲜卑人。乌桓人主要活动于公元前 2 世纪至公元 2 世纪之间,之后基本融入华北人群之中[47],而鲜卑人则一直活动到 6 世纪。鲜卑人在华北地区建立了一系列的国家和王朝[47]。之后,鲜卑人也逐渐融入华北人群之中[48,49]。

值得注意的是,东胡人和鲜卑人的分布范围要比史料所记载的活动地点大得多。根据史料的记载,东胡人的主要活动区域是西辽河流域[46]。然而,在匈奴时代,整个蒙古高原东部都生活着与东胡人群有亲缘关系的古代人群。体质人类学方面的研究也指出蒙古东部石板墓文化人群与后世的东胡和鲜卑人的体质特征极为相似[50]。拓跋鲜卑和东部鲜卑(包括宇文鲜卑和慕容鲜卑)的考古文化,都与蒙古高原东部(特别是呼伦贝尔地区)的考古文化有很深的渊源[49]。根据历史学的研究,大兴安岭就是大鲜卑山,也就是众多鲜卑部落生活的地区[46]。由此可见,在拓跋鲜卑和宇文鲜卑等部落在华北地区活动的时代,在蒙古高原东部和大兴安岭地区生活着很多与东胡、乌桓和鲜卑人有亲缘关系的人群。考虑到蒙古东部石板墓文化在青铜时代中晚期的兴起过程[51],我们可以推测,在东胡人和鲜卑人首次出现在史料中的时候,他们的祖先和亲族已经在蒙古高原东部和大兴安岭地区生活了很长一段时间。而在蒙古高原上,随着柔然汗国[52]、突厥汗国和回纥汗国的相继兴起[53],东胡、乌桓和鲜卑人及其亲族也融入了蒙古高原中部和西部的人群之中,最终成为今天突厥语人群以及其他欧亚大陆内陆地区人群的一部分。

公元4世纪以后,在华北地区建立了北魏王朝的拓跋鲜卑人将生活在蒙古高原东部和大兴安岭之中的部落称为"室韦"[54]。但是,语言学家已经考证"室韦"和"鲜卑"是源自同一个词根的两个含义相近的词汇[55]。在这些众多的"室韦"部落中,生活在大兴安岭最北部的"蒙兀室韦部"就是后世蒙古人的直接祖先[56]。可见,蒙古人的起源确实与古代的鲜卑部落有很深的渊源。蒙古人在公元9世纪至公元11世纪之间强势兴起,成为蒙古高原东部最强大的部落[57]。之后,在成吉思汗本人及其后裔的领导下,蒙古人统一了蒙古高原各部并在欧亚大陆上建立了一个庞大的帝国。在上述历史过程中,东胡、乌桓和鲜卑人及其亲族逐渐融入了蒙古人之中。

总而言之,父系类型C2a-F1756(DYS448del)的演化历史和现代分布与古代东胡人和鲜卑人的历史十分吻合。但是,这一推测是基于现代人群的遗传学数据结合历史学的研究成果而得出的。对于古代人群而言,研究其直系后裔的遗传结构可以在一定程度上反映这些古代人群的历史。但毫无疑问,古DNA证据才是最直接的证据。

根据古DNA的研究,在蒙古国额金河(Egyin Gol)鲜卑时期墓地[58,59](6例样本)、井沟子墓地(疑似东胡遗存)[40,41,60](9例样本)、陈武沟鲜卑墓地[40](2例样本)、岗嘎室韦墓地[40](9例样本)、柔然贵族墓地[38](1例样本)和拓跋鲜卑后裔元威的遗骨[61](1例样本)的父系类型全部都属于C2a-F1756(DYS448del)。这些古DNA测试结果足以证明这种父系是古代东胡和鲜卑人的绝对主流父系。这些结果也显示古代蒙古高原及其周围的古代游牧人群在最初兴起之时的父系遗传结构可能比较单一。当然，目前已测试的古DNA的样本量还是太少，尚不足以体现全体鲜卑人的遗传结构。在未来，有必要进行更多现代样本的分析以及古DNA的研究。

综上所述，在本节中我们详细讨论了父系类型C2a1a1a-F3918，特别是其下游支系C2a-F1756(DYS448del)和C2a-F3889的地理分布、谱系树结构、下游支系分化年代以及不同人群中Y-STR支系的差异。古DNA的研究为揭示这种父系的演化过程提供了强有力的证据。我们推测，C2a-F3889代表了蒙古高原东部和大兴安岭地区新石器晚期至青铜时代人群的主要父系类型。父系C2a-F3889以及它的下游支系，很有可能是战国晚期至南北朝时期出现的东胡和鲜卑人群的主要父系类型。更多古DNA数据将有助于揭示东胡和鲜卑人群更详细的演化历史。

2.4　C2b-M407在布里亚特人以及相关群体中的分布

C2b1a1a1-M407是父系类型C2-M217之下最早发现的支系之一，主要出现在蒙古语人群之中[5,6]。在布里亚特人和卫拉特蒙古人中，这种父系达到很高的比例[5,6,62,63]。在中国华北地区的人群中，这种父系类型也有一定的比例[63]。蒙古语人群的父系遗传结构中，属于C2-M217的支系大多是"C2-F1396-北支"的下游分支，而唯独M407属于"C2-F1067-南支"的下游分支。因此，对于蒙古语人群而言，这是一种特殊的父系类型。这种父系类型参与现代蒙古语人群形成的过程，了解这个父系类型对于理解全体蒙古语人群形成的历史很重要。根据此前对这一父系类型进行的综合研究，本节讨论蒙古语人群中这种父系的来源和扩散历史。

2.4.1　背景介绍

在2006年发表的一篇文献首次测试了M407的Y-SNP位点[65]。在2008年发表的谱系树定义了C2b-M407单倍群[66]。之后关于东亚和北亚人群父系遗传结构研究的文章基本都测试了这个位点。因此，关于单倍群C2b-M407的数据是比较丰富的[5,6,62,63]。整体而言，这种父系类型主要出现在布里亚特人、现代蒙古族人和卫拉特蒙古人之中,在其他人群中也有一定比例的存在[5,6],如在突厥语人群和通古斯语人群中,这种父系类型低频或不存在。可见,在北亚地区,单倍群 C2b-M407 的分布基本上没有局限在现代蒙古语人群之内。这个特点与 C2a-F3796(星簇)和 C2a-F1756(DYS448del)这两个蒙古人的主要父系类型的状态是不同。由于 13 世纪以后活动在中亚地区的蒙古部落逐渐转变成为突厥语人群,后两种父系类型也出现在很多突厥语人群之中。

蒙古国学者对蒙古国北元可汗达延汗(1474—1517)的后裔进行了测试[9]。这些后裔与达延汗之间的谱系是十分清楚和确定的。结果发现,达延汗的后裔属于 C2b-M407 类型。而根据史料记载,达延汗又是成吉思汗的直系后裔。这一研究结果与之前学者的研究结果有矛盾之处。之前的研究推测 C2a-F3796(星簇)很有可能是成吉思汗以及家族的父系类型[1]。在本节中,我们测试了更多的样本,总结了几乎所有可见的文献数据,据此研究这一父系的起源及其与蒙古语人群扩散之间的关系。

2.4.2 材料与方法

与上一个章节类似,我们首先从所有公开发表的文献中总结了 C2b-M407 在欧亚大陆东部人群中的分布以及相应的 Y-STR 数据(附表过长,从略。请参考作者相关英文论文或向作者索取)。然后对于我们自己收集的样本,进行了相应的 Y-SNP 测试和 Y-STR 测试。此外,为了厘清 C2b-M407 本身及其上游的谱系树,我们对一些样本进行了 Y 染色体全序列测试。最后,也对公开发表文献中的 Y 染色体全序列数据进行了综合分析。

2.4.3 统计分析

与上一个章节类似,我们首先用 Sufer 软件绘制了这种父系类型的地理分布图,用 Network 软件绘制了基于 Y-STR 的网络图。然后用 ASD 和 BATWING 的算法计算了这个父系的起源年代。对于 Y 染色体全序列数据,我们使用常规的二代测序数据分析方法确定了每一个样本的突变。之后,根据 YCC 提出的规则,我们建立了这个父系支系全新的下游谱系树。最后,用 BEAST 软件计算了这个父系的起源和扩散年代。

2.4.4 结果

研究结果显示,C2b-M407 本身属于 C2 南支 C2b-F1067 的一个下游支系。根据最新的研究成果，C2b－M407 被重新命名为 C2b1a1a1－M407。图 2.7 展示了 C2b1a1a1－M407 本身及其上游的谱系树和分化年代。从图中可以看到蒙古语人群中的 C2b1a1a1－M407 都属于一个特殊的下游支系 C2b1a1a1d－F8465。C2b－F1067 支系的分布有很明显的规律。C2b1a1a1d－F8465 的所有上游支系都分布在东亚人群中，包括各地汉族人群、朝鲜族和日本人等。而 C2b1a1a1d－F8465 本身及下游支系几乎只出现在蒙古语人群之中。在蒙古语人群之中，目前也未发现 C2b1a1a1d－F8465 之外其他的 C2b－

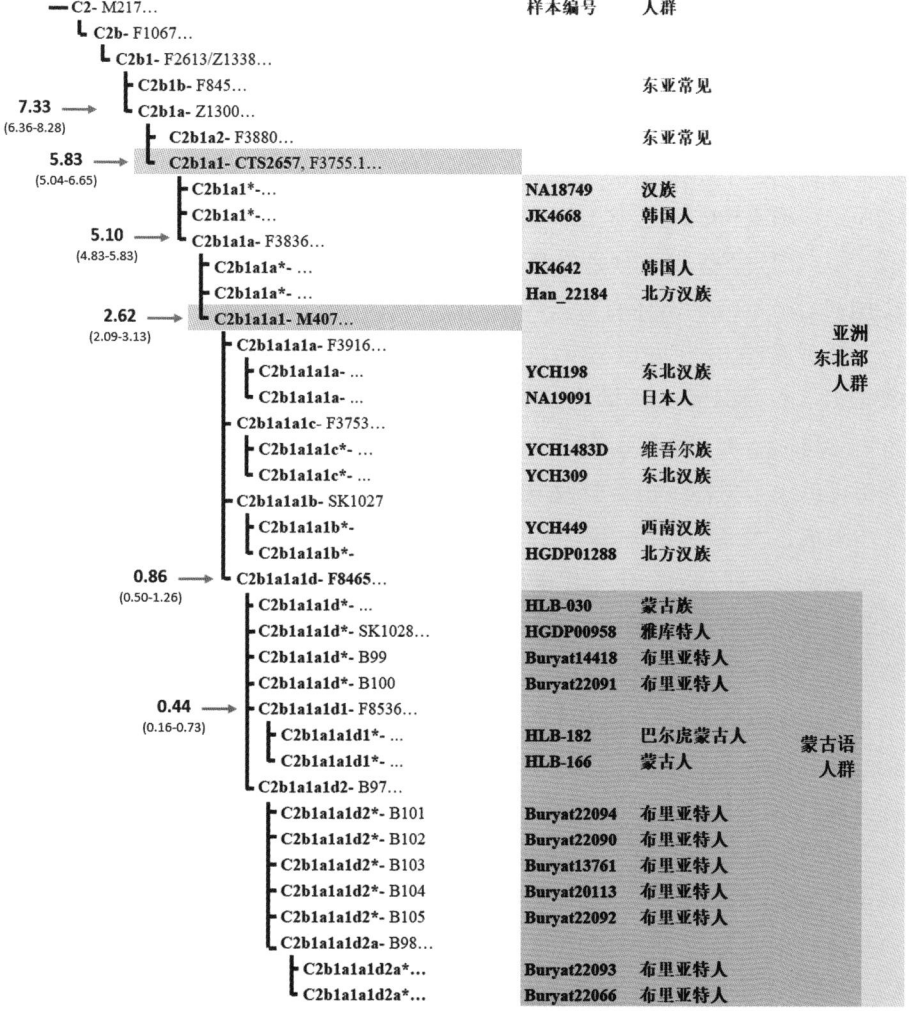

图 2.7　父系类型 C2b1a1a1－M407 的谱系树和分化年代

注：箭头左侧的数字为年代，单位为千年，括号中的数字为置信区间。

F1067 的下游支系。但雅库特人中的 HGDP00958 样本是一个例外。因为雅库特人与布里亚特人的居住地邻近，因此我们推测雅库特人中的 HGDP00958 样本应该是来自蒙古语人群的混合。

蒙古语人群中特有支系 C2b1a1a1d-F8465 还存在一个很特殊的下游支系。这个支系的 Y 染色体序列在 DYS385 上发生了一次转座，导致在 DYS385 上的数值都很低（典型值是 11/11），不同于所有其他 M407 样本的数值（典型值是 11/18）。

蒙古国学者的研究结果表明，在谱系上可以明确追溯到达延汗的男性都属于这个特殊的 Y-STR 支系（M407+，DYS385a/b=11/11）[9]。而我们对内蒙古地区可以明确追溯到达延汗的数名男性也进行了测试，其结果与蒙古国的测试结果完全一致。我们对属于这个特殊支系的两个样本进行了测试，结果确定了一个新的下游支系，即 C2b1a1a1d1-F8536。目前暂时可以认为 C2b1a1a1d1-F8536 之下 DYS385a/b=11/11 的特殊 Y-STR 支系等价于 C2b1a1a1d1-F8536。但是否所有具有 DYS385a/b=11/11 的样本都属于 C2b1a1a1d1-F8536，还有待进一步测试。

从谱系结构上可以看出，C2b1a1a1d-F8465 的扩张是极为成功的。C2b1a1a1d-F8465 之下同时诞生了 6 个后裔支系，而其下游的 C2b1a1a1d2-B97 又同时诞生 6 个后裔支系。这种谱系结构意味着，以 C2b1a1a1d-F8465 为标记的一个男性始祖本身及其后裔经历了持续的扩张，他们的男性后裔进一步形成古代部落，最终在现代人群中占到比较高的比例。

从图 2.7 展示的分化年代也可以看到，父系类型 C2b-F1067 从 3.5 万年前就开始在东亚地区繁衍，在约 1.2 万年前分化出 3 个主要支系，即 C2b1b-F845、C2b1a2-F3880 和 C2b1a1-CTS2657。根据我们的测试结果，这 3 个支系是各地汉族人群和华南地区人群的主要父系类型之一，同时在藏缅语人群、朝鲜族和日本人之中也广泛分布。特别地，朝鲜族人的父系遗传结构中，普遍拥有超过 10% 的 C2-M217[67,68]。在一项研究中，C2b1a1-CTS2657 在朝鲜族人中的比例为 7.08%[69]。我们已经测序的两个朝鲜族 C2b-F1067 样本也都属于 C2b1a1-CTS2657 的下游分支。总之，父系类型 C2b-F1067 在距今 1.2 万年之后的扩散是非常成功的。以往在文献中测到的汉族人群中大量的 C2*-M217 绝大部分应该都是 C2b-F1067 的下游支系[63]。

另外，蒙古语人群中特有的 C2b1a1a1d-F8465 与最接近的其他旁系分支的分化年代是约 2 400 年前。这意味着 C2b1a1a1d-F8465 的诞生年代的上限是距今2 400年。而已经测试的布里亚特人中的C2b1a1a1d-F8465的总年代是约1 000年。由于C2b1a1a1d-F8465在布里亚特人之外的其他蒙古语人群也大量存在，因此C2b1a1a1d-F8465的下游支系的总年代很可能会超过1 000年。另一方面，C2b1a1a1d-F8465与C2b-F1067其他下游支系的分布地域存在明显的差别。目前已有的两个计算结果表明，父系类型C2b1a1a1d-F8465的始祖人群在2 400年从其他人群中分离出来，这一始祖人群至少在1 000年前已经作为蒙古语人群的一部分而开始扩散。

图2.8展示了C2b1a1a1-M407在地理上的分布，显示出非常明显的区域性。C2b1a1a1-M407高频分布在蒙古国境内、布里亚特人和卡尔梅克人生活的地区。C2b1a1a1-M407的地理分布与蒙古语人群的地理分布显著相关。而在中国华北地区以及中国东北南部地区，C2b1a1a1-M407也存在少量分布。根据我们测序的结果（图2.7），中国北方的这些C2b1a1a1-M407是蒙古语人群中特有支系C2b1a1a1d-F8465的上游旁系支。需要注意的是，蒙古语人群中特有的父系类型C2b1a1a1d-F8465只是C2b1a1a1-M407的下游分支，但由于以往的文献只测试了M407这个位点，因此我们只能对已有的数据进行分析。

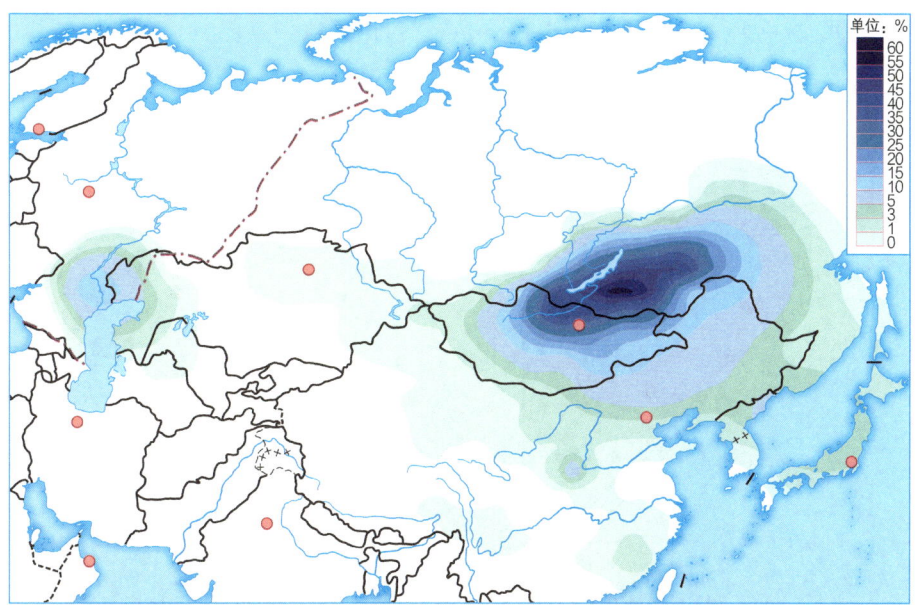

图2.8　父系类型C2b1a1a1-M407的地理分布

虽然以往的文献中普遍测试 M407 这个点,但是只有少数文献同时也测试了 17Y‐STR。因此,可用于绘制 Y‐STR 网络图的数据不多。如前所述,C2b1a1a1d‐F8465 还存在一个特殊下游支系 C2b1a1a1d1‐F8536,其 Y 染色体序列在 DYS385 上发生了一次转座,导致在 DYS385 上的数值都很低(典型值是 11/11),不同于其他 M407 样本的数值(典型值是 11/18)。因此我们对属于这个特殊支系(DYS385a/b=11/11,目前等价于 C2b1a1a1d1‐F8536)的 Y‐STR 单倍型也单独绘制了网络图。

如图 2.9 所示,C2b1a1a1‐M407 的网络图呈现非常特殊的状态。图 2.9(A) 是 C2b1a1a1‐M407 之下排除了 DYS385a/b=11/11 支系的所有其他样本的网络图。在图 2.9(A) 中,来自布里亚特人、蒙古族人和卡尔梅克人的 M407 样本在左上方构成一个明显的支系,而来自其他人群的 M407 样本非常离散,构成右下部的多个支系。另一方面,图 2.9(B) 是 DYS385a/b=11/11 的特殊支系的网络图,展示了一个星状扩张的状态。这种状态表明 DYS385a/b=11/11 的特殊支系在蒙古语人群之中的扩散是很成功的。在图 2.9(A) 和图 2.9(B) 中,来自布里亚特人、蒙古族人和卡尔梅克人的 M407 样本的 Y‐STR 数值都非常接近,这表明这些人群中的 M407 有很亲密的亲缘关系。特别值得说明的是,来自吉林和黑龙江汉族的两例样本构成了一个与蒙古语人群中的支系最接近的支系。这一点非常重要,我们在后文重点讨论到这一点。

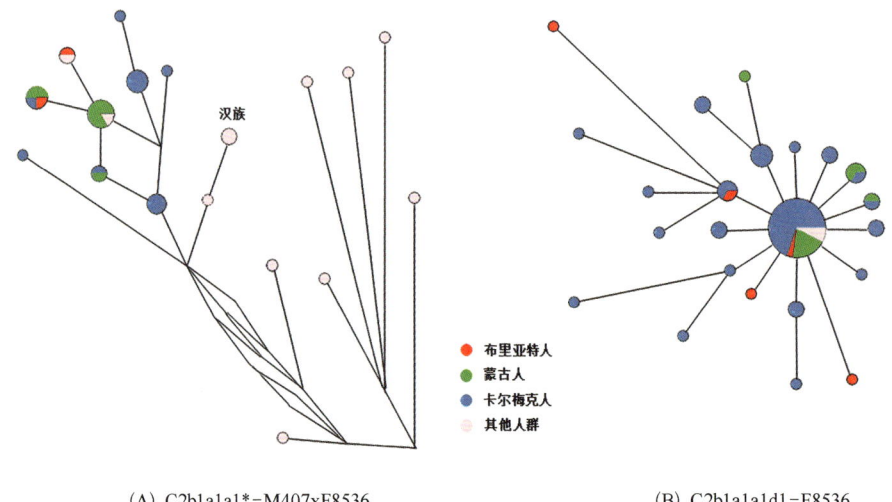

(A) C2b1a1a1*‐M407xF8536　　　　(B) C2b1a1a1d1‐F8536

图 2.9　C2b1a1a1‐M407 的 Y‐STR 网络图

此外，我们也计算了 C2b1a1a1-M407 之下 Y-STR 支系的年代，如表 2.3 所示。C2b1a1a1-M407 已有样本的最晚共祖年代约为 2 600 年，主要出现在卫拉特蒙古人中的特有支系 DYS385a/b=11/11 的年代约为距今 600 年。根据蒙古国学者的研究成果，达延汗的后裔也都属于这个特殊支系。

表 2.3　C2b1a1a1-M407 之下 Y-STR 支系的年代

单 倍 群	Y 序列数据		Y-STR 数据	
	N	bModelTest 中值，95% CI	N	ASD $\rho\pm\sigma$
C2b1a1a1-M407，All	7	2 616 [2 099—3 130]	100	1 640±706
C2b1a1a1*-M407 (去除 DYS385a/b=11/11 的单倍型)	5	/	36	2 638±1 153
C2b1a1a1d1-F8536 (DYS385a/b=11/11)	2	438 [159—722]	64	580±314

2.4.5　讨论

以上研究结果展示了父系类型 C2b1a1a1-M407 的分布、来源以及内部分化时间。经过对 Y 染色体全序列数据的研究，我们确定了蒙古语人群中的 M407 都属于一个下游支系 C2b1a1a1d-F8465。它本身的地理分布与其他支系的地理分布呈现显著的差异，而对它的起源和分化年代的计算结果揭示了这种父系类型的扩散历史。

首先值得注意的是，C2b1a1a1-M407 在卡尔梅克人中的高频[5,70-74]。与其他蒙古语人群类似，卡尔梅克人的主要父系类型也是 C2-M217。但是在 C2-M217 下游各大分支的具体比例上，卡尔梅克人与其他蒙古语人群有较大差别。在卡尔梅克人中，父系类型 C2a-M48 达到很高的比例。其次，C2b1a1a1-M407 的比例也较高。而 C2a-F3796（星簇）和 C2a-F1756（DYS448del）的比例相对较低。由此可见，卡尔梅克人中 C2a-F3796（星簇）和 C2a-F1756（DYS448del）的存在表明这一人群作为蒙古语人群的一部分的共同特征，而高频的 C2a-M48 和 C2b1a1a1-M407 则代表了卡尔梅克人父系遗传结构中不同于其他蒙古语人群的特点。

根据表 2.3 可以看到，整个蒙古语人群中 C2b1a1a1-M407 本身的历史并不是非常古老的。经过测序的蒙古语人群中的 C2b1a1a1-M407 都属于一个独特的下游支系 C2b1a1a1d-F8465。这个支系大约在 2 400 年前与其他亲缘的支系发生分离。而在蒙古语人群内部，C2b1a1a1d-F8465 的扩张时间约为 1 100 年前。在后世，C2b1a1a1d-F8465 是布里亚特人、蒙古国的蒙古族人和卡尔梅克人的主要父系类型。特别地，一个主要出现在卡尔梅克人中的下游支系（目前定义为 C2b1a1a1d1-F8536）在距今约 700 年之后经历爆发式的增长，并构成现代卡尔梅克人的主要父系类型之一。

以上基于父系 Y 染色体计算的时间，与卡尔梅克人的历史吻合。参考本书第 1 章关于兀良哈部演变过程的综述，在辽代（916—1125）初期，贝加尔湖东南部的斡朗改部首次出现在史料之中[75]。这个时期与蒙古语人群内部 C2b1a1a1d-F8465 的扩张时间（约 1 100 年前）相当。到了蒙古国（1206—1270）初期，从贝加尔湖东南部至蒙古国西北部之间出现了很多个部落，统称为"林中百姓"[20]。布里亚特人也是"林中百姓"诸部落之一。"斡朗改"一词的最初含义正是"林中百姓"。这些"林中百姓"被成吉思汗授予斡亦剌惕部的忽都合别乞管辖。这些林中百姓构成了最早的"卫拉特四千户"。此后，卫拉特部落联盟开始了自身的演化历史，并形成了与其他蒙古语人群稍有差异的部落群[45]。忽都合别乞生活的时代（公元 1200 年前后）与现代卡尔梅克人的主要父系之一的 C2b1a1a1d1-F8536 的共祖时代（约 700 年前）大致相当。

根据以上论述，我们认为 C2b1a1a1d-F8465（作为 C2b-M407 的一个分支）是卫拉特蒙古人的核心父系类型之一，同时也是布里亚特人的主要父系类型之一。而在蒙元时期，布里亚特人和现代卫拉特人的始祖群体都属于贝加尔湖以南的"林中百姓"的一部分。因此，我们推测，C2b1a1a1d-F8465 在蒙古语人群中的扩散与辽代"林中百姓"的出现及其后裔的历史活动密切相关。

根据上文的论述，父系"C2-F1067-南支"的绝大部分分支都分布在汉族、朝鲜族和日本人中。在 Y-STR 网络图中，与蒙古语人群中的支系最接近的样本来自吉林汉族和黑龙江汉族。在谱系树上，吉林汉族中也发现了蒙古语人群特有的支系。这些谱系地理学的分析结果提示 C2b-M407 可能是我国东北中部和南部地区新石器时代中晚期到青铜时代的人群的主要父系类型之一。C2b-M407 有很多个分支，只有少数支系出现在后世的蒙古语人群之中。因此，我们推测我国东北地区可能存在一以 M407 为主要父系的古代人群。这个古代人群中的一部分在后世融入了室韦部落和 12 世纪前后的蒙古人之中，并随着后世蒙古人的扩散而扩散，最终使得 C2b-M407 成为现代蒙古语人群的重要父系类型。相关的历史和人群演化过程还有待进一步研究。

2.5 C2a‐M48 在蒙古人西支人群中的分布

父系类型 C2a‐M48 在蒙古语人群——特别是卫拉特人群之中拥有很高的比例[4,5,32,63,76-78]。同时,它也是通古斯人群的核心父系类型[5,14,76,79-82]。父系类型 C2a‐M48 大约在 1.5 万年前与其他支系发生分离。因此,很有必要对 C2a‐M48 的下游支系进行细分,并辨析出蒙古语人群和通古斯语人群中的特有支系。这些不同族群中的特有支系将有助于解读这些人群的形成历史。在本节中,我们将基于此前对这一父系类型的综合研究,详细讨论 C2a‐M48 下游分支的地理分布、分化年代和扩散历史。

2.5.1 材料、方法与统计分析

与上一个章节类似,我们首先从所有公开发表的文献以及我们实验室自己测试的数据中总结 C2a‐M48 在欧亚大陆东部人群中的分布以及相应的 Y‐STR 数据(附表过长,从略。请参考作者相关英文论文或向作者索取)。此外,为了厘清这个父系类型的谱系树,我们对一些样本进行了 Y 染色体全序列测试。之后,也对公开发表文献中的 Y 染色体全序列数据进行了分析。父系类型的分布图、Y‐STR 网络图、基于 Y‐STR 和 Y 染色体全序列的年代的研究方法与前文章节一致。

2.5.2 结果

2.5.2.1 C2a‐M48 的早期分化与东部通古斯语人群分支

根据其他文献发表的数据以及我们的研究成果,父系类型 C2a‐M48 的最新谱系树和分化年代如图 2.10 和图 2.11 所示。学者们在居住于堪察加半岛的科里亚克人中发现了 C2a‐M48 的最早分支 C2a1a2b‐B90[84]。这个下游分支大约在 1.2 万年前与其他的 C2a‐M48 分支发生分离。在鄂温克人和埃文人中也零星发现一两例属于这种父系类型的男性样本[79,80]。这种父系类型可视为旧石器时代西伯利亚东北部古代采集渔猎人群的孑遗。

根据图 2.10 的谱系树分化年代,C2a‐M48 之下的主要支系 C2a1a2a‐M77(与 M86 等价)的总年代只有约 3 300 年。这意味着这个支系与支系 C2a1a2b‐B90 发生分离之后,经历了长达 9 000 年的瓶颈期。在经历了如此

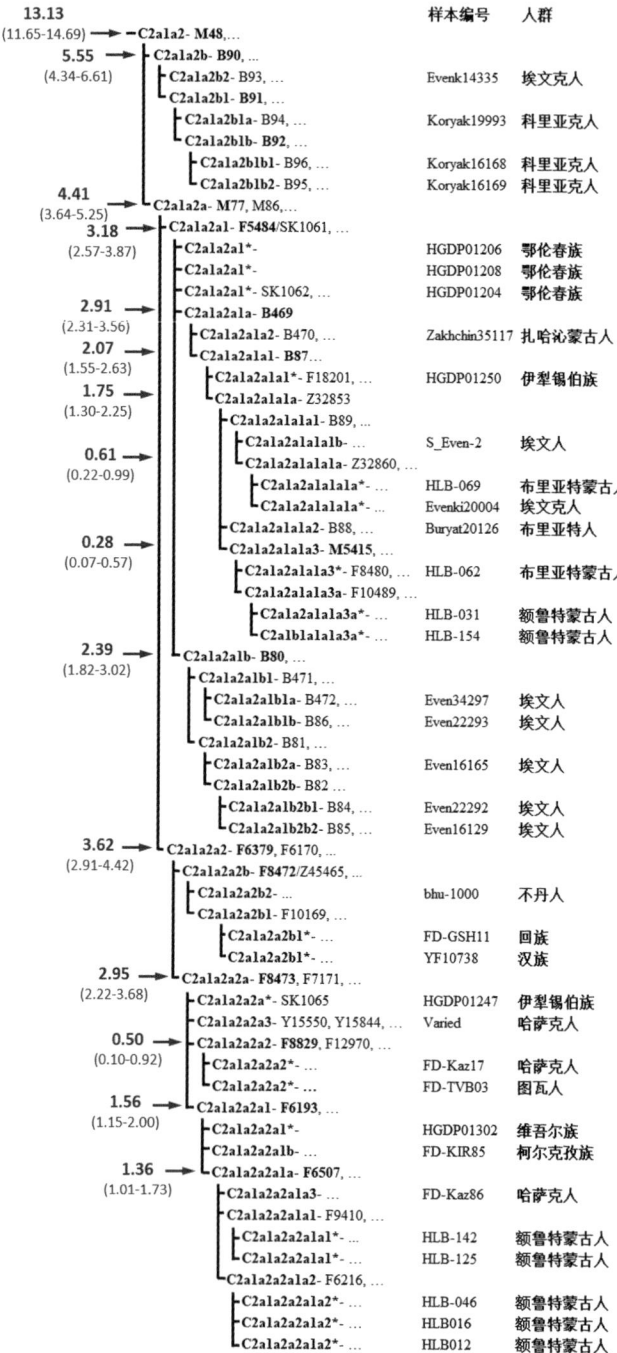

图 2.10　父系类型 C2a‑M48 的谱系结构和分化年代

注：左侧的数字为年代，单位为千年，括号中的数字为置信区间。

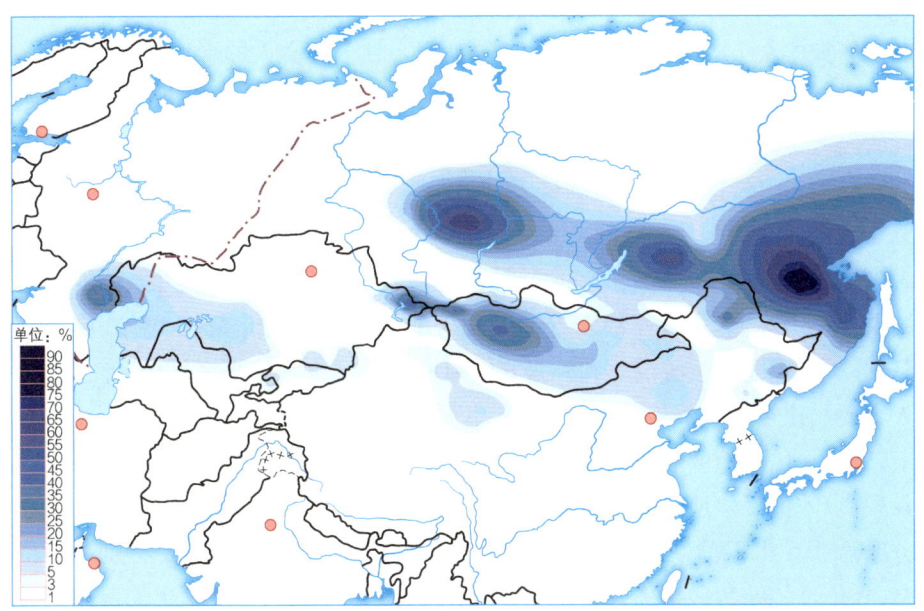

图 2.11 父系类型 C2a-M48 的分布图

漫长的时期之后，只有一个男性的后裔存活了下来。结合 C2a-M48 下游两大支系在现代人群中的分布，我们推测 C2a1a2a-M77 在旧石器时代大致活动在西伯利亚东南部地区。

在约距今 3 300 年，单倍群 C2a1a2a-M77 进一步分化为两个支系。其中一个支系，单倍群 C2a1a2a1-F5484 包含了所有已知的来自通古斯语人群的样本。而另一个支系，C2a1a2a2a-F7171 则主要分布在现代蒙古族、卫拉特蒙古人以及阿尔泰山以西的突厥语人群之中（图 2.10 和图 2.11）。可见，这两大支系的地理分布是有显著差异的。根据以往文献数据，单倍群 C2a1a2a-M77 在部分通古斯语人群之中达到极高的比例，是全体通古斯语族群唯一的核心父系类型。根据我们目前已经测试的结果，所有来自通古斯语族群的 C2a1a2a-M77 都属于 C2a1a2a1-F5484 的下游支系。因此，我们将通古斯语人群的核心父系类型由 C2a1a2a-M77 细化为 C2a1a2a1-F5484（简称 C2a-F5484）。

此前的研究已经确定了专属于埃文人的父系类型 C2b1a2a1b-B80。这一父系与 C2a1a2a-M77 其他下游支系的分化年代约为 2 800 年。而在埃文人内部，C2b1a2a1b-B80 的共祖年代约为 1 600 年。这意味着埃文人的始祖群体大约在 2 800 年前就与其他通古斯语人群发生了分离，而埃文人本身至少在距今 1 600 年前就开始了扩张的过程。分子人类学的研究得出的这个结果对于研究埃文人的形成过程是十分有用的。对于埃文人的形成过程,相关的历史记载和考古学研究非常缺乏。此前的研究大多基于有限的俄文材料和近代的民族学调查材料。可以说,分子人类学提供的人群形成过程的时间框架,要比其他学科所能提供的精确得多。

值得注意的是,图 2.10 显示,在布里亚特蒙古人和呼伦贝尔的额鲁特蒙古人中也发现了属于 C2a-F5484 的样本。我们认为这是来自晚近人群混合的结果。在历史上,布里亚特人与鄂温克人的居住地域彼此相邻[85-87]。在贝加尔湖以东、黑龙江上游以北和外兴安岭以南的这一大片地理区域中,布里亚特人主要居住在东南部,而鄂温克人则主要生活在东北部和北部地区。在历史上,外贝加尔湖地区的通古斯语人群和蒙古语人群之间存在密切的交流[85,86]。在现代,呼伦贝尔地区通古斯语人群与蒙古语人群之间和谐相处,人群关系十分融洽[87]。可以推测,人群之间的遗传交流也是很频繁的。需要特别说明的是,呼伦贝尔的额鲁特部人属于卫拉特蒙古人,他们是 18 世纪从蒙古国西部地区迁徙到呼伦贝尔地区的[88]。因此我们应把呼伦贝尔的额鲁特部人当作蒙古国西部卫拉特人群的一组样本,而不能把他们视为反映 16 世纪以前的呼伦贝尔地区人群遗传结构的群体。

2.5.2.2　蒙古语人群与突厥语人群中的西部分支 F7171

另一方面,在以往的文献中,在卫拉特蒙古人以及多个突厥语人中都测试到比较高频的父系 C2a1a2a-M77[4,5,32,63,76-78],为此我们专门挑选了有代表性的样本进行了 Y 染色体全序列测试。经过研究,确定来自蒙古高原以西的 C2a1a2a-M77 都属于 C2a1a2a2-F6170 的下游支系。更进一步,来自突厥语人群和大部分来自蒙古语人群的样本都属于下游支系 C2a1a2a2a-F7171。另外一个支系,C2a1a2a2b-F8472 暂时只包含两个样本,分别来自甘肃回族和不丹人。我们暂时还不清楚这个支系代表了怎样的群体历史。而对于蒙古语人群和突厥语人群特有的下游支系 C2a1a2a2a-F7171,我们可以结合历史方面的材料进行进一步分析。

根据图 2.10,部分蒙古语人群的样本属于通古斯语人群特有的 C2a1a2a1-F5484/SK1061 支系。由于 C2a1a2a1-F5484 主要分布在蒙古高原东部人群,我们可以把这个支系称为"C2a-M48-东支",因为这个支系是通古斯人的核心父系类型,所以也可以称为"C2a-M48-通古斯支"。而 C2a1a2a2a-F7171

主要分布在蒙古高原西部以及阿尔泰山以西地区,我们可以把这个支系称为"C2a-M48-西支"。在F7171之下,既存在很多蒙古语人群的下游支系,也存在很多突厥语人群的下游支系。

基于以上分析可知,蒙古国以西的蒙古语和突厥语人群中的M48绝大部分都属于下游支系C2a1a2a2a-F7171。因此,C2a1a2a2a-F7171支系的演化历史就代表了M48父系参与蒙古国以西的蒙古语和突厥语人群形成过程的历史。

在哈萨克人中存在3种C2a1a2a2a-F7171的下游支系。来自阿克塞哈萨克族自治县的哈萨克族样本FD-Kaz86属于主要由卫拉特蒙古人构成的C2a1a2a2a1-F6193支系。我们推测这应该是晚近的人群混合的结果。第二种下游支系是C2a1a2a2a2-F8829。目前这个支系由来自哈萨克人的一个样本(FD-Kaz17)和一个图瓦人样本(FD-TVB03)组成。根据Y-STR数据推测,文献[77]中来自阿尔泰地区的哈萨克人中大比例的C2a-M48也应该属于这个样本[77]。第三种下游支系是C2a1a2a2a3-Y15844。这是一种在哈萨克小帐部落(Alimuly,Baiuly和Zhetyru)中发现的独特支系[32]。这些部落在古代是哈萨克历史上著名的"Alash"联盟的一部分,因此这个支系也被称为"C2a-M48-Alashins"支系[32]。

在C2a-M48的地理分布图上,我们可以看到多个分布中心(图2.11)。父系类型C2a-M48在黑龙江下游的通古斯语人群中达到较高的频率[上游涅吉达尔人(Negidal)为100%,乌德盖人(Udege)为60%][76],在西伯利亚各地的埃文克人(Evenks)和埃文人(Evens)也达到很高的比例,在数次采样中都超过50%[5,14,76,79-82]。因为其他父系类型在通古斯语人群中的比例都相对较低,因此可以认为C2a-M48是通古斯语人群的核心父系类型。在南部通古斯语人群人中(如满族和锡伯族),父系类型C2a-M48的比例相对较低[14,63,68,81,89,90],这种状态应该是通古斯语人群扩散到南部地区之后与当地人群混合的结果。

父系类型C2a-M48在蒙古国周围地区的人群中也都达到很高的比例[4,5,32,63,76-78]。特别地,C2a-M48在蒙古国西北部人群中的比例显著高于它在蒙古高原东南部地区人群中的比例。此外,它也是卡尔梅克人的主要父系类型之一。这种状态表明,以M48为主要父系的古代人群主要参与了蒙古高原西北部地区的蒙古部落的形成,从而使得这种父系在今天的蒙古国西北部人群和卫拉特蒙古人中达到更高的比例,而在蒙古高原东南部地区的人群中

(如我国内蒙古地区的蒙古族人)的比例较低。

特别值得说明的是,在四组来自哈萨克斯坦东部、靠近阿尔泰山地区的哈萨克人样本中,父系类型 C2a-M48 也达到相当高的比例(23.3%—63.2%)。哈萨克人中的这种父系的来源是特别值得研究的,详见后文。

2.5.2.3　C2a-M48 的 Y-STR 网络结构图

父系类型 C2a-M48 的 Y-STR 网络结构图呈现十分复杂的状态(图 2.12)。在网络图中,来自通古斯语人群的样本很离散,没有明显地聚类在一起。一方面,这是因为通古斯语人群 C2a-M48 的样本虽多,但测试了完整的 17 个 Y-STR 数值的样本数量不多。另一方面,来自通古斯语人群的 17 个 Y-STR 单倍型数值彼此之间存在较大差异。这说明通古斯语人群内部的 C2a-M48 的多样性很高。

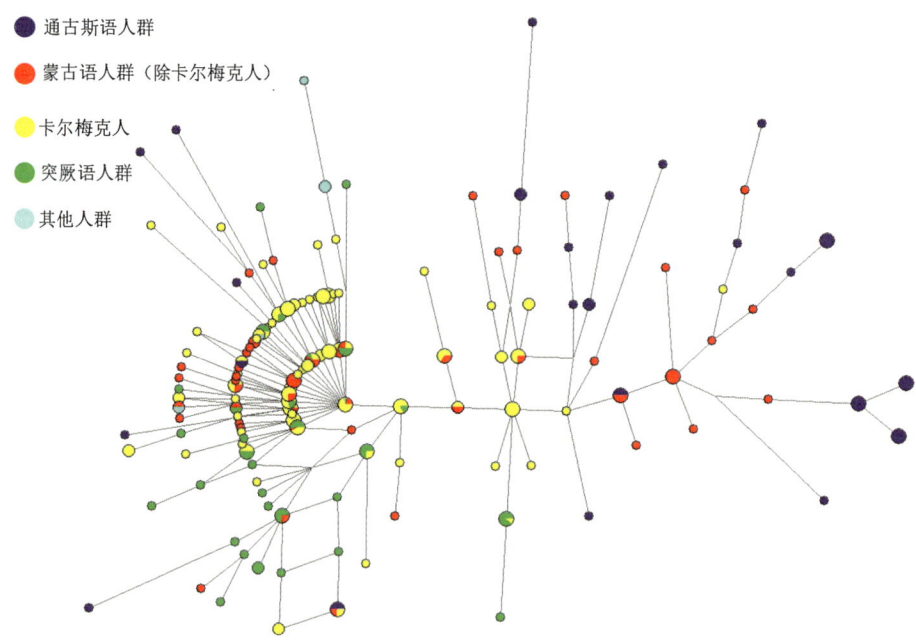

图 2.12　父系类型 C2a-M48 的 Y-STR 网络结构图

其次,一部分蒙古语人群中的 Y-STR 单倍型与通古斯语人群的单倍型较为接近,而另外一部分蒙古语人群中的 Y-STR 单倍型则与突厥语人群中的较为接近。这与我们在 Y-SNP 谱系树上看到的情况是类似的。根据图 2.10,部分蒙古语人群的样本属于通古斯语人群特有的 C2a1a2a1-F5484/

SK1061支系(也就是C2a-M48-东支),而其他来自蒙古语人群的样本也构成了另一个独特的支系(C2a1a2a2a1a-F6507),这个支系的其他旁系支系大都出现在突厥语人群中。

在图2.12的左下方,存在一个主要由突厥语人群样本组成的复杂的Y-STR簇。上文提到属于C2a1a2a2a2-F8829支系的哈萨克人和图瓦人样本就属于这个Y-STR簇。由于目前仅仅测试了两个样本的Y染色体序列,这个Y-STR簇实际可能构成更加复杂的Y-SNP谱系结构。

在整个C2a-M48的Y-STR网络结构图中,来自卡尔梅克人的样本构成了大部分支系。这一方面是因为来自卡梅尔克人的样本数据较多。另一方面,我们可以看到,来自卡尔梅克人的样本呈现明显的星状扩张状态。这是人群经历晚近的剧烈扩张在父系遗传结构上留下的痕迹。可以认为,除了通古斯语人群的样本之外,来自卡尔梅克人的样本占据了整个C2a-M48的Y-STR网络结构图的中心地位。

2.5.3 讨论

根据现代人群的遗传学数据,父系类型C2a-M48与多个北亚人群的起源有直接的联系,但C2a-M48的整体年代有1.5万年,因此需要对不同的下游类型分开进行讨论。

2.5.3.1 C2a-M48的早期起源与早期分化历史

首先值得讨论的是父系类型C2a-M48的最初起源地点。父系类型C2a-M48最接近的外类群是C2a-F1756(DYS448del)和C2a-F3918[包含著名的C2a-F3796(星簇)支系]。根据上文的讨论,C2a-F3918的扩散与蒙古人的扩张直接相关[2],而C2a-F1756(DYS448del)是古代东胡人和鲜卑人的核心父系类型[43]。由此可见,C2a-F1756(DYS448del)和C2a-F3918的扩散起源地大致在蒙古高原东北部、我国东北地区、贝加尔湖以东至黑龙江中上游流域之间。因此,父系类型C2a-M48的最初起源也不会偏离这个区域太远。

在鄂霍次克海(Sea of Okhotsk)周围地区的"古亚细亚人"中,父系类型C2a-M48达到较高的比例,如尼夫赫人(35.29%)、科里亚克人(33.33%)和伊捷门人(38.89%)[76]。在北海道的阿伊努人中,父系类型C2*-M217也达到较高的比例(12.5%),但没有细分下游类型[91,92]。研究者已经确定,科里亚克人中的绝大部分C2a-M48属于一个非常古老的分支C2a1a2b-B90[84]。

这个分支与通古斯人中的分支 C2a1a2a1-F5484 的分离年代约为 1.2 万年，这说明科里亚克人中高频的 C2a-M48 是这个人群自身演化的结果，而不是来自通古斯语人群晚近的扩散。但上述其他人群中的 C2a-M48 或 C2*-M217 是否与通古斯人中的 C2a-M48 存在关联，还有待进一步研究。在鄂霍次克海周围地区的人群"古亚细亚人"中存在高比例的 C2a-M48 的早期分支，这种情况说明 M48 最初的分化可能在黑龙江中下游地区。另一方面，基于 M48 在亚洲北部地区的分布以及通古斯人中的 C2a-M48 下游分支情况，推测通古斯人特有的 M48 下游分支 F5484 的扩散中心应该在整个 M48 扩散中心以西的区域。

根据目前各方面的证据，通古斯人应该是在相对较晚的时间扩散到整个西伯利亚地区的。综合以上证据，我们推测通古斯人的父系类型 C2a-M48(F5484) 最初的活动区域大致在黑龙江中上游地区至外兴安岭之间的辽阔区域。

目前通古斯语人群和蒙古语人群中的 C2a-M48 几乎都属于一个距今 3 300 年才开始发生扩张的支系 C2a-M77。这说明这一父系对应的古代人群经历了极为强烈的瓶颈效应，在长达 9 000 年的发展历史之后，有效男性始祖人口数量只有 1 个，这应该是西伯利亚地区较为恶劣的生存环境导致的。

在通古斯语人群和蒙古语人群中的 C2a-M48 之下，目前只有两大支系。其中的 C2a-M48-东支(也就是 C2a1a2a1-F5484) 包含了所有来自通古斯语人群的样本，也包括一些来自蒙古语人群的样本。而 C2a-M48-西支(也就是 C2a1a2a2a-F7171) 主要分布在蒙古高原以西的人群之中，包含蒙古语人群和突厥语人群。而最特别的是，C2a-M48-西支在卫拉特人群以及蒙古国西北部的人群中有高频的存在。我们知道，蒙古国西北部、贝加尔湖东南部和南部地区就是卫拉特人的发源地。因此，C2a-M48-西支最初的起源地也应该就是卫拉特人的起源区域。由此可见，东支和西支的地理分布有很大差异，几乎没有重叠。因此，我们推测 C2a-M77 之下的东支和西支的分化区域大致在贝加尔湖以东地区。在最初的分化之后，两大支系分别往完全相反的方向发展，因而造成了现在观察到的几乎不重叠的地理分布状态。

作为通古斯人核心父系的 C2a1a2a1-F5484 也出现在蒙古语人群中，这一点也需要合理的解释。我们认为这主要是晚近的人群混合引起的。我们知道，在贝加尔湖至黑龙江中上游之间的区域，蒙古语人群和通古斯语人群从远古时期开始就毗邻而居[85-87]。自 17 世纪之后，呼伦贝尔地区的鄂温克人、鄂伦春人、布里亚特蒙古人、额鲁特蒙古人以及其他分支的蒙古人居住在同一个地理区域,关系十分融洽[88,93-95]。可以推测,人群间遗传成分的交流也应该是很频繁的。此外,由于大部分通古斯语人群分布在俄罗斯境内的西伯利亚地区,目前已经完成测序的通古斯语人群的 C2a-M48 样本还较少。因此,未来通过更多的测序应该会发现更多专属于通古斯语人群的支系。

3.5.3.2 西部分支 F7171 的分化与可能相关的人群

在 C2a1a2a2-F6170 之下存在一个 C2a1a2a2a-F7171(也就是 C2a-M48-西支)的旁系支系 C2a1a2a2b-F8472。这个支系与其他支系的分化年代大约是 2 500 年。目前只在甘肃回族和不丹人中分别发现有数例样本[96]。这是一个很特殊的支系。首先,这个支系的分离时间明显早于 C2a1a2a2a-F7171 之下其他支系,几乎与匈奴人群出现在历史中的时间相当。其次,这个支系的地理分布似乎与蒙古语人群和通古斯语人群没有关联。由于样本量过少,我们还无法对这一个父系对应的古代人群的历史进行更多的讨论。

在 C2a1a2a2a-F7171 之下主要分成 3 个支系,包括 C2a1a2a2a1-F6193、C2a1a2a2a2-F8829 和 C2a1a2a2a3-Y15844。这 3 个支系的分布状态也有很大的差异,因此需要分别进行讨论。

第一个支系 C2a1a2a2a1-F6193 包含了 C2a1a2a2a-F7171 大部分样本。在图 2.12 上,父系支系 C2a1a2a2a1-F6193 对应 Y-STR 网络图中左上部分最大的簇。可以看到,这个 Y-STR 簇在蒙古语人群和卡尔梅克人中极度繁荣,是现代卡尔梅克人的核心父系之一。C2a1a2a2a1-F6193 的总年代只有约 1 000 年。在约 1 000 年前诞生的一个父系类型,在现代成为蒙古语人群和卡尔梅克人中的主要父系类型。值得特别指出的是,在卡尔梅克人的土尔扈特部中 C2a-M48 达到很高的比例(46%),高于其他卡尔梅克部落以及其他蒙古语人群。根据历史学家的研究,土尔扈特部很可能是古代克烈部的后裔。但由于历史记载的缺乏,从克烈部演变为土尔扈特部的具体过程并不是很清晰,但结合我们现在所能看到的所有遗传学数据,父系支系 C2a1a2a2a1-F6193(作为 C2a-M48 的一个下游分支)本身的扩散历史与古代克烈部及其亲族的历史活动是十分吻合的。

根据我们在第 1 章第 1.3.7 节的讨论,九姓鞑靼部原本居住在色楞格河下游至鄂嫩河一带[97,98]。回纥汗国击败了九姓鞑靼并将其中的一部分迁移到了首都哈剌和林附近。在回纥汗国期间,这些鞑靼(达旦)部落在文化和语言上都经历了突厥化的过程。之后这些人群演化为辽代的九族达靼、阻卜和金代的克烈部[99-102]。在蒙古部兴起之前,克烈部是蒙古草原中部最强大的部落,人口众多。前田直典考证出的九姓鞑靼部的最初居住地,非常接近通古斯语人群分布的地区。九姓鞑靼部的祖先人群可能在某个历史时期经历了蒙古化(或鲜卑化?)的过程,以至于其经历了强烈突厥化过程的后裔克烈人的语言和风俗与12世纪的蒙古人仍然较为接近。考虑到蒙古语人群中M48(下游F7171)与通古斯语人群的M48(下游F5484)在谱系上呈兄弟支系关系,我们推测,M48(下游F7171)应该是最初的九姓鞑靼部的主要父系类型。随着克烈部在蒙古高原中部的兴起并最终演化为土尔扈特部,父系M48(下游F7171)也成为蒙古国西部人群和卫拉特蒙古人的主要父系类型之一。

第二个支系C2a1a2a2a2-F8829目前由来自哈萨克人和图瓦人的样本构成。此前的文献中,有4组来自阿尔泰山周围地区的哈萨克人样本都有很高比例的C2a-M48(23.3%—63.2%)[5,77,78]。我们仔细查看这些样本的采样地点,发现这些样本都来自哈萨克中帐的乃曼部落。这是一个很特殊的状态。在其他哈萨克大帐和中帐部落中,单倍群C2a-M48几乎是不存在的[32]。C2a1a2a2a2-F8829支系样本的Y-STR数值是一个特殊的组合,可以与其他Y-STR数值相区分。根据文献[77]提供的Y-STR数据,我们可以推测这篇文献中阿尔泰地区哈萨克人的高比例的C2a-M48也属于C2a1a2a2a2-F8829支系[77]。总之,在阿尔泰地区西部的哈萨克乃曼部落拥有很高比例的C2a-M48,而已测的Y-STR数据说明他们很可能都属于特殊的C2a1a2a2a2-F8829支系。类似的Y-STR类型也出现在来自蒙古国西北部以及卡尔梅克人的少量样本中。

C2a-M48在阿尔泰地区的哈萨克乃曼部落人群中的高频分布以及新支系C2a1a2a2a2-F8829的测定为我们研究这一人群的起源提供了线索。一般认为中亚地区哈萨克人和乌兹别克人中的乃曼部落是12世纪前后蒙古高原乃蛮部落的直系后裔[103,104]。根据齐达拉图考证,乃蛮部落更早的称呼"粘八葛/粘拔恩"源于"Naiman betkin/八部别帖乞"[103]。据考证,在12世纪前后,乃蛮部落的活动地域已经包含蒙古国西部和阿尔泰山西麓地区[103,104]。在被蒙古部击败之后,一部分乃蛮部落融入蒙古人之中,而其他部分则向西迁徙。在后世,这些乃蛮部落的后裔形成了中亚地区哈萨克人和乌兹别克人中的乃曼部落。目前在现代人群中测试到的C2a1a2a2a2-F8829以及相关样本的分布状态,与上述乃蛮部落的起源和迁徙过程比较吻合。因此,我们推测,父系类型 C2a1a2a2a2 - F8829 是古代乃蛮部落的特有父系类型之一,这个父系类型的起源和扩散历史与古代乃蛮部落及其亲族的历史活动有关。

第三个支系 C2a1a2a2a3 - Y15844 目前只在哈萨克小帐部落中找到。研究者把这个支系称为"C2a - M48 - Alashins"支系[32],这是一个非常高明的见解。众所周知,哈萨克人内部的部落拥有非常复杂的、不同的起源历史,我们在后文将展开讨论。在哈萨克的小帐部落中高频的这个支系,在其他哈萨克部落或者哈萨克人之外的人群中基本不存在[32]。因此可以认为它是代表了哈萨克小帐部落本身起源历史的父系支系。根据 Yfull 网站的计算(www.yfull.com/tree/C),这个支系的扩张年代约为 550 年前,与哈萨克小帐部落的形成过程十分吻合。未来随着样本量的增加,这个支系的共祖年代可能会有所增加。在哈萨克人的口传历史之中,男性始祖 Alash 生下了 3 个儿子,其后分别繁衍出了哈萨克的大帐部落、中帐部落和小帐部落。"Alash"一词在突厥语中有斑纹的意思。这个词汇的含义为我们研究哈萨克小帐部落的起源提供了线索。

此前,笔者论证了匈奴单于家族姓氏的词源与《突厥语大词典》的 ulayundluγ/ala-yundluγ 部落的关系[105]。推测"Alač/ Alash"一词应可能源自《新唐书·回鹘下》所记载的"遏罗支"一词所对应的突厥语的部落名。驳马部落或遏罗支部落生活的地方大致在图瓦盆地及其周围地区。

如上文所讨论的那样,C2a1a2a2a - F7171 之下其他两个支系的起源地大致在蒙古国西北部和图瓦盆地之间。根据目前已有的遗传学数据推测,"C2a - M48 - Alashins"的起源地可能与其他 C2a1a2a2a - F7171 的支系一样,都在蒙古国西北部至图瓦盆地之间。这里正是"遏罗支"部落在唐代活动的区域。"遏罗支"部落的出现时间远远早于卫拉特人群兴起的时间。并且,"遏罗支"部落向西扩散的时间也远远早于卫拉特人群西迁的时间。我们知道,在唐代,都波部落大致生活在今蒙古国库苏古尔湖东部地区。而后,都波部落西迁到阿尔泰东部的图瓦盆地,演变为现代图瓦人。而唐代"遏罗支"部落生活的区域在都波部落的西部,都波部落西迁也会引起"遏罗支"部落的西迁。都波部落占据了阿尔泰山以东地区。那么,很有可能,"遏罗支"部落迁徙到了阿尔泰山以西的哈萨克草原东北部地区。在那里,他们可能形成了后来的"Alash"部落联盟的前身。因此可见,在唐代之后,蒙古高原西部的人群有一个整体向西迁徙的趋势。这种趋势很可能与回纥汗国崩溃之后,蒙古-室韦部落大举扩散到蒙古草原的历史有关。不过,我们的上述观点主要基于有限的历史记载以及现代人群遗传学数据。由于没有更多可以利用的历史学材料，我们的推论有待古 DNA 的证据来证实。如果在唐代前后的图瓦盆地周围的人群遗骸中能测试到父系支系 C2a1a2a2a3 - Y15844 的始祖类型，则足以证明哈萨克小帐部落的最初起源。

根据本节的讨论，父系类型 C2a - M48 之下的主要支系都非常年轻（大部分小于 2 500 年），已经处在有文字记载的历史时期。结合历史学和民族学方面的研究成果，我们讨论了这些父系支系在历史上可能对应的古代人群以及相关的现代人群的形成历史。

总之，我们推测，C2a1a2a2a - F7171 的 3 个支系最初兴起的地方都在蒙古国西北部和图瓦盆地一带。第一个支系 C2a1a2a2a1 - F6193 可能与辽金时期的克烈部和现代的西部蒙古语人群的起源有关。第二个支系可能与辽金时期的乃蛮部与现代哈萨克中帐的乃曼部落的起源有关。第三个支系 C2a1a2a2a3 - Y15844 可能与唐代"遏罗支"部落和现代哈萨克人中的小帐部落的起源有关。

需要说明的是，对于一个古代人群的遗传结构，古 DNA 研究才能给出最确切的答案。在现阶段，我们从现代人群的遗传结构中分辨出了有代表性的、可能与人群的形成历史直接相关的父系类型。目前的研究结果将为未来的古 DNA 提供研究方向和基础遗传数据。

2.6　C2a - F8951 在达斡尔族、鄂温克族和爱新觉罗氏中的分布

如前文所述，父系单倍群 C2a - F3796（星簇）是现在蒙古语人群的主要父系类型之一。而在 F4002 之下，还存在一个 C2a1 - F3796（星簇）的兄弟支系，即 C2a1a3a2 - F8951（简称 C2a - F8951），两者的分化时间约为距今 4 000 年。C2a - F8951 主要出现在达斡尔族和满族之中，其演化历史值得深入研究。

清代（1644—1911）爱新觉罗家族的历史活动对满族的形成以及中国的历史进程产生了重大的影响[106]。但由于历史记录以及相关考古证据的缺乏，爱新觉罗家族的早期起源历史还很模糊[107]。为了研究这一家族的起源，我们对这一家族的 3 个男性样本进行了测序，并对其他 4 个样本进行了常规 Y - SNP 测试。我们的测试确认爱新觉罗家族的父系 Y 染色体类型属于 C2a - F8951，与达斡尔人中的主要父系之一相同，而并非在通古斯人中比较高频的 C2a1a2 - M48（原称 C2a - M48）。C2a - F8951 父系是单倍群 C2a - F3796（星簇）的兄弟分支。同时，通过测序我们确定了属于爱新觉罗家族独有的一系列 Y - SNP

标记。更进一步的研究显示，爱新觉罗家族最初的起源可以追溯到大约 2 500 年前黑龙江中游的早期居民中，与达斡尔人的祖先存在亲缘关系。我们推测，应该在相当早的远古时期，爱新觉罗家族的远古父系祖先就已经融入通古斯语人群之中，之后作为通古斯语人群的一部分而发生迁徙和演化。

我们的研究显示，通过精确的 Y 染色体全序列测试，结合精确的家族谱系调查，分子人类学能够揭示那些缺乏文字记载和考古证据的人群起源和演化早期阶段的细节和过程。分子人类学的此类研究方法，可以扩展到东亚的其他族群上。

2.6.1 背景介绍

中国东北以及邻近地区的人类活动历史可以追溯到旧石器时代。在这一区域存在一系列考古文化。根据传统的观点，现代满族人群的祖先可以追溯到多个古代族群，包括肃慎、挹娄、勿吉、靺鞨和女真[108]。在明代（1368—1644）晚期，建州女真部的爱新觉罗家族逐渐统一女真各部，对后世满族的形成起到了关键的作用。之后，他们统一了中国并建立了中国历史上最后一个王朝——清代[106]。通常认为，历史时期在中国东北地区活动过的古代人群都参与了现代满族的形成。

但是，爱新觉罗家族本身的来源尚不清晰。为了记录满族人群的早期历史和家族谱系，清代官方编纂了于 1777 年成书的《钦定满洲源流考》[109]。在此书中，爱新觉罗家族的起源被追溯到现今中国和朝鲜边界的长白山以东地区的鳌朵里城。而与此稍有差异的是，爱新觉罗家族声称的祖先——都督孟特穆（Dudu Mentemu，或称蒙哥帖木儿）是斡朵里（Odoli）万户的首领。他带领部众从依兰（Ilan Hala city）南迁到图们江流域[110]。此外，爱新觉罗家族还有一种与生活在黑龙江中游地区的虎尔哈部共享的始祖起源传说。根据这一传说，爱新觉罗家族和虎尔哈部都把自己最早的始祖追溯到布库里雍顺（Bukūri Yongšon）身上[111]。这种传说带有神话性质。这 3 种不同的始祖传说互有联系但差异明显，目前学界对此尚有争议。

我们此前的一项研究初步测定了爱新觉罗家族的父系类型，为研究爱新觉罗家族的起源和满族形成的历史提供了关键线索[112]。作为通古斯人群中最主要的一个群体，绝大部分涉及东亚人群遗传结构的研究都涉及了满族[14,113]。满族人群父系类型的多样性很高，反映了这一族群的复杂起源历史以及在形成过程中发生的强烈的人群混合。不过，值得说明的是，其他通古斯人群的主要父系类型是 C2a‐M48[79,80,114]，这一父系类型在满族人群中占的比例很低[63]。单倍群 C2a‐M48 之下的一个晚近时期扩张的簇，曾被认为是爱新觉罗家族始祖觉昌安的父系类型[82]。但在我们之前的研究中，数个来自爱新觉罗家族男性样本的测试结果显示这一家族的父系类型是 C2a1a3 *‐M401(xF5483)[112]。在本项研究中，我们收集了更多的爱新觉罗家族男性样本，并进行了 Y 染色体全测序和 Y‐SNP 测试。据此，我们重新研究了这一家族的起源历史及其在现代满族形成过程中的作用。

2.6.2 材料

除了之前的研究所提到的 3 例样本之外，我们还收集了另外 4 例爱新觉罗家族男性的样本[112]。我们对这些样本进行了 Y‐STR 测试，证实与之前的爱新觉罗家族样本同属于一个特别的簇。这些样本的家族谱系如图 2.13 所示。出于隐私保护策略，我们以字母来标识这些样本。所有的参与者都了解研究的内容并签署了知情同意书。

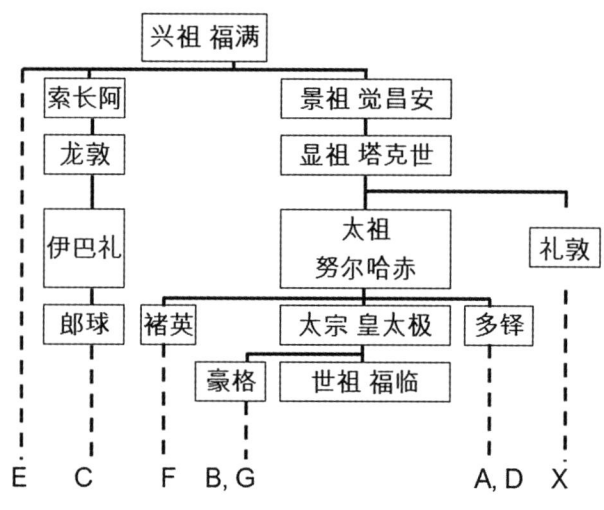

图 2.13　测试的爱新觉罗家族男性的父系谱系图

2.6.3 测试方法

我们使用 Y‐Filer 试剂盒(Life Technologies，CA，USA)测试了上述样本的 17 Y‐STRs（DYS19，DYS389I/II，DYS390，DYS391，DYS392，DYS393，DYS437，DYS438，DYS439，DYS448，DYS456，DYS458，DYS635，

Y-GATA H4 和 DYS385a/b)。对于新收集的 4 例样本,我们测试以下 Y-SNP 位点:M217,F1396,F3535,F3273,F5483/SK1074,M546 和 M401,引物序列与 Yan 等人所提到的相同[112]。我们也从公开发表的文献中收集了与爱新觉罗家族的 Y-STR 数据(特点是 DYS390=24,DYS393=14 和 DYS635≥23)比较接近的 Y-STR 数据[5,6,8,14,62,63,81,89,115]。我们使用 Network 4.6.1.2 (Fluxus,Suffolk,UK)软件对爱新觉罗家族的 Y-STR 数据和从文献中收集的 Y-STR 数据构建了网络结构图(排除了 DYS385a/b)。同时,使用了二代测序方法,对 4 例样本进行了 Y 染色体全测序,包括爱新觉罗家族的 3 例样本以及呼伦贝尔布里亚特人的 HLB-065 样本。二代测序的工作流程和策略与 Yan 等人所描述的一致[116]。

之后,我们使用了 ASD 算法[65] 和 BATWING 算法[15] 计算了所有 Y-STR 数据的最晚共祖时间。在两种计算中,都使用了家系速率和进化速率[11,16],一个世代的长度设定为 25 年。

2.6.4 结果

与我们之前研究涉及的 3 个样本一样,新增加的爱新觉罗家族男性样本都属于单倍群 C2a1a3a-M401(xF5483)。这 7 例样本的 Y-STR 彼此相互接近,是一种特别的组合。此外,我们也在文献中找到了一些与爱新觉罗家族 Y-STR 簇接近的 Y-STR 单倍型。总共有 17 个此类单倍型被用于 Y-STR 网络图的构建,我们称这一类独特的 Y-STR 簇为"C2a-达斡尔簇(C2a-Daur Cluster)"。如图 2.14 所示,所有 7 例爱新觉罗家族样本与来自新宾满族的 Ht188 构成一个单独的簇,而其他来自蒙古族、布里亚特人、鄂伦春族和达斡尔族的样本则构成另外一个支系。辽宁新宾县是满族兴起时期的老城——赫图阿拉故城(Hetu Ala City)、兴京的所在地。这里一直聚居着一部分爱新觉罗家族的后裔。所以,来自新宾满族的 Ht188 很有可能也来自爱新觉罗家族。

Y 染色体全序列测试的结果显示,爱新觉罗家族男性样本与 HLB-065 构成 C2a-F3796 的一个兄弟支系 C2a-F8951。来自 Lippold 等人的测序数据表明,来自鄂伦春族(HGDP01213)和达斡尔族的(HGDP01205)也属于这一个支系[89]。基于本项研究,原 C2-M217 下游支系 C2a-F8951 的谱系树已得到全面的更新,如图 2.15 所示。此次测序发现了 29 个新的 Y-SNP 位点,其中 23 个属于爱新觉罗家族所特有。在新发现的单倍群 C2a-F8951 谱系树中,所有 3 个爱新觉罗家族男性构成一个独立的支系,而其他的 HGDP01205

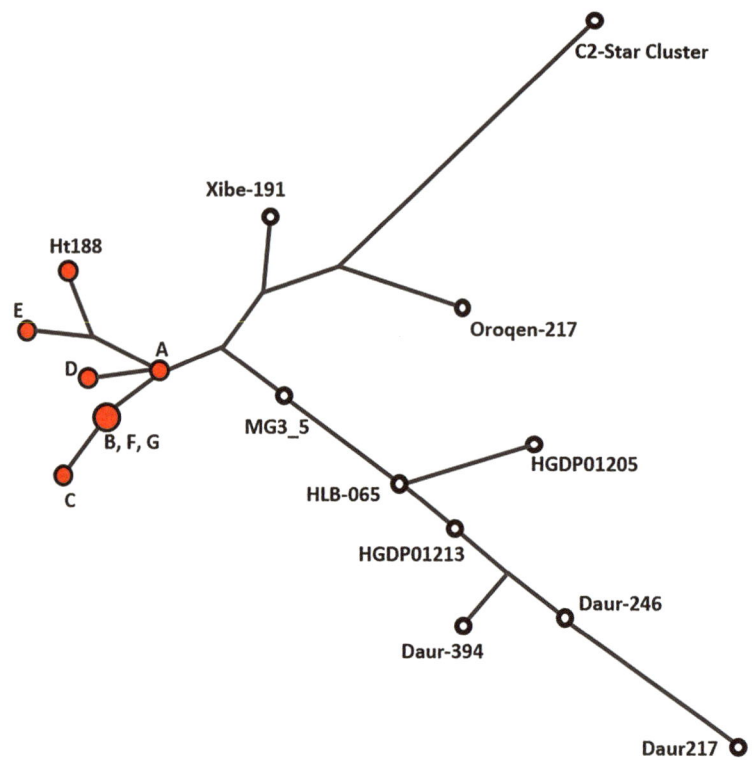

图 2.14　父系类型 C2a - 达斡尔簇的 Y - STR 网络图

C2-M217	样本编号	人群
C2a1a3-F3273/M504, M546		
C2a1a3a-M401		
C2a1a3a1-F3796	Star cluster	
C2a1a3a2-F8951, F10283, F11301, F12257, F3530, F13806		
C2a1a3a2a-F14735, F14739, F14749, F14751, F14759, F14760, F14766, F14769, F14771, F14776, F14781, F14782, F14783, F14784, F14785, F14797, F14798, F14799, F14800, F14801, F14804	Aisin Gioro, D/E/F/G	满族
C2a1a3a2a1-F14750		
C2a1a3a2a1*- private SNPs	Aisin Gioro, B	满族
C2a1a3a2a1*- private SNPs	Aisin Gioro, A	满族
C2a1a3a2a2- private SNPs	Aisin Gioro, C	满族
C2a1a3a2b-F5483/SK1074		
C2a1a3a2b*	HGDP01205	达斡尔族
C2a1a3a2b*	HGDP01213	鄂伦春族
C2a1a3a2b*- private SNPs	HLB-065	布里亚特人

图 2.15　爱新觉罗家族所属父系支系的谱系树

(达斡尔族),HGDP01213(鄂伦春族)和 HLB-065(布里亚特人)则构成另外一个支系。这些样本在 Y-SNP 谱系树上的分化,与其在 Y-STR 上呈现出的分化是一致的。

对于某一个父系支系的最晚共祖时间的计算有助于我们理解这一支系的起源和扩散历史。我们对所有与爱新觉罗家族男性 Y-STR 数值接近的 Y-STR(来源见材料部分的描述)进行了最晚共祖时间的计算。所有这些 Y-STR 单倍型的数值都远离典型的 C2a-F3796(星簇)的 Y-STR 单倍型的中心值,因此可以进行明确区分。在本项研究中,我们称这个 Y-STR 簇为"C2a-达斡尔簇"。爱新觉罗家族的 Y-STR 组合属于这个簇。"C2a-达斡尔簇"最晚共祖时间的计算结果如表 2.4 所示。基于进化速率的计算结果远远超过达斡尔族和蒙古人分化的时间。另一方面,普遍接受蒙古人和达斡尔人的祖先是室韦部落,室韦部落与(部分)鲜卑部落有前后继承关系[117]。中文史料中关于早期鲜卑部落、室韦部落和蒙古部落的相关记载最早出现在公元 1 世纪[47]。在被记录的时候,鲜卑部落已经分布在广阔的地理区域中,包含非常多的部落。因此,我们推测各个鲜卑部落如果存在父系上的共祖,那么这一个父系(或者多个父系)的起源和最初的扩散时间要略早于他们被史料首次记录的时间,即距今 1 900 年。基于 ASD 算法计算得到的"C2a-达斡尔簇"最晚共祖年代为 2 260±1 198 或 2 428±1 817 年。我们认为这样年代与上述鲜卑-室韦部落的活动时间比较吻合。当然这一年代也比达斡尔族和爱新觉罗家族出现在史料中的年代要早得多。这可以解释为:C2a-F8951 父系(在 Y-STR 近似等价于"C2a-达斡尔簇")在相当早的年代就已经诞生了,只不过以这一类型为主要父系的人群要到很晚的历史时期才被史料所记载。

表 2.4 父系类型 C2a-达斡尔簇的最晚共祖年代和扩张年代

C2a-达斡尔簇	ASD		BATWING-共祖年代		BATWING-扩张年代	
	N	ρ±σ	Median	95% C.I.	Median	95% C.I.
进化速率	17	8 149±5 411	15 405	[9 223—21 586]	9 629	[3 754—15 504]
家系速率 a	17	2 428±1 817	3 878	[2 717—5 038]	3 982	[2 213—5 751]
家系速率 b	17	2 260±1 198	3 460	[2 483—4 437]	3 644	[2 070—5 218]

2.6.5 讨论

在本项研究中,所有来自爱新觉罗家族的 7 例男性样本均属于单倍群

C2a1a3a-M401(xF5483),他们的Y-STR彼此非常接近,在Y-STR网络图上构成一个独特的分支。通过对爱新觉罗家族的3例男性样本(分别表示为A,B和C)和1例呼伦贝尔布里亚特蒙古人(HLB-065)进行Y染色体全序列测试,我们确定了属于爱新觉罗家族独有的23个Y-SNP遗传标记。因此,我们的研究确定了属于爱新觉罗家族独有的父系Y染色体类型C2a-F8951的下游支系C2a1a3a2a-F14735。

基于测序数据,单倍群C2a-F8951与C2a-F3796有最晚的亲缘关系。而C2a-F3796正是在蒙古语人群中高频的父系单倍群。根据我们的测试,所有可获取的"C2a-达斡尔簇"样本均属于单倍群C2a-F8951。结合公开文献发表的数据可知,目前"C2a-达斡尔簇"的样本基本来自中国东北及其邻近地区的数个族群,绝大部分"C2a-达斡尔簇"的样本来自达斡尔族和满族。在以下族群中也发现有1例或2例样本,包括布里亚特人、蒙古族、鄂温克族和锡伯族。这些零散的分布可以解释为晚近的人群间的遗传交流。

分析单倍群C2a-F8951的下游分化结构有助于探讨爱新觉罗家族的起源过程。根据图2.15所示的谱系树关系,单倍群C2a-F5483/SK1074覆盖了满族之外的所有样本。同时,在一组数据中,属于"C2a-达斡尔簇"的Y-STR样本占到达斡尔族的12.8%(39例中有5例),可以认为是达斡尔族中一个重要的父系类型[14]。如前文所述,虎尔哈部与爱新觉罗家族共享一个带有神话性质的始祖传说[111]。这个传说中的始祖——布库里雍顺生活在一座山和一个湖泊附近。据考证,这座山和湖泊在黑龙江中游的瑷珲城附近[111]。根据历史记载,瑷珲城是清代黑龙江副都统辖区的中心城市,也正是达斡尔人群聚居的地方。在公元17世纪,由于战争的压力,黑龙江以北的绝大部分居民,包括索伦人、达斡尔人以及其他部落都迁往了黑龙江以南地区[86,87]。因此,我们认为,达斡尔族与爱新觉罗家族的父系Y染色体类型的亲缘关系,代表了两个群体在某个历史时期的共同起源关系。而单倍群C2a-F8951之下发生了明显的分化,一支存在于满族之中,另一支主要出现在达斡尔族之中,也零星地出现在其他邻近的族群之中。这种明显的分化代表了达斡尔人的祖先与爱新觉罗家族祖先的分化历史。当然,爱新觉罗家族的祖先何时从与虎尔哈部的共同始祖群体中分化出来,还需要进一步研究。目前在黑河市爱辉区南部,尚存在四嘉子满族乡。这是分布纬度最靠北的满族聚居地。这个满族乡的满族人群的来源,有可能与早期爱新觉罗家族的起源和分化有关,尚有待进一步研究。

根据历史记载,依兰是斡朵里万户的驻地[118]。在爱新觉罗家族的记忆中,始祖都督孟特穆是斡朵里万户的首领[107]。之后,约在 14 世纪,他们向南迁徙到位于长白山以东地区的图们江流域[119]。在此处,他们的具体活动分别被朝鲜史料和中文史料所记载[120]。因此,依兰和长白山成了爱新觉罗家族记忆中最重要的两个地点。综合来看,我们认为爱新觉罗家族的远祖来自黑龙江中游地区,在起源上他们与达斡尔人的祖先和古代的虎尔哈部有直接的关系。之后爱新觉罗家族的祖先向南迁徙到依兰和图们江流域。本项研究得到的遗传学数据支持爱新觉罗家族的男性远祖与达斡尔人祖先的亲缘关系。这种关系太过久远,以致爱新觉罗家族本身已经遗忘了这种关系。此外,在一定程度上,遗传学数据也支持爱新觉罗家族与黑龙江中游的虎尔哈部共享的关于布库里雍顺的始祖传说。对现黑河市南部的满族人群进行更精确的遗传学调查,有可能找到与爱新觉罗家族的父系类型在谱系上更为接近的类型(相对于达斡尔人中的样本)。结合遗传学数据和历史记录,依兰和长白山地区是爱新觉罗家族兴起的两个重要地点,但并非最古老的始祖起源的地方。综上所述,我们推测爱新觉罗家族的早期迁徙路径如图 2.16 所示。整个 C2a-达斡尔簇的最晚共祖年代约为 2 300 年,这个年代即是爱新觉罗家族的父系与达斡尔族亲缘个体的分化年代。而上述迁徙发生的年代,应晚于这一年代的某一个历史时期。

图 2.16　结合遗传学数据和历史学考证推测的爱新觉罗家族的早期迁徙路径

总之,我们对父系单倍群 C2a-F8951 的遗传学研究为这一支系在中国东北地区的起源和扩散历史提供了清晰的图景。通过 Y-SNP 测试和 Y 染色体全序列测试,我们确定单倍群 C2a－F14735 是属于爱新觉罗家族独有的父系支系。这一父系类型的亲缘分支可以在达斡尔族(作为主要父系类型之一)和大兴安岭北部地区的居民中找到。通过精确的 Y 染色体测序,我们发现了属于爱新觉罗家族特有的多个 Y－SNP 标记。尽管如此,需要对更多现代人样本以及古 DNA 进行测试,才能详细地了解爱新觉罗家族起源的每一个阶段以及在满族形成中所起到的作用。

特别值得说明的是:爱新觉罗家族的祖先可能从勿吉出现在史料中的时候(约公元 400 年前)就一直作为通古斯语人群的一部分而活动。因此,爱新觉罗家族的父系与达斡尔族人在约 2 500 年存在的远古共祖关系并不会影响这个家族在后世作为通古斯人的一部分的族群属性。我们需要了解的是,一个家族在不同时代的族属是可变的。分子人类学的研究旨在揭示现代人群在不同时期的祖先群体的演化历史过程本身的细节。在不同时期的远古祖先的族属是历史本身的一部分,并不会影响现代个体本身的族属。

2.7 Q－M242、R－M207 和 N－M214:蒙古时代以前的草原居民

2.7.1 父系类型 Q－M242

在现代蒙古语人群中,父系类型 Q－M242 所占的比例很低。在现代人群中,父系类型 Q－M242 在叶尼塞语人群[121]、部分突厥语人群[122]、美洲原住民[123-125]以及汉族人群中存在较高的频率[126],也散见于整个欧亚大陆的人群之中[127]。目前的研究已经确定这些人群中的 Q－M242 分别属于不同的下游支系。Huang 等人总结了父系类型 Q－M242 不同支系在现代人群中的分布和大致起源过程[127]。大约在 3.5 万年前它与单倍群 R－M242 发生分离[125],而其主要下游支系在 1.5 万年前已经发生分离。因此,不同的 Q－M242 下游支系大都分布在不同的地理区域。

Q 单倍群在现代北亚人群中的整体比例很低,唯一的例外是说叶尼塞语的凯特人(Kets),他们拥有极端高频的 Q－M242(93.8%)[121]。已有的研究表明来自阿勒泰人[123]、乌兹别克人、凯特人、塞尔库普人(Selkup)和图瓦人中的 Q－M242 绝大部分都属于 Q1a2a1c－L330 支系[84,128]。以往大部分文献都没有对蒙古语人群中的 Q－M242 的下游进行细分。但是,之前的研究表明

Q1a2a1c-L330 支系之外的其他 Q-M242 的下游支系主要分布在蒙古高原之外的其他地区。此外，已有的 Y-STR 也提供了一些线索。总之，我们推测蒙古语人群中的 Q-M242 大部分都属于 Q1a2a1c-L330 支系，但已有的研究也表明蒙古语人群中也有极少量的 Q1a1a1-M120[6]。

此外，我们在裕固族的杨姓男性中测试到了高比例的 Q1a2a1c-L330 支系。据记载，裕固族的杨姓源自原来的首领家族药罗葛氏[129]，而药罗葛氏是回纥汗国的王室家族[130]。此外，古 DNA 研究表明，河北沽源梳妆楼遗址的男性也属于 Q-M242[131]。据考证，梳妆楼遗址应该是元代汪古部首领的家族墓地[132]。而汪古部是回纥部落南下与内蒙古中南部多个人群混合的结果[133]。其次，语言学家考证匈奴人的语言很有可能与叶尼塞语有亲缘关系[134]。而单倍群 Q-M242 是现代叶尼塞语人群凯特人的核心父系类型[121]。不过，目前还没有匈奴单于家族男性的古 DNA 数据。总之，现有的证据表明，至少在回纥汗国时期以前（即公元 9 世纪以前），以父单倍群 Q-M242 为主要父系类型的古代人群在蒙古高原上曾长期占据优势地位。回纥汗国崩溃之后，室韦部落大举西迁。在 12 世纪之后，蒙古草原大都已经被蒙古语部落所占据。

在现代蒙古语人群中，父系类型 Q-M242 的整体比例约为 5%。相对于其他父系，Q-M242 在现代蒙古语人群中的比例很低。结合上述人群演变历史，我们认为父系类型 Q-M242 在蒙古语人群中的出现是人群混合的结果。遗传学数据并不支持"蒙古人是匈奴人的直系继承者"的观点。不过，在语言和文化方面，匈奴人和回纥人对蒙古语人群的影响比较深远。早期的匈奴人、突厥人和回纥人对蒙古语人群及其古代亲族的语言和文化的影响，非常值得继续深入研究。

2.7.2 父系类型 R-M207

在现代蒙古语人群中，父系类型 R-M207 的整体比例达到约 5.8%。可以认为这种父系类型也是蒙古语人群中的一个重要父系类型。不过，单倍群 R-M207 之下又细分很多个下游支系。这些下游支系在蒙古语人群中的出现代表了不同的历史过程，因此需要逐一地进行讨论。

在蒙古语人群的 R-M207 主要属于下游支系 R1a1a-M17[6,135]。通常认为，R1a1a-M17 在南亚、中亚及其附近地区的扩散与印欧语人群的历史活动直接相关[136,137]。不过，伴随印欧语人群扩散的还有其他父系类型。根据目前现代人的测试结果，阿尔泰周围地区的 R1a1a-M17 以 R1a1a1b2*-Z93 (xZ94)为主,也就是 Z93 之下最早的分支[136]。父系支系 R1a1a1b2－Z93 很有可能就是在中亚以东地区扩散的早期印欧人的主要父系类型。根据考古学和体质人类学的研究结果,自西向东迁徙到阿尔泰山地区的阿凡纳谢沃文化和安德罗诺沃文化人群与古代印欧人有密切的关系[138]。同时,一项古 DNA 研究表明,从距今约 4 000 年的安德罗诺沃文化时代直到距今 1 500 年的塔施提克文化(Tashtyk Culture)的时代,父系类型 R1a1a－M17 一直是当地古代人群的主要父系类型[139]。在阿尔泰山周围地区的现代人群中,如阿勒泰人和哈卡斯人(Khakas),父系类型 R1a1a－M17 也占到很高的比例[122,123]。可以认为,青铜时代早期(距今 5 000—4 000 年)从欧洲方向迁来的古代人群强烈地改变了阿尔泰山周围地区人群的遗传结构,其影响延续至今。

阿凡纳谢沃文化和安德罗诺沃文化人群的出现使得阿尔泰山周围地区转向铜石并用时代和青铜时代[140,141]。青铜技术和相关器物进一步扩散到更东部的地方,包括东亚和北亚其他地区[142]。其次,马的驯养、战车、小麦、绵羊和黄牛等文化因素自西向东扩散的过程,也是以阿尔泰山周围地区的人群为中介的[143]。铁器技术在稍晚的时候也从中亚传播到了中国的中原地区[144]。上述技术和文化要素的传播极大地改变了东亚地区和北亚地区的考古文化面貌。整体而言,东亚地区的早期文明以本土起源的要素为主[145]。但来自欧亚大陆中西部的技术和文化要素的引进对东亚和北亚古代文化的变迁产生了重大影响。这些文化要素最终也都融入了东亚地区和北亚地区的文化传统之中[146]。因此我们可以认为,阿尔泰山周围地区的古代人群,在古代东西方文化交流的过程中发挥了非常关键的作用。

已有的研究表明,蒙古国境内的青铜时代和铁器时代考古文化是在来自阿尔泰山地区的考古文化的影响下诞生的[147,148]。因为蒙古国西部本身就是阿尔泰山地区的一部分,因此几乎不存在文化传播的障碍。特别值得一提的是青铜时代晚期卡拉苏克的特殊现象(1500 BC—800 BC)。卡拉苏克式青铜器的分布范围非常广泛。现有的证据表明卡拉苏克文化与中国北方鄂尔多斯地区的青铜文化有着广泛的交流,存在很多相似的器物。卡拉苏克文化中心地带位于米努辛斯克盆地,与鄂尔多斯地区之间的距离十分遥远。在距离十分遥远的两个考古文化之间存在广泛而密切的交流,这种现象引起了考古学家的关注和研究。通常认为,从红铜时代开始(约始于距今 5 000 年前),阿尔泰山地区、蒙古草原和中国华北地区已经存在持续的、通畅的联系,学者们将相关的通道网络称为"草原丝绸之路"[149]、"欧亚草原东部的金属之路"[150]或北方"草原通道"[151]。

在遗传学方面,有多项古DNA研究表明父系类型R1a1a-M17已经扩散到了蒙古草原中部地区[152-155]。R1a1a-M17是蒙古的青铜时代和铁器时代古代人群的重要父系类型之一。Damgaard等人的研究表明,在5 800—3 000 cal BP之间贝加尔湖地区的伊萨科沃-谢洛夫-格拉兹科沃文化(Isakovo-Serovo-Glazkovo Culture)古代人群中,父系类型Q1a3-M346占有绝对优势地位[155]。在同一项研究中,研究者在更早的考古文化遗骸中测试到了两例R1a1a-M17,但在伊萨科沃-谢洛夫-格拉兹科沃文化的样本中没有测到R1a1a-M17。可见,在贝加尔湖南部地区新石器时代文化向青铜时代文化转变的过程中,以单倍群Q1a3-M346为父系类型的人群得到了强烈的扩张,成为当地的主导人群。已有的古DNA研究已经初步揭示了蒙古草原中部地区青铜时代文化古代人群的遗传结构。正如上文所讨论的那样,我们推测至少在回纥汗国时期以前(即公元9世纪以前),以父单倍群Q-M242为主要父系类型的古代人群在蒙古高原上曾长期占据优势地位。因此我们推测,虽然父系类型R1a1a-M17在青铜时代已经扩散到了蒙古草原中部地区,但他们在整体比例以及文化上可能并不占有主导地位。我们的推测还有待古DNA来进一步证实。

在蒙古语人群中还存在一种特殊的父系类型R2a-M124,它是R-M207的一个下游支系。在贝加尔湖南部的布里亚特人中,这种单倍群甚至达到10%的比例[62]。在其他蒙古语人群中,这种父系类型零星出现。在卡尔梅克人的杜尔伯特部中,这种父系甚至达到了15.2%的比例[70,72]。古DNA研究表明,贝加尔湖西部发现的2.4万年前的马尔他男孩遗骸可能也属于这个父系类型[156]。由此我们推测,以R2a-M124为主要父系的古代人群可能从旧石器时代开始就一直生活在贝加尔湖西南部,最终融入蒙古语人群之中。

2.7.3 父系类型N-M214

在现代蒙古语人群中,父系类型N-M214的整体比例达到11.5%(表2.5)。因此,可以认为这种父系类型也是蒙古语人群中的一个重要父系类型。单倍群N-M214遍布欧亚大陆北部地区。爱沙尼亚塔尔图大学(University of Tartu, Estonia)的团队一直在对这个父系进行精细的研究[84,157,158]。研究发现,在从楚科奇半岛的因纽特人到挪威北部的拉普兰人之中,单倍群N-M214都是重要的父系类型。单倍群N-M214之下又细分为很多个下游支系,N-M214 不同的支系有很高的地理特异性和人群特异性。

在现代"阿尔泰语"人群之中,单倍群 N-M214 虽然不是占绝对优势的父系类型,但也普遍存在[80,114,122,158]。因此我们在这里对所有"阿尔泰语"人群之中的单倍群 N-M214 的来源进行讨论。在"阿尔泰语"人群之中主要存在 9 个 N-M214 的下游支系,即 N1c2a1-F1154、N1c2a2-P43、N1c-B182、N1c-M1982、N1c1a1a1a4a-F4205、N3b-B187、N1c-B479、N3a4-Z1936 和 N1c-F4065。这些下游支系在"阿尔泰语"人群中的出现代表了不同的历史过程,因此需要逐一地进行讨论。

2.7.3.1 与华北人群有关的分支 F3154

父系类型 N1c2a1-F1154 在汉族人群中有较高的比例[159]。早期研究提到的 M128 就属于 N1c2a1-F1154 的下游支系[158]。父系类型 N1c2a1a1-M128 低频分布于哈萨克人、乌兹别克人、韩国人、华北汉族以及中国东北的鄂温克人[158]。在我们测试的呼伦贝尔蒙古族中也存在数例 N1c2a1-F1154 样本。古 DNA 研究表明,从红山文化(6 500—5 000 BP)到夏家店下层文化(4 200—3 600 BP)时期,N*-M214(xM128、P43、Tat)一直是西辽河地区古代人群的主要父系类型[41]。由此我们推测,在中国东北地区西南部的西辽河地区,存在一个父系单倍群 N 的扩散中心。现代中国东北人群中的 N*-M214(xM128、P43、Tat)可能主要源自西辽河地区古代人群及其亲缘人群。在鄂温克人、蒙古人和突厥语人群中测试到的少量 N1c2a1-F1154 或 N1c2a1a1-M128 可能也是中国东北南部地区古代人群扩散的结果。蒙古高原本身就与中国东北的西部地区接壤。而中国东北的南部地区在历史上也是东胡、鲜卑和蒙古等古代人群活动的区域。考虑到这些因素,"阿尔泰语"人群中的少量父系类型 N1c2a1-F1154 应是人群长期混合的结果。

2.7.3.2 与萨摩耶德人有关的分支 P43

单倍群 N1c2a2-P43 对突厥语人群而言是一个重要的单倍群。在图瓦人、图法拉尔人以及米努辛斯克盆地的绍尔人和哈卡斯人中,单倍群 N1c2a2-P43 占有较高的比例(15.8%—43.3%)[122,158]。在其他突厥语人群中,单倍群 N1c2a2-P43 的比例很低。在全体蒙古语人群中,N1c2a2-P43 的比例是 2.5%(32/1 282),是一个很低频的父系类型见书末附录。此外,单倍群 N1c2a2-P43 在通古斯语人群的整体比例也是很低的[158],但也有例外的情况。西部埃文克

第 2 章 分子人类学视角下的现代蒙古语人群的父系遗传结构

表 2.5 北亚族群的父系遗传结构

人群	父系类型											
	DE* Mx (M174)	D M174	C.all M130	C2* M217x (M48, M407)	C2a M48/M77	C2b M407	F* M89x (M9)	N M231	O M175	Q M242	R* M207	R1a1a M17
古西伯利亚	0.0 (0/102)	0.0 (0/102)	25.366 (52/205)	n/a	9.267 (19/205)	0.0 (0/63)	1.234 (1/81)	13.658 (28/205)	4.511 (6/133)	n/a	n/a	1.463 (3/205)
乌拉尔语人群（排除塞尔库普人）	1.274 (2/157)	0.0 (0/157)	0.0 (0/305)	0.0 (0/305)	0.0 (0/305)	0.0 (0/305)	7.643 (12/157)	76.623 (236/305)	0.328 (1/305)	0.637 (1/157)	3.185 (5/157)	12.102 (19/157)
突厥语人群	0.068 (1/1 459)	1.75 (30/1 713)	14.082 (375/2 663)	8.56 (77/900)	7.896 (128/1 621)	2.11 (19/900)	8.29 (159/1 918)	23.62 (629/2 663)	7.669 (100/1 304)	4.882 (66/1 352)	5.117 (92/1 798)	21.212 (441/2 079)
全体通古斯语人群	0.0 (0/840)	0.238 (2/840)	45.126 (574/1 272)	11.179 (55/492)	29.772 (287/964)	1.219 (6/492)	2.49 (24/964)	17.053 (162/950)	26.86 (231/860)	1.273 (9/707)	0.912 (6/658)	2.405 (19/790)
北部通古斯语人群	0.0 (0/559)	0.0 (0/559)	55.267 (404/731)	3.64 (10/275)	46.641 (243/521)	0.364 (1/275)	3.399 (19/559)	19.313 (118/611)	10.985 (58/528)	1.94 (9/464)	0.693 (3/433)	3.464 (15/433)
南部通古斯语人群	0.0 (0/281)	0.712 (2/281)	31.423 (170/541)	20.737 (45/217)	9.932 (44/443)	2.304 (5/217)	1.234 (5/405)	12.979 (44/339)	52.108 (173/332)	0.0 (0/243)	1.333 (3/225)	1.12 (4/357)
全体蒙古语人群	0.256 (5/1 952)	2.715 (53/1 952)	51.27 (1 433/2 795)	10.079 (127/1 260)	20.742 (408/1 967)	17.381 (219/1 260)	5.779 (119/2 059)	11.465 (259/2 259)	18.929 (304/1 606)	2.435 (33/1 355)	4.816 (84/1 744)	5.283 (112/2 120)
蒙古人	0.0 (0/782)	2.941 (23/782)	52.468 (542/1 033)	25.764 (59/229)	21.199 (152/717)	8.297 (19/229)	3.97 (32/806)	7.276 (70/962)	19.001 (118/621)	3.318 (15/452)	2.817 (14/497)	4.042 (31/767)
其他蒙古语人群	0.427 (5/1 170)	2.564 (30/1 170)	50.567 (891/1 762)	6.595 (68/1 031)	20.48 (256/1 250)	19.398 (200/1 031)	6.943 (87/2 059)	14.572 (189/2 259)	18.883 (186/985)	1.883 (17/1 355)	5.613 (70/1 247)	5.987 (81/2 120)

人的居住地与萨摩耶德人(Samoyed people)邻近,因此这一人群中的高比例 N1c2a2-P43(27.5%)应是晚近的人群混合的结果[79,80]。此外,在黑龙江流域的通古斯语人群中,也能在部分人群中观察到较高比例的 N1c2a2-P43[84,114]。在一组赫哲族的数据中,N1c2a2-P43 有很高的比例(17.78%)[14]。由于这些样本的 Y-STR 的多样性很低,推测赫哲族中的这些 N1c2a2-P43 是晚近时期小范围扩张的结果。

值得注意的是,N1c2a2-P43 是与"阿尔泰语"共同始祖人群的父系类型之一。我们知道,关于"阿尔泰语"系是否成立还有争议,目前更多的语言学家倾向于认为"阿尔泰语"系 3 个语族的相似性是长期接触和借贷的结果[160]。根据目前的研究结果,单倍群 N1c2a2-P43 的下游支系 N2a1-B478 在突厥语人群、蒙古语人群和通古斯语人群中都存在独特的支系[84,114]。而单倍群 N2a1-B478 的总年代约为 3 000 年[84],早于所有"阿尔泰语"人群出现在史料中的年代。因此,单倍群 N2a1-B478 可以作为尚待证明的"阿尔泰语"共同始祖人群的候选父系类型之一。

2.7.3.3 突厥语人群中的两个分支:B182 和 M1982

目前只发现 3 例属于 N1c-B182 的样本,分别来自中国、土耳其和黎巴嫩[84]。单倍群 N1c-B182 与在雅库特人中极为高频的 N1c1a1a3b-M1982 是最接近的兄弟支系[84]。因此我们推测,这个支系可能是突厥语人群的低频父系类型之一。目前对这个支系的了解还非常有限。

单倍群 N1c1a1a3b-M1982 是雅库特人的核心父系类型[84]。在埃文人中也发现 1 例属于这个支系的样本,应该是人群混合的结果。根据目前的研究结果,雅库特人中的 N1c1a1a3b-M1982 总年代约为 1 700 年,可分为两个下游支系。根据俄罗斯方面关于雅库特人历史的研究,雅库特人是唐代铁勒部落骨利干人的直系后裔[161-163],他们大约在 14 世纪从贝加尔湖沿岸向东北方向迁徙到今天的雅库特共和国地区。现代雅库特人的始祖群体可能只有人口很有限的数个小家族。在现代雅库特人的父系遗传结构中,N1c-Tat(N1c1a1a3b-M1982 的上游单倍群)的比例超过 95%,但 Y-STR 的多样性极低[79,80],这是人群经历强烈瓶颈效应的结果。雅库特人的两个主要父系之一 N1c1a1a3b2-M1979 的总年代只有约 650 年[84]。这一计算结果与上述雅库特人的历史相符。总之,现代雅库特中高频的 N1c-Tat(已测序的样本都属于 N1c1a1a3b-M1982)是近 700 年以来急剧扩张的结果。在众多的铁勒部落中,骨利干人属于偏居北方的一个小部落。因此,雅库特人的父系遗传结构不能代表古代铁勒部落的整体状态,但可以认为 N1c1a1a1a3b - M1982 是古代铁勒部落父系类型之一。

2.7.3.4　F4205：丁零-铁勒部落最主要的父系之一

父系类型 N1c1a1a1a4a - F4205 是布里亚特人中一个重要的父系类型,在现代蒙古语人群中也有一定的比例[84]。目前在土耳其人、哈萨克人和新疆地区的锡伯人中也分别测试到 1 例[164]。在华北汉族人群中,我们也测试到了数例属于 N1c1a1a1a4a - F4205 的男性。根据我们的测试结果,这一父系类型在呼伦贝尔的布里亚特蒙古人中达到 47.2%（25/53）的高比例（未发表数据）。可见,这种父系类型可以视为布里亚特蒙古人的核心父系类型之一。N1c1a1a1a4a - F4205 的整体年代约为 2 700 年,而布里亚特人中的特有下游支系与其他兄弟支系的分化年代约为 1 600 年[84]。另一方面,在其他蒙古语人群中,N1c - Tat 的整体比例很低。根据上文的论述,对于全体蒙古人群而言,C2 北支之下的 4 个支系是蒙古语人群的主要父系类型。因此,布里亚特人高频的 N1c1a1a1a4a - F4205 的来源非常值得深究。

如第 1 章第 1.4.4 节所述,根据历史学和民族学方面的研究,现代布里亚特人是 11 世纪前后贝加尔湖东南部的豁里秃麻惕、不里牙惕和八剌忽部等"林中百姓"诸部落以及一些森林猎人氏族融合发展而来。其中,蒙元时期的八剌忽部（巴儿忽）是唐代的拔野古部的后裔[165]。据包文胜考证,拨野古部大致生活在色楞格河下游、贝加尔湖以东地区,位于所有突厥部落活动地区的最东北部的方向上[166]。根据第 1 章第 1.3.7 至 1.3.8 节的讨论,回纥汗国崩溃之后,室韦部落大范围向西迁徙。到了辽代期间,蒙古语部落已经遍布整个蒙古高原东部以及贝加尔湖东南部。原属突厥语部落的拔野古部大约就是在这个时段融入了蒙古语人群之中,进而演化为后世布里亚特人的一部分。因此,我们推测,布里亚特人中高频的 N1c1a1a1a4a - F4205 一定程度上反映了源自唐代的拔野古部人群的父系遗传成分。另一方面,在土耳其人、哈萨克人[164]以及多个华北汉族人群[159]中也测试到这种父系类型。N1c1a1a1a4a - F4205 在距今 2 700—1 600 年之间持续发生分化,产生的多个支系散布在现代蒙古人、土耳其人和哈萨克人中。而布里亚特人的特有支系是一个 1 600 年之后才诞生的支系。综合以上各种因素,我们推测 N1c1a1a1a4a - F4205 是近 3 000 年以来蒙古高原上古代人群的一个非常重要的支系。这个父系很可能是后来的丁零、铁勒和突厥诸部落的主要父系类型之一。在蒙古语人群中的这种父系类型可视为蒙古语人群扩张到整个蒙古草原之后与此前草原上原有人群混合的结果。

2.7.3.5 南西伯利亚与西西伯利亚的分支

在阿勒泰人、图瓦人、哈卡斯人和绍尔人(Shors)中,还发现了一种 N1c-Tat 的下游支系,即 N3b-B187[157,164]。目前这个支系只在上述 4 个人群中被测到,可以认为是阿尔泰山地区和米努辛斯克盆地突厥语人群一个特殊父系类型。在以往的研究中,这 4 个人群也确实都被测到一定比例的 N1c-Tat。单倍群 N3b-B187 的整体年代只有 2 000 年,而存在于米努辛斯克盆地的下游支系 N3b1-B507 的年代只有 1 100 年,可见这一个父系的分化过程已经进入有文字记载的历史时期。可以认为,这个父系源自南西伯利亚地区与乌拉尔语人群有亲缘关系的古代人群,在后世演化为突厥语人群的一部分。

在说突厥语的塔塔儿人和巴什基尔人(Bashkirs)中存在一个特殊的父系类型 N3a4-Z1936[157,164]。在其他突厥语人群中目前还没有测试到这种父系类型。这种父系类型在乌拉尔语人群维普人(Vepsa)、卡累利阿人(Karelian)和爱沙尼亚人中也存在[84,157],其早期分化时间约在 4 500 年前。塔塔儿人和巴什基尔人的居住地域与乌拉尔语人群邻近。由此推测,塔塔儿人和巴什基尔人中的 N3a4-Z1936 很可能源自与乌拉尔语人群的混合。西西伯利亚南部、哈萨克草原北部以及乌拉尔山脉以东地区是乌拉尔人兴起的地区。因此,突厥语人群扩散到这一区域之后,与当地人群发生少量遗传成分的混合,这是很容易理解的。

2.7.3.6 黑龙江流域及我国东北地区的分支

在黑龙江下游的那乃人(Nanai,中国境内称为赫哲族)中,学者们发现了另外一种特殊的 N1c-M178 的支系,即 N1c-B479[84,114]。这个支系与西伯利亚地区其他 N1c 的下游支系的分化年代约为 4 200 年。目前只在那乃人中测试到属于这个支系的样本。因此可以认为 N1c-B479 是那乃人独有的父系类型。这种父系类型可视为通古斯人兴起过程中与亚洲北部地区其他人群混合的结果。

此外,我们还发现了一个新的 N1c-M178 下游支系,即 N3c-B496-F4065[84]。目前只发现了 5 例属于这个单倍群的样本,散布在汉族、达斡尔族

（HGDP01205）、鄂伦春族（HGDP01203）和日本人中，其分布中心似乎在中国东北地区。这个支系大约在 1.3 万年之前就已经与其他 N1c-M178 支系发生分离，属于早期的旁系支。由于 N1c-M178 的其他支系是今天整个欧亚大陆北部地区人群的主要父系类型，可以认为，父系类型 N1c-M178 向整个西伯利亚地区扩散的起源地大致在中国东北及其邻近地区。此次大扩散大约发生在距今 1.3 万年前后。

上述 N1c-M178 的扩散历史与美洲人群始祖群体的迁徙时间是吻合的。根据考古学研究[167]和关于美洲原住民人群的遗传学研究[168]，现代人类至少在 1.3 万年前已经在美洲开始扩散。而美洲原住民人群（除了因纽特人）父系中不存在单倍群 N-M214 的（包括 N1c-M178）[169]。美洲原住民的两个父系类型是 Q-M242 和 C2a-P39[170]。这意味着在现代人从北亚地区迁徙到美洲之时，北亚地区人群的主流父系是 Q-M242 和 C2a-P39，父系类型 N-M214 在此时还没有在西伯利亚大范围扩散。

综上所述，通过讨论在"阿尔泰语"人群中的各个 N-M214 下游支系的分布以及这些支系在"阿尔泰语"人群形成过程中的作用，可以看到，"阿尔泰语"人群中的 N-M214 下游支系有很多，但大部分分支都有各自独立的起源和演化历史。在远古时期，亚洲北部的不同地理区域上生活着种类繁多的不同人群。在"阿尔泰语"系人群兴起并向各个方向扩散之后，原来生活在当地的人群大都融入了"阿尔泰语"人群之中。从父系 N-M214 的角度观察到的状态，与历史学和考古学的研究结果基本一致。

2.8 蒙古语人群的其他父系类型的起源与演化历史

在蒙古语人群的父系遗传结构之中，还存在其他一些比较低频的父系类型，如 D-M174、O1b1-M176 和 O2-M122 的各个支系[14,113]。父系类型 D-M174 是藏缅语人群的主要父系类型之一[171]。从远古以来，藏缅语人群一直活动在我国西北及西南地区（比如羌人和党项人[172]），他们与蒙古高原人群有持续的接触与交流。在 13 世纪以后，随着佛教的传播，蒙古语人群和藏族人群的联系日益紧密，两者之间发生了广泛的文化交流，也伴随着一定程度的人群混合[173]。因此可以认为，蒙古语人群中的 D-M174 主要反映了来自青藏高原人群的影响。

父系类型 O1b1-M176 在蒙古人群也有一定比例的存在[70,72,90]。这种父系类型已经在很多组样本中被测试到。特别地,在卡尔梅克人土尔扈特部的一组数据中,父系类型O1b-P31达到12.7%的比例[72]。虽然没有测试下游位点,但通过Y-STR数据分析可以推测这些样本应该都属于O1b1-M176。这些O1b-P31样本的Y-STRS数值彼此非常接近,是一个在很晚近的时期得到扩张的小支系。之前的研究表明,O1b1-M176是朝鲜族和日本人的核心父系类型之一[67],在中国东北地区的人群中也存在一定的比例[67]。此外,在赫哲族(HGDP01240)和华北汉族人群[116]中也发现了一些M176的独特早期支系,如O1b2a2a-L682和O1b2a2b-F940。这意味着O1b1-M176在中国华北和东北地区的人群中整体比例虽然很低,但存在很多不同于朝鲜族和日本人的早期支系。由于O1b1-M176在满族中有相对较高的比例,我们推测单倍群O1b1-M176是中国东北南部地区古代人群的一种重要父系类型。

目前我们还不清楚中国东北南部地区以O1b1-M176为主要父系类型的古代人群融入蒙古语人群的具体细节。在史料中只能找到一些可能与之有关的材料。首先,鲜卑和室韦部落曾广泛分布在中国东北西部的大兴安岭和西辽河流域。当地更早的以O1b1-M176为主要父系类型的人群可能融入了鲜卑和室韦部落之中,最终融入了蒙古语人群之中。其次,在突厥汗国以及回纥汗国时期,中国东北地区的古代人群(如契丹、库莫奚、地豆于、霫和乌洛侯等)也一度臣服于突厥和回纥汗国的统治。到了辽金两代,蒙古高原大部分地区位于辽代和金代的直接统治之下。总之,自远古以来,中国东北南部地区古代人群和蒙古高原人群之间的交流和混合应该是很频繁的。父系类型O1b1-M176可能是通过上述途径,在漫长的历史时期逐渐融入蒙古语人群之中。

在现代蒙古族人中,单倍群O2-M122也占到较高的比例[14,90]。但以往的研究通常没有对下游支系的位点进行细分,因此我们还无法对下游支系的具体来源进行讨论。蒙古国与中国华北地区直接接壤。考古学和历史学的资料显示,蒙古高原上的人群与中国北方人群在漫长的历史过程中持续发生接触、交流和融合[174]。此外,内蒙古地区的蒙古族与中国西北、华北和东北地区的人群毗邻而居,人群的混合是很自然的结果。在甘肃省和青海省,分布着东部裕固族、土族、保安族和东乡族等蒙古语人群[175,176]。这些人群也都有较高比例的父系类型群O2-M122,也应该是与当地其他人群混合的结果。

在蒙古语人群中,还存在少量来自欧亚大陆中西部人群的遗传成分,如单倍群E-M96、G-M201、H-L901、I-M170、J-M304和LT-L298[6,175-177]。这些父系类型在东亚地区其他人群中也有少量存在。这些父系类型大致起源于中东、高加索和南亚等地。从远古时期直到今天,欧亚大陆东部和西部地区之间的文化和人群交流持续不断。这些来自欧亚大陆中西部地区的父系类型应是在不同历史时期逐渐扩散到欧亚大陆东部地区的。这些遗传成分的来源可能是很离散的个体和小家族,因此并没有对欧亚大陆东部人群的遗传结构以及文化产生结构性的影响。

2.9 蒙古语人群父系遗传结构的整体面貌

2.9.1 父系遗传结构的层次

在这一节中,我们将比较蒙古语人群与其他北亚地区人群的父系遗传结构,以此判断蒙古语人群的父系遗传结构中不同层次的成分。我们的讨论对象是一个语系("阿尔泰语"系)之下的一个语族(蒙古语族)的所有人群。根据现代人群形成过程的一般规律,我们将遗传结构分为3个层次。为便于理解,我们也用汉族人群的形成过程来做比较。根据对以往所有相关文献数据的综合研究,对于蒙古语人群而言,其主要父系类型是C2b-F1396下的各个支系,但也存在一定比例的C2b-M407、N-M178、Q-M242、R1a1-M17、O1b∗-P31和O2-M122下的各个支系。我们需要更深入地研究这些父系类型的详细起源过程,以便确定蒙古语人群的主要父系类型的起源以及其他父系类型融入蒙古语人群之中的具体过程。

其中,第一层次是核心父系成分(core components)。核心父系成分是指那些对一大类现代族群(如全体现代蒙古语人群)的族群特性的形成起到关键作用的古代始祖人群的主要父系成分。核心父系成分可能在此大类现代族群中的某些人群中占有很高的比例,也可能在另一些人群中占有很低的比例。这主要是由这些人群本身的形成历史决定的。如果某个现代人群是以共同始祖群体的直接后裔为主体而形成的,那么核心父系成分在这个现代人群中占到很高的比例;如果某个现代人群是由源自共同始祖群体的、人口较少的小分支集团(比如作为外来的统治者集团)与人口较多的当地人群融合而形成的,那么核心父系成分在这个现代人群中可能只占到很低的比例。

第二层次是共同始祖成分(common components),指那些在共同始祖群体中已存在、但又不是核心父系成分的那些成分。通常,共同始祖成分与核心父系成分经历了大致相似的扩张过程,都参与了现代人群的形成过程,在现代人群中普遍都有一定的比例。共同始祖成分在后裔人群中的比例可能很低，但应呈现普遍存在的状态。整体而言，在促进大类族群特性的形成方面，共同始祖成分所起的作用小于核心父系成分。共同始祖成分的类型可能分成很多种，各自在更古老的时期有不同的起源。核心父系成分和共同始祖成分经过漫长的历史时期融合而形成了共同始祖群体的主要成分。

这一层次的定义源自人类历史本身的过程。我们知道，在某一个历史时期兴起的某一个小家族或小群体，通常会与邻近其他古代人群发生融合，进而形成一个更兴盛的、新人群。之后，通过融合而诞生的新人群进一步扩张并建立一个国家或王朝。在所有共同始祖成分中，有一些成分可能对现代后裔人群的语言和文化做出了较大贡献，而另一些成分的贡献则相对较少或几乎没有。这是由人群本身的形成历史决定的，通常需要具体问题具体分析。

以建立周代的周族为例。姬周王室本身是一个很小的部落。如果陕西省长武县碾子坡遗址就是先周人群的遗存的话，我们可以看到这个古代人群的数量并不多。古邠地的先周人群迁徙到了周原之后，与当地的羌人联姻，并融合了大部分关中原有的居民，迅速崛起成为关中地区最强大的群（即新的"周族"）。周族进一步向东扩张，推翻了商朝并建立了周朝。对于两周时期统治中国的周族而言，姬周王室家族的父系类型就是他们的核心父系类型。但显然，已经在关中地区上强大起来的周族中的所有遗传成分（包括姬周人群、古邠地平民、姜姓部族、姞姓诸族和已经被融合的关中地区人群等），都是两周时期散布到全国各地的周族的共同始祖成分。而在灭商之时还没有成为周人一部分的其他古代人群，就不能视为西周早期的周族的共同始祖成分。然而，对于两汉时期直到现代的华夏族-汉族人群而言，两周时期华夏诸国人群的所有遗传成分都可以视为"共同始祖成分"。可见，对于不同历史时期的人群，所谓的"共同始祖成分"是可变的。

第三层次是混合成分（admixed component）。几乎所有现代人群都是多个古代人群混合的结果。在分辨出来自同一个语族的多个现代人群的"核心父系成分"和"共同始祖成分"之后，我们需要进一步研究那些混合成分是在何时通过何种途径融入现代人群之中的。人群融合的历史，往往就是现代人群形成其完整面貌的最后阶段，因此也是现代人群历史中非常重要的章节。现代人群的形成过程有多种模式。如果一个人群是在"精英主导模式"之下形成的话，那么混合成分可能会在这个现代人群中占到很高的比例。

值得说明的是，作出上述三类成分的划分，并不是为了主观地对各种成分的"高下或优劣"进行评论，而是基于客观的生物学数据中的比例的多少、兴起时间先后以及对于族群特性形成的贡献程度等要素，按照"主要矛盾和次要矛盾"的辩证方法先后进行研究和讨论。现代人群都是多个古代人群混合的结果，在不同时期的混合成分都为后世族群的形成做出了贡献，成为现代后裔人群的一部分。

2.9.2 蒙古语人群父系遗传结构的整体面貌

在书末的附表一中，我们收集了1999—2013年之间发表的几乎所有相关文献以及我们自己测试的北亚地区人群父系单倍群的数据。由于引用的文献过多，不在正文中逐一引出，请参考书末的附件及其参考文献。之后，我们把所有的人群按语系和语族进行分组，并分别统计各种父系类型在这些群体中的频率。需要说明的是，由于不同的文献所测试的位点和单倍群的差异非常大，几乎无法统一到同一组位点之下。因此，对于每一组人群中的每一个单倍群，我们都是单独进行统计的。如表2.5所示，每一组人群的每一个单倍群对应的数据中，上半部分是这种单倍群的比例，下半部分的括号内是测定属于这个单倍群的具体样本数和采样总数。由于所有的数据都是独立统计的，因此单倍群的比例的总和并不一定等于100%。更具体的数据请参考相关的原始文献。

由于涉及的人群和父系类型的数量都很多，表格比较复杂。从表中的数据可见，不同人群之间的父系类型的比例各有差异，并且来自不同地区的同一个族群的数据也有不同之处。所以，附录中的表格是非常值得深入研究的。

因为附表一已经包括了几乎所有2013年以前公开发表文献中的北亚人群的父系数据，因此我们的总结已经足够用于解读这些人群的父系遗传结构的整体面貌。以下，我们将逐一讨论蒙古语人群中存在的所有父系类型，并判断这些父系类型属于上述3个层次中的哪一个层次。

根据表2.5，单倍群DE-M1和D-M174在蒙古语人群中的整体比例很低，分别为0.256%和2.715%。此外，在我们尚未发表的数据中，蒙古语人群中的D-M174（包括其中的D3-P99）的Y-STR数值在藏族人群中可以找到相似的类型。根据历史方面的记载，原蒙古人（如鲜卑人）与藏缅语人群有广泛的接触，一部分西夏人后裔融入了蒙古语人群中。在元代以后，随着藏传佛教的传播，蒙古语人群与青藏高原上的人群之间存在很频繁的文化交流，广泛的文化交流也带来了一定的遗传成分的混合。另一方面,可以推测单倍群 DE*-M1x(M174)属于单倍群 E-M96。这是一个源自北非和中东地区的父系类型。总之,我们推测,蒙古语人群中的单倍群 DE-M1 和 D-M174 是晚近混合的结果,属于第三层次的成分。

单倍群 C-M130 及其下游支系在蒙古语人群和通古斯语人群中都占到很高的比例。在全体蒙古语人群中,单倍群 C-M130 的比例达到 51.27%,超过所有其他单倍群[如 D-M174、F-M89x(K-M9)、O-M175,N-M231,Q-M242,R-M207]的比例。因此,单倍群 C-M130 是蒙古语人群的主要父系类型。但是,在北亚人群的单倍群 C-M130 之下存在 4 个主要的支系,包括 C2a-F3796(星簇)、C2a-F1756(DYS448del)、C2a-M48(原称 C3c)和 C2a-M407(原称 C3d)。因此,还有必要对北亚人群中的单倍群 C-M130 进行进一步的细分,才能区分蒙古语人群与其他人群不同的支系。

根据表 2.5,单倍群 C2*-M217x(M48,M407)在蒙古语人群中的整体比例达到 10.079%。这种类型的比例在现代蒙古族人(25.764%)与其他蒙古语人群(6.595%)中存在显著的差异。这种状态反映了蒙古语人群内部不同人群之间的差异。

单倍群 C2*-M217x(M48,M407)在通古斯语族群中也存在一定的比例。根据相关参考文献,这种类型主要出自锡伯族和满族。进一步对 Y-STR 的分析显示,锡伯族中 C2*-M217x(M48,M407)事实上绝大部分属于在古代东胡-鲜卑人中常见的 C2a-F1756(DYS448del)。与此相反,锡伯族中几乎不存在其他通古斯语人群高频的 C2a-M48。历史学家和民族学家认为锡伯族很可能源自古代的鲜卑和室韦部落[178]。锡伯族的语言可能是在清代之后才转变为通古斯语的一种语言。另一方面,满族人群中的 C2*-M217x(M48,M407)大部分属于 C2a-F3796(星簇)。这是在蒙古语人群中高频的父系类型。在历史上,满族和蒙古族之间存在频繁而长期的通婚和人群融合。可以推测,满族中的父系类型 C2*-M217x(M48,M407)是与蒙古语人群之间混合的结果。因此,整体而言,锡伯族和满族的父系遗传结构在通古斯语人群之中是比较特殊的,不具有代表性。

通过进一步的研究,我们发现单倍群 C2*-M217x(M48,M407)主要分为两大类,即 C2a-F3796(星簇)和 C2a-F1756(DYS448del)。C2a-F3796(星簇)在现代蒙古族人中较为高频。在中亚地区的一些族群,这种父系类型也达到很高的比例。学者们用 Y-STR 数据计算了这个父系的诞生年代,结果认为这个父系与公元 12 世纪蒙古人的扩张直接相关[1]。可见，这个父系类型对于研究蒙古人的起源和扩张历史而言十分重要。

另一大类，C2a-F1756（DYS448del）则广泛分布于蒙古语人群和数个突厥语人群之中，但频率普遍较低[43]。在蒙古高原东部的一些人群中，这种父系类型拥有较高的比例。古 DNA 证据表明这个父系是古代鲜卑人的主要父系类型之一[40]。而在现代锡伯族之中，这个类型也是单倍群 C2-M217 之下的主要支系。因此，这个父系类型是古代东胡和鲜卑人的主要父系类型之一。鲜卑人的语言被语言学家归类为"原蒙古语"[179]。可见，这个父系类型对于研究蒙古人的起源和扩张历史而言也是十分重要的。

在北部通古斯语人群的各种父系类型中，单倍群 C2a-M48 的比例是最高的（46.64%）[80]。此外，单倍群 N-M231 和 O-M175 在通古斯语人群中也有一定的比例[158]。单倍群 N-M231 遍布整个欧亚大陆北部地区，支系繁多。它是乌拉尔语人群和部分突厥语人的主要父系，在因纽特人、楚科奇人（Chukchi）和克里亚人也有较高的比例。它的起源和扩张历史与单倍群 C2a-M48 是不同的。因此，可以认为 N-M231 是全新世以来西伯利亚地区人群的主要父系类型。在通古斯语人群扩张的过程中，一部分 N-M231 融入通古斯语人群之中。而单倍群 O-M175 主要见于中国境内的通古斯语人群，在西伯利亚地区的埃文克和埃文人中很罕见[14,80]。根据以上讨论，我们可以认为单倍群 C2a-M48 是通古斯语人群的核心父系成分类型，并且是唯一的共同始祖成分类型。

另一方面，在南部通古斯语人群中，单倍群 C2a-M48 的整体比例只有 9.93%。我们知道，满族人群本身是女真部落与中国东北地区居民长期混合的结果，因此混合了很多不见于北部通古族语人群的父系类型。在锡伯族形成之时，其遗传成分中源自通古斯语的成分很可能并不占多数。而其他的南部通古斯语人群也或多或少融合了中国东北地区当地居民的父系类型。所以，单倍群 C2a-M48 在南部通古斯语人群中的低频，并不影响其作为通古斯语人群的核心父系成分类型的结论。

蒙古国西部的蒙古语人群和卡尔梅克人之中，单倍群 C2a-M48 占到很高的比例[72]。我们对 HGDP 中的 Y 染色体序列进行分析，确定蒙古语人群之中的 C2a-M48 与通古斯语人群的 C2a-M48 分别属于两个不同的下游支系，分别是 C2a1a2a2-F6170 和 C2a1a2a1-F5484[164]。这两个 C2a-M48 的下游支系分化之后，一部分持续发生扩张并成为通古斯语人群的主要父系类型，而另一部分则在某一个历史时期完全融入蒙古语人群之中。这个父系对于理解蒙古语人群的起源与演化历史而言十分重要。

单倍群 C2b-M407 是一个特殊的父系类型。除了蒙古语人群之外，C2b-M407 在其他语系和语族的人群中的比例极低，因此可以认为是蒙古语人群的一个特征父系类型[64]。根据最新的研究进展，C2b-M407 属于一个年代很晚近的下游支系 C2b1a1a1d-F8465，C2b-M407 属于 C2b-1067 的下游支系。C2b-F1067 的绝大部分下游支系都分布在中国华南、华北、东北以及朝鲜族人之中，而只有蒙古语人群中的 C2b-M407 分布在高纬度地区。这意味着在某一个未知的历史时期，一部分人群从南向北迁徙到了蒙古高原东北部地区，并最终融入蒙古语人群之中。

根据表 2.5，父系 C2b-M407 在全体蒙古人中的比例达到 17.381%。但在现代蒙古族人(8.297%)与其他蒙古语人群(19.398%)中的占比存在显著的差异。这种状态反映了蒙古语族内部不同人群之间的差异。这个父系融入蒙古语人群以及在不同蒙古语人群之中扩散的过程，是理解蒙古语人群起源与演化历史的一个关键部分。

单倍群 F*-M89x(M9) 包括 G-M201、H-L901、I-M170 和 J-M304 等支系。单倍群 F*-M89x(M9) 在全体蒙古语人群中的比例达到 5.779%。根据以往的研究，这些父系类型起源于南亚、中东、高加索地区以及欧洲。据研究，蒙古语人群中的 F*-M89x(M9) 主要是 G-M201 和 J-M304[177]。因此，可以认为这些父系类型反映了来自欧亚大陆中西部地区人群的混合。

单倍群 N-M231 在全体蒙古语人群中的比例为 11.465%，是一个广泛分布于欧亚大陆北部的父系类型[158]。这一单倍群是乌拉尔语人群的核心父系类型[157]，整体比例达到 76.623%。但它同时也是北亚地区所有其他人群(包括古亚细亚人群)的重要父系类型之一。可见，在蒙古语人群兴起之前，以单倍群 N-M231 为主要父系的人群广泛分布在北亚地区。单倍群 N-M231 在全体突厥语人群的比例(23.62%)要显著高于它在蒙古语人群(11.465%)和通古斯语人群中的比例(17.053%)。在部分突厥语人群中(比如雅库特人)，单倍群 N-M231 的比例达到极高的比例[79]。根据历史方面的资料，在蒙古语人群大规模扩散之前，蒙古高原上长期居住着很多丁零-铁勒部落[53]。因此，我们推测蒙古语人群中的单倍群 N-M231 主要源于北亚地区广泛分布的采集狩猎人群和更早时期生活在蒙古高原上的丁零-铁勒部落。在后续章节中，我们将进行更详细的论证。

第 2 章 分子人类学视角下的现代蒙古语人群的父系遗传结构 | 179

研究显示,突厥语人群、蒙古语人群和通古斯语人群中单倍群 N-M231 可以进一步划分为 5 个不同的下游支系[84,157]。这些支系各自具有不同的演化历史。值得注意的是,父系类型 N-M231 的比例在现代蒙古族人(7.276%)与其他蒙古语人群(14.572%)中也存在显著的差异。这种状态反映了蒙古语族内部不同人群之间的差异。这种差异对于研究蒙古语人群的分化而言很重要。

单倍群 O-M175 在全体蒙古语人群和全体通古斯语人群之中的比例分别达到 18.929% 和 26.86%。可见,这一单倍群也已经成为这些人群的主要父系类型之一。单倍群 O-M175 是东亚地区的主要父系类型,在汉藏语人群、朝鲜族、日本人和其他华南地区的人群都占有很高的比例。因为地理上的邻近,在漫长的历史过程中,蒙古语人群与中国境内其他人群的混合很频繁。因此,总体上可以认为蒙古语人群中的单倍群 O-M175 来自与蒙古高原以南的人群的混合。

值得注意的是,在蒙古语人群中存在一种比较特殊的父系类型,即 O1b-M268。根据文献,卡尔梅克人土尔扈特部中的 O1b-M268 达到 12.7%[72]。这种父系类型在蒙古国西北部的乌梁海部和扎哈沁部人群中也有一定的比例[90]。根据这些样本的 Y-STR 推测,这些 O1b-M268 应主要为 O1b2-M176。单倍群 O1b2-M176 在华北汉族人群的整体比例很低,但在朝鲜族和日本人达到很高的比例[67]。在中国东北南部的满族和汉族人群中,这种父系类型也存在一定的比例[14]。因此,我们推测蒙古语人群中的这种父系类型可能源自某一个中国东北南部的古代人群。在后续章节中,我们将进行更详细的讨论。

单倍群 Q 在全体蒙古语人群中的整体比例为 2.435%,是一种相对低频的父系类型。单倍群 Q 在讲突厥语的图瓦人以及讲叶尼塞语的凯特人中比例较高[121,128],而在其他北亚人群中的比例都很低。叶尼塞语人群曾经广泛分布在图瓦盆地和米努辛斯克盆地,但这些人群后来大都被同化为其他人群了。图瓦人中高频的父系 Q 可能与叶尼塞语人群存在一定关联。另一方面,塞尔库普人(Selkups)的语言属于乌拉尔语系的恩加那桑语支,但塞尔库普人的父系中有很高频的 Q-M242(66%)[121]。一项研究显示塞尔库普人的 Q-M242 是凯特人中的 Q-M242 的一个下游分支[84]。因此,我们推测塞尔库普人的始祖人群很可能曾经是叶尼塞语人群的一部分。此外,我们的研究显示,在源自回纥可汗家族药罗葛氏的裕固族杨姓男性中,Q-L54 是主要的父系类型。匈奴单于家族也被认为与叶尼塞语人群有关,但目前并没有相关的古 DNA 证据。总之,以单倍群 Q-M242 为主要父系的人群很可能一度广泛分布于阿尔泰山地区、蒙古高原和中国华北的西北部地区。由于后世其他族群的兴起,Q-M242 不再在蒙古高原及其周围地区的人群中占有优势地位。因此,可以认为现代蒙古语人群中的 Q-M242 是与蒙古高原上更早人群混合的结果。

单倍群 R*-M207 及其下游支系 R1a1-SRY1532.2(包括 M17)在全体蒙古人中的比例分别为 4.816% 和 5.283%,可以认为是两种不能忽略的父系类型。根据 R1a1a-M17 在整个欧亚大陆上的分布,可以认为这个父系类型是从欧亚大陆西部地区迁往阿尔泰山地区的[136,137]。它在阿尔泰山地区的古代和现代人群中都占有较大的比例[137,139],也曾一度扩散到蒙古高原中部。因此,可以认为现代蒙古语人群中的 R1a1-SRY1532.2(包括 M17)源自与更早的蒙古高原西部的人群的混合。另一方面,蒙古语人群中的 R*-M207 主要由 R2a-M124、R1b1a1a1-M73 和 R1b1a1a2-M269 组成(未发表数据)[177]。蒙古语人群中的 R2a-M124 可能可以追溯到旧石器时代生活在贝加尔湖西南岸的马尔他文化人群;单倍群 R1b1a1a1-M73 在突厥语人群中存在一定比例,可能从诞生之时就一直存在于阿尔泰山地区[180];单倍群 R1b1a1a2-M269 主要分布在中亚以西地区。总之,可以认为现代蒙古语人群中的单倍群 R-M209 各个下游分支是与蒙古高原西部、南西伯利亚及中亚地区人群混合的结果。

综上所述,我们详细地讨论了蒙古语人群每一种父系类型的具体比例以及可能的来源,同时也讨论了蒙古语人群内部不同群体之间的父系遗传结构的差异。根据以上讨论,可以基本确定两点:其一,单倍群 C2-M217 是蒙古语人群的主要父系成分;其二,其他父系单倍群是在不同的历史时期以不同的方式融入蒙古语人群之中的。所有这些父系成分都参与了现代蒙古语人群的形成过程,但不同的父系成分对现代蒙古语人群的父系遗传结构以及文化的贡献是有差异的。

2.10 单倍群 C2-M217 不同下游支系在北亚人群中的分布和主成分分析

根据前面章节的讨论,单倍群 C2-M217 是蒙古语人群的主要父系类型。不过,C2-M217 之下的支系非常多,我们需要对这些下游支系的分布进行更深入的研究，以便确定哪些下游支系是与现代蒙古语人群的起源直接相关。上节的讨论都是基于每个支系在所有人群的大致分布状态。为了在更精确的层面上研究 C2-M217 的下游分支与现代蒙古语人群的起源关系，我们将对公开发表文献的数据以及我们自己测试的数据进行更深入的主成分分析（PCA）。主成分分析将能揭示人群间的彼此聚类关系，揭示各类遗传成分对人群聚类关系的影响程度。

2.10.1 C2-M217 的谱系树以及 4 个分支在人群中的相对比例

首先，C2a-F3796（星簇）支系最初是通过 Y-STR 定义的，代表了一组在蒙古人群中常见的、彼此相似的 Y-STR 单倍型[1]。通过对高精度 Y 染色体全序列的分析，我们确定全体蒙古语人群中的 C2a-F3796（星簇）都属于 C2a1a3-F1918 支系[2]。此外，C2a-F1756（DYS448del）支系也是通过 Y-STR 定义的，代表了一组以 DYS448 基因组缺失的、彼此相似的 Y-STR 单倍型[43]。同样，通过对测序数据的分析，我们确定带有 DYS448 缺失的样本确实都属于同一个单倍群，即 C2a1a1a-F3918。可见，早期的文献用一组 Y-STR 特征值定义的父系支系，确实对应着某个独特的 Y-SNP 单倍群。不过，早期的文献未能够测试我们新发现的这些 Y-SNP 位点。因此，早期文献中的数据只能通过上述 Y-STR 特征值来区分。

其次，我们对公开发表的文献以及我们的最新研究结果进行了总结（附表一）。根据目前的研究进展，C2-M217 下游分支及其在欧亚大陆东部人群中的大致分布状态如图 2.17 所示。从图中还可以看到，C2-M217 之下存在很多个支系。C2b-F1067（"C2 南支"）的下游分支主要分布在中国华中、华北和东北地区的人群以及朝鲜族韩国人之中。但有一个特殊的下游支系 C2b1a1a1d-F8465 出现在蒙古语人群之中。C2a-F1396（"C2 北支"）的下游分支主要分布在北亚人群之中。其中，C2a3a1b-ST（F1918）和 C2a-F1756（DYS448del）主要分布于蒙古语人群和突厥语人群之中，而 C2a1a-M48 的下游分支则分布在通古斯人和蒙古语人群之中。

根据上述大致的分布状态，我们将北亚人群的 C2-M217 分成 5 类，即 C2*、C2b1a1a1-M407、C2a1a2-M48、C2a-F3796（星簇）、C2a-F1756（DYS448del）5 个支系。再对测试了 C-M130、C2-M217、C2b1a1a1-M407、C2a1a2-M48 以及 Y-STR 的数据进行了总结。因为只有测试了上述位点和 Y-STR 数据，才能将人群中的 C2-M217 细分为上述 5 个支系。然后，我们

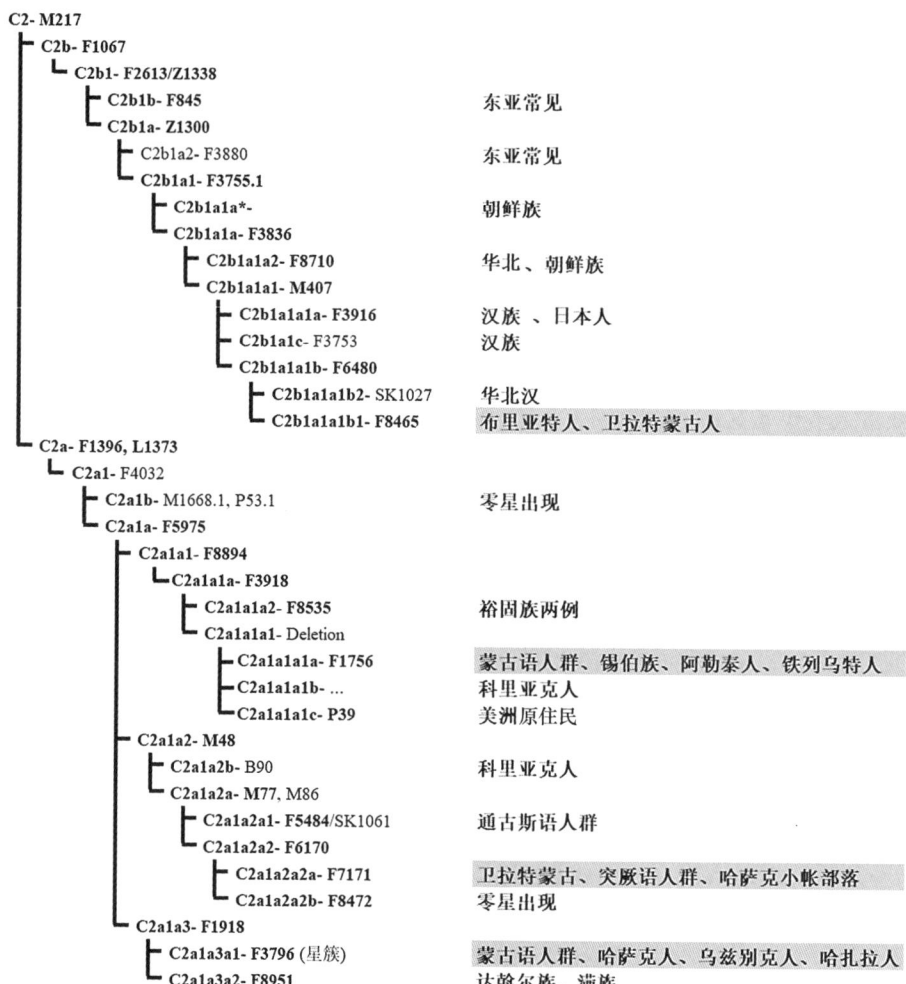

图 2.17 父系 C2-M217 下游分支及其主要高频分布人群

对数据进行归一化处理、计算上述 5 个支系在每一个人群中的 C2-M217 之中的相对比例。例如,某一个人群的总采样数是 100 例,其中 C2-M217 共 30 例,而 5 个下游分支的数量各有差异。用 5 个下游分支的数量分别除以 30,就得到了每个下游分支的相对比例,结果如表 2.6 所示。本书附表一展示了亚洲北部人群中父系 C2-M217 下游分支的比例。这些数据是多年来分子人类学研究对亚洲北部人群研究的总结,可以认为是分子人类学数十年来的研究对亚洲北部人群起源和演化历史的最重要的原始贡献之一。

对父系类型的数据进行归一化处理、计算相对比例的意义在于:几乎所有现代人群的父系遗传结构都是混合的结果,其中包含来自某一系人群(例如全体蒙古语人群)的共同始祖成分,也包含了在不同的历史时期从其他人群中融入的成分。由于现代人群形成历史的复杂性,在某一些现代人群中,来自直系祖先的共同始祖成分可能很低,而来自融合的成分可能达到很高的比例(例如保安族、东乡族、土族和东部裕固族)。因此,如果对这类人群中所有父系类型进行分析,得到的结果将更多地反映这一人群形成整体历史中来自混合的那一部分,而来自直系祖先的信息可能会被湮没掉。在确定了某一组人群的共同始祖成分之后,只对共同始祖成分内部的下游支系进行分析,将有助于研究共同始祖成分如何发生分化并形成现代人群的奠基者群体的过程。

表 2.6　父系 C2-M217 下游分支在亚洲人群中的绝对比例和相对比例

序号	人群	样本数	C2-M217绝对比例	C2-M217下游各分支相对比例				
				C2*	C2b-M407	C2a-M77, M86	C2a-F3796 (星簇)	C2a-F1756 (DYS448del)
1	哈萨克人	28	92.86	3.87	0	0	96.15	0
2	哈萨克人	20	65	0	0	7.69	84.62	7.69
3	哈萨克人	9	55.56	0	0	0	80	20
4	哈萨克人	104	69.23	1.59	0	0	96.82	1.59
5	哈萨克人	22	72.73	0	0	0	100	0
6	哈萨克人	63	74.6	0	0	0	94.87	5.13
7	哈萨克人	19	52.63	0	0	0	100	0
8	哈萨克人	29	37.93	0	0	0	100	0
9	哈萨克人	43	6.98	0	0	0	100	0
10	哈萨克人	94	84.04	0	0	3.79	93.67	2.53
11	哈萨克人	30	56.67	0	0	41.18	58.82	0
12	乌兹别克人	17	41.18	0	0	0	85.71	14.28
13	阿勒泰人	120	20	0	0	20.83	16.67	62.5
14	阿勒泰人	89	15.73	0	0	35.71	42.86	21.43
15	铁列乌特人	44	11.36	0	20	0	0	80
16	吉尔吉斯人	50	18	0	0	11.11	88.89	0
17	吉尔吉斯人-西南	20	30	0	0	16.67	83.33	0
18	吉尔吉斯人-中部	40	27.5	9.09	0	27.27	36.36	27.27

(续表)

序号	人群	样本数	C2-M217 绝对比例	C2-M217 下游各分支相对比例				
				C2*	C2b-M407	C2a-M77, M86	C2a-F3796 (星簇)	C2a-F1756 (DYS448del)
19	吉尔吉斯人-西北	37	10.81	0	0	0	0	100
20	吉尔吉斯人-东部	35	14.29	0	0	60	40	0
21	裕固族	49	34.69	82.35	5.88	0	5.88	5.88
22	裕固族	32	12.5	25	0	25	25	25
23	哈扎拉人	60	33.33	20	0	0	70	10
24	哈扎拉人	25	40	10	0	0	90	0
25	哈扎拉人-巴米扬	69	33.33	17.39	0	0	78.27	4.35
26	裕固族	54	14.81	50	12.5	0	37.5	0
27	布里亚特人	26	61.54	0	18.75	0	75	6.25
28	布里亚特人	54	25.93	7.14	0	21.43	35.71	35.71
29	卡尔梅克人	99	62.63	0	22.58	62.9	4.84	9.68
30	卡尔梅克人-杜尔伯特	165	57.55	0	32.67	57.86	5.26	4.21
31	卡尔梅克人-和硕特	82	39.02	0	0	96.87	0	3.13
32	卡尔梅克人-土尔扈特	150	65.37	1.02	13.31	70.37	4	11.22
33	蒙古人-西北	97	52.58	5.88	11.76	56.86	21.57	3.92
34	蒙古人	61	63.93	2.56	0	74.36	23.08	0
35	蒙古人	46	32.61	33.33	26.67	6.67	13.33	20
36	蒙古人	45	46.67	4.76	23.81	14.28	52.38	4.76
37	蒙古人-中部	18	50	0	11.11	44.44	11.11	33.33
38	蒙古人-东北	20	45	0	22.22	33.33	33.33	11.11
39	蒙古人-东南	23	47.87	0	18.18	9.09	63.63	9.09
40	保安族	64	7.812 5	100	0	0	0	0
41	东乡族	109	6.42	71.43	0	0	28.57	0
42	回族	46	13.04	33.33	0	0	0	66.67
43	汉族	98	17.37	82.35	11.76	0	5.88	0
44	汉族	223	11.66	84.62	7.69	0	0	7.69

(续表)

序号	人群	样本数	C2-M217 绝对比例	C2-M217下游各分支相对比例				
				C2*	C2b-M407	C2a-M77, M86	C2a-F3796 (星簇)	C2a-F1756 (DYS448del)
45	汉族	586	4.27	92	4	0	4	0
46	汉族	123	6.5	100	0	0	0	0
47	汉族	49	6.12	100	0	0	0	0
48	汉族	39	10.26	75	0	0	25	0
49	汉族	90	7.78	85.72	0	0	14.29	0
50	埃文克人-叶尼塞	31	58.1	0	0	100	0	0
51	埃文克人-YSK	33	15.15	0	0	100	0	0
52	埃文克人-西部	40	70	0	0	100	0	0
53	鄂温克人	41	48.8	5	5	90	0	0
54	埃文人	63	54	2.96	0	97.04	0	0
55	涅吉达尔人-上游	10	100	0	0	100	0	0
56	乌德盖人	20	60	0	0	100	0	0
57	汉族	35	8.57	66.67	33.33	0	0	0

在前文的讨论中，我们确定了父系类型C2-M217的多个下游分支是全体蒙古语人群的共同始祖成分。因此，我们将对C2-M217的下游分支的相对比例进行分析，分析结果代表了从C2-M217的角度所展现的北亚人群的内部差异和相互关系。需要说明的是，其他父系类型也参与了现代蒙古语人群的形成过程，也对现代蒙古语人群的语言和文化产生了很大的影响。在以上章节中，我们已经对这些父系类型（D，N，O，Q和R等）进行了详细的讨论。

在得到C2-M217下游分支的相对比例之后，我们用主成分分析（PCA）的方法来分析这些数据，结果如图2.18和图2.19所示。主成分分析法能从多个变量（此处指不同的父系类型）中提取出人群之间差异最大的那些变量，从而展示人群间的差异。图2.18展示了在第一主成分和第二主成分上北亚人群的父系C2-M217之间的相互关系。第一主成分和第二主成分解析了83.16%的差异。图2.19展示了第三和第四主成分的结果。第三和第四主成分解析了16.1%的差异。与主成分相关的父系类型也标注在图中。

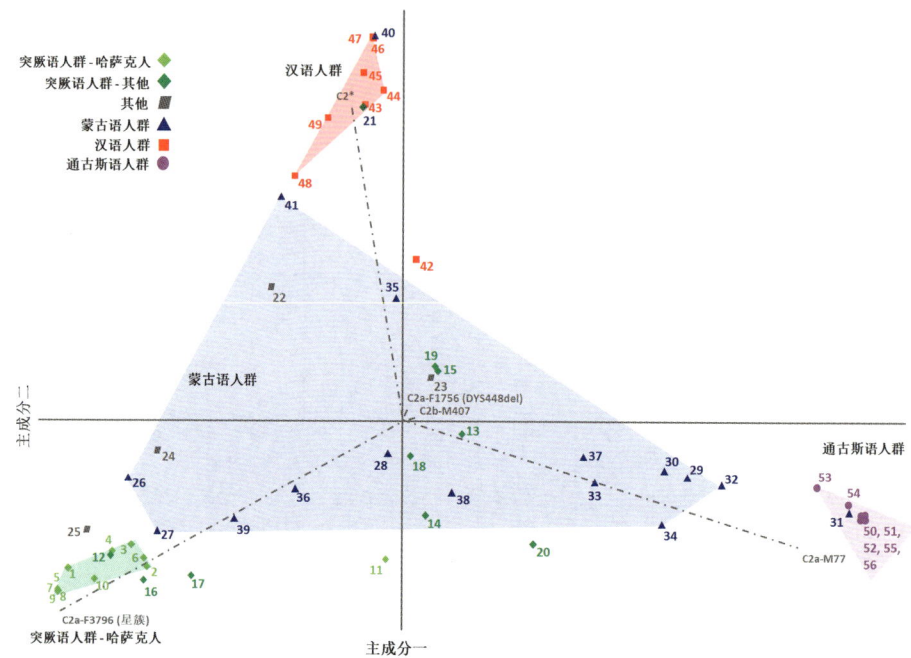

图 2.18　C2‑M217 下游支系在北亚人群中的主成分分析：第一和第二主成分

注：数字对应表 2.6 的人群编号。

2.10.2　前 4 种成分

如图 2.18 所示，第一主成分和第二主成分主要展示了 3 个方向上的差异。汉族人群全部聚类在图的顶部，与高频的 C2*（相当于 C2‑F1067，即"C2 南支"）相关。全部通古斯语人群、一部分蒙古语人群和数个突厥语人群集中在图中的右下角，与高频的 C2a‑M48 相关。大部分突厥语人群和部分蒙古语人群聚类在图中的左下角，与高频的 C2a‑F3796（星簇）相关。通古斯语人群（No. 51‑53）聚类在图的右下角。通古斯语人群以极高比例（接近 100%，相对比例）的 C2a‑M48 而著称。由于多个通古斯语人群的 C2‑M217 的下游都只有 C2a‑M48 支系，相对比例都是 100%，因此重叠在一起。来自卡尔梅克人的和硕特部（No. 31，Kalmyk‑Khoshuuds）也与通古斯人聚类在一起。这是因为在和硕特部的 C2‑M217 的下游支系中，有 96.87%（相对比例）的比例属于 C2a‑M48。还可以看到，在图 2.18 的右下部分，分布着很多蒙古语人群。这些人群都有一定比例的 C2a‑M48。可见，父系 C2a‑M48 也是蒙古语人群的一个重要父系类型。但根据前文的描述，通古斯语人群的C2a-M48和蒙古语人群的C2a-M48分别属于不同的支系。因为以往的文献没有测试相应的Y-SNP位点，所以我们暂时不能从Y-SNP的角度去区分所有的C2a-M48。

图2.19主要展示了北亚人群在C2b1a1a1-M407和C2a-F1756(DYS448del)频率上的差异。其中，C2a-F1756(DYS448del)在西北部吉尔吉斯人、回族、阿勒泰人、布鲁亚特人和中部蒙古人中具有相对较高的比例。可见，C2a-F1756(DYS448del)除了在蒙古语人群有一定比例的存在之外，在数个突厥语人群中也有相对高频的出现。C2a-F1756(DYS448del)在蒙古高原以西地区的扩散，代表了一段特殊的历史，我们将在后续章节中进行详细的讨论。

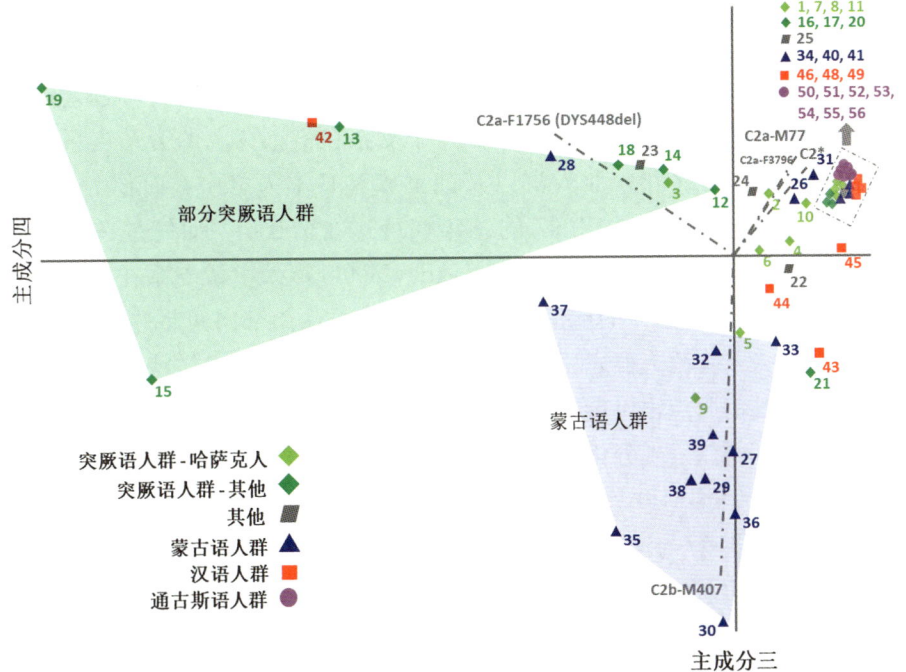

图2.19　C2-M217下游支系在北亚人群中的主成分分析：第三和第四主成分

注：数字对应表2.6的人群编号。

在图2.19的下半部分主要分布着一个完全由蒙古语人群(No. 27-No. 41)构成的聚类。而这个聚类与中国东北地区和华北地区的汉族人群相对接近。这一分析结果事实上非常重要。这一项主成分分析的结果显示，在北亚人群内部，C2b1a1a1-M407的分布非常局限地分布在蒙古语人群内部。

父系类型 C2b1a1a1 - M407 在蒙古语人群中的出现，代表了一段特殊的人群演化历史，我们在前文的章节中进行了详细的讨论。

总之，使用 C2 - M217 下游分支的相对比例来进行主成分分析，其结果非常清晰地反映了北亚地区人群内部的差异，也揭示了对蒙古语人群的形成起到了重要作用的下游支系。

2.10.3 主成分分析揭示的 4 类重要父系类型

根据以上讨论，我们可以看到，C2 - M217 之下存在很多支系，而只有 4 个支系在蒙古语人群的父系遗传结构占有相对较高的比例。其他支系主要存在于蒙古语人群之外的其他人群之中。这 4 个支系包括 C2a - F3796（星簇）、C2a - F1756(DYS448del)、C2b1a1a1d - F8465(C2b - M407 的一个下游支系)和 C2a1a2a2 - F6170(C2a - M48 西支)。因此，我们对这 4 个支系逐一进行讨论。

首先，蒙古语人群中的 C2b - M407 属于一个在距今约 1 000 年前才诞生的下游支系(C2b1a1a1d - F8465)[64]。这个支系在谱系树上的旁系支系都分布在中国华南、华北和东北人群以及朝鲜族和日本人之中。而作为 C2b - M407 的上游支系，C2b - F1067 的总年代可达 3.5 万年。即使是在没有古 DNA 证据的情况下，仅仅依据 C2b1a1a1d - F8465 以及上游支系在现代人的分布，我们也能得出这样的推论：有一个古代人群从南部向西北方向迁徙，在某个时期融入蒙古语人群之中，并最终成为布里亚特人和卫拉特蒙古人的主要父系。迁徙的起点很可能是中国东北的南部地区。这里是中国东北人群、华北人群和朝鲜族发生分化的地方。在中国华北和东部地区的人群以及朝鲜族中，存在与 C2b1a1a1d - F8465 最接近的兄弟支系[64]。蒙古语人群中的 C2b1a1a1d - F8465 与这些兄弟支系的分化年代，可以当作这一支系迁徙出去的年代上限。而 C2b1a1a1d - F8465 支系本身在蒙古语人群中的特有支系诞生年代，可以作为这个支系完成迁徙的年代的下限。而具体的迁徙过程和人群融合过程，还有待进一步研究。都属于下游的下游分支 C2b1a1a1d - F8465。更进一步，C2b - M407 在蒙古语人群内部的分布是有较大差异的。C2b - M407 在布里亚特人[5]和卫拉特蒙古人中的比例很高[72]，在现代蒙古人群的父系中相对较低[63]，在东乡族、保安族和东部裕固族的比例极低或为零[63]。可见，这种父系类型的分布与卫拉特蒙古人密切相关。

其次，C2*- M217x(M48,M407)事实上主要包含 C2a - F3796（星簇）和 C2a - F1756(DYS448del)两个父系类型。但以往的文献没有测试相应的 Y -

SNP位点，也就没有这两个父系类型的具体频率，但可以通过Y-STR数据推测这两个类型的比例。早期对父系C2a-F3796（星簇）的研究发现这个父系类型在蒙古语人群中比较高频[1]。这一父系类型在中亚以西地区的分布与公元12世纪以来蒙古人扩张的范围十分吻合。这个父系支系的总年代约为距今1 000年，与蒙古人兴起的历史也很吻合。特别地，阿富汗的哈扎拉人的父系中这种类型的比例也很高，而这种父系类型在阿富汗其他人群的比例极低。根据历史记载[21]第一卷第一分册,178，哈扎拉人是被派往阿富汗地区的蒙古驻军的直系后裔[17]。结合这些证据，研究者认为父系C2a-F3796（星簇）的分布与蒙古人在12世纪的扩张直接相关。

之后，更多的文献和研究表明，父系C2a-F3796（星簇）确实是蒙古语人群的主要父系类型之一[2]。特别地，根据我们总结的数据，父系C2a-F3796（星簇）在现代蒙古族中的比例达到25.76%，要高于其在其他蒙古语人群中的比例（6.6%）。根据历史方面的记载和研究，现代蒙古族人是12世纪蒙古人的直系后裔，而其他的蒙古语人群则是古代其他蒙古部落的后裔（比如布里亚特人源自不里牙惕和巴尔虎部），或者是扩散之后的蒙古人与当地居民混合的结果（比如保安族和东部裕固族）（参考第1章）。因此，这种差别进一步确定了父系C2a-F3796（星簇）在蒙古语人群的父系遗传结构中的重要地位。我们在上文的章节已对这一个父系进行详细的研究。

父系类型C2a-F1756（DYS448del）在现代蒙古语人群中的比例并不高。不过，对多个古代东胡人群和鲜卑人群的古DNA的研究显示，这个父系是古代东胡人群和鲜卑人群的绝对主流父系[38-42,181]。此外，隋代元威的墓葬出土于陕西省咸阳市。根据其墓志，元威是北魏昭成皇帝拓跋什翼犍的后裔[61]。元威的样本可以代表拓跋鲜卑家族的父系类型。因此，我们推测父系类型C2a-F1756（DYS448del）是古代鲜卑人中的核心父系类型。鲜卑人及其后裔契丹人的语言与后世的蒙古语有相似之处，被认为是"原蒙古语"。因此，鲜卑人的起源和扩散历史，对于理解蒙古语人群的早期历史上而言是非常重要的。

上文已经提到，父系类型C2a-M48的下游主要分成两大支系。其中一个支系（C2a1a2a1-F5484）是通古斯语族群的核心父系类型，而绝大部分蒙古语人群中的C2a-M48属于另一个支系C2a1a2a2-F6170（我们称之为"C2a-M48西支"）。这意味着有一个与通古斯语族群的始祖群体有亲缘关系的古代人群在某一个历史时期整体融入了蒙古语人群之中。根据尚未发表的数据，父系类型C2a1a2a2-F6170在现代蒙古国蒙古族人和卫拉特蒙古诸部的比例很高,而在布里亚特人中的比例相对较低,在东乡族、保安族和东部裕固族的比例为零。可见,这种父系类型的分布与卫拉特蒙古密切相关。

在达斡尔族中存在一种 C2a-F3796(星簇)的兄弟支系 C2b1a3a2-F8951。这种父系类型主要出现在大兴安岭周围地区,在蒙古草原以西的地区几乎不存在[112,182,183]。从人群演化的历史看,在公元9世纪之后,随着回鹘人的衰落,原来居住在大兴安岭北部地区的大批蒙古部落开始扩张到蒙古草原之上。根据达斡尔族自身的历史,他们可能是仍留在当地的室韦部落的后裔[87]。另一方面,达斡尔语保留了较多古代蒙古语的词汇[184]。达斡尔族与其他蒙古语人群的早期分化,与父系谱系上 C2a-F8951 与 C2a-F3796 的二分结构是很吻合的。因此,我们认为达斡尔族是现代全体蒙古语人群的共同始祖群体的最早分支的后裔最早分化的部分。因为达斡尔族中 C2a-F8951 是 C2a-F3796(星簇)最接近的旁系支,在本书的讨论中我们把 C2a-F8951 当成 C2a-F3796(星簇)的一部分来进行讨论。

根据以上讨论,我们总结认为:① 父系类型 C2a-F3796(星簇)是蒙古语人群的核心父系类型;② 父系类型 C2a-F1756(DYS448del)、C2b1a1a1d-F8465(C2b-M407 的一个下游支系)和 C2a1a2a2-F6170(C2a-M48 西支)属于蒙古语人群的共同始祖成分;③ 上述4种父系类型在不同的蒙古语人群中的比例有较大差异,代表蒙古语人群内部的分化;④ 在蒙古语人群之外的其他族群中,也存在上述4种父系类型,其来源需要对照其他学科(如历史学和民族学)的研究成果来进行解读;⑤ 除了上述4个支系之外,现代蒙古语人群中的其他父系类型是在不同的历史时期逐渐融入蒙古语人群的。

根据本章的讨论和分析,我们确定了不同的父系类型的大致来源及其在蒙古语人群形成过程中所起到的作用。如表2.7所示,C2a-F3796(星簇)是蒙古语人群的核心父系成分。以这种父系为主要父系的古代人群在现代全体蒙古语人群及其文化传统的起源和形成过程中起到了决定性的作用。C2a-F1756(DYS448del)、C2a-M48/M77 和 C2b-M407 是蒙古语人群的共同始祖成分。这些父系类型是蒙古语人群的始祖群体的主要父系类型。以上4类父系成分在现代蒙古语人群的文化传统和族群特性的形成过程中起到了关键的奠基作用。因此,以上4类父系成分可称为"全体蒙古语人群的奠基者父系"。其他父系类型则是在蒙古语人群的共同始祖群体早期形成和后期演化过程中不断融入的成分,也为现代蒙古语人群及其文化传统的形成做出了重要的贡献,最终成为现代蒙古语人群的遗传成分之一。

表 2.7 蒙古语人群的不同父系类型的来源及其历史作用

父系单倍群	突厥语人群	通古斯语人群	蒙古语人群	在蒙古语人群父系遗传结构中的层次
DE* M1x(M174)	极低频	极低频	极低频	混合成分
D - M174	极低频	极低频	极低频	混合成分
C2a - F3796(星簇)	部分哈萨克人高频,其他人群低频或极低频	极低频	中频或高频存在于全体蒙古语人群中,现代蒙古族人中比例最高	共同始祖成分之一(核心始祖成分)
C2a - F1756 (DYS448del)	见于阿勒泰人和铁列乌特人,其他人群极低频或不见	低频	低频但普遍地存在	共同始祖成分之一
C2a - M48/M77	部分哈萨克人高频,其他人群低频或极低频	高频,唯一核心始祖成分,唯一共同始祖成分	蒙古国西北部人群和卡尔梅克人高频,布里亚特人低频,保安族、东乡族和东部裕固族中不存在	共同始祖成分之一
C2b - M407	低频	极低频	布里亚特人和卡尔梅克人高频,蒙古族中相对低频	共同始祖成分之一
F* - M89x(M9)	中频,源自中亚以西	低频,源自中亚以西	低频,源自中亚以西	混合成分
N - M231	高频,雅库特人极高频	中频	中频,源自北亚当地居民和丁零-铁勒人群	混合成分
O - M175 其他支系	维吾尔族和西部裕固族高频	高频,源自中国东北人群	在布里亚特人之外的其他蒙古语人群高频	混合成分
O1b2 - M176	无	低频,源自中国东北人群	少部分人群高频,可能源自中国东北南部	混合成分
Q - M242(以 L54 为主)	少部分人群高频	极低频	低频	混合成分
R1b1a1a1 - M73	散见,独特成分之一	无	低频,源自蒙古高原以西	混合成分
R1b1a1a2 - M269	低频,源自蒙古高原以西	极低频	低频,源自蒙古高原以西	混合成分
R1a1a - M47	高频,共同始祖成分之一	极低频	低频,源自蒙古高原以西	混合成分
R2a - M124	无	无	少部分人群高频,源自贝加尔湖西南当地居民	混合成分

2.11 蒙古语人群父系遗传结构形成的 5 个阶段

根据前文论述,我们将蒙古语人群的父系起源和演化历史分为 5 个阶段。以下论述中,也包括那些对现代蒙古语人群的语言和文化产生过重大影响的古代人群的历史。

第一阶段:从旧石器时代直至距今 4 000 年前。此时的蒙古语人群的祖先与其他西伯利亚地区的人群一样,其主要生活是采集渔猎生活方式。在这一阶段事实上对蒙古语人群的文化传统有极深的影响。现代蒙古语人群使用的很多词汇中,有相当多的部分可以追溯到这一阶段。甚至包括在精神领域和哲学领域,在亚洲北部森林中或森林-草原交界地带漫长的采集渔猎生活也为后世的蒙古语人群留下了丰富的遗产。例如,乌瑞夫人就认为《蒙古秘史》的记录中有相当多的成分有极为深远的西伯利亚采集渔猎人群的文化背景(转述自钟晗的介绍[186])。

第二阶段:距今 4 000—3 000 年。在这个阶段,单倍群 C2a‐F1918 已经分化为 C2a‐F3796 和 C2a‐F8951 两大支。这两支在后世分别成为达斡尔人和其他蒙古语人群的主要父系类型。在这一阶段,通古斯的父系尚未实现分化。下一阶段兴起的东胡以及东部石板墓文化人群的祖先可能生活在蒙古高原的东部地区,但具体位置不能确指。在这一阶段,来自阿尔泰山地区的人群向东扩散,并对蒙古草原东部的人群产生了很大的影响。比如以鹿石和方形坟院为特征的赫列克苏尔文化。后世"阿尔泰语系"的共同因素,可能在这一阶段开始扩散。

第三阶段:距今 3 000—2 000 年。在这一阶段,后世蒙古语人群的主要父系类型之一 C2a‐F3796 的下游支系开始产生,而通古斯的父系尚未实现分化。在这一阶段,在蒙古高原东部兴盛的考古文化是石板墓文化。石板墓文化的诸多因素与赫列克苏尔文化很有渊源,但属于不同性质的考古文化。东胡人兴起于这一阶段的后半段,其父系类型可能包括 C2a‐F1756 (DYS448del)、P53.1 以及其他类型。在这一阶段,鲜卑人出现在历史记载之中,之后广泛分布在蒙古高原东部以及中国华北北部地区。在这一阶段后半部统治蒙古高原及其周围地区的匈奴人,对后世的蒙古语、突厥语和通古斯语人群的语言和文化(特别在政治结构方面)产生了非常深远的影响。

第四阶段:距今 2 000—1 000 年。在这一阶段的早期,通古斯人的父系开始发生分化。在这一阶段的后半段,部分居住在色楞格河下游的可能与通古斯有亲缘关系的一个古代人群被回纥汗国征服并迁往汗国的王庭附近。在回纥时代,他们以臣属部落的形式出现。在后世,这一部分人群可能以克烈部以及部分林中百姓的身份融入蒙古语人群并成为西蒙古-卫拉特人群的主要来源之一。在这一阶段,鲜卑和室韦人的活动代表了原蒙古人和早期蒙古人的历史。在这一阶段的早期或上一阶段的末期,一群来自中国东北南部的以 M407 为主要父系的人群被同化为鲜卑-室韦部落,之后向西北方向迁徙并最终到达贝加尔湖东南部地区。

第五阶段:距今 1 000 年至今。在上一阶段结束至这一阶段的起始阶段,各蒙古语部落已经开始缓慢向四周扩散,如尼伦蒙古诸部和弘吉剌特诸部等。随着蒙古帝国的建立,各个蒙古部落分散到欧亚大陆各地,与当地人群混合,经过复杂的历史进程,形成了现代各蒙古语人群。也有部分蒙古语人群起源的人群改说了其他的语言,参与了其他现代人群的形成。在这一阶段的起始阶段,以父系 N1c1a1a1a4a - F4205 为主体的人群(可能源自突厥语部落拔野古),与从东方迁来的、可能以 M407 为主要父系的蒙古语部落(可能是浩里-土默特的祖源之一)在贝加尔湖东南部地区融合并形成了后世的布里亚特人。而在贝加尔湖西南部地区,以单倍群 C2a1a2a2 - F6170(与通古斯人中的 M77 有亲缘关系)为主要父系的人群与以父系为 C2b1a1a1d1 - F8536(单倍群 M407 的一个下游分支)为主要父系的人群,部分以父系 C2a - F3796(星簇)为主要父系的人群(与尼伦蒙古部有亲缘关系)以及以父系 N1c - M46 为主要父系的人群发生融合并形成松散的卫拉特蒙古人集团。卫拉特蒙古人主要向西迁徙,参与了后世中亚地区的历史进程。

上述关于蒙古语人群的父系起源的论述,主要基于现代人群的 Y - SNP 单倍群的比较以及谱系树关系的分析。由于蒙古语人群发生大规模扩张的时间比较晚近,各个人群的父系遗传结构之间的差异比较明显。对于现今蒙古语人群的始祖人群的起源和扩散历史,古 DNA 将提供更为准确的证据。今后需要加强古 DNA 方面的工作。

参 考 文 献

[1] Zerjal T, Xue Y, Bertorelle G, et al. The genetic legacy of the Mongols. Am J Hum Genet, 2003, 72(3): 717-721.

[2] Wei L H, Yan S, Lu Y, et al. Whole-sequence analysis indicates that the Y chromosome C2* star-cluster traces back to ordinary Mongols, rather than Genghis Khan. Eur J Hum Genet, 2018, 26(2): 230-237.

[3] Zakharov I A. A search for a "Genghis Khan chromosome". Genetika, 2010, 46: 1276-1277.

[4] Derenko M V, Malyarchuk B A, Wozniak M, et al. Distribution of the male lineages of Genghis Khan's descendants in Northern Eurasian populations. Russian Journal of Genetics, 2007, 43(3): 334-337.

[5] Malyarchuk B, Derenko M, Denisova G, et al. Phylogeography of the Y-chromosome haplogroup C in Northern Eurasia. Ann Hum Genet, 2010, 74(6): 539-546.

[6] Di Cristofaro J, Pennarun E, Mazieres S, et al. Afghan Hindu Kush: where Eurasian sub-continent gene flows converge. PLoS One, 2013, 8(10): e76748.

[7] Balaresque P, Poulet N, Cussat-Blanc S, et al. Y-chromosome descent clusters and male differential reproductive success: young lineage expansions dominate Asian pastoral nomadic populations. Eur J Hum Genet, 2015, 23(10): 1413-1422.

[8] Abilev S, Malyarchuk B, Derenko M, et al. The Y-chromosome C3* star-cluster attributed to Genghis Khan's descendants is present at high frequency in the Kerey clan from Kazakhstan. Hum Biol, 2012, 84(1): 79-89.

[9] Batbayar K, Sabitov Z M. The genetic origin of the Turko-Mongols and review of the genetic legacy of the Mongols. Part 1: The Y-chromosomal lineages of Chinggis Khan. The Russian Journal of Genetic Genealogy, 2012, 4(2): 1-8.

[10] Bandelt H J, Forster P, Rohl A. Median-joining networks for inferring intraspecific phylogenies. Mol Biol Evol, 1999, 16(1): 37-48.

[11] Zhivotovsky L A, Underhill P A, Cinnioglu C, et al. The effective mutation rate at Y chromosome short tandem repeats, with application to human population-divergence time. Am J Hum Genet, 2004, 74(1): 50-61.

[12] Ramakrishnan U, Mountain J L. Precision and accuracy of divergence time estimates from STR and SNPSTR variation. Mol Biol Evol, 2004, 21(10): 1960-1971.

[13] Sengupta S, Zhivotovsky L A, King R, et al. Polarity and temporality of high-resolution Y-chromosome distributions in India identify both indigenous and exogenous expansions and reveal minor genetic influence of Central Asian pastoralists. Am J Hum Genet, 2006, 78(2): 202-221.

[14] Xue Y, Zerjal T, Bao W, et al. Male demography in East Asia: a north-south contrast in human population expansion times. Genetics, 2006, 172(4): 2431-2439.

[15] Wilson I J, Weale M E, Balding D J. Inferences from DNA data: population histories, evolutionary processes and forensic match probabilities. Journal of the Royal Statistical Society Series a-Statistics in Society, 2003, 166: 155-188.

[16] Burgarella C, Navascues M. Mutation rate estimates for 110 Y-chromosome STRs combining population and father-son pair data. Eur J Hum Genet, 2011, 19(1):

70-75.
[17] Bellew H. The races of Afghanistan. New Delhi: Asian Educational Services, 1880.
[18] 尼合迈德·蒙加尼. 哈萨克族谱. 伊犁: 伊犁人民出版社, 1987.
[19] Khalidullin O K. The Kazakh genealogy. The Keraits (in Russian). Almaty: Daik-Press, 2005.
[20] 余大钧. 《蒙古秘史》译注. 石家庄: 河北人民出版社, 2001.
[21] 拉施特. 史集(*Jami'al—Tarikh*). 余大钧, 周建齐, 译. 北京: 商务印书馆, 1983.
[22] 格列科夫, 雅库博夫斯基. 金帐汗国兴衰史. 余大钧, 译. 北京: 商务印书馆, 1985.
[23] Soucek S. A History of Inner Asia. Cambridge: Cambridge University Press, 2000.
[24] 恰赫里亚尔·阿德尔, 伊尔凡·哈比卜, 卡尔·M·拜巴科夫, 等. 中亚文明史(第5卷 对照鲜明的发展: 16世纪至19世纪中叶). 北京: 中国对外翻译出版公司, 2006.
[25] Sabitov Z, Daulet B. Haplogroups and haplotypes of 50 Karakalpak. The Russian Journal of Genetic Genealogy, 2012, 4(1): 83-90.
[26] Chaix R, Quintana-Murci L, Hegay T, et al. From social to genetic structures in Central Asia. Current Biology, 2007, 17(1): 43-48.
[27] Bennigsen A, Wimbush S E. Muslims of the Soviet Empire: a guide. London: C. Hurst & Co. Publishers, 1985.
[28] 刘迎胜. 西北民族史与察合台汗国史研究. 北京: 中国国际广播出版社, 2012.
[29] 刘迎胜. 察合台汗国史研究. 上海: 上海古籍出版社, 2011.
[30] 田卫疆. 丝绸之路与东察合台汗国史研究. 乌鲁木齐: 新疆人民出版社, 1997.
[31] 吐娜. 哈萨克汗国大玉兹境内的蒙古部落研究//晓克, 何天明, 云广. 《朔方论丛》第一辑. 呼和浩特: 内蒙古大学出版社, 2011.
[32] Turuspekov Y, Sabitov Z, Daulet B, et al. The Kazakhstan DNA project hits first hundred Y-profiles for ethnic Kazakhs. The Russian Journal of Genetic Genealogy 2011, 2(1): 69-84.
[33] Olcott M B. The Kazakhs. Stanford: Hoover press, 1987.
[34] 哈德斯·贾那布尔. 阿巴克克烈(哈萨克文). 伊犁: 伊犁人民出版社, 1994.
[35] 周亚成, 古丽夏. 哈萨克族历史上的部落女首领. 西北民族研究, 1998(1): 104-109.
[36] Beveridge A S, Babur E O H. The Babur-Nama in English (memoirs of Babur). Charleston: Bibliolife DBA of Bibilio Bazaar II LLC, 2015.
[37] Li H J. Y-chromosome genetic diversity of the ancient Northern Chinese populations. Life Science, Changchun: Jilin University, 2012: 117.
[38] Li J, Zhang Y, Zhao Y, et al. The genome of an ancient Rouran individual reveals an important paternal lineage in the Donghu population. Am J Phys Anthropol, 2018, 166(4): 895-905.
[39] Wang H, Chen L, Ge B, et al. Genetic data suggests that the Jinggouzi people are associated with the Donghu, an ancient nomadic group of North China. Hum Biol, 2012, 84(4): 365-378.
[40] Zhang Y, Wu X, Li J, et al. The Y-chromosome haplogroup C3*-F3918, likely

attributed to the Mongol Empire, can be traced to a 2,500-year-old nomadic group. J Hum Genet, 2018, 63(2): 231-238.

[41] Cui Y, Li H, Ning C, et al. Y Chromosome analysis of prehistoric human populations in the West Liao River Valley, Northeast China. BMC Evolutionary Biology, 2013, 13(1): 216.

[42] Li H, Zhao X, Zhao Y, et al. Genetic characteristics and migration history of a bronze culture population in the West Liao-River valley revealed by ancient DNA. J Hum Genet, 2011, 56.

[43] Wei L H, Huang Y Z, Yan S, et al. Phylogeny of Y-chromosome haplogroup C2a-F1756, an important paternal lineage in Altaic-speaking populations. J Hum Genet, 2017.

[44] 本书编写组. 柯尔克孜族简史. 乌鲁木齐：新疆人民出版社,1986.

[45] 刘志宵. 卫拉特蒙古简史. 乌鲁木齐：新疆人民出版社,1992.

[46] 林幹. 东胡史. 呼和浩特：内蒙古人民出版社,2007.

[47] 马长寿. 乌桓与鲜卑. 上海：上海人民出版社,1962.

[48] 孙危. 鲜卑考古学文化研究. 北京：科学出版社,2007.

[49] 倪润安. 光宅中原：拓跋至北魏的墓葬文化与社会演进. 上海：上海古籍出版社,2017.

[50] 张全超. 内蒙古和林格尔县新店子墓地人骨研究. 北京：科学出版社,2013.

[51] Ⅱ.策比克塔洛夫. 蒙古与外贝加尔地区的石板墓文化. 孙危,编译. 北京：商务印书馆,2019.

[52] 周伟洲. 敕勒与柔然. 上海：上海人民出版社,1983.

[53] 林幹. 突厥与回纥史. 呼和浩特：内蒙古人民出版社,2007.

[54] 张久和. 北朝至唐末五代室韦部落的构成和演替. 内蒙古社会科学(汉文版),1997,5: 36-43.

[55] 张久和. 关于室韦语言的几个问题——室韦史研究之二. 内蒙古社会科学(汉文版), 1992,2: 96-100.

[56] 张久和. 南北朝隋唐时期室韦地域考——室韦史研究之一. 内蒙古社会科学(汉文版),1991,5: 57-61.

[57] 翁独健. 蒙古族简史. 呼和浩特：内蒙古人民出版社,1985.

[58] Keyser-Tracqui C, Crubezy E, Pamzsav H, et al. Population origins in Mongolia: genetic structure analysis of ancient and modern DNA. Am J Phys Anthropol, 2006, 131(2): 272-281.

[59] Keyser-Tracqui C, Crubezy E, Ludes B. Nuclear and mitochondrial DNA analysis of a 2,000-year-old necropolis in the Egyin Gol Valley of Mongolia. Am J Hum Genet, 2003, 73(2): 247-260.

[60] Wang H, Chen L, Ge B, et al. Genetic data suggests that the Jinggouzi people are associated with the Donghu, an ancient Nomadic group of North China. Hum Biol, 2012, 84.

[61] 韩昇,蒙海亮. 隋代鲜卑遗骨反映的拓跋部起源. 学术月刊,2017,49(10):128-140.
[62] Kharkova V N, Khaminaa K V, Medvedevaa O F, et al. Gene pool of Buryats: clinal variability and territorial subdivision based on data of Y-chromosome markers. Russian Journal of Genetics, 2014, 50(2):203-213.
[63] Zhong H, Shi H, Qi X B, et al. Global distribution of Y-chromosome haplogroup C reveals the prehistoric migration routes of African exodus and early settlement in East Asia. J Hum Genet, 2010, 55(7):428-435.
[64] Huang Y Z, Wei L H, Yan S, et al. Whole sequence analysis indicates a recent southern origin of Mongolian Y-chromosome C2c1a1a1-M407. Mol Genet Genomics, 2018, 293(3):657-663.
[65] Sengupta S, Zhivotovsky L A, King R, et al. Polarity and temporality of high-resolution Y-chromosome distributions in India identify both indigenous and exogenous expansions and reveal minor genetic influence of Central Asian pastoralists. Am J Hum Genet, 2006, 78.
[66] Karafet T M, Mendez F L, Meilerman M B, et al. New binary polymorphisms reshape and increase resolution of the human Y chromosomal haplogroup tree. Genome Res, 2008, 18.
[67] Hammer M F, Karafet T M, Park H, et al. Dual origins of the Japanese: common ground for hunter-gatherer and farmer Y chromosomes. J Hum Genet, 2006, 51.
[68] Kim S H, Kim K C, Shin D J, et al. High frequencies of Y-chromosome haplogroup O2b-SRY465 lineages in Korea: a genetic perspective on the peopling of Korea. Investig Genet, 2011, 2(1):10.
[69] Kwon S Y, Lee H Y, Lee E Y, et al. Confirmation of Y haplogroup tree topologies with newly suggested Y-SNPs for the C2, O2b and O3a subhaplogroups. Forensic Sci Int Genet, 2015, 19:42-46.
[70] Balinova N, Post H, Kushniarevich A, et al. Y-chromosomal analysis of clan structure of Kalmyks, the only European Mongol people, and their relationship to Oirat-Mongols of Inner Asia. Eur J Hum Genet, 2019, 27(9):1466-1474.
[71] Malyarchuk B A, Derenko M, Denisova G, et al. Y chromosome haplotype diversity in Mongolic-speaking populations and gene conversion at the duplicated STR DYS385a,b in haplogroup C3-M407. J Hum Genet, 2016, 61(6):491-496.
[72] Malyarchuk B, Derenko M, Denisova G, et al. Y-chromosome diversity in the Kalmyks at the ethnical and tribal levels. J Hum Genet, 2013, 58(12):804-811.
[73] Roewer L, Kruger C, Willuweit S, et al. Y-chromosomal STR haplotypes in Kalmyk population samples. Forensic Sci Int, 2007, 173(2-3):204-209.
[74] Nasidze I, Quinque D, Dupanloup I, et al. Genetic evidence for the Mongolian ancestry of Kalmyks. Am J Phys Anthropol, 2005, 128(4):846-854.
[75] 王金炉. 兀良哈族族源初探. 北方论丛,1987,5:59-62.
[76] Lell J T, Sukernik R I, Starikovskaya Y B, et al. The dual origin and Siberian

affinities of Native American Y chromosomes. Am J Hum Genet, 2002, 70(1): 192-206.

[77] Dulik M C, Osipova L P, Schurr T G. Y-chromosome variation in Altaian Kazakhs reveals a common paternal gene pool for Kazakhs and the influence of Mongolian expansions. PLoS One, 2011, 6(3): e17548.

[78] Zerjal T, Wells R S, Yuldasheva N, et al. A genetic landscape reshaped by recent events: Y-chromosomal insights into Central Asia. Am J Hum Genet, 2002, 71(3): 466-482.

[79] Pakendorf B, Novgorodov I N, Osakovskij V L, et al. Investigating the effects of prehistoric migrations in Siberia: genetic variation and the origins of Yakuts. Hum Genet, 2006, 120(3): 334-353.

[80] Pakendorf B, Novgorodov I N, Osakovskij V L, et al. Mating patterns amongst Siberian reindeer herders: inferences from mtDNA and Y-chromosomal analyses. American Journal of Physical Anthropology, 2007, 133(3): 1013-1027.

[81] Zheng L H, Sun H M, Wang J W, et al. Y chromosomal STR polymorphism in Northern Chinese populations. Biological Research, 2009, 42(4): 497-504.

[82] Xue Y, Zerjal T, Bao W, et al. Recent spread of a Y-chromosomal lineage in northern China and Mongolia. Am J Hum Genet, 2005, 77(6): 1112-1116.

[83] Liu B L, Ma P C, Wang C Z, et al. Paternal origin of Tungusic-speaking populations: insights from the updated phylogenetic tree of Y-chromosome haplogroup C2a-M86. Am J Hum Biol, 2020: e23462.

[84] Karmin M, Saag L, Vicente M, et al. A recent bottleneck of Y chromosome diversity coincides with a global change in culture. Genome Res, 2015, 25(4): 459-466.

[85] 宝敦古德·阿毕德. 布里亚特蒙古简史. 海拉尔: 呼伦贝尔盟历史研究会, 1985.

[86] 本书编写组. 鄂温克族简史. 呼和浩特: 内蒙古人民出版社, 1983: 174.

[87] 满都尔图. 达斡尔族. 北京: 民族出版社, 1991.

[88] 那顺乌力吉. 呼伦贝尔厄鲁特之来源. 内蒙古社会科学(汉文版), 2001, 22(4): 65-66.

[89] Lippold S, Xu H, Ko A, et al. Human paternal and maternal demographic histories: insights from high-resolution Y chromosome and mtDNA sequences. Investig Genet, 2014, 5: 13.

[90] Katoh T, Munkhbat B, Tounai K, et al. Genetic features of Mongolian ethnic groups revealed by Y-chromosomal analysis. Gene, 2005, 346: 63-70.

[91] Hammer M F, Karafet T M, Park H, et al. Dual origins of the Japanese: common ground for hunter-gatherer and farmer Y chromosomes. J Hum Genet, 2006, 51(1): 47-58.

[92] Tajima A, Hayami M, Tokunaga K, et al. Genetic origins of the Ainu inferred from combined DNA analyses of maternal and paternal lineages. J Hum Genet, 2004, 49(4): 187-193.

[93] 张帅. 清代呼伦贝尔索伦八旗研究. 哈尔滨师范大学, 2014.
[94] 张塔娜, 谢咏梅. 清朝对呼伦贝尔的统治及海拉尔达斡尔的形成. 内蒙古师大学报(哲社汉文版), 2013(2): 126-130.
[95] 包梅花. 呼伦贝尔地区索伦八旗制的施行和民族的构成. 中国蒙古学, 2012, 6: 91-99.
[96] Hallast P, Batini C, Zadik D, et al. The Y-chromosome tree bursts into leaf: 13,000 high-confidence SNPs covering the majority of known clades. Mol Biol Evol, 2015, 32(3): 661-673.
[97] 蔡凤林. 蒙古克烈部族源考述. 内蒙古社会科学(汉文版), 2006, 27(1): 46-51.
[98] 前田直典. 元朝史研究. 东京: 东京大学出版会, 1997.
[99] 那顺乌力吉. 论"阻卜"与"鞑靼"名称的变迁. 呼和浩特: 内蒙古民族大学, 2007.
[100] 刘浦江. 再论阻卜与鞑靼. 历史研究, 2005, 2: 28-41.
[101] 刘迎胜. 辽与漠北诸部——胡母思山蕃与阻卜. 欧亚学刊, 2001(0): 210-216.
[102] 余大钧. 论阻卜与鞑靼之异同. 历史研究, 1981, 6: 43-51.
[103] 齐达拉图. 乃蛮部历史若干问题研究. 内蒙古大学, 2010.
[104] 王伟, 李文博. 乌兹别克族乃蛮部落的起源. 贵州工业大学学报(社会科学版), 2008(4): 291-295.
[105] 韦兰海, 李辉. 关于匈奴支系名的一点考证//徐丹, 傅京起主编. 语言接触与语言变异. 北京: 商务印书馆, 2019: 69-96.
[106] 王冬芳, 季明明. 女真——满族建国研究. 北京: 学苑出版社, 2009.
[107] 肖景全, 钟长山. 清太祖努尔哈赤祖系与姓氏问题考论. 东北史地, 2014, 2: 46-53.
[108] 孙进己. 东北民族源流. 哈尔滨: 黑龙江人民出版社, 1989.
[109] 阿桂, 等撰, 雷广平, 点校. 钦定满洲源流考. 长春: 吉林文史出版社, 2015.
[110] 董万崙. 努尔哈赤先世家族谱牒. 满族研究, 1994, 2: 17-27.
[111] 姚大力, 孙静. "满洲"如何演变为民族——论清中叶前"满洲"认同的历史变迁. 社会科学, 2006, 7: 5-28.
[112] Yan S, Tachibana H, Wei L H, et al. Y chromosome of Aisin Gioro, the imperial house of the Qing dynasty. J Hum Genet, 2015, 60(6): 295-298.
[113] Karafet T, Xu L, Du R, et al. Paternal population history of East Asia: sources, patterns, and microevolutionary processes. Am J Hum Genet, 2001, 69(3): 615-628.
[114] Duggan A T, Whitten M, Wiebe V, et al. Investigating the prehistory of Tungusic peoples of Siberia and the Amur-Ussuri region with complete mtDNA genome sequences and Y-chromosomal markers. PLoS One, 2013, 8(12): e83570.
[115] He J, Guo F. Population genetics of 17 Y-STR loci in Chinese Manchu population from Liaoning province, Northeast China. Forensic Science International: Genetics, 2013, 7(3): e84-e85.
[116] Yan S, Wang C C, Zheng H X, et al. Y chromosomes of 40% Chinese descend from three Neolithic super-grandfathers. PLoS One, 2014, 9(8): e105691.

[117] 张久和. 原蒙古人的历史：室韦-达怛研究. 北京：高等教育出版社, 1998.
[118] 赵阿平. 依兰古城历史文化内涵探析——满族先世发祥地"斡朵里"释义. 满族研究, 2009, 4: 48-50.
[119] 石洁. 建州女真斡朵里部在图们江流域历史活动探究. 延边：延边大学, 2015.
[120] 董万嵛. 《龙飞御天歌》记东女真族源研究. 黑龙江民族丛刊, 1993, 4: 56-62.
[121] Karafet T M, Osipova L P, Gubina M A, et al. High levels of Y-chromosome differentiation among native Siberian populations and the genetic signature of a boreal hunter-gatherer way of life. Hum Biol, 2002, 74(6): 761-789.
[122] Derenko M, Malyarchuk B, Denisova G A, et al. Contrasting patterns of Y-chromosome variation in South Siberian populations from Baikal and Altai-Sayan regions. Hum Genet, 2006, 118(5): 591-604.
[123] Dulik M C, Zhadanov S I, Osipova L P, et al. Mitochondrial DNA and Y chromosome variation provides evidence for a recent common ancestry between Native Americans and Indigenous Altaians. Am J Hum Genet, 2012, 90(2): 229-246.
[124] Dulik M C, Owings A C, Gaieski J B, et al. Y-chromosome analysis reveals genetic divergence and new founding native lineages in Athapaskan- and Eskimoan-speaking populations. Proc Natl Acad Sci USA, 2012, 109(22): 8471-8476.
[125] Poznik G D, Xue Y, Mendez F L, et al. Punctuated bursts in human male demography inferred from 1,244 worldwide Y-chromosome sequences. Nat Genet, 2016, 48(6): 593-599.
[126] Sun N, Ma P C, Yan S, et al. Phylogeography of Y-chromosome haplogroup Q1a1a-M120, a paternal lineage connecting populations in Siberia and East Asia. Ann Hum Biol, 2019: 1-6.
[127] Huang Y Z, Pamjav H, Flegontov P, et al. Dispersals of the Siberian Y-chromosome haplogroup Q in Eurasia. Mol Genet Genomics, 2018, 293(1): 107-117.
[128] Chen Z, Zhang Y, Fan A, et al. Y-chromosome haplogroup analysis indicates that Chinese Tuvans share distinctive affinity with Siberian Tuvans. Am J Phys Anthropol, 2011, 144(3): 492-497.
[129] 范玉梅. 裕固族. 北京：民族出版社, 1986.
[130] 杨圣敏. 回纥史. 桂林：广西师范大学出版社, 2008.
[131] Fu Y, Zhao H, Cui Y, et al. Molecular genetic analysis of Wanggu remains, Inner Mongolia, China. Am J Phys Anthropol, 2007, 132(2): 285-291.
[132] 赵琦. 河北省沽源县"梳妆楼"元蒙古贵族墓墓主考. 中国史研究, 2003, 2: 173-175.
[133] 周清澍. 汪古部事辑//中国蒙古史学会主编. 中国蒙古史学会成立大会纪念集刊. 呼和浩特：中国蒙古史学会, 1979: 147-206.
[134] 蒲立本. 上古汉语的辅音系统. 潘悟云, 徐文堪, 译. 北京：中华书局, 1999.
[135] Haber M, Platt D E, Ashrafian Bonab M, et al. Afghanistan's ethnic groups share a Y-chromosomal heritage structured by historical events. PLoS One, 2012, 7

(3)：e34288.

[136] Underhill P A, Poznik G D, Rootsi S, et al. The phylogenetic and geographic structure of Y-chromosome haplogroup R1a. Eur J Hum Genet, 2015, 23(1)：124-131.

[137] Underhill P A, Myres N M, Rootsi S, et al. Separating the post-glacial coancestry of European and Asian Y chromosomes within haplogroup R1a. European Journal of Human Genetics, 2010, 18(4)：479-484.

[138] Kozintsev A G. Craniometric evidence of the early Caucasoid migrations to Siberia and Eastern Central Asia, with reference to the Indo-European problem. Archaeology, Ethnology and Anthropology of Eurasia, 2009, 37(4)：125-136.

[139] Keyser C, Bouakaze C, Crubezy E, et al. Ancient DNA provides new insights into the history of South Siberian Kurgan people. Hum Genet, 2009, 126(3)：395-410.

[140] Sokolova L A. Okunev cultural tradition in the stratigraphic aspect. Archaeology, Ethnology and Anthropology of Eurasia, 2007, 30(2)：42-51.

[141] Vasil'ev S A, Semenov V A. Prehistory of the Upper Yenisei area (Southern Siberia). Journal of World Prehistory, 1993, 7(2)：213-242.

[142] Dani A H, Masson V M. History of civilizations of Central Asia, Vol. I：the dawn of civilization：earliest times to 700 B.C.. 1. Paris：UNESCO Publishing, 1999.

[143] Anthony D W. The horse, the wheel, and language：how Bronze-Age riders from the Eurasian Steppes shaped the modern world. Princeton：Princeton University Press, 2010：589.

[144] 唐际根. 中国冶铁术的起源问题. 考古,1993,6：556-566.

[145] 刘莉,陈星灿. 中国考古学：旧石器时代晚期到早期青铜时代. 北京：生活·读书·新知三联书店,2017.

[146] Loewe M, Shaughnessy E L. The cambridge history of ancient China：from the origins of civilization to 221 B.C.. Cambridge：Cambridge University Press, 1999.

[147] Fitzhugh W. Pre-scythian Khirigsuurs, deer stone art, and Bronze Age cultural intensification in Northern Mongolia//Bryan H, Linduff K. New research directions in Eurasian Steppe archaeology：the emergence of complex societies in the third to first Millennium BCE. Cambridge：Cambridge University Press, 2009：378-411.

[148] Bemmann J, Parzinger H, Pohl E, et al. Current archaeological research in Mongolia：papers from the First International Conference on "Archaeological Research in Mongolia" Held in Ulaanbaatar, August 19th-23rd, 2007. Bohn：University of Bohn Press, 2009：614.

[149] 张思琪,田广林. 草原丝绸之路的史前中外交通新证——以考古发掘所见石质容器为例. 史志学刊,2017,1：48-53.

[150] 杨建华. 欧亚草原东部的金属之路. 上海：上海古籍出版社,2016.

[151] 詹子庆. 中国北方"草原之路"的推想——谨以此短文庆贺孟世凯教授七十华诞//宫长为,徐勇主编. 史海侦迹——庆祝孟世凯先生七十岁文集. 广州：新世纪出版

社,2005.

[152] Jeong C, Wang K, Wilkin S, et al. A dynamic 6,000-year genetic history of Eurasia's Eastern steppe. bioRxiv, 2020: 2020.03.25.008078.

[153] Jeong C, Wilkin S, Amgalantugs T, et al. Bronze Age population dynamics and the rise of dairy pastoralism on the Eastern Eurasian steppe. Proc Natl Acad Sci U S A, 2018, 115(48): E11248 - E11255.

[154] Damgaard P B, Marchi N, Rasmussen S, et al. 137 ancient human genomes from across the Eurasian steppes. Nature, 2018, 557(7705): 369 - 374.

[155] De Barros D P, Martiniano R, Kamm J, et al. The first horse herders and the impact of early Bronze Age steppe expansions into Asia. Science, 2018, 360 (6396): eaar7711.

[156] Raghavan M, Skoglund P, Graf K E, et al. Upper Paleolithic Siberian genome reveals dual ancestry of Native Americans. Nature, 2014, 505(7481): 87 - 91.

[157] Ilumäe A M, Reidla M, Chukhryaeva M, et al. Human Y chromosome haplogroup N: a non-trivial time-resolved phylogeography that cuts across language families. Am J Hum Genet, 2016, 99(1): 163 - 173.

[158] Rootsi S, Zhivotovsky L A, Baldovic M, et al. A counter-clockwise northern route of the Y-chromosome haplogroup N from Southeast Asia towards Europe. Eur J Hum Genet, 2007, 15: 204 - 211.

[159] Hu K, Yan S, Liu K, et al. The dichotomy structure of Y chromosome haplogroup N. arXiv, 2015: 1504.06463.

[160] 孟达来. 北方民族的历史接触与阿尔泰诸语言共同性的形成. 中国: 中国社会科学出版社,2001.

[161] Alekseev A N. Ancient Yakutia: the Iron Age and the Medieval Epoch (in Russian). Novosibirsk: Izdatel'stvo Instituta Arkheologii i EtnograWi SO RAN, 1996.

[162] Okladnikov A P. The Neolithic and Bronze Age in the Baikal region (in Russian). Moscow&Leningrad: AN SSSR, 1955.

[163] Konstantinov I V. The origins of the Yakut people and their culture: Yakutia and her neighbors in antiquity [in Russian]. Yakutsk: Yakutskiy filial SO AN SSSR, 1975.

[164] Bergström A, Mccarthy S A, Hui R, et al. Insights into human genetic variation and population history from 929 diverse genomes. Science, 2020, 367(6484): eaay5012.

[165] 李青分. 铁勒拔野古部研究. 西北大学,2008: 9 - 16.

[166] 包文胜. 唐代漠北铁勒诸部居地考. 内蒙古社会科学(汉文版),2013,34(1): 49 - 54.

[167] Waters M R, Stafford T W Jr., Mcdonald H G, et al. Pre-clovis mastodon hunting 13,800 years ago at the Manis site, Washington. Science, 2011, 334 (6054): 351 - 353.

[168] Rasmussen M, Anzick S L, Waters M R, et al. The genome of a Late Pleistocene human from a Clovis burial site in western Montana. Nature, 2014, 506(7487): 225 - 229.

[169] Battaglia V, Grugni V, Perego U A, et al. The first peopling of South America: new evidence from Y-chromosome haplogroup Q. PLoS One, 2013, 8(8): e71390.

[170] Pinotti T, Bergstrom A, Geppert M, et al. Y chromosome sequences reveal a short beringian standstill, rapid expansion, and early population structure of Native American founders. Curr Biol, 2019, 29(1): 149-157.e3.

[171] Shi H, Zhong H, Peng Y, et al. Y chromosome evidence of earliest modern human settlement in East Asia and multiple origins of Tibetan and Japanese populations. BMC Biol, 2008, 6: 45.

[172] 杜建录. 西夏与周边民族关系史. 兰州: 甘肃文化出版社, 1995.

[173] 固始噶居巴·洛桑泽培. 蒙古佛教史. 陈庆英, 等译. 天津: 天津古籍出版社, 1990.

[174] 内蒙古社科院历史所《蒙古族通史》编写组. 蒙古族通史. 北京: 民族出版社, 2001.

[175] Zhou R, Yang D, Zhang H, et al. Origin and evolution of two Yugur sub-clans in Northwest China: a case study in paternal genetic landscape. Ann Hum Biol, 2008, 35(2): 198-211.

[176] Wang W, Wise C, Baric T, et al. The origins and genetic structure of three co-resident Chinese Muslim populations: the Salar, Bo'an and Dongxiang. Hum Genet, 2003, 113(3): 244-252.

[177] Zhong H, Shi H, Qi X B, et al. Extended Y chromosome investigation suggests postglacial migrations of modern humans into East Asia via the northern route. Mol Biol Evol, 2011, 28(1): 717-727.

[178] 贺灵, 佟克力. 锡伯族史. 乌鲁木齐: 新疆人民出版社, 1993.

[179] 亦邻真. 中国北方民族与蒙古族族源. 内蒙古大学学报(哲学社会科学版), 1979(Z2): 3-25.

[180] Myres N M, Rootsi S, Lin A A, et al. A major Y-chromosome haplogroup R1b Holocene era founder effect in Central and Western Europe. Eur J Hum Genet, 2011, 19(1): 95-101.

[181] Zhao Y B, Li H J, Cai D-W, et al. Ancient DNA from nomads in 2500-year-old archeological sites of Pengyang, China. J Hum Genet, 2010, 55(4): 215-218.

[182] Wei L H, Yan S, Yu G, et al. Genetic trail for the early migrations of Aisin Gioro, the imperial house of the Qing dynasty. J Hum Genet, 2016.

[183] Wang C Z, Wei L H, Wang L X, et al. Relating Clans Ao and Aisin Gioro from northeast China by whole Y-chromosome sequencing. J Hum Genet, 2019, 64(8): 775-780.

[184] 阿尔达扎布, 斯琴高娃.《蒙古秘史》中的达斡尔语词汇(蒙文). 呼和浩特: 内蒙古人民出版社, 2004.

[185] 王伟. 蒙古兴起前的克烈部落. 科教文汇, 2008(20): 229-230.

[186] 钟焓. 民族学视角下的古代蒙古人传说——读乌瑞夫人蒙古学论著札记//姚大力, 刘迎胜.《清华元史》第2辑. 北京: 商务印书馆, 2013: 417-471.

第3章
从多学科的角度研究蒙古语人群的渊源与流变

3.1 引言

第2章阐述了遗传学研究如何逐步揭示不同的古代和现代蒙古语人群遗传结构的组成成分和相关的人群演化历史。在已经初步确定各类父系在蒙古语人群形成过程中的作用的基础上,我们在本章将讨论遗传学的这些研究成果如何与历史学、考古学、民族学和语言学的相关研究成果进行对比、对话和相互检验。

首先讨论了重要的研究方法论问题。经过长期而细致的研究,传统的历史学及民族学研究通常认为对草原部落人口变迁过程的研究是一个几乎不可能完成的任务。作为遗传学的主要研究对象,DNA 在始祖和后裔之间的传递是可追溯的,且具有可靠的确定性以及较高的分辨率。因此,我们认为,以 DNA 作为工具对数千年以来的草原部落人口的演化历史进行研究,存在一定程度的可行性。

我们主张,群体遗传学所揭示的人群演化过程和人口动态演变过程,可以成为人类群体的生物属性和文化属性的起源和演化相关研究的底层数据、背景知识和关键基石。因此,我们将从多学科的角度讨论6类主要父系类型本身的演化历史与蒙古语人群及其始祖群体的演化历史之间的相互关系,阐述遗传学证据能够对传统学科的研究有什么帮助,提供了什么线索,有什么问题尚待解决。文中提出了一些观点和假说,期待学界共同对相关问题继续进行更深入的研究。

最后,我们重点讨论了蒙古语人群的共同始祖群体的可能形成过程。

3.2 现代人群与古代人群之间的继承性

欧亚大陆东部地区古代游牧人群的起源和演化历史是很复杂的。匈奴人、突厥人、回纥人和蒙古人先后在蒙古高原及其周围地区建立了庞大的游牧政权。这些古代人群的活动历史是人类历史的重要章节。现代突厥语人群和蒙古语人群是这些古代人群以及其他人群经过不断分化和融合而形成的。

对于有关游牧部落内部的人口来源和人口流向的研究,历史学家持有非常谨慎和保守的态度[1]。一般认为,基于文史资料对古代游牧部落与现代人群之间的延续性进行精细的描述几乎是不可能实现的[2]。自然环境和游牧经济生活方式决定了游牧社会本身的家庭组织、氏族组织、部落组织和汗国的独特的组织形式[3,4]。对于游牧社会而言,部落之间的分化和融合历史非常复杂。一个或数个家族加入另一个部落(如《蒙古秘史》所载的锁儿罕·失剌家族的历史[5]),或者某一个部落整体加入另一个部落联盟(如札剌亦儿部加入蒙古部的历史[6]),在游牧社会的历史上是经常发生的。部落人口之间并不存在天然的、无法逾越的界线。相反,随着不同的历史时期不同政权的建立,部落人口的离散以及重新组合是游牧部落演化历史中的常态。因此,从文字记载以及现代民族学调查材料出发,历史学的研究能够大致说明古代人群到现代人群之间的演化历史。但是,对于一个现代人群在多大程度上继承了某一个古代人群的遗传结构、在其发展过程中融入了多大比例的外来遗传成分,单纯依靠文字记载和现代民族学调查材料是很难给出定论的。即使是对于族称本身有确定继承关系的两个古今人群,也是如此。

我们非常同意历史学家的上述观点。最近数十年兴起的现代遗传学为解决上述难题提供了新的途径。通过对现代人群的遗传结构进行精细的测试,可以分辨出人群的"核心遗传成分"、"主要遗传成分"和"相对较少成分"。再结合历史学、民族学和考古学等其他学科的研究成果所反映的人群起源和混合历史,通过不同大类族群集团之间的比较,可推测哪些成分是这些人群集团的始祖群体原有的主要遗传成分,哪些成分是族群形成后期不断融合而来的。更加精细的遗传学数据,比如 Y 染色体全序列可以用于计算出混合成分融入的具体时间。基于现代人的精细遗传学数据和其他学科研究成果的综合研究,可以推测出从远古以来各类遗传成分参与现代人群形成的过程。最后,通过对古代人类化石和古代遗骸进行古 DNA 测试,可以直接还原古代人群的遗传结构,进而分析古代人群和现代人群之间的继承关系与混合历史。总之,我们认为,通过对现代人和古 DNA 的研究,结合其他学科的研究成果,现代人类学研究能够为游牧人群从古至今的演化历史提供比以往更为详细的描述。当然,我们对人群演化历史的复杂性有充分的认识。一个现代人群继承了某个古代人群的族称,有可能在接近 100% 的程度上继承了这个古代人群的遗传结构,有可能继承了一半左右,也有可能只继承了很少的部分,还有可能完全没有继承关系。对于所有的人群而言,都需要具体问题具体分析,基于详尽、充分的数据进行分析,才能更大程度地还原人群演化的历史细节。

从现代人群的遗传结构中推测古代人群的遗传结构,需要多方面的证据,其推论也最终需要古 DNA 的数据来验证。但是,古 DNA 的数据通常是很难获取的,在相当长一段时间内,我们可能无法获取到足够多的、理想的古代 DNA 数据。在足够多的古代遗骸样本被测试古 DNA 之前,我们仍然需要结合现代人群的 DNA 数据和历史学等学科的研究成果来推测古代人群的遗传结构和演化历史。我们相信,只要有一定的历史材料的支持,采用的研究方法符合科学逻辑,就能够大致推测历史时期的古代人群的遗传结构。当然,所有古代人群——特别是史前时期的古代人群——本身的确切遗传结构,只有古 DNA 研究才能给出最终的答案。以下,我们对四类不同程度的继承关系进行讨论。

3.2.1 第一种情况:完全继承型

某些现代人群中只有一种占绝对优势的父系类型,以雅库特人为例。雅库特人的父系类型极为单一。在迄今为止的所有批次的数据中,父系类型 N1c-M178 都达到极高的比例,在 84%—98% 之间[7-10]。根据 Y 染色体全序列和 Y-STR 数据的研究,现代雅库特人的绝大部分 N1c-M178 属于两个在距今 700 年之后才兴起的父系类型[7-10]。一项大样本量的古 DNA 显示,15—19 世纪期间的雅库特人的祖先与现代雅库特人的父系遗传结构基本一致[11]。另一方面,在第 2 章第 2.7.3 节中提到,根据历史学和民族学的研究,雅库特人是大约在 14 世纪从贝加尔湖沿岸向东北方向迁徙的骨利干人中的几个小家族的后裔[12-14]。父系遗传结构上看到的父系类型的极度单一、很晚近的人口扩张和古 DNA 证据,与历史学和民族学研究的描述是一致的。目前还没有贝加尔湖南部沿岸的库鲁木琴文化(Kurumchin Culture,600—1000)和确定的古代骨利干人的古 DNA 数据。尽管如此,我们认为,现有的遗传学证据完全支持历史学和民族学研究所揭示的雅库特人的起源历史。进而,我们推测,今天的雅库特人的主要父系类型(N1c-M178)也是雅库特人的祖先——骨利干人的主要父系类型。这一推测最终还有待直接的古DNA来验证,但从目前的证据看,是比较有把握的。

上述的第一种情况,我们称之为"完全继承型"。在这种情况下,现代族群(如今天的雅库特人)几乎完全继承古代始祖人群(骨利干人)的父系遗传结构(即唯一核心父系不变)。我们认为,基于足够多的现代人和古代人数据,我们可以为此类人群从古至今的演化历史提供清晰的描述。

3.2.2 第二种情况:大体继承型

某些现代人群有多个占优势的父系类型,以卡尔梅克人为例。参考第1章第1.4.5节的讨论,卡尔梅克人是卫拉特蒙古人的代表性人群。在我国以及蒙古国的西部也存在很多属于卫拉特蒙古人的人群。现代卫拉特蒙古人各分支由12世纪的卫拉特四千户发展而来,其中的演化历史极为复杂。由于史料的缺乏,卫拉特人在13—15世纪的早期演化历史比较模糊。在15世纪中叶,随着额鲁特部绰罗斯家族的兴起,有关卫拉特诸部(时称瓦剌)的史料才逐渐丰富起来。此后有关准噶尔汗国以及卫拉特诸部迁往伏尔加河地区的历史记载是比较丰富的。不过,在不同时期的卫拉特联盟中存在着相当多的部落。这些部落聚散离合,有的至今已经消失,有的则不断发展壮大。这些部落的分化和融合历史目前还比较模糊。

目前我们已经获得了几乎全部蒙古语人群的父系遗传结构数据,其中有的数据已经细分到了部落层面。因此,我们可以在相当精细的程度上讨论蒙古语人群的演化过程。对于卫拉特蒙古人的遗传结构,我们首先观察到了两个特点,这些特点代表了卫拉特蒙古人与其他蒙古语人群之间的共性与特性。其一,相对于蒙古语族之外的人群,卡尔梅克人与其他蒙古语人群一样拥有4种主要父系类型(第2章第2.10—2.11节、表2.6)。这种状态代表了卡尔梅克人作为蒙古语人群的共性,是对蒙古语人群共同始祖成分的继承。其二,卡尔梅克人4种主要父系类型的具体比例与其他蒙古语人群有较大差异。具体表现为C2a-F3796(星簇)在卡尔梅克人中的比例较低,而在现代蒙古族人中的比例较高。其次,卡尔梅克人的C2a-M48的比例相对较高,显著高于这种父系在现代蒙古族人和布里亚特人中的比例。再次,卡尔梅克人的C2b-M407的比例显著高于这种父系在现代蒙古族人中的比例,但低于这种父系在布里亚特人中的比例。这些差别代表了卫拉特诸部自身独特的演化历史。

根据第 2 章第 2.2 的讨论,父系类型 C2a-F3796(星簇)在全体蒙古语人群中都有一定比例的存在,代表了蒙古语人群晚近的扩张历史,因此是蒙古语人群的核心父系类型。父系类型 C2b-M407 在布里亚特人中比例极高,在卡尔梅克人中的比例适中,在其他蒙古人群比例则较低或不见。这种父系类型代表了 11 世纪贝加尔湖南部的林中百姓诸部落的主要父系遗传成分。在卡尔梅克人的 C2b-M407,存在一个特别的下游支系 C2b1a1a1d1-F8536 (DYS385a/b=11/11)。这一个支系在最近 600 年内呈现爆发式增长的态势,成为卡尔梅克人最主要的父系类型,在从额鲁特部分化出来的杜尔伯特部中尤为高频。

父系类型 C2b-M407 应是卫拉特首领家族——绰罗斯家族——所属的父系类型。这种父系类型是现代卡尔梅克人中唯一一个在最近 600 年内得到强烈扩张的父系类型,同时也是由绰罗斯家族长期领导的额鲁特部分化出来的杜尔伯特部的最主要父系类型。其次,父系类型 C2a-M48 在卡尔梅克人中也达到很高的比例,且高于 C2b-M407 的比例。根据第 2 章第 2.5 节的讨论,父系 C2a-M48 在 11 世纪的时候很可能已经是贝加尔湖南部和蒙古国中西部古代人群(如克烈部、乃蛮部和图瓦盆地附近的人群)的主要父系类型。蒙古国西部的父系 C2a-M48 最初可能是从贝加尔湖东南部地区扩散过去的。而最早的卫拉特四千户本身就是 12 世纪初贝加尔湖南部的林中百姓诸部落的集合。由此我们推测,在 12 世纪初的卫拉特四千户的部落民中,父系类型 C2a-M48、C2b-M407 和 C2a-F3796(星簇)都已经存在。此外,父系类型 C2b-M407 在最初的卫拉特四千户中的比例可能不是最高的。随着卫拉特诸部的发展,C2b-M407 作为首领家族的父系经历了强烈的扩张,在人群中的比例急剧增加并形成了独特的支系 C2b1a1a1d1-F8536(DYS385a/b=11/11)。可见,父系类型 C2b-M407(特别是下游支系 C2b1a1a1d1-F8536)的起源和演化历史代表了卫拉特蒙古诸部不同于其他蒙古语人群的特点。

从以上讨论可以看到,我们对古代卫拉特蒙古人遗传结构的推测主要基于 3 种证据。其一是现代卡尔梅克以及蒙古国西部卫拉特诸部的遗传学数据;其二是卫拉特蒙古诸部与其他蒙古语人群的遗传结构的相似之处以及差异之处;其三是历史学和民族学对于卫拉特诸部演化过程的研究结果。尽管难以对最初的卫拉特人的各类父系的具体比例进行精确的评估,我们仍然可以推测出他们主要的父系类型以及从古至今的显著变化。如果未来能够在部落和家族层面对卫拉特诸部进行更为精确的父系遗传结构的测试,分辨出更多最近1 000年才诞生的支系,我们就能够更精确地研究卫拉特蒙古诸部内部的分化和融合的历史过程。

上述的第二种情况,我们称之为"大体继承型"。在这种情况下,现代族群(如今天的卡尔梅克人)在相当大的程度上继承古代始祖人群(斡亦剌惕)的遗传结构(4种共同始祖父系成分都得到继承),但始祖群体的各种父系成分的相对比例发生了较大的变化(父系C2b-M407的比例显著增加),后期混入的成分也较多(如父系D,J和O等)。

我们认为,现有的数据和研究可以为此类人群从古至今的演化历史提供较为清晰的描述。

3.2.3 第三种情况:少量继承型

某一个现代人群的遗传结构中与同类人群(如属同一个语族)共享的成分很少。以分布在甘肃省的东部裕固族、保安族和东乡族为例。在这3个族群中,父系C2-M217以及C2a-F3796(星簇)的比例都很低,并且几乎不见其他蒙古语人群常见的C2a-M48和C2b-M407(表2.6)。相反,与其他不同语族的人群(当地的汉族、藏族、回族以及其他人群)共享的父系成分占到很高的比例。这种父系遗传结构的状态与这些人群本身的形成历史是吻合的。参考第1章第1.4.7节的讨论。现代裕固族的祖先人群是明代嘉峪关以西的关西七卫的民众。这些居民主要由撒里畏吾儿人和作为驻军的蒙古士兵及其家眷组成。由于战乱,关西七卫的民众东迁并扩散到他们现在的居住地。此后,裕固族与当地人群发生持续的接触和交流,人群遗传成分的混合也随之发生。保安族是元代驻扎在同仁地区的蒙古人、色目人、工匠、商人以及当地其他人群长期混合而形成的。在清代后期,他们迁徙到了今天的积石山地区。其次,根据民族学的研究,东乡族的主源是中亚地区的撒尔塔人。他们被成吉思汗从中亚地区带回,之后在东乡地区定居下来。从上述3个人群本身演化的历史可以看到,在这些人群最初形成时,来自蒙古人的人口比例不高,但占据上层统治地位,主导了人群的形成。同时,这些人群的人数本身也比较少,在发展过程中不断与周围其他人群发生遗传成分的混合。因此,可以认为我们从遗传学的角度观察到的遗传结构与这些人群本身的发展历史是吻合的。总之,在总结全体蒙古语人群父系遗传结构的时候,东部裕固族、保安族和东乡族中低频的父系C2-M217和C2a-F3796(星簇)以及高频的其他父系成分不会影响我们对全体蒙古语人群的共同始祖成分的判断。

上述的第三种情况,我们称之为"少量继承型"。对于经历"精英主导模式"、由人口较少的统治阶层和人数较多的被统治阶层融合而形成的现代人群(如东部裕固族、保安族和东乡族),其遗传结构可能仅仅继承了少量的源自大类人群集团(如全体蒙古语人群)共同始祖群体的遗传成分,而其他来源的成分占据较多的比例。这类人群的存在和始祖成分较少的情况,并不影响我们对共同始祖成分的判断。

3.2.4 第四种情况:名义继承型

某些现代人群在遗传上与相关或同名的古代人群几乎没有继承关系。参考第1章1.3.7和1.4.2关于现代鞑靼人(也称塔塔儿族)的讨论。现代鞑靼人分为很多个支系,都被视为独立的人群。他们包括克里米亚鞑靼人、喀山鞑靼人、伏尔加鞑靼人、Mişär-Tatars,Qasím Tatars,Noqrat Tatars,Perm (Ostyak) Tatars,Keräşens Tatars 和中国塔塔儿族(Chinese Tatars)等部分。这些人群主要是由金帐汗国时期源自蒙古人的上层贵族、突厥语人群和当地更早的居民融合而成。塔塔儿一词最初用于称呼金代蒙古高原东部、呼伦贝尔地区的室韦部落塔塔儿部。由于这个部落一度非常强盛,达怛/鞑靼一词也被用于称呼所有的室韦-蒙古部落。在金帐汗国境内,不从事农业、不生活在城镇中的游牧人群都被统称为鞑靼人。在金帐汗国灭亡之后,这些人群分化成为上述各个支系的鞑靼人。但实际上我们知道,随着成吉思汗对蒙古高原东部的塔塔儿部的征服,塔塔儿部人几乎被屠杀殆尽,已经不存在一个独立的塔塔儿部落。塔塔儿/鞑靼在后世成为一个内容极为宽泛的词汇,以至于所有的蒙古人以及与蒙古人有相似之处的、源自欧亚草原东部的人群都被称为鞑靼人。可以看到,欧洲境内的现代鞑靼人与12世纪蒙古国东部的塔塔儿部之间,虽然族称是同源的,但实际上在遗传上并不存在直接的关联。遗传学的研究显示,欧洲的鞑靼人的常染色体遗传结构含有一定比例来自东欧亚的成分(如白罗斯的Lipka鞑靼人[15])。但在欧洲鞑靼人的父系遗传结构中,绝大部分都是欧亚大陆西部人群常见的父系类型,来自欧亚大陆东部的成分(如单倍群C2-M217)普遍小于3%甚至为零(如喀山鞑靼人[16,17])。我们认为,研究欧洲鞑靼人中来自欧亚大陆东部的成分的来源,对于研究这些人群的起源来说还是有意义的。但试图从欧洲鞑靼人的遗传结构去研究12世纪蒙古高原东部塔塔儿部的遗传结构,则几乎是没有意义的。另一方面,针对公元5—12

世纪蒙古高原东部直至大兴安岭两侧的室韦-达怛诸部（包括塔塔儿部）的考古遗址中的人类遗骸进行古 DNA 研究，对于研究蒙古语人群的起源和分化过程而言是非常关键的。

上述的第四种情况，我们称之为"名义继承型"。对于部分现代人群而言，虽然其族称继承自某个古代人群，但可以出现其遗传结构对这一古代人群的继承比例接近零的情况。由于人群演化历史的复杂性以及族称高度可变，这种情况也是常见的。在拥有足够多现代人数据和古 DNA 数据的情况下，可以为此类人群从古至今的演化历史提供较为清晰的描述。

综上所述，我们讨论了北亚地区从古代人群演变为现代人群过程中的 4 种情况。可以看到，实际的情况是很多样的，现代人群对古代人群的继承程度，可达 97%（如雅库特人对其始祖的继承关系），也可为零（如东欧鞑靼人对 12 世纪塔塔儿部的继承关系）。鉴于人类演化历史的复杂性，需要具体问题具体分析。总之，我们认为，基于现有的遗传学数据和多学科联合研究的方法，对"现代人群对古代人群的继承性"进行研究是具有可行性的。虽然目前已得到的描述还相对粗糙，但随着数据的增加，相关的研究结果会越来越细化。

相对于有详细文字记载的农耕社会人群，游牧部落的早期起源过程非常模糊，之后的分化和融合历史也极为复杂。对古代人群遗传结构的推测主要依据现代人群间的遗传结构差异和古 DNA 研究，而来自历史学、考古学和民族学的研究成果也是重要的证据。我们认为只要分析方法符合逻辑，同时又有来自其他学科的证据的支持，在现阶段是可以对古代人群的遗传结构以及演变过程进行推测的。当然，针对古代人群的遗骸本身进行古 DNA 研究将会得到最直接的证据。不过，古 DNA 的研究难度稍大，进展相对缓慢，我们期待未来能看到更多的古 DNA 数据的发表，以便验证我们当前的推测，在更准确的程度上研究从古代人群到现代人群的演变过程。

3.3 距今 5 万—1 万年之间北亚地区的人类迁徙

在本节中，我们将结合遗传学的数据以及考古学的研究成果，对距今 5 万—1 万年之间北亚地区的人类扩散和迁徙过程进行大致的描述。我们将说明北亚地区的 3 种主要父系类型（包括 Q-M242、C2-M217 和 N-M214）的来源以及早期分布状态。距今 5 万—1 万年之间北亚地区人类的扩散和演化是原蒙古人和现代蒙古语人群形成的重要基础。现代蒙古语人群不同于其他人群的体质特征也是这一个时段之内缓慢演化的结果。因此，我们也讨论蒙古语人群的独特体质特征的来源。

3.3.1 最初的现代人类群体的来源

根据现有的研究成果，现代人类（晚期智人）很可能在距今 10 万前就开始从非洲向外扩散[18,19]。但是，直到距今 5 万年前后，现代人类才大规模地扩散到欧亚大陆的内陆地区以及高纬度地区[20,21]。阿尔泰山地区的一系列遗址是北亚地区发现的最早的现代人遗址，包括卡拉-博姆（Kara Bom）、Kara-Tenesh、卡拉克尔河口第 1 地点（Ust-Karakol 1）、丹尼索瓦洞穴（Denisova cave）、阿努伊第 2 地点（Anui 2）和乌斯季伊希姆（Ust'ishim）等遗址[22-24]了。这些遗址的年代大约在 4.5 万—4 万年之间，部分遗址的年代甚至超过 4.5 万年。不过，值得注意的是，这一时期的阿尔泰山地区也同时生活着尼安德特人以及丹尼索瓦人两种古老型智人[25,26]。3 种人类可能在不同的历史时期共用过同一个洞穴遗址。以往的考古学研究单纯从考古发掘材料的角度研究这些遗址的文化面貌，可能没有严格区分 3 种不同的人类的遗物。上述 3 种人类之间也存在文化和技术（比如石器制作技术）的交流。因此，阿尔泰山地区 5 万—4 万年前之间的遗迹并非都是现代人留下的。这一点在未来的研究中需要注意。阿尔泰山地区最古老的这部分现代智人可能是经由中亚路线从中东地区迁来的。科学家对距今约 4.4 万年的乌斯季伊希姆遗址的古人类遗骸进行了古 DNA 测试，获得了迄今为止欧亚大陆北部最古老的人类基因组[27]。乌斯季伊希姆古人的 DNA 显示，现代人类经由中亚扩散到了南西伯利亚地区。后世欧亚大陆北部以 P2-B253（含 Q-M242 和 R-M207）为主要父系的人群应该就是这个第一批次扩散来的古代人群的直系后裔[28,29]。

现代人群和古 DNA 的研究表明，以父系类型 Q-M242 为主要父系的人群一直是阿尔泰山地区的主要居民[30-32]。在现代阿勒泰人和叶尼塞语人群中找到了与美洲原住民主要父系类型 Q-M3 最接近的支系，即 Q-L330[30]。此外，Q-M242 的其他支系也呈现出以阿尔泰山地区为扩散中心的状态[33]。另一方面，发现于贝加尔湖西南的距今 2.4 万年的马尔他男孩的父系属于 R*-M207[29]。在现代贝加尔湖南部的布里亚特人群中，R2-M479 的比例达到 12%[34]。而单倍群 R2-M479 约在 3 万年前与其兄弟支系 R1-M173 发生分离[21]。在现代人群中，R1-M173 主要分布在欧亚大陆西部地区。综合以上证据，我们认为阿尔泰山至贝加尔湖之间的地区很可能是父系类型 Q-

M242 和 R-M207 诞生和发生分化的地区。以这两个单倍群为父系类型的人群是最早来到阿尔泰山地区的那一批现代人类的后裔。

目前我们无法确定父系类型 C2-M217 是经过东亚还是中亚地区迁徙到北亚地区的。单倍群 C2-M217 约在 5.1 万年前与其他支系分离[21]。单倍群 C2-M217 之外的其他 C-M130 支系的分化广泛分布在南亚、东南亚和澳大利亚地区[35]。此外，还存在一个分布在欧亚大陆西部的 C1a2-V20 支系。因此我们推测单倍群 C-M130 早期的分化地点与 F-M89 和 K-M9 的分化地点应该在同一个区域，也就是中东的东部地区。在发生分化之后，C-M130、F-M89 和 K-M9 的不同下游分支分别向不同的方向扩散：一部分向东，经由南亚、东南亚而扩散到澳大利亚、新几内亚岛和东亚地区；一部分经由中亚向欧亚大陆北部扩散；另一部分则向西北方向扩散，经过小亚细亚和高加索地区进入欧洲。3 个方向上的人群可能都含有 C-M130、F-M89 和 K-M9 的不同下游分支。

3.3.2　3.5 万年前后的关键分化

父系 C2-M217 之下的两个支系要到 3.5 万年前才发生分化[21]。由于单倍群 C2b-F1067 主要分布在东亚地区各个人群之中，因此我们称之为"C2 南支"。我们有一项研究专门分析了 C2b-F1067 下游各分支的扩散历史[36]。而单倍群 C2-F1396 则主要分布在北亚地区，是蒙古语人群、通古斯语人群以及部分突厥语人群的主要父系类型（参考第 2 章第 2.2 至 2.6 节的讨论）。因此我们称单倍群 C2a-F1396 为"C2 北支"。由此推测，C2-M217 之下的两个支系发生分化的地点大约在蒙古高原中东部地区、中国华北与东西伯利亚南部地区之间。目前我们没有发现 C2-M217 之下的、在 5.1 万—3.5 万年之间分化的支系。这意味着在这一时段以单倍群 C2-M217 为父系的人群经历了强烈的瓶颈。在繁衍了将近 1.6 万年后，单倍群 C2-M217 在距今 3.5 万年前只留下一个有效男性始祖。现存的所有属于 C2-M217 的男性都是这个 3.5 万年前的男性始祖的后裔。由于在现代人的遗传结构中找不到任何的痕迹，我们也就无法推测在距今 5.1 万—3.5 万年之间，以单倍群 C2-M217 为主要父系的人群的迁徙路线和生活的地理区域。目前我们能够推测的是：① 在距今 5.1 万年前，单倍群 C2-M217 的祖先可能生活在中东东部地区，之后，可能经由中亚地区迁徙到亚洲北部地区；② 在距今 3.5 万年前，单倍群 C2-M217 的祖先可能生活在蒙古高原中东部地区、中国华北与东西伯利亚南部地区之间。在未来，古 DNA 的研究有可能找到单倍群 C2-M217 的祖先的活动痕迹。但我们知道，旧石器时代人类遗骸是很罕见的，有可能在相当长一段时间内，我们也无法找到在距今 5.1 万—3.5 万年之间的单倍群 C2-M217 始祖的活动痕迹。

我们注意到一个重要的现象，即在大约 3.5 万年前后，欧亚大陆东部最重要的 3 个父系类型都发生了决定性的分化，分化之后的支系在现代人群中的分布有非常显著的差异。各父系支系的分化时间参考了 Karmin 等人的计算结果[21]。首先是 Q-M242 与 R-M207 的分离。分离之后，以父系类型 R1-M173 为主的古代人群前往欧洲。在那里，他们最终发展成为现代欧亚大陆西部人群最重要的父系类型之一。而以单倍群 Q-M242 为主要父系的人群仍留在阿尔泰山地区，直到现代。其次是 O1'2-F75 与 O2-M122 的分离。单倍群 O1'2-F75 的后裔主要分布在中国华南以及东南亚地区的人群中。而单倍群 O2-M122 的后裔的分布则相对偏北，以中国华北-华中地区为扩散中心。再次是 C2b-F1067 与 C2a-F1396 的分离，之后分别在东亚和北亚地区扩散。我们注意到，距今 3.5 万年的时期是一个地质学上很关键的时期。距今 5.5 万—3.5 万年之间的时期处在玉木冰期（Würm glaciation）期间[37]。在此期间，气温持续上升并在约 3.7 万年前达到最高。之后，玉木冰期的第二冰阶开始，气温持续下降并在 1.8 万年前达到极盛，气温降到最低。玉木冰期第二冰阶的极盛时期，也就是著名的末次盛冰期（last glacial maximum，LGM）[38]。可见，3.5 万年前是一个气候在距今 6 万年以来气温上升到顶峰（距今 3.7 万年）之后向最寒冷的末次盛冰期之间转换的关键时期。在气候变暖的前一阶段（距今 6 万—3.5 万年），人类群体整体向北迁徙，从中东的东部地区扩散到西伯利亚的南部地区，并繁衍出了多个下游支系。有可能是因为气候变得寒冷（距今 3.5 万年以后），为了在更大活动区域内获取更多的食物，原本生活在一起的人群发生分离并往不同的方向扩散，最终导致今天在欧亚大陆不同地区的人群中有不同的占据优势的父系类型。目前我们所观察到的欧亚大陆最重要的 3 个父系单倍群的分布，可能与上述原因有关。

从父系类型"C2 北支"C2a-F1396 在现代人群中的地理分布状态来看，以单倍群 C2a-F1396 为主要父系的人群在距今 1.5 万年之后的扩散中心应该在我国东北及其邻近地区（参考第 2 章第 2.2 至 2.6 节的讨论）。近两千年以来，鲜卑、蒙古和通古斯语人群有持续自北向南扩散的过程。相关的人群迁徙会导致 C2a-F1396 的高频分布区向南扩散。通古斯语人群的早期扩散中心大致在黑龙江流域偏北地带,蒙古语人群的早期活动区域大致在大兴安岭中部和北部地区,而东胡和鲜卑人在南下之前的活动地域大致在外贝加尔湖地区到内蒙古中南部之间。现代人群中的 C2a-F1396 的下游支系大都可以追溯到这些古代人群以及他们的亲族之中。因此,我们可以把单倍群 C2a-F1396 的早期分布地域进一步向北推进到北纬 45°以北的地区[39]。北纬 45°相当于吉林省长春市和内蒙古自治区的二连浩特市以北的区域。另一方面,美洲原住民人群的父系类型 C2a-P39 至少在 1.3 万年前就已经开始在美洲扩散,而与 C2a-P39 最接近的支系正是 C2a-F1756(DYS448del)[39]。正如第 2 章第 2.3 节所讨论的那样,我们推测 C2a-F1756(DYS448del)在较早的时候就扩散到了蒙古高原东部地区。在美洲原住民主要父系 Q-M3 从南西伯利亚地区向美洲迁徙的时候,父系类型 C2b-P39 应该分布在 Q-M3 的迁徙路径附近,因此才有可能与 Q-M3 一起迁往美洲,并最终成为美洲原住民的两大父系之一。据此我们推测,C2a-P39 的上游支系 C2b-F8894 至少在 1.3 万年前已经分布在贝加尔湖沿岸地区。

3.3.3 亚洲北部人群体质特征的演化

此外,现代蒙古语人群和通古斯语人群[40]的颅骨特征都属于蒙古人种的北亚类型[41]338,古代鲜卑人的颅骨特征也与这种类型最为接近[42-44]。这种独特的体质特征应该是在长期孤立的环境下经过遗传漂变演化而来。另外,具有与现代蒙古人种北亚类型相似特征的最早的古人类遗骸是扎赉诺尔人,其年代约为距今 1.1 万年[45]。根据考古发掘报告的描述,哈克文化(距今 8 000—4 000 年)人群[46]、昂昂溪文化(约距今 4 000 年)人群[47]349 和格拉兹科沃文化(约距今 4 000—3 300 年)人群的体质特征[48]287 都与现代蒙古人种北亚类型的特征较为相似。这些古代人群很有可能就是现代蒙古语人群和通古斯语人群的始祖群体。

综合以上所有证据,我们推测以单倍群 C2-M217 为主要父系的人群在 4.5 万年之前已经到达亚洲北部地区。在这里,他们经历了长达 4 万年的演化过程,在末次盛冰期期间经受住了恶劣气候的影响,在末次盛冰期之后再次在亚洲北部扩散开来,并在最近 5 000 年兴起并发展成为后世的蒙古语人群和通古斯语人群。正是因为在高纬度地区经历了寒冷气候和漫长的演化过程,以单倍群 C2a-F1396 为主要父系的人群演化出了独特的体质特征。具体而言,蒙古人种北亚类型的典型特征包括:① 肤色、发色和虹膜颜色都比较浅;

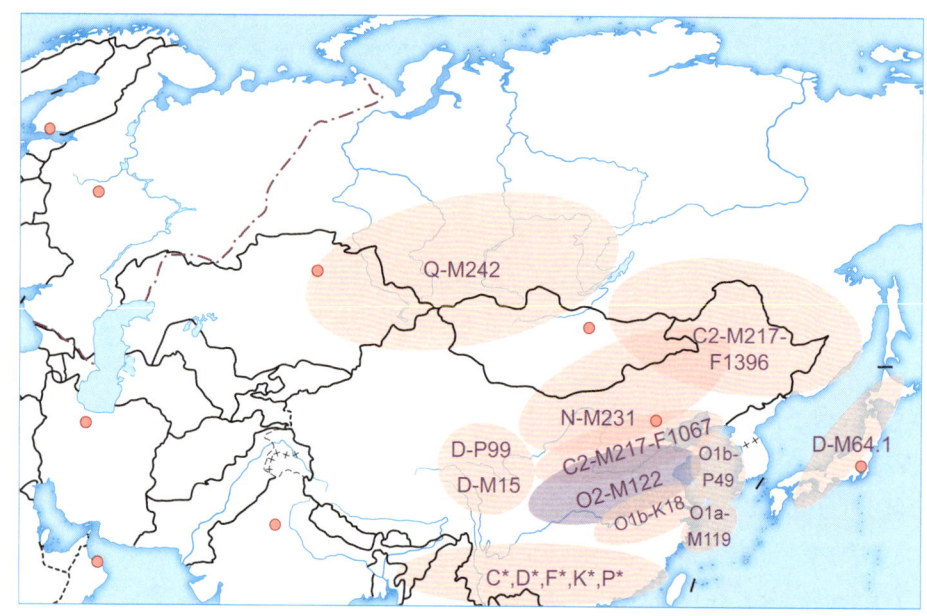

图 3.1　推测的东亚主要父系类型在末次盛冰期的大致分布状态

② 面部高且宽,较为扁平;③ 颅型以低颅和圆颅为特征;④ 内眦皱褶和上眼睑皱褶等[41]338。这些体质特征被后来的鲜卑人、蒙古语人群和通古斯语人群所继承。

目前,现代蒙古人种北亚类型体质特征的遗传学基础还没有被研究得很透彻。某一种特殊的体质性状可能是由相关的 DNA 序列上的一个突变引起的,但在更多的时候是由一系列复杂的因素共同作用的结果。根据目前的研究结果,北亚人群的浅肤色是长期演化的结果,与 OCA2、DCT、ADAM17、ADAMTS20、TYRP1、ATRNA 和 ASIP 等一系列基因上的突变有关[49]。值得说明的是,欧洲人群的肤色也是很浅的,但现有的研究已经表明大部分决定欧洲人和北亚的浅肤色的基因是不同的,是各自独立演化的结果[50,51]。普遍接受的理论是:在高纬度地区,人体内需要通过紫外线照射引发的光化学反应来合成维生素 D。维生素 D 是人类正常生命过程以及胎儿发育过程中重要的营养物质。因此,较浅的肤色在高纬度地区会有一定的生存优势。北亚地区人群的浅肤色应该也是基于这样的原理长期演化的结果。

另一方面,目前我们对决定人类的颅骨以及面部特征的基因还知之甚少。目前有关人类面部特征相关基因的研究才刚刚开始。来自伦敦大学学院的安德烈斯·鲁伊斯-利纳雷斯(Andrés Ruiz-Linares)教授领导的团队在这一领域取得了一些突破。通过对南美地区超过 6 000 例人类样本的面部性状与基因的关联分析，研究者发现了一些与面部骨骼/软骨生长、鼻孔宽度/高度以及鼻梁宽度相关的基因和突变[52,53]。另外一项研究表明，基因增强子是颅面发育的主要参与因子[54]。此外，上海计算生物研究所也在人类面部特征，特别是嘴唇等软组织方面取得了一系列的进展[55]。对于蒙古人种北亚类型的独特体质特征的遗传学基础，还有待进一步研究。

3.4 末次盛冰期之后的重新扩散

3.4.1 末次盛冰期之后人群的扩散

从最新的 Y 染色体谱系树可以看到，在距今 3.5 万—0.5 万年之间，以单倍群 C2a-F1396 为主要父系的人群仍然在经历强烈的瓶颈效应。目前已知的 C2a-F1396 的所有支系都是在距今 1.8 万年前后才开始分化的。这意味着在距今 3.5 万—1.8 万年之间，以单倍群 C2a-F1396 为主要父系的人群的有效男性始祖只有一个人。可见，在整个玉木冰期的第二冰阶(包括 LGM)期间，以单倍群 C2a-F1396 为主要父系的人群的生活环境应该是非常恶劣的。

此前，我们对父系 C2a-F1396 在末次盛冰期之后(约距今 1.8 万年)的早期扩散过程进行了专门的研究[56]。除了在现代人群中比例较高的三大支系[原蒙古人中的 C2a-F1756、蒙古语人群中的 C2a-F3796(星簇)和通古斯人中的 C2a-M77]之外，我们在欧亚大陆人群中找到了在 1.8 万—1.4 万年之间分化的多个早期罕见支系(图 3.2)。父系类型 C2-M217-L1373 在末次盛冰期之前经历了大约 1.7 万年的瓶颈期，在这之后短暂的 4 000 年中经历强烈扩张，由仅有的一个支系繁衍出了超过 15 个支系。父系类型 C2-M217-L1373 所呈现的群体扩张状态可以被认为是末次盛冰期之后人类再次扩散到高纬度地区并成功实现永久定居的典型代表。这次大扩散的主要后裔是蒙古语人群、通古斯语人群以及含有父系类型 L1373 分支的其他人群，包括突厥语人群、尼夫赫人、楚科奇-堪察加语人群和部分美洲原住民。

根据这些样本的地理分布(图 3.3)，我们推测，父系 C2a-F1396 在末次盛冰期之后的早期扩散中心应该在亚洲东北部的低纬度地区，大约相当于我国东北及其邻近地区(图 3.4)。以其中的一个早期支系(P39)为主要父系的小分

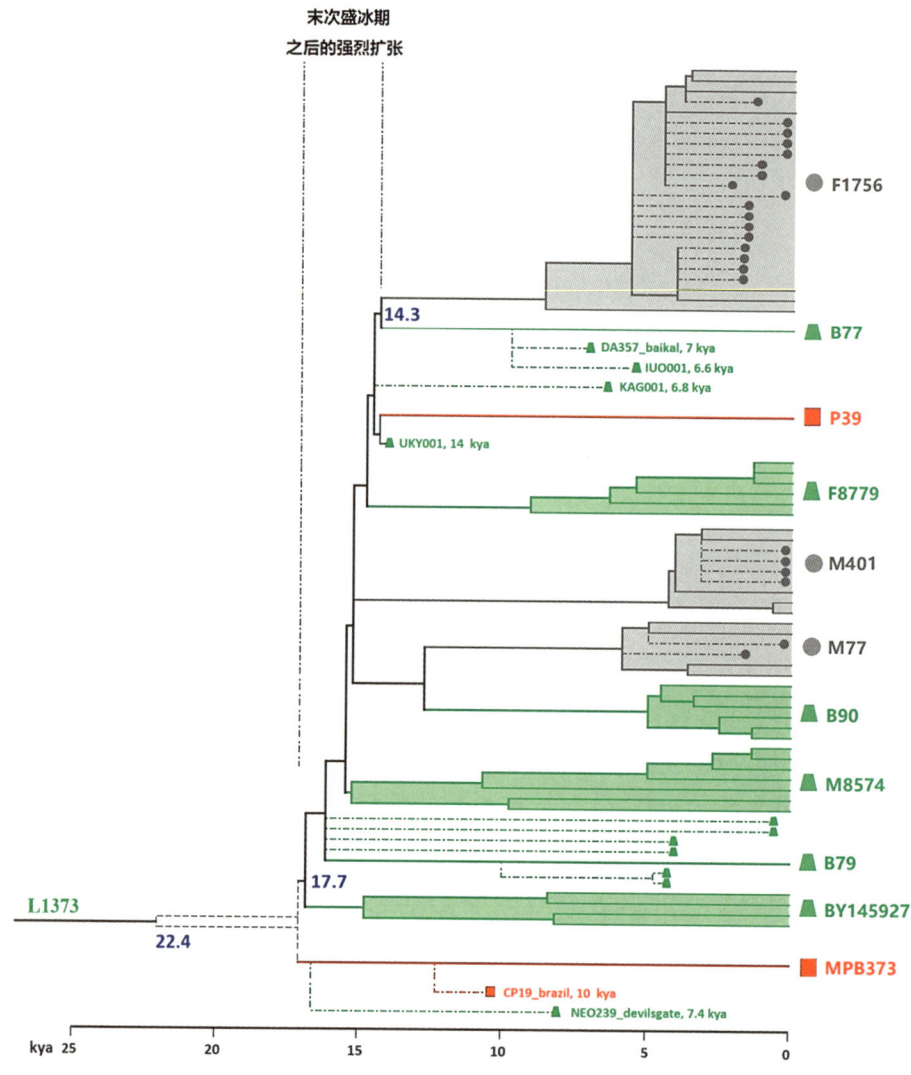

图 3.2　父系 C2－M217－L1373 在末次盛冰期之后以及近 5 000 年以来的强烈扩张

支群体与来自阿尔泰山-南西伯利亚地区的以父系 Q 为主的人群发生融合并迁往白令海峡方向，他们最终形成了美洲原住民的祖先群体。以 C2a－M48xM77 为主要父系的群体大致在黑龙江下游和环鄂霍次克海地区扩散，他们参与了后世尼夫赫人、科里亚克人和伊捷门人等人群的形成。以 C2a－F1756 为主要父系的人群最初可能活动在蒙古高原中东部和大兴安岭地区，他们约在距今 5 000—3 000 年之间兴起，形成历史时期的东胡-鲜卑人群。

第 3 章 从多学科的角度研究蒙古语人群的渊源与流变 | 219

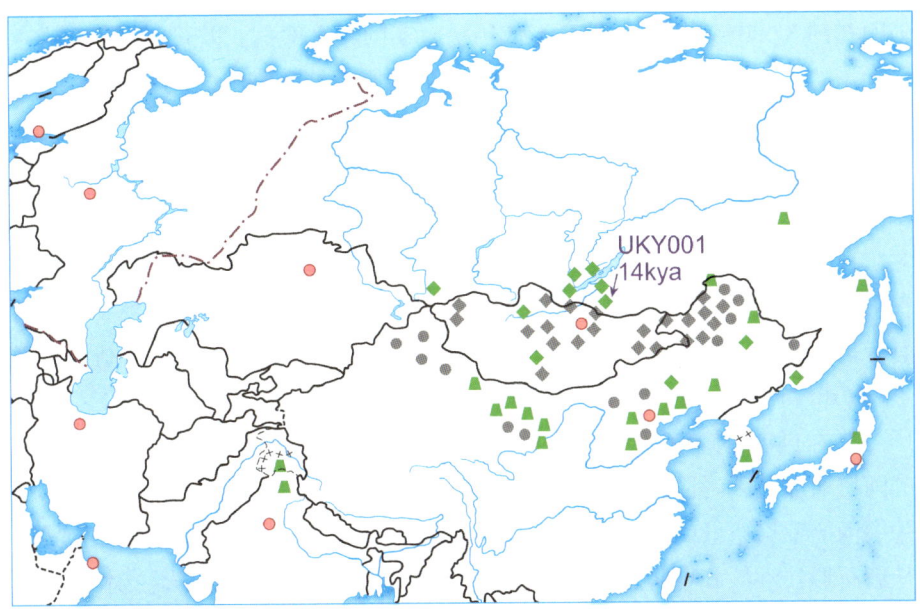

图 3.3 父系 C2 - M217 - L1373 下游罕见支系样本的分布

图 3.4 父系 C2 - M217 - L1373 的 3 个主要支系可能的早期分布区域

以 C2a-F3796(星簇)为主要父系的人群最初可能活动在大兴安岭北部地区，他们在约 3 000 年前开始兴起，形成历史时期的蒙古部落。以 C2a-M77 为主要父系的人群最初可能活动在黑龙江偏北地带至外兴安岭之间的区域，大约在 3 600 年之后开始兴起，形成后世的通古斯语人群。

3.4.2 末次盛冰期之后细石器技术的扩散

在距今 1.8 万—5 000 年之间，细石器技术在亚洲东北部地区广泛传播。在阿尔泰山-西伯利亚南部地区，距今约 3.5 万年之后开始出现人类活动遗迹有卡拉克尔河口第 1 地点、米勒河口第 2 地点(Ust'-Mil 2)和卡什坦基第 1 地点(Kashtanka 1)等遗址。在这些遗址的石器中已经出现了细石器技术的雏形[57]。在贝加尔湖南部、蒙古高原、黑龙江流域、东西伯利亚地区以及北美洲的阿拉斯加地区，都发现了属于旧石器时代的细石器遗址[58]。早期的研究认为中国的下川遗址(距今 2.3 万—1.6 万年)可能是细石器的起源地[59,60]。然而从细石器技术的分布状态来看，整个中国的华北地区只是细石器技术分布的南部边沿地区。中国境内的旧石器技术以粗大石器为主，之后发展出小石器的传统。根据对制作技术的研究，细石器技术应该是在含有剥片工艺的石叶技术的基础上发展而来，而不太可能是从华北的粗大石器传统以及小石器传统发展而来。下川遗址本身的两种差别较大的石器遗存，应视为末次盛冰期前后两个不同来源的人群在同一地点留下的遗物，而不应视为同一个人群自身的石器技术发展的结果[61]。另一方面，石叶技术是尼安德特人典型的石器技术。目前的古 DNA 研究已经确定尼安德特人、丹尼索瓦人与现代人类在阿尔泰山地区共同生活过一段时间，甚至使用过同一个洞穴遗址(丹尼索瓦洞穴)。因此，阿尔泰山地区很有可能就是北亚地区的早期现代人学习了石叶技术并将它发展为细石器技术的地区[62]。利用细石器技术可以制作极为锋利而精美的箭镞，对采集狩猎生活方式的人群而言有极大的帮助。细石器技术在北亚人群中一直使用到近现代。发现于阿尔泰山地区直至黑龙江流域的细石器的年代要早于下川遗址的细石器的年代。因此，可以推测阿尔泰山、蒙古国西北部和贝加尔湖周围地区很可能是细石器技术起源的区域[62]。

细石器技术向黑龙江流域、新疆地区以及中国华北地区的传播，可能与末次盛冰期期间的人群南迁有关[61]。根据现有的第四纪地质学研究，在末次盛冰期期间，全球的气温显著下降，气候带整体南移，华北平原生活着适应寒带气候的披毛犀[63,64]。考古学研究表明，山西南部地区的下川和柿子滩遗址等旧石器文化在末次盛冰期前后存在明显的差异,可能与末次盛冰期环境恶化时人类的迁徙有关[61]。下川遗址的上文化层和下文化层的缔造者可能是不同的人类群体[61]。

在末次盛冰期期间,阿尔泰山地区的高山峡谷地带、贝加尔湖沿岸地区以及黑龙江流域可能是3个主要的人类避难所。对现代人群的遗传学研究表明,以单倍群Q-M242为主要父系的人群可能是自3.5万年以来阿尔泰山-贝加尔湖地区的主要人群[30]。同时阿尔泰山地区也是Q-M242各个下游支系的扩散中心[33]。此外,在贝加尔湖西南部发现的距今2.4万年的马尔他男孩的父系属于P*[29]。今天贝加尔湖南部的布里亚特人中有一定比例(12%)的父系类型R2-M479[34]。其次,从现有的C2a-F1396下游各个支系的分布来看,至少蒙古语人群和通古斯语人群主要父系的扩散起点是黑龙江流域。C2a-F1756(DYS448del)的分布相对偏西一点,位于贝加尔湖到大兴安岭地区。但C2a-F1756(DYS448del)在更早时期也可能是自东向西扩散的。总而言之,对人类而言,阿尔泰山地区的高山峡谷地带、贝加尔湖沿岸地区以及黑龙江流域的河流与湖泊能够持续地提供食物,因此可能是末次盛冰期期间的主要避难所。在末次盛冰期过后,人群再次从这些避难所向外扩散到整个欧亚大陆。

由于考古材料和古DNA证据的缺乏以及旧石器时代考古文化本身的差异尚不十分明显,我们还不了解在末次盛冰期之后人类重新扩散到整个西伯利亚地区的细节。例如,我们并不知道以单倍群Q-M242为主要父系的人群是如何扩散到勘察加半岛和楚科奇半岛,并在后世形成科里亚克人、伊捷门人、楚科奇人和因纽特人。其次,我们也不清楚C2a-F1396下游各个支系最早分化的具体地点以及早期的具体扩散路径——我们在上文推测的黑龙江流域实际上是一个非常辽阔的区域。在未来,需要对相关考古文化的遗骸开展更多的古DNA研究。

3.4.3 新石器时代至青铜时代的考古文化和人群演变

到了新石器时代,北亚地区各地的考古文化开始显现出较大的差异。在距今1.1万—4000年之间,整个北亚地区的各个地理区域存在一系列的考古文化和遗址(参考第1章第1.2.2节)[48]。不过,目前对贝加尔湖地区、蒙古高原及其周围地区以及黑龙江流域的考古文化变迁过程的研究还不够透彻。由于以往材料的限制,部分遗址还没有准确的考古测年数据。目前我们还没有办法分辨出哪些考古文化与后世蒙古语人群以及通古斯语人群的祖先群体有直接的联系。不过,有一些新石器时代晚期的考古文化可能与后世的东胡人、蒙古语人群以及通古斯语人群的起源存在关联。以下我们将逐一进行讨论。

一大批扎赉诺尔人遗骨发现于中国的呼伦贝尔地区[45],受到研究者的长期关注[65]。扎赉诺尔人生活的年代大约在距今1万—7 000年之间[66]。随之出土的石器主要是细石器。根据体质人类学方面的研究,扎赉诺尔人的颅骨具有"原始蒙古人种的特征",可归类于"原始蒙古人种"的范畴[67]。此外,扎赉诺尔人具有低颅型的北亚人种的特点[68]。由此我们推测,蒙古人种北亚类型的部分颅骨特征在距今约1万年的扎赉诺尔人中已经出现。在颅骨特征方面的相似性提示具有蒙古人种北亚特征的现代人群(蒙古语和通古斯语人群)与古代的扎赉诺尔人存在密切的亲缘关系。至于两者之间的具体继承或演化关系,还有待更深入的研究。

中国东北地区新石器时代的考古文化是非常繁荣的[47]。根据朱泓的研究,中国东北南部和东部地区新石器时代人群的颅骨特征大致可以归类为"古东北类型"[69]。这种类型与主要分布在中国华北地区的"古华北类型"最为接近,都拥有较高的颅形。两者的主要差别在于相对较大的颧宽绝对值和较为扁平的面形。我们知道,较大的颧宽以及较为扁平的面形正是蒙古人种北亚类型的典型特征之一,相关的遗骸被归类为"古蒙古高原类型"[44]。由此我们推测,"古东北类型"人群可能是类"古华北类型"和类"古蒙古高原类型"人群混合的结果。这种混合可能在距今1万年以前的更古老的历史时期就发生过。不过,考古学研究所反映的新石器时代以后的人群混合可能是导致"古东北类型"得以形成的主要原因。在距今1万年前后,我国华北北部地区的人群驯化了粟和黍[70]。之后,这些人群向四周扩散。扩散到我国东北南部地区的人群创造了一系列繁荣的考古学文化,如兴隆洼-红山一系文化[47]。农业和人群的扩散在器物上也有很显著的体现,以平底筒形罐为例[71]。平底筒形罐最早出现在距今9 000多年的兴隆洼文化中。之后,平底筒形罐强势扩散到整个中国东北地区以及黑龙江流域,成为中国东北地区以及俄罗斯远东南部地区的新石器时代文化的典型器物。可以推测,在这一过程中,来自华北北部/东北南部的人群与中国东北北部地区以及黑龙江流域人群发生了不同程度的混合。因此,混合后形成的人群的颅骨形态也呈现出混合的特征,即同时拥有较高的颅形、较大的颧宽以及较为扁平的面形,也就是"古东北类型"。

不过,在纬度较高的地区,黑龙江流域当地人群的文化仍占有一定的优势。以新开流文化(距今7 500—6 500年)为例[72]。新开流遗址位于黑龙江省的兴凯湖畔。根据考古学家的研究,分布于黑龙江下游以及俄罗斯滨海边疆区的"鲁德纳亚文化(Rudnaya Culture)"实际上与新开流文化属于同一种文化[73]。新开流文化的分布区域北到黑龙江下游,南到兴凯湖,东达日本海,西到老爷岭东麓一带。新开流遗址的人类遗骨也被归类为"古东北类型"[69],但新开流文化其他遗址的遗骨的体质特征还没有得到很好的研究。新开流文化的陶器以平底筒形罐为主,但遗址中同时出土了大量的细石器、骨器和角器,包含北亚地区采集渔猎人群的遗址中所能看到的所有的石器和工具类型[73]。另外还发现10个储存鱼的鱼窖。考古遗物表明采集渔猎是新开流-鲁德纳亚文化的主要经济来源,没有农业生产的痕迹[73]。可见,虽然黑龙江中下游地区的新石器文化中有来自我国东北南部地区新石器农业文化的影响(如平底筒形罐),但伴随着文化要素扩散的人群扩散的规模可能很小。在黑龙江中下游地区的新石器考古文化人群中,当地原有采集渔猎人群的遗传成分可能一直是占有优势的。与北亚地区的其他古代考古文化相比较,黑龙江下游以及俄罗斯滨海边疆区的人群很可能与贝加尔湖到黑龙江上游之间的其他采集渔猎人群存在亲缘关系。在未来,有必要进行更多的古DNA研究,以揭示这些古代人群的遗传结构及其与当地现代人群的亲缘关系。

昂昂溪文化(约距今4 500—4 000年)主要分布在嫩江流域中下游地区[74]。主要的遗址包括齐齐哈尔市的昂昂溪遗址的M1和M2两座墓葬以及其他的一些墓葬[75]。赵宾福对这个考古文化进行了较为详细的描述[47]337-354。出土的器物中,细石器和骨器十分发达。陶器既有与外贝加尔湖地区遗址类似的尖圜底器,也有带流盆和平底钵等有特色的器物。采集和渔猎是昂昂溪文化人群的主要经济来源。从发掘报告的简图看,昂昂溪遗址M1墓葬遗骸的颅骨有圆颅的倾向。当然,昂昂溪文化人群的具体体质特征,还需要进行正式的体质人类学研究。

根据赵宾福的研究,在距今4 000年之后,嫩江流域的考古文化谱系是:小拉哈文化(夏至商早期)—古城类型(商晚期)—白金宝文化(西周至春秋)—汉书二期文化(战国至西汉)—红马山文化(东汉)[76]。小拉哈文化可能是在同时期中国东北的西南部地区的考古文化的影响下产生的。古城类型和白金宝文化与小拉哈文化有先后继承关系。嫩江流域夏至东汉时期的考古文化与之前的昂昂溪文化人群没有直接继承关系,是不同起源的人群创造的考古文化。由此引发的问题是,在嫩江流域夏至东汉时期的考古文化兴起并覆盖整个嫩江流域的时期，昂昂溪文化人群的去向在何处？由于上述嫩江流域夏至东汉时期的考古文化都是从南向北扩散的，我们推测，在这些考古文化扩张的压力下，昂昂溪文化人群很可能往更北的区域迁徙，也就是黑龙江中游两岸和嫩江上游以北的大兴安岭北部地区。根据本书第1章1.3.2节的讨论，到了战国至两汉时期（约2 500—2 200 BP），汉书二期文化和红马山文化都受到呼伦贝尔地区早期鲜卑文化的强烈影响，甚至被认为与呼伦贝尔地区的考古文化属于同一个文化圈[77-79]。而北室韦部落（包括蒙古人的直系祖先蒙兀室韦部）要到隋代（约1 400 BP）才开始出现在史料中[80]。据考证，北室韦部落生活的区域大致在大兴安岭北麓以及黑龙江中游两岸地区。在距今4 000—1 400年之间，大兴安岭北麓以及黑龙江中游两岸地区的居民的活动还没有被史料所记载，目前相关的考古资料也比较缺乏[76]。因此，目前几乎没有证据足以说明蒙兀室韦部落的祖先在距今4 000—1 400年之间的活动历史以及相关的考古文化。在这里，我们仅仅是通过对嫩江流域考古文化的变迁，推测昂昂溪文化人群可能是后世大兴安岭北部室韦部落的重要直系祖先群体之一。在未来，可以通过古DNA的研究来验证我们的假说。

靺鞨人是南部通古斯语人群的始祖群体。靺鞨人的考古文化可以追溯到蜿蜒河-波尔采文化（Poltse-Wanyan River Culture）[81,82]。而蜿蜒河-波尔采文化可能源自广泛分布于黑龙江流域的乌里尔文化（Uril Culture，约1 300 BC—400 BC）[83]413-428。乌里尔文化的来源和演化过程还不清晰。乌里尔文化本身继承了较多的当地更早的新石器时代晚期文化（如孔东文化）的因素，但与这些文化之间存在较大的年代缺环[83]413-428。此外，乌里尔文化的遗物中出现了马骨。推测来自蒙古高原和外贝加尔湖地区的青铜时代文化（如贝加尔湖地区格拉兹科沃文化，约2 000 BC—1 300 BC）可能对乌里尔文化的兴起起到了促进作用。目前对乌里尔文化本身的年代范围、确切的分布以及发展过程的研究都还很薄弱。因此，我们无法将靺鞨人的考古文化追溯到比乌里尔文化更早的时代。

哈克文化发现于我国呼伦贝尔地区，年代约为距今6 000—4 000年[46]。哈克文化的经济类型与嫩江流域的昂昂溪文化相似，以渔猎为主。哈克文化的石簇的形制十分精良，被认为是细石器技术发展的一个高峰[47]442。哈克文化人群可能与距今1万年前的扎赉诺尔人、海拉尔西山中石器文化人群[84]之间存在先后继承关系。蒙古高原东北部距今1万—4 000年之间的采集渔猎考古遗存，与哈克文化遗存同属于一个大的采集渔猎文化圈，创造这些考古遗存的人群可能也存在亲缘关系,但目前对两者进行比较的考古学研究还比较少。在青铜时代的希韦拉文化以及蒙古国东部石板墓文化兴起之后,原哈克文化的居民可能都被融入其中,甚至有可能是这两个考古文化人群的主体来源。由于同样的采集渔猎生活方式以及生活地域的重叠,我们推测哈克文化人群也可能与后世的希韦拉文化人群、东胡和鲜卑人群存在亲缘关系。但我们的假说需要通过古 DNA 的研究来进行验证。

贝加尔湖周围地区的新石器时代考古文化变迁过程是相对清晰的。先后顺序是基托伊文化(约 8 000—6 100 BP)→800 年的空白期→伊萨科沃-谢洛夫-格拉兹科沃文化(约 5 300—3 300 BP)→希韦拉文化(3 300—2 800 BP)[48]94-145,282-303。据冯恩学的研究,早期的研究也把格拉兹科沃类型遗存当作一个独立的青铜时代早中期文化(约 4 000—3 300 BP)[48]282-303。希韦拉文化是在卡拉苏克文化的影响下产生的,属于青铜时代中期的考古文化。希韦拉文化本身的概念非常模糊,包含从阿尔泰山地区、贝加尔湖南部以及蒙古草原上的一系列类似的遗址。在蒙古草原东部地区,希韦拉文化之后出现蒙古东部石板墓文化(约 2 800—2 200 BP)。石板墓文化本身也是一个内涵非常宽泛的概念,其具体年代和演变过程还有待进一步研究[85]。目前已经观察到蒙古草原中部的石板墓文化与蒙古草原东部的石板墓文化之间存在一定的差异。

目前对蒙古国境内东部石板墓文化的研究已经有很多进展[85]。在我国大兴安岭以西至中蒙边境两侧的地区(包括呼伦贝尔地区)存在很多的石板墓遗存,相关发掘还比较少,缺乏系统性的研究[86,87]。石板墓的主要结构是地面有积石堆,用石板来砌出长方形的墓室且石板露出地表,在墓室东部有时还会树立一个石柱或石板[85]。蒙古东部石板墓文化的很多因素是在西部地区考古文化的影响下产生的。墓葬出土的器物,特别是青铜器,显示这一文化受阿尔泰山周围地区的青铜文化的强烈影响[85]。但体质人类学的研究表明,蒙古国东部石板墓文化人群的体质特征与后世的东胡和鲜卑人非常相似,与蒙古国中部石板墓文化也较为相似,而与阿尔泰山周围地区的人群存在显著差异[44]。可见,蒙古国东部石板墓文化本身应该是当地居民在外来文化的影响下创造的考古文化。我们关心的问题是:蒙古国东部石板墓文化人群在多大程度上继承了当地更早的希韦拉文化以及呼伦贝尔地区的哈克文化人群的遗传结构,来自蒙古高原中西部的文化影响又伴随了多大程度上的人群遗传成分的混合?目前,对希韦拉文化以及哈克文化人群本身的体质特征以及遗传结构的研究还较为缺乏。在未来,有必要进行更多的体质人类学研究和古 DNA 研究，以便揭示蒙古高原东部地区新石器时代晚期至青铜时代的古代人群的演变过程。

3.5　父系 C2a‐F1756(DYS448del)在蒙古语人群中的扩散历史

在第 1 章第 1.2 节和第 1.3 节，我们讨论了蒙古国东部地区的考古文化的变迁以及东胡和鲜卑等古代人群的活动历史。在第 2 章第 2.3 节，我们分析父系类型 C2a‐F1756(DYS448del)在现代欧亚大陆东部人群中的分布以及这个父系类型的扩散历史。在确定父系 C2a‐F1756(DYS448del)是原蒙古人和现代蒙古语人群的重要奠基者父系之后，在本节中我们将结合第 1 章提到的其他学科的研究成果，讨论父系类型 C2a‐F1756 在欧亚东部地区的可能演化历史及其在原蒙古人和现代蒙古语人群形成过程中所起的作用。由于其他学科的研究成果在第 1 章和第 2 章的各个章节中已有详细的引用，本节讨论到相关概念和成果时，不再逐一注出。

我们的推测主要是基于父系类型 C2a‐F1756(DYS448del)在现代人群中的分布及其谱系树的分化年代。目前已在多项古 DNA 研究中发现了属于父系 C2a‐F1756(DYS448del)的古代样本。此外，考古学、历史学、语言学和体质人类学的研究成果也是重要的证据来源。需要说明的是，由于父系类型 C2a‐F1756(DYS448del)的 Y‐SNP 标记点都是在最近才被发现的，以往的大部分古 DNA 研究无法通过测试 Y‐SNP 位点来确定这种父系类型的存在。在今后，有必要在进行古 DNA 研究时测试相关的位点。

据第 2.3 节的讨论，迄今为止已在多处古代墓地样本中测到 C2a‐F1756(DYS448del)，包括在蒙古国额金河(Egyin Gol)鲜卑时期墓地(6 例样本)、井沟子墓地(疑似东胡遗存)(9 例样本)、陈武沟鲜卑墓地(2 例样本)、岗嘎室韦墓地(9 例样本)、柔然贵族墓地(1 例样本)和拓跋鲜卑后裔元威的遗骨。

在遗传学方面，我们观察到 C2a‐F1756(DYS448del)的分化历史如图 3.5 所示。可以看到，父系类型 C2a‐F1756(DYS448del)约在 5 500 年前开始分化。大约在 4 300 年前，主要支系 C2a‐F3830 分化成两个差异较大的下游支系，分别是 C2a‐F8497 和 C2a‐F3889。其中，下游支系 C2a‐F3889 在约 3 300 年前经历过一次比较成功的扩张。根据目前已有的数据，下游支系 C2a‐F3889 主要分布在蒙古高原东部及其周围地区的人群中，我们称之为"C2a‐F1756(DYS448del)东支"。柔然贵族的古代样本属于这个支系。另一方面，

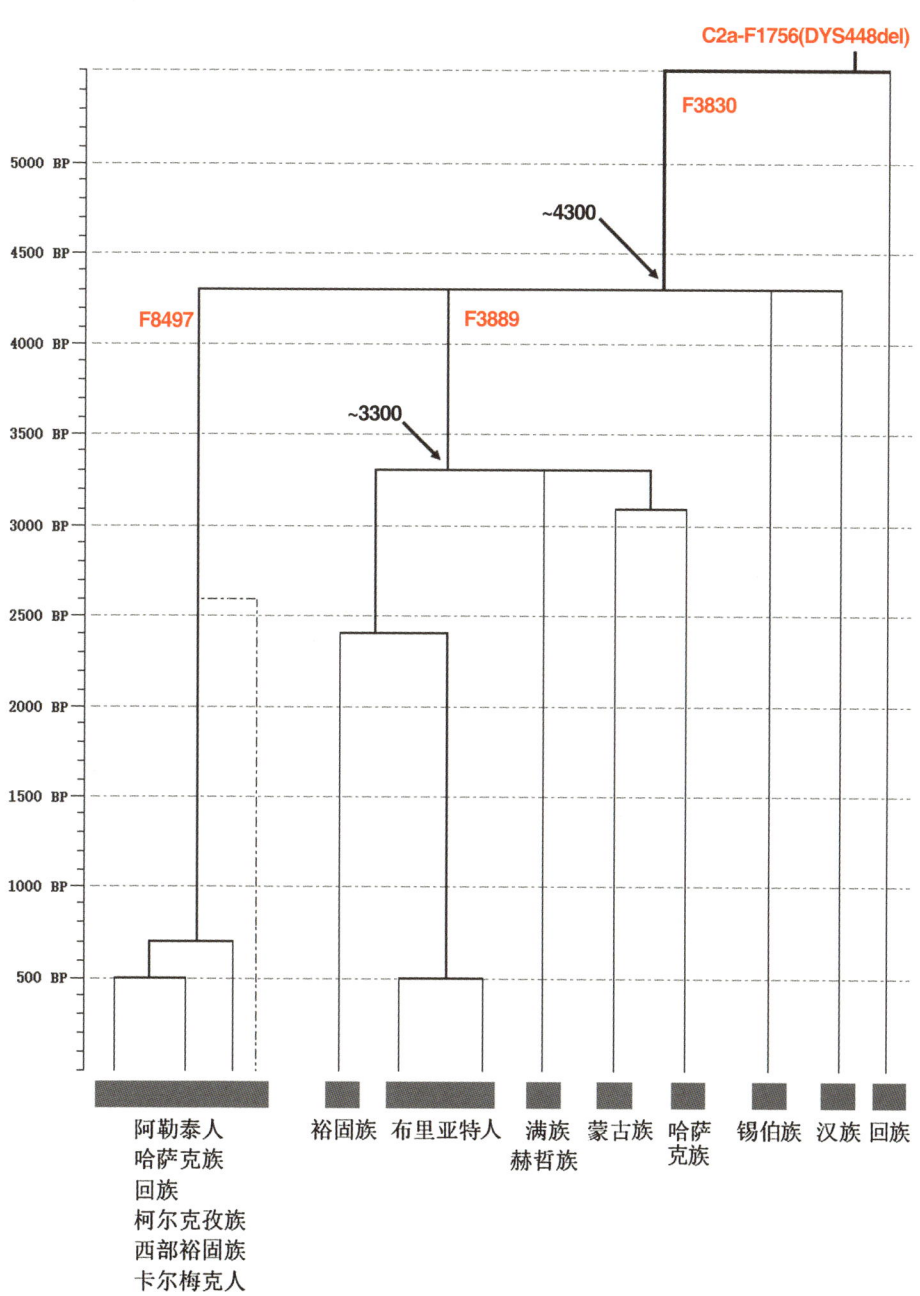

图 3.5 父系类型 C2a-F1756(DYS448del)的分化年代及其在现代人中的分布

下游支系 C2a-F8497 主要分布在源自阿尔泰山地区的人群中,在阿勒泰人中尤为高频,我们称之为"C2a-F1756(DYS448del)西支"。从分化年代以及现有的分布看,C2a-F8497 与 C2a-F3889 两个支系的发展和演化过程几乎是完全独立的。

3.5.1 C2a-F1756(DYS448del)起源和扩散的 4 个阶段

结合其他学科的研究成果,我们推测父系类型 C2a-F1756(DYS448del)的起源和扩散过程可以分为以下 4 个阶段(图 3.6)。

1. 第一阶段:距今 5 500—3 300 年

目前我们没有观察到早于 5 500 年的 C2a-F1756(DYS448del)的支系。在第一阶段,单倍群 C2a-F1756(DYS448del)可能是贝加尔湖东南至蒙古高原东部地区新石器时代人群的主要父系类型。呼伦贝尔地区的哈克文化(8 000—4 000 BP)的末期处在这个阶段之内。哈克文化与贝加尔湖东南部以及蒙古高原东部地区同时代的考古遗存一样,以采集渔猎为主要经济生活方式,细石器技术极为发达。不过,由于相关的研究还不够深入,目前还不了解蒙古高原东部地区从新石器时代向青铜时代转变的具体过程。例如,哈克文化如何消失、希韦拉文化如何兴起等。

2. 第二阶段:距今 3 300—2 800 年,对应希韦拉文化存在的时期

这一时期可能是父系类型 C2a-F1756(DYS448del)兴起的关键时期。目前对于希韦拉文化的研究还十分有限,其实际分布范围和具体的发展过程都还不清楚。希韦拉文化是一个很宽泛的概念,包括从阿尔泰山至大兴安岭之间所有出现卡拉苏克式青铜器的遗存。希韦拉文化本身是在西部的卡拉苏克文化的影响下产生的,因此创造希韦拉文化的人群本身可能是从西部扩散而来的人群与蒙古草原东部地区原有人群混合的结果。希韦拉文化的繁荣可能是后世石板墓文化兴起的基础。此外,在这一阶段,C2a-F1756(DYS448del)西支(C2a-F8497)应该已经分化出去,并扩散到了蒙古高原以西地区。但是,我们完全不了解这种父系类型扩散的细节。

3. 第三阶段:距今 2 800—2 100 年,对应石板墓文化以及东胡人群活动的时期

石板墓文化(约 2 800—2 200 BP)是一个十分繁荣的考古文化,横跨青铜时代晚期至早期铁器时代。石板墓广泛分布在蒙古高原中部和东部、呼伦贝尔地区以及贝加尔湖东南部地区。根据体质人类学方面的研究,蒙古东部石

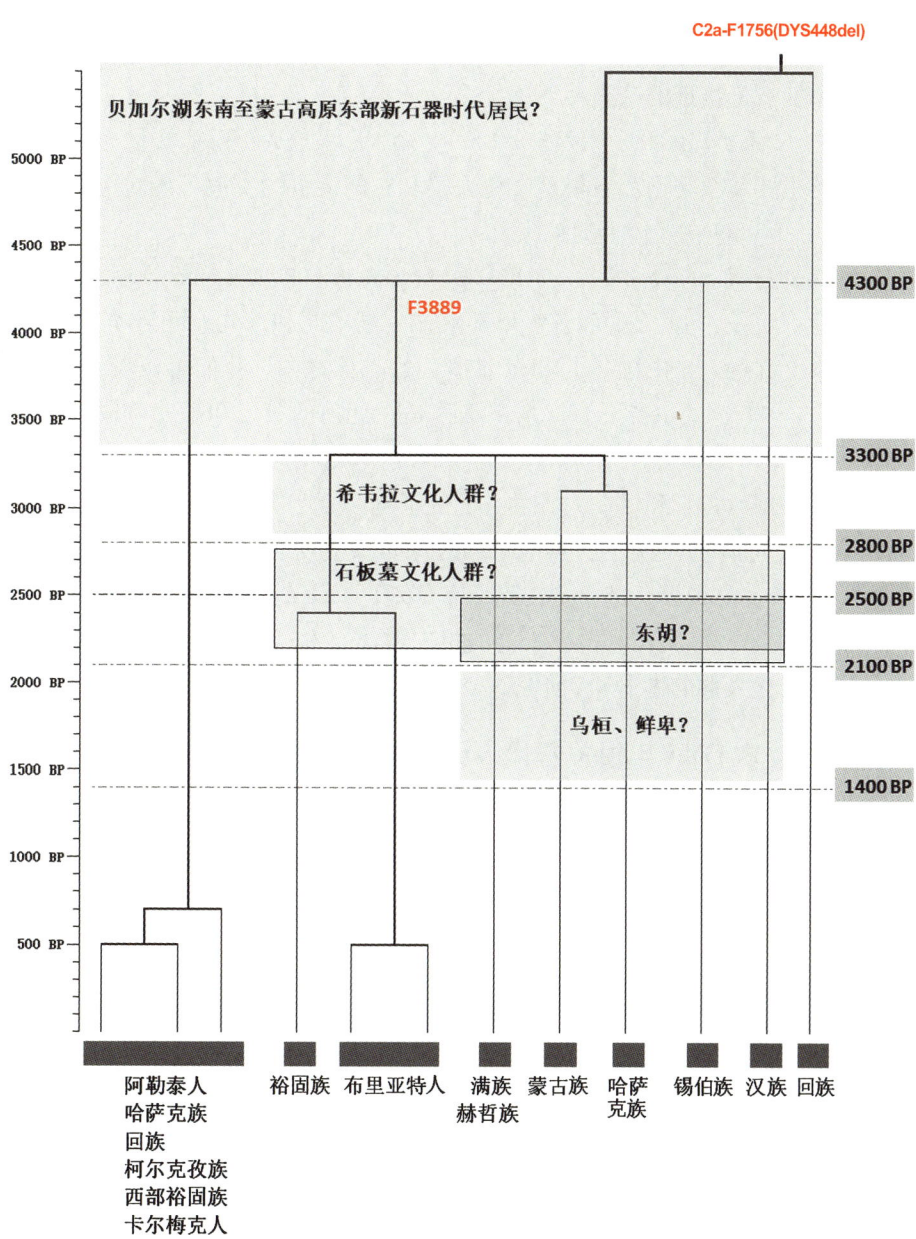

图 3.6 可能与父系类型 C2a-F1756(DYS448del) 有关的古代人群

板墓文化人群的体质特征与后世的鲜卑人群同属于"古蒙古高原类型"。根据历史方面的研究，东胡人出现的时间最早在春秋晚期至战国初期。迄今为止最有可能属于东胡人遗存的井沟子墓地的相关文化也是从蒙古高原东部南下的。因此，相对于其他所有人群而言，蒙古东部石板墓文化人群与后世的东胡人和鲜卑拥有最接近的亲缘关系。

总之，父系类型C2a-F1756(DYS448del)很可能是石板墓文化人群和东胡人群的主要父系类型。石板墓文化人群和东胡人群的扩散可能对应了父系类型C2a-F3889在遗传上的扩张。

4. 第四阶段：距今2 100—1 400年，对应乌桓和鲜卑人群活动的时期

在这一阶段，乌桓人群和各鲜卑部落在中国华北和东北地区活动。之后，他们基本上都融入了中国华北和东北地区的人群之中。我们可以看到，父系类型C2a-F3889的主要下游支系基本都是在此前的第二和第三阶段内诞生的(3 300—2 100 BP)。可见，乌桓人群和各鲜卑部落本身是更古老人群扩张的结果。根据考古学和体质人类学方面的证据，东胡、乌桓和鲜卑人群可以追溯到蒙古高原东部地区更早的人群之中。蒙古东部石板墓文化在距今2 800—2 100年之前覆盖整个蒙古高原东部地区。因此，蒙古东部石板墓文化人群很可能是东胡、乌桓和鲜卑人群的祖先群体。不过，目前还没有关于这一古代考古文化人群的古DNA研究。

3.5.2 古DNA与相关古代人群的演化历史

此前一项涉及蒙古国北部额金河墓地的研究显示，在匈奴时代结束前后，当地的人口组成发生了巨大的变迁[88,89]。额金河墓地的年代为公元前2世纪至公元1世纪，墓葬形制以石板墓为主。额金河墓地共分成3个区。A区和B区的年代稍早，两处墓地的人群的遗传结构以欧亚东部成分为主，含有少量欧亚西部成分；A区和B区的古DNA测试结果被作为匈奴时代蒙古国北部地区人群遗传结构的代表。C区的年代稍晚，古DNA研究结果显示C区是一个家族墓地，墓主人之间有密切的亲缘关系。根据已测试的Y-STR结果以及现代人群中父系C2a-F1756(DYS448del)的特殊Y-STR组合(DYS385a/b=12/15)，我们推测C区的父系类型全部属于单倍群C2a-F1756(DYS448del)。额金河墓地C区人群的父系遗传结构与A区和B区人群的父系遗传结构完全不同，可以认为是两个不同源的人群。这意味着额金河墓地曾长期被一个人群使用，此人群被认为是匈奴时期蒙古高原北方人群的代表。大约在匈奴

时代结束之后，另外一个完全不同源的人群占据了这片墓地。墓地使用者的变迁反映了当时的人口变迁。根据历史方面的记载，在匈奴帝国崩溃之后，丁零和鲜卑人群大举扩散到蒙古高原上。额金河墓地的早期（A 区和 B 区）与晚期（C 区）人群之间的巨大差异，与这一历史时期蒙古高原上剧烈的人口变迁相符。额金河墓地的古 DNA 测试结果与我们在上文关于父系 C2a‑F1756（DYS448del）的推测一致：即父系 C2a‑F1756（DYS448del）是距今 4 300—2 100 年之间贝加尔湖东南至蒙古高原东部地区古代人群的主要父系类型。当然，关于额金河墓地的古 DNA 研究没有测试父系 C2a‑F1756 的相关 Y‑SNP 位点（在当时，所有相关位点也还没有被发现）。在今后，有必要进行 Y‑SNP 的测试来验证我们的推测。

值得注意的，在单倍群 C2a‑F1756（DYS448del）在现代人群的分布图上（第 2 章第 2.3 节图 2.3），在蒙古高原东部地区存在一个明显的分布中心。可见，尽管东胡、乌桓和鲜卑等古代人群已经消失在历史长河之中，他们的遗传成分还保留在后世的蒙古语人群、突厥语人群、中国华北人群以及中国东北人群之中。根据第 2 章第 2.3 节的讨论，我们认为单倍群 C2a‑F1756（DYS448del）是蒙古语人群的主要父系类型之一，尽管这种父系类型的比例相对较低。

根据父系 C2a‑F1756（DYS448del）的分化年代及其与古代人群的可能联系（图 3.5 和图 3.6），父系 C2a‑F1756（DYS448del）的分化要远远早于丁零和铁勒部落出现在蒙古高原上的年代（约在距今 2 200 年以后）。在现代人群中，还存在以阿尔泰山地区为扩散中心的 C2a‑F8497 支系。这个支系与主要分布在蒙古高原东部地区的 C2a‑F3830 的分离年代为约 4 300 年。此外，我们在源自古代回纥人的裕固族中也测试到了一个分化年代比较早的支系（图 3.6）。其次，在上文我们推测额金河墓地 C 区人群的父系也都属于单倍群 C2a‑F1756（DYS448del）。综合以上种种信息，我们推测在丁零‑铁勒‑回纥诸部主导蒙古高原之时（约公元 1—9 世纪），单倍群 C2a‑F1756（DYS448del）也是丁零‑铁勒‑回纥诸部落的主要父系类型之一。不过，目前还没有公元 1—9 世纪的蒙古高原人群的古 DNA 数据，我们的推测还有待证实。

对于研究蒙古语族诸语言的起源而言，父系类型 C2a‑F1756（DYS448del）也具有特殊的意义。鲜卑人及其后裔契丹人的语言被认为是一种"原蒙古语"。根据已有的遗传学研究结果，现代蒙古人的核心父系类型是在距今 2 900 年前才开始发生分化的 C2a‑F3796（星簇）。直到距今 1 200 年之后，这种父系类型才随着蒙兀室韦及其亲族的扩张而扩散到蒙古高原。而鲜卑人的主要父系很可能是 C2a‑F1756(DYS448del)。这意味着古代鲜卑人和现代蒙古语人群的直系祖先——蒙兀室韦在遗传上并没有晚近的共同起源。在 Y 染色体的谱系树上，C2a‑F1756(DYS448del) 与 C2a‑F3796(星簇) 的分化年代接近 1.5 万年。鲜卑人与蒙古人在遗传上没有晚近的共同起源，但为什么会说一种与后世的蒙古语接近的语言？这是一个非常值得研究的问题。这涉及蒙古语起源的核心问题，也涉及一些有关语言演变的理论问题，我们将在第 4 章进行讨论。

综上所述，我们推测父系类型 C2a‑F1756(DYS448del) 在距今 4 300—1 600 年之间的扩散过程如图 3.7 所示。对于这个父系类型的早期扩散过程，还有很多存在疑问的地方。例如，我们尚不清楚内蒙古中南部的拓跋鲜卑部和西辽河流域的东胡人群最初的扩散路径。再次，这个父系类型最初的分化地点是在贝加尔湖东南部地区还是蒙古东部地区至大兴安岭一带？再次，我们也不了解西部支系 C2a‑F8497 是在何时经由何种路线迁徙到阿尔泰山地区的。我们在本节中关于父系类型 C2a‑F1756(DYS448del) 在北亚人群中扩散的推测主要基于现代人的测试结果以及有限的古 DNA 测试结果。只有对距今 5 500—1 600 年之间贝加尔湖东南至蒙古高原东部地区的所有古代人群的遗传结构进行测试，才能为这一父系类型的扩散历史以及相关古代人群的历史提供最准确的答案，并验证我们的种种推测。在未来，有必要对相关的古代人群进行更多的古 DNA 研究。

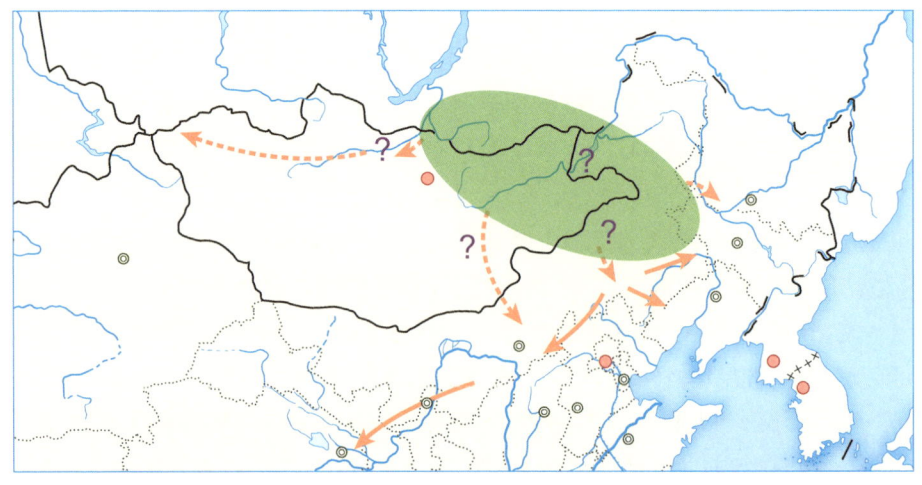

图 3.7　推测的父系类型 C2a‑F1756(DYS448del) 在距今 4 300—1 600 年间的扩散过程

3.6　父系C2a-F3796(星簇)在蒙古语人群中的扩散历史

在第2章第2.2节,我们讨论了父系类型C2a-F3796(星簇)在现代人群中的分布以及这个父系类型的扩散历史。在第1章第1.3节中,我们讨论了古代鲜卑人、蒙兀室韦部以及蒙古部的活动历史,特别是大兴安岭北部地区的考古文化变迁以及相关的古代人群。结合各个学科的研究成果,我们将推测父系类型C2a-F3796(星簇)在古代人群和现代人群中的扩散过程。需要说明的是,由于父系类型C2a-F3796(星簇)的所有Y-SNP标记点都是在最近才被发现的,以往有关现代人的研究都是通过特殊的Y-STR组合来确定某一个样本是否属于父系类型C2a-F3796(星簇)。同时,以往的大部分古DNA研究无法通过测试Y-SNP位点来确定这种父系类型的存在。在今后,有必要在进行现代人和古DNA的研究时测试相关的位点。

因为父系类型C2a-F3796(星簇)本身的分化过程已经处于有文字记载的历史时期,我们的推测主要是基于其在现代人群中的分布、谱系树的分化年代以及相关族群的历史记载。此外,考古学、语言学和体质人类学的研究成果也是重要的证据来源。目前,还没有古DNA研究涉及父系类型C2a-F3796(星簇)。

在遗传学方面,父系类型C2a-F3796(星簇)的分化历史如图3.8所示。目前已经测到的所有C2a-F3796(星簇)及其兄弟支系的样本的总年代只有约2 900年,并且这个支系样本的Y-STR本身非常接近。这种状态显示这个父系类型的扩张时间虽然很晚,但很成功,繁衍了大量的后裔。它的兄弟支系C2a-F8951是现代达斡尔族的主要父系类型,也是爱新觉罗家族的父系类型。这种父系类型还零星出现在大兴安岭北部、呼伦贝尔地区的其他人群中。C2a-F3796(星簇)本身在约2 600年前有过一次小规模的扩张,诞生了3个后裔支系。其中一个支系C2a-F9700经历了较长的瓶颈期,在距今1 200年之后开始发生分化,产生了多个下游支系。特别地,下游支系C2a-F5481在约1 100年前经历爆发式增长,同时产生了5个以上的后裔支系,并且这5个后裔支系分布在从蒙古国到中亚地区的辽阔地域内的人群中,而这些人群的起源都与蒙古人的历史活动有关。从遗传学的角度而言,C2a-F3796(星簇)的扩张模式在世界范围内都是唯一的。因此,在2003年最初发现C2a-F3796(星簇)的研究中,研究者就已经提出这种父系类型的扩散与蒙古人的历史活动直接相关，并怀疑成吉思汗本人就属于这个父系类型。虽然后续的研究未能找到成吉思汗属于这个父系类型的直接证据，目前学者们都接受这种父系类型的扩散与蒙古人的历史活动直接相关的观点。

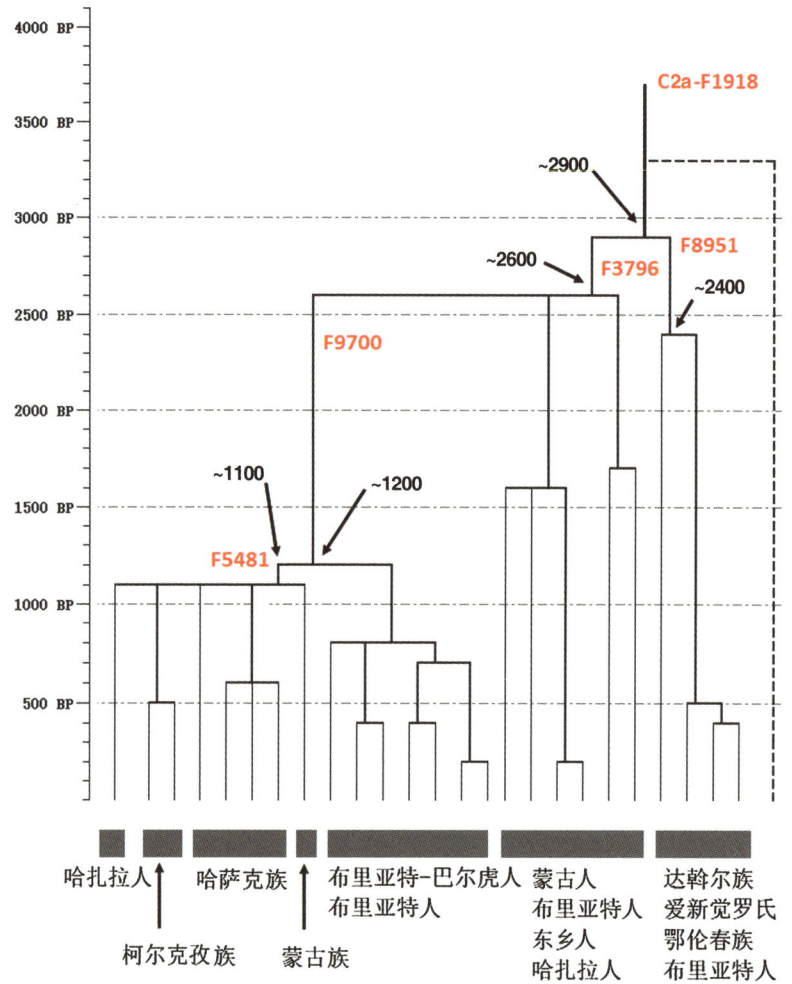

图 3.8　父系类型 C2a-F3796（星簇）的分化年代及其在现代人中的分布

结合其他学科的研究成果，我们推测父系类型 C2a-F3796（星簇）的起源和扩散过程可以分为以下 4 个阶段（图 3.9）。

3.6.1　第一阶段：距今 8 000—4 000 年之间的时期

目前我们还没有在现代人中发现在这一阶段内分化的单倍群 C2a-

第 3 章　从多学科的角度研究蒙古语人群的渊源与流变 | 235

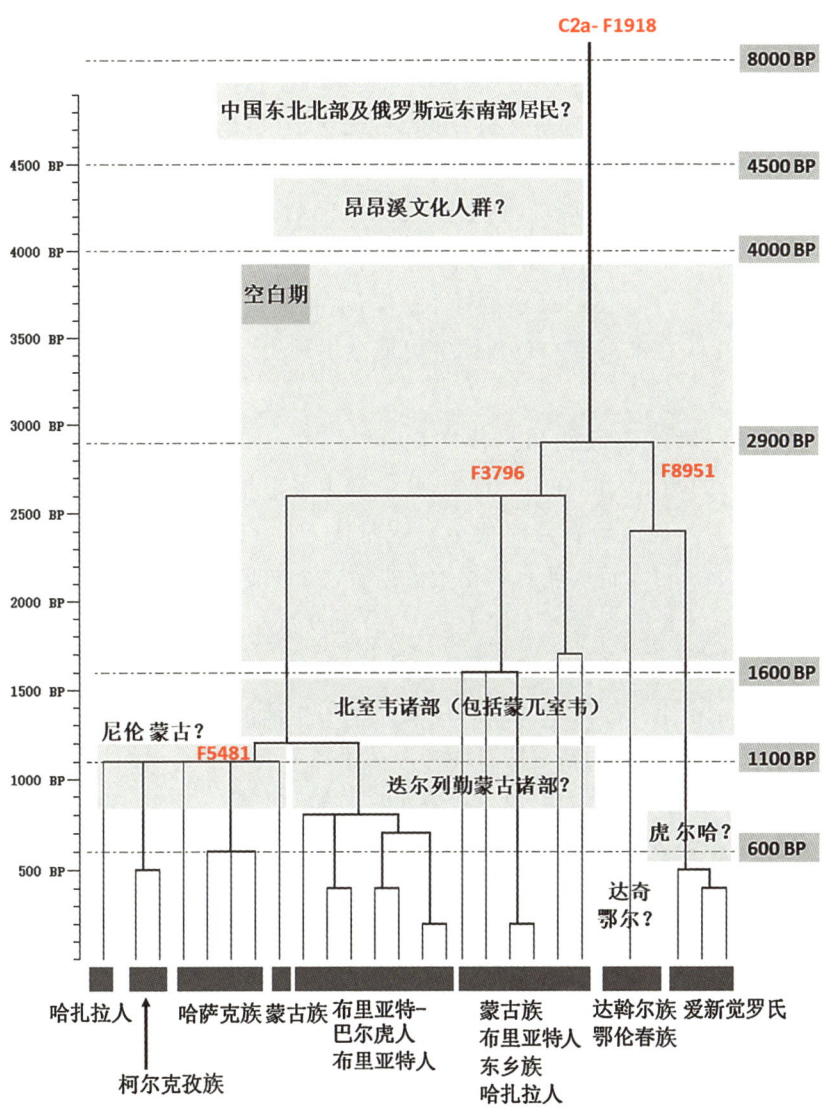

图 3.9　可能与父系类型 C2a - F3796(星簇)有关的古代人群

F1918 的下游支系。不过,研究者在俄罗斯远东南部属于鲁德那亚文化的鬼门洞穴遗址的遗骨中测试到了这父系支系。在中国东北北部至黑龙江中下游存在一系列的新石器时代考古文化,这些考古文化中的陶器形制以平底筒形罐为主,明显受到中国东北西南部的新石器文化的影响。但这些考古文化以采集渔猎为主要的经济生活方式,几乎不见农业的痕迹,而细石器技术极为发达。我们推测这些考古文化实际上是中国东北北部及俄罗斯远东南部旧石器时代的人群在外来文化因素的影响下产生的。这些考古文化人群可能是当地更早的居民与从南方迁来的人群的混合。因此,在古代可能存在过不少C2a-F1918的旁系支系,这些旁系支系可能已经完全消失,或者在现代人群中的比例极低,以致目前的遗传学研究还测试不到这些旁系支系。不过,目前在蒙古族人和阿塞拜疆人中分别测试到1例C2a*-F1918xM401样本。由于没有这两个样本的序列,我们还不知道这两个样本与C2a-F3796(星簇)的分化年代。由于C2a*-F1918xM401的样本极罕见,我们也就无从讨论其相关的古代人群的历史。在未来,古DNA研究可能会发现更多单倍群C2a-F1918的早期支系。

我们推测嫩江流域的昂昂溪文化(约4 500—4 000 BP)可能与C2a-F3796(星簇)的始祖人群有关。首先,我们在上一节推测,贝加尔湖东南部直至蒙古高原东部地区新石器时代至青铜时代人群的主要父系类型是C2a-F1756(DYS448del),而从现有的相关数据看,C2a-F3796(星簇)父系应该是在很晚的时候才扩散到蒙古高原上的,与公元9世纪以后蒙古语人群的扩散直接相关。从贝加尔湖东北部至黑龙江中上游的北部地区可能一直是通古斯语人群及其始祖生活的区域。以唐代蒙兀室韦生活的大兴安岭北麓为基点,北方、西方和西南方向的新石器时代考古文化都不太可能是他们的直接来源。因此,我们可以从东南方向上去寻找蒙兀室韦部的来源。其次,昂昂溪文化本身以采集狩猎为经济生活方式,细石器技术发达。这与北室韦诸部落(包括蒙兀室韦部)的生活方式是一样的。距今4 000—2 000年之间,嫩江流域兴起了一系列考古文化系。这些考古文化与之前的昂昂溪文化没有继承关系,是不同起源的人群创造的考古文化。我们推测,在这些考古文化扩张的压力下,昂昂溪文化人群很可能往更北的区域迁徙,也就是黑龙江中游两岸和嫩江上游以北的大兴安岭北部地区。再次,根据历史学家的考证,在隋唐时期,除了南室韦和大室韦之外的其他室韦部落大致生活在大兴安岭北部以及黑龙江中游两岸地区。基于这些证据,我们把唐代的北部室韦部落与新石器时代末期的昂昂溪文化联系起来,虽然两者之间有长达1 400年的空白期。我们的假设有待古DNA数据的验证。

3.6.2　第二阶段:距今4 000—1 600年之间的时期

这是一个没有任何文字记载的"空白期"(图3.9)。此前,张久和已经对室韦诸部的历史进行了非常细致的研究[80,90,91]。据考证,北朝时期的室韦与隋唐时期的南室韦诸部相当。乌洛侯部最早与北魏王朝发生联系,因此被单独记录为一个部落。张久和认为乌洛侯部实际也是南室韦部落之一。在隋代,室韦部落被分为南室韦、北室韦、钵室韦、深末怛室韦和大室韦五部分。据记载,大室韦与其他室韦部落语言不通,暂可不讨论。隋代的南室韦即北朝时的室韦。我们将其他三部分室韦称为北室韦诸部。在唐代,史料中有关室韦部落的记载更加详细,部落总数超过二十余个。据张久和考证,唐代的北室韦诸部大致生活在大兴安岭北部、黑龙江中上游两岸地区。南室韦诸部与北室韦诸部在经济生活和风俗习惯方面有很大的不同。最大的不同是南室韦诸部中存在农业,而北室韦诸部的生活方式是较纯粹的采集渔猎。从北朝到唐代,室韦诸部的部落名呈现逐渐增多的趋势。然而,这种趋势反映的是中原王朝对室韦诸部的认识逐渐增加的过程,被了解的地理范围也从嫩江下游扩展到整个大兴安岭的南部和北部地区、黑龙江中游两岸地区、额尔古纳河的上游以及石勒喀河地区。唐代室韦诸部的地理分布和彼此之间的差异应该继承自更古老时期的人群分布状态,而并不完全是北朝时期的南室韦诸部本身分化和扩散的结果。

据张久和考证,《旧唐书》记载的乌素固和那礼等11个部落由隋代南室韦发展而来,以嫩江下游地区为中心,向西扩散到呼伦贝尔地区[90,91]。隋代南室韦相当于北朝时期史料所记载的室韦诸部。可见,在北朝时期到唐代之间(约公元5世纪至8世纪),北朝时期所记的南室韦部落确实有一定程度的分化和扩散。但是,南室韦诸部的分化和扩散与大兴安岭北部、黑龙江中上游两岸地区的北部室韦诸部的出现和分化并没有直接的关联。由于南、北室韦诸部在经济生活和风俗习惯方面的差异,我们推测北室韦诸部实际上是由当地更古老时期的采集渔猎人群分化而来,与嫩江下游掌握农业的南室韦诸部拥有不同的起源。

在遗传学方面,单倍群C2a-F1918在这一个"空白期"发生了非常关键的分化。首先,单倍群C2a-F1918在距今2 900年左右分化出两个支系,即C2a-F3796(星簇)和C2a-F8951。单倍群C2a-F8951在2 400年前进一步分化为两个下游支系,其中一个就是爱新觉罗氏所属的父系支系,另一个集中出现在达斡尔族中。而C2a-F3796(星簇)在约2 600年前分化出了3个支系,这3个支系目前都出现在蒙古语人群之中。

作为C2a-F3796(星簇)的兄弟支系,C2a-F8951是现代达斡尔族的主要父系类型,也是爱新觉罗家族的父系类型。这种父系类型还零星出现在大兴安岭北部和呼伦贝尔地区的其他人群中。从分布状态来看，C2a-F8951 主要分布在大兴安岭以东地区，而 C2a-F3796（星簇）则主要分布在蒙古高原以及更西部的地区。这种地理上分布的差异是非常明显的，代表了两个支系的始祖人群的重要分化过程。根据第 2 章第 2.6 节的讨论，我们推测爱新觉罗家族源自明代分布在黑龙江中游两岸的虎尔哈部落。虎尔哈部落的父系起源上与其他蒙古语人群存在关联，但分化年代也已经达到 2 400 年。虎尔哈部落可能是在鞑靼时代经历了通古斯化的过程。又据第 1 章第 1.4.6 节的讨论，达斡尔族源自 16 世纪黑龙江中游的达奇鄂尔部，与达奇鄂尔部一起出现的珠尔齐特很可能就是虎尔哈部。在公元 16 世纪之前，史料中没有关于达斡尔族的任何记载。不过，现代达斡尔语属于蒙古语族，并且是蒙古语族之下一个独立的分支，还保留很多古代蒙古语的词汇。蒙古人的直系祖先是生活在大兴安岭北麓的蒙兀室韦部落，这是学者们普遍接受的论断。蒙古部落扩散到草原上之后，他们的生活方式从采集渔猎变为典型游牧生活方式，语言中很多词汇都发生了变化。根据达斡尔语的状态，我们推测，达斡尔人的祖先是那些在蒙古部落大举扩散到蒙古高原之后，仍留在大兴安岭北部森林地区和黑龙江中游两岸地区的室韦部落的后裔。达斡尔人的祖先似乎从来都没有被归入蒙古部落之中，辽代和元代的史料也几乎没有涉及黑龙江中游两岸的部落。目前在父系 Y 染色体谱系上观察到的 C2a-F8951 与 C2a-F3796（星簇）分化关系，完全支持达斡尔人的祖先与蒙古部的祖先在较早时期就发生了分化这一观点。

在 C2a-F3796（星簇）之下有 3 个支系，从中我们也观察到了可能与蒙古部早期形成过程有关的谱系树分化关系。3 个支系中除了最重要的 F9700 之外，其他两个支系遍布各个蒙古语人群之中，包括蒙古族人、布里亚特人、东乡族以及哈扎拉人。分布于阿富汗的哈扎拉人是被派往当地的蒙古驻军的后裔。可见，其他两个支系也是最初蒙古部民众的一部分，随着蒙古人在 12 世纪以后的扩张而发生了同步的扩散。而 C2a-F9700 则经历了长达 1 400 年的瓶颈期，直到公元 8 世纪以后才开始发生分化。C2a-F9700 在后来发生了爆发式的扩张，我们认为这个支系是早期蒙古部的核心父系类型。C2a-F3796（星簇）的早期分化状态表明，在蒙古部的祖先群体（即北室韦诸部）中，C2a-F3796（星簇）已经发生了一定程度的分化。早期分化的支系在后来都成为了蒙古部民众父系类型的一部分。

综合以上讨论，在距今 4 000—1 600 年之间的"空白期"，父系类型 C2a-F1918 实际上发生了非常重要的分化，在现代人群中观察到的重要支系在这一个时间段都已经诞生。我们推测,这个"空白期"是北室韦诸部的人口大幅增加,进而分化出大量部落的重要时期。黑龙江中游两岸地区的达斡尔人以及虎尔哈人的始祖群体在这一阶段已经发生分化。同样大兴安岭北麓的蒙兀室韦及其亲族的祖先群体也已经发生分化。在公元8世纪以后蒙兀室韦部落向西迁徙并扩散到草原上的时候,早期分化的支系也参与到了这个历史进程之中,作为蒙古部的一部分发生扩散。

3.6.3 第三阶段:距今1600—1100年之间的时期

这一阶段相当于南北朝到唐代之间的历史时期。在这一阶段,部落名"室韦"首次出现在北魏时期的史料中,部落名"蒙兀室韦"首次出现在唐代的史料中。不过,从遗传学的数据看,父系Y染色体的谱系树在这一阶段并没有大范围的扩张。在上文中提到,第二阶段应该是北室韦诸部的人口大幅增加,进而分化出大量部落的时期。从已有的文字记载看,室韦诸部的活动历史似乎集中在第三阶段。然而从Y染色体的谱系树看,父系类型C2a-F1918的谱系树在第三阶段并没有发生大规模的分化。这种状态可以理解为:第二阶段是北室韦诸部的始祖群体扩散到较大的地理区域中的过程。随着人群的分离,新的父系下游支系得以诞生。然而,一个新诞生的父系支系需要经过很长的时间才会成为某一个部落中的优势父系类型。在被隋唐时期中原王朝的史料记录下来的时候,北室韦诸部内部实际上已经完成了分化并在不同的地理区域形成了多个有差异的部落。在唐代以后,除了西迁并发展壮大的蒙兀室韦部外,一度兴盛的其他北室韦部落大多消失于史料之中。在唐代之后到明代中期,史料中不再有关于黑龙江中游两岸地区的古代人群的记录。

3.6.4 第四阶段:距今1100—500年之间的时期

这一阶段是蒙古部兴起并扩散到欧亚大陆各地,进而形成中世纪时期各个不同人群的过程。这一阶段的总体时间虽然不长,但基本上奠定了现代蒙古语人群的分布及其现状,可分为3个部分进行详细的讨论。

1. 第1部分:蒙古部最初的扩散历史

蒙古部从大兴安岭扩散到草原上的历史,主要保留在《蒙古秘史》以及辽金时期的史料之中。根据历史学家的研究成果,在回纥汗国崩溃之后,室韦部落(包括蒙兀室韦)大举向西迁徙并扩散到蒙古高原之上。此前,这些室韦部落大致生活在大兴安岭之中以及呼伦贝尔地区。只有蒙古部通过口传历史保留了自身迁徙的细节,这些口传历史后来被记录下来,形成元代的皇家史料《蒙古秘史》。而其他部落的迁徙历史并不清晰,比如弘吉剌特部以及林中百姓诸部落等。我们在第1章第1.4.1节讨论了蒙古部落的早期扩散历史。

尼伦蒙古部的直接父系起源比较复杂。关于乞颜氏和捏古思氏的传说是蒙古部传说中最古老的部分。据《蒙古秘史》记载,孛儿只吉歹·蔑而干娶了一名叫忙豁勒真·豁阿的女子为妻,并进而繁衍了后世的蒙古部。"忙豁勒真·豁阿"也就是来自"忙豁勒部"的女子。屠寄等学者认为,"忙豁勒部"之名对应"蒙古部"[92]。按照后世蒙古人族外婚的传统,孛儿只吉歹·蔑而干娶了一个"忙豁勒部"的女子为妻,那么孛儿只吉歹·蔑而干本身所在的家族很可能并不属于"忙豁勒部"(也就是蒙古部)。很可能正是因为这次联姻,孛儿只吉歹·蔑而干所在的家族及其后裔成为当时的"忙豁勒部"(也就是蒙古部)的一部分。我们的这种推测与相关史料的记载是相符的。据《史集》的记载,由于与其他突厥部落的战争,乞颜和捏古思从草原上逃入额尔古涅昆之中。在那里,乞颜和捏古思繁衍出众多的后裔。这些后裔最终走出额尔古涅昆,扩散到草原之上并形成蒙古部[93]。不过,根据室韦诸部的相关史料,北室韦诸部(包括钵室韦和蒙兀室韦)一直生活在大兴安岭北麓以及黑龙江中游两岸地区,有自身的演化历史。《史集》何以声称所有的蒙古部落都是从外部(草原上)逃到额尔古涅昆的乞颜和捏古思的后裔?而在更晚的时期,乞颜和捏古思的后裔孛儿只吉歹·蔑而干娶了一名来自"忙豁勒部"(也就是蒙古部)的女子为妻。可见,蒙古人的口传历史中存在矛盾之处。我们认为,合理的解释应该是这样的:① 蒙古部的部落名来自大兴安岭北部的蒙兀室韦部,再往前可能可以追溯到"钵室韦"或"婆莴室韦";② 乞颜和捏古思最初并不属于蒙兀室韦部,而是从外部(比如草原与森林交界地带)迁入大兴安岭北部密林之中并加入了蒙兀室韦部;③ 作为远古时期蒙兀室韦的后裔,尼伦蒙古部是唯一保留了自身起源传说的人群,出自尼伦蒙古部的成吉思汗家族在后世成为全体蒙古人的可汗家族,因此,尼伦蒙古部自身的起源传说被扩展成为全体蒙古人的起源传说。根据我们的推测,传说中的乞颜和捏古思的男性直系后裔的父系类型与蒙兀室韦部的主体父系类型可能是不一样的。在未来,有可能可以通过部落层面的采样和研究来验证我们的推测。

在遗传学方面,我们推测C2a-F3796(星簇)以及C2a-F9700的下游支系C2a-F5481可能是尼伦蒙古部的特征父系类型(详见第2章第2.3节的讨论)。根据现有的数据,单倍群C2a-F5481大约在1 100年前诞生,其下游出现爆发式增长,同时产生的 5 个后裔支系分布在从蒙古国到中亚地区的辽阔地域内的人群中,而这些人群的起源都与蒙古人的历史活动有关。这种扩张模式在世界范围内都是唯一的。作为蒙古人的核心部落,尼伦蒙古部有可能在现代人群的遗传结构中留下强烈的信号。

当然,仅仅使用史料的相关记载无法完全确定现代族群与古代人群之间的直接继承关系。在未来有必要在部落和家族层面进行详尽的遗传学研究来最终确定尼伦蒙古部的独有父系类型。尼伦蒙古部分化出很多个部落,在后世参与了多个现代人群的形成。例如,巴鲁剌思氏是尼伦蒙古部的分支,中亚的帖木儿帝国以及印度的莫卧儿王朝是由巴鲁剌思氏的帖木儿兰及其后裔巴布尔建立的。同样,源自尼伦蒙古的朵豁剌惕家族是中亚察合台汗国中最强大的家族,他们后来融入柯尔克孜族、哈萨克族和维吾尔族之中。而大部分尼伦蒙古分化出来的部落都融入了现代蒙古语人群之中。毫无疑问,现代人群的遗传成分是混合的。但通过详尽的遗传学研究,我们有可能确定尼伦蒙古部本身的特征父系单倍群。这种父系单倍群应具有以下特点:① 是诞生在公元 900 年前后的特有支系;② 包含源自尼伦蒙古后裔人群的大部分男性;③ 只出现在与尼伦蒙古部有关的人群之中;④ 在与尼伦蒙古部无关的人群中几乎不存在。由于家族世系的传承会有模糊不清的地方,可能会有一些例外的情况出现,但应该不会影响整体的结论。

除了 C2a-F5481,单倍群 C2a-F3796(星簇)之下还存在很多其他支系。这些支系散布在蒙古族人、布里亚特人、东乡族和哈扎拉人之中。属于 C2a-F3796(星簇)的 Y-STR 样本遍布全体蒙古语人群之中,是蒙古语人群的核心父系类型。由于已经被测试 Y 染色体全序列的样本还很有限,目前只能确定少量的支系。在未来,可以通过更多的测试来确定更多的支系。我们推测 C2a-F5481 是尼伦蒙古部的特征父系类型。与此对应,C2a-F3796(星簇)之下其他分支也就可以被归类为迭儿列勤诸部的主要父系类型。

我们注意到,很少有文献涉及迭儿列勤诸部的早期扩散过程。早期迭儿列勤诸部包括客赫邻-巴牙兀惕、者台-巴牙兀惕、轻吉惕、亦勒都儿勒、速勒都思、许兀慎和斡罗纳兀惕诸部。根据《史集》对晃豁坛氏的阔阔出的记载,斡罗纳兀惕诸部大概生活在肯特山一带。阿鲁剌惕氏的孛斡儿出在青年时代就开始伴随成吉思汗,因此阿鲁剌惕氏的活动区域应该与尼伦蒙古部接近。许兀慎部的孛罗忽勒被成吉思汗派去征服秃马惕部落,可能是因为他对贝加尔湖南部地区的部落比较熟悉。速勒都思部的锁儿罕-失剌家族一度附属于泰赤兀惕部。蒙古各部统一之后,速勒都思部有3个千户的建制,可见也是一个比较强大的部落。蒙古统一之后,速勒都思部的宿敦被分封色楞格河下游流域,并在此处建立了逊都斯千户。到了《史集》编纂的时代,此处的速勒都思部附属于巴牙兀惕。者台-巴牙兀惕分布在今天贝加尔湖南岸、色楞格河下游左岸支流吉达河流域。据《史集》的记载,客赫邻-巴牙兀惕的分布地应该在更偏南方,大致在色楞格河中下游地区偏东部的地区。不过,色楞格河中下游地区本是篾儿乞部的活动区域。因此,《史集》所记载的上述部落的分布区域应该是稍晚的时候,也就是篾儿乞部被击败之后,从东部向西扩散的结果。巴牙兀惕、速勒都思、许兀慎和斡罗纳兀惕诸部等部落都有尼伦蒙古世代通婚的记录。可见,姚大力关于迭儿列勤诸部的论证是非常精妙的,即迭儿列勤诸部与尼伦蒙古部分别出自远古时期蒙兀室韦部落中两个相互通婚的胞族。综合以上种种证据,在蒙古各部统一前夕,上述迭儿列勤诸部的活动地域大致是这样的:在西部与色楞格河下游的篾儿乞部相邻,在南部与不儿罕山东南麓的蒙古乞颜部相邻,在东部与鄂嫩河中游的泰赤兀惕部相邻,在北部与贝加尔湖东南部的巴儿忽惕部相邻。上述区域,大致相当于色楞格河下游到鄂嫩河之间的区域。

在大致推测了蒙古各部统一前夕迭儿列勤诸部的活动地域之后,我们还需要考虑迭儿列勤诸部是如何迁徙到这一区域的。根据《蒙古秘史》的相关记载以及历史学家的考证,蒙兀室韦部及其亲族大致沿着鄂嫩河和额尔古纳河向西迁徙。蒙古部的早期分支山只昆部和合答斤部大致向正南方向迁徙,最后出现在海拉尔河流域,与弘吉剌特部的居住地邻近。而尼伦蒙古部应该是沿着鄂嫩河向西南方向迁徙,最后到达不儿罕山地区。据此推测,上述迭儿列勤诸部实际上可视为最早向正西方向迁徙的那一部分蒙古部民众的后裔。到了蒙古各部统一前夕,他们分布于蒙古乞颜部和泰赤兀惕部驻地的西北方向上。他们的迁徙路线大致是沿着石勒喀河和鄂嫩河流域偏北的区域向西扩散,最终到达色楞格河下游东部的数条支流所在的区域。

迭儿列勤诸部实际上是人口众多的部落。术赤的军队最初主要由4个千户组成,即撒勒只兀惕部的1个千户、许兀慎部的2个千户和轻吉惕部的1个千户。这3个部落是金帐汗国军队的中坚力量。其中许兀慎部和轻吉惕部都属于迭儿列勤诸部。此外,速勒都思部是察合台汗国军队的主要组成部分。在上文我们推测,除了可能是尼伦蒙古部的特征父系类型的C2a - F5481外,

C2a-F3796(星簇)之下的其他分支都可以归类为迭儿列勤诸部的父系支系。当然,古代人群本身的遗传结构可能已经非常复杂了。对于古代迭儿列勤诸部的父系遗传结构,还有待进一步研究。

2. 第 2 部分:13 世纪蒙古诸部的统一

随着历史的发展以及成吉思汗对蒙古诸部的统一,"蒙古人"以及"迭儿列勤"的内涵不断扩大,包含越来越多的有不同起源的部落和人群。姚大力已经对这一过程进行了比较详细的论证。随着蒙古各部的统一,现代蒙古语人群的最晚共同始祖群体开始形成。在这一阶段,蒙古语人群的 4 种主要父系成分应该都已经存在于这个始祖群体之中。我们将在第 3.11 节讨论现代蒙古语人群的共同始祖群体的父系遗传结构。

3. 第 3 部分:蒙古人在欧亚大陆上的扩张以及现代族群的形成,对应 13 世纪至 20 世纪之间的时期

在此期间,蒙古人扩散到中亚、中东以及东欧地区。位于中亚和东欧地区的金帐汗国境内的居民在后世形成了鞑靼人、诺盖人、乌兹别克人、哈萨克人等人群。在金帐汗国境内,由于突厥语人群在人数上的优势,作为上层统治群体的蒙古人迅速突厥化了。不过,上述现代人群仍然保留了很多源自古代蒙古人的文化传统。在这些现代人群中仍存在很多直接源自古代蒙古人的部落名和部落结构。而被派往中亚及中东各地的驻军的后裔在后世也逐渐被当地人群同化。现代哈扎拉人所说的语言是一种印欧语,但哈扎拉人的父系遗传结构中有很高比例的东部欧亚成分,包括 C2a-F3796(星簇)。阿富汗西部的莫戈勒人(Mogholi)仍然保留着属于蒙古语族的一种语言,莫戈勒人也是蒙古驻军的后裔。在中东地区的伊尔汗国(1256—1335)境内也有大量的蒙古人,在后世他们都融入了当地人群之中。在察合台汗国境内存在着相当多的蒙古部落,包括朵豁剌惕部、札剌亦儿部和弘吉剌惕部等。后来,这些部落中的大部分都加入新兴的哈萨克汗国之中,成为后世哈萨克人的一部分;一部分人群也融入柯尔克孜人和维吾尔人之中。在上述现代人群形成的过程中,源自古代蒙古人的父系成分[包括 C2a-F3796(星簇)以及其他父系类型]也成为这些现代人群父系遗传结构中的一部分。现代遗传学研究已经在上述人群的父系遗传结构中测到了父系类型 C2a-F3796(星簇),比例各有差异。

后世的卫拉特蒙古诸部由元代初期的卫拉特四千户发展而来。卫拉特四千户的部众以贝加尔湖南部的林中百姓诸部落为主,其人口构成与尼伦蒙古部应有较大的差异。在现代卡尔梅克人中,父系类型 C2a-F3796(星簇)也有

一定的比例,但其比例低于C2a-M77和C2b-M407的比例。根据第2章第2.2—2.5节的讨论,父系类型C2a-F3796(星簇)代表了全体蒙古语人群的共同始祖成分,而父系类型C2a-M77和C2b-M407代表了卫拉特诸部与其他蒙古部之间的差异。

在元代初期,新疆东北部被称为撒里畏吾地区,主要分布着撒里畏吾人。这一地区由"曲先塔林都元帅府"管辖,驻扎着一些蒙古军队。明代在嘉峪关以西设立7个羁縻卫所,称为关西七卫,又称"西北七卫"或"蒙古七卫"(因七卫首领皆为蒙古贵族)。从14世纪开始,由于战争等各种原因,关西七卫的民众向东迁徙到祁连山中部地区,并最终形成现代裕固族。我们在裕固族中也测试到了一定比例的父系类型C2a-F3796(星簇),这些C2a-F3796(星簇)应该可以追溯到元代的蒙古驻军之中。

在保安族和东乡族中,父系C2-M217以及C2a-F3796(星簇)的比例都很低,并且几乎不见其他蒙古语人群常见的C2a-M48和C2b-M407。保安族是元代驻扎在同仁地区的蒙古人、色目人、工匠、商人以及当地其他人群长期混合而形成的。根据民族学的研究,东乡族的一部分来源是中亚地区的撒尔塔人,他们被成吉思汗从中亚地区带回,之后在东乡地区定居下来。从上述3个人群本身演化的历史可以看到,这些人群在最初形成的时候,来自蒙古人的人口比例不高,这些人群的人数本身也比较少,在发展的过程中不断与周围其他人群混合。因此,可以认为遗传学观察到的遗传结构与这些人群本身的发展历史是吻合的。

布里亚特蒙古人的历史稍微复杂一些。根据遗传学的数据,布里亚特人的父系遗传结构有很高的多样性。他们的父系以C2b-M407和N1c-M178为主,但也有一定比例的C2a-F3796(星簇)、C2a-M77和C2a-F1756(DYS448del)。从这个角度看,布里亚特人在蒙古语人群的发展历史中具有特殊地位,即几乎所有蒙古语人群的主要父系类型在布里亚特人都有一定的比例。布里亚特人的样本在相应单倍群的谱系分化关系上还具有特殊的意义。以C2a-F3796(星簇)为例,我们在布里亚特人中找到了与疑似尼伦蒙古特征父系F5481最接近的支系(图3.9)。布里亚特人中也有一些C2a-F9700之外的旁系支,也就是我们上文所说的可以归类为迭儿列勤诸部父系的支系。

鄂嫩河是蒙古部早期的活动中心。在元代以后,鄂嫩河流域成为布里亚特人分布的区域。此外,在色楞格河的下游支流吉达河流域分布着者台-巴牙兀惕部。者台-巴牙兀惕部与客赫邻-巴牙兀惕部是同一个部落的两个分支。

位于贝加尔湖南岸的吉达河流域在后世也成了布里亚特人的活动区域。可见,外贝加尔湖地区(包括鄂嫩河和额金河流域)也是早期蒙古部落活动的重要地区。这一地区早期的蒙古部有亲缘关系的人群可能都融入了布里亚特人之中。此外,根据历史的记录,布里亚特人的始祖与早期的蒙古部之间的关系非常密切。巴儿忽惕部与早期蒙古部之间存在相互通婚关系。在辽代,由于受到辽军的打击,札剌亦儿部侵入蒙古部的领地并杀死成吉思汗的八世祖母莫挐伦及其8个儿子,而只有长孙海都幸免于难。此时,因为姻亲关系,海都的堂叔纳臣居住在巴儿忽真地方。在纳臣的支持下,海都在靠近巴儿忽惕部的地方建立了营地。海都是蒙古部历史上第一个称汗的人,他的活动使蒙古部成为一个强大的部落。总之,布里亚特人的始祖群体(巴尔虎部)与早期蒙古部有很亲密的关系,这可能是我们在现代布里亚特人中观察到一些古老成分的原因。

关于土族人的起源,目前学界还有一些争议,见第1章第1.4.7节的讨论。一部分学者倾向于将土族的起源追溯到古代的吐谷浑,而另一部分学者主张土族的主要来源是蒙古人。目前相关的讨论还在继续。需要说明的是,现代土族人的来源很复杂。不同地区的土族人可能有不同的来源和起源传说。不过,从语言学演变的角度可以看到一些不同的证据。如果土族的语言确实继承自古代吐谷浑的话,那么土族的语言应该是蒙古语族中最早分化出去的语言。但在语言学的分类上,土族的语言在蒙古语族中并不具有最古老的分支地位,而是与保安语、东乡语和东部裕固语同属于蒙古尔语组(Mongour Cluster)。而保安语、东乡语和东部裕固语都是在最近700年才开始形成的。目前折中的观点是:元代以来陆续有蒙古人迁入青海东北部地区,他们与当地更早的居民(包括可能的吐谷浑人的后裔)以及藏族和汉族居民不断融合,最终形成现代的土族。在现代土族人群中,我们也测试到了一定比例的父系类型C2a-F3796(星簇)。但因为没有全序列数据,目前还不知道土族中的父系类型C2a-F3796(星簇)与其他蒙古语人群的C2a-F3796(星簇)的分化年代。

在上文已经提到,达斡尔族可能可以追溯到唐代黑龙江中游两岸的北室韦部落。目前在达斡尔族中发现的父系类型C2a-F8951是C2a-F3796(星簇)最接近的旁系分支。两者在约2900年前已经分离。这个分化时间远远早于北室韦诸部出现在史料中的时间(隋代)。因此,在本节的前半部分,我们推测C2a-F8951与C2a-F3796(星簇)的分化以及C2a-F8951自身的分化过程代表了北室韦诸部的早期分化过程。在唐代,大兴安岭北部以及黑龙江中游两岸存在着相当多的室韦部落。但在辽代、金代、元代和明代早期,史料中几乎没有关于黑龙江中游两岸人群的相关记载。直到明代后期(16 世纪下半叶),在《蒙古源流》中才提到"达奇鄂尔"这个部落。亦邻真认为"达奇鄂尔"部就是后世达斡尔族的祖先群体。

虎尔哈部落的历史则更加复杂一点。根据我们在第 2 章第 2.6 节的讨论,爱新觉罗家族很可能源自黑龙江中游两岸的虎尔哈部落。爱新觉罗家族的父系类型属于单倍群 C2a - F8951。这个单倍群也是达斡尔人中的主要父系类型之一,这意味着虎尔哈部最初应该是一个蒙古语部落。但在明末清初,虎尔哈部的另一个称呼是久契尔部,而久契尔是一个蒙古人称呼女真人的词汇。这意味着至少在明代后期,虎尔哈部已经通古斯化了。根据目前 Y 染色体测序数据,爱新觉罗家族的 C2a - F8951 与其他的 C2a - F8951 的分化年代可达 2 400 年。这个年代也远远早于所有与室韦部落或者虎尔哈部落相关的历史记载。虎尔哈部是在什么时候通古斯化的呢?这个问题事关爱新觉罗家族的始祖在何时成为通古斯人的一部分,因此是一个很重要的问题。

黑龙江中游古代文化的变迁提供了一些线索。根据冯恩学的论述,在 2 400 BP—1 700 BP 之间,结雅河和布列亚河下游地区分布着塔坎拉文化(Takanla Culture)[48]。此后,米哈伊洛夫卡文化(Mihailovca Culture,1 700 BP—1 300 BP 之间)占据了黑龙江中游地区。塔坎拉文化和米哈伊洛夫卡文化都有农业因素。而采集渔猎的生活方式是通古斯语人群的传统生活方式。俄罗斯的考古学家认为,米哈伊洛夫卡文化有可能是北室韦部落创造的考古文化[94]。不过,乌里尔文化与塔坎拉文化以及塔坎拉文化与米哈伊洛夫卡文化之间都有很多共同的文化因素。对于这些考古文化的族属,目前还有很多争议。在公元 8 世纪以后,靺鞨文化向西北方向、溯黑龙江而上扩散到黑龙江中游地区,留下了特罗伊茨基墓地(Troitskiy Cemetery)和沙普卡墓地(SaPuCa Cemetery)等遗址。考古学家和历史学家认为这些墓地很可能就是靺鞨思慕部的遗存。可见,在公元 8 世纪以后,黑龙江中游地区经历了一次较大范围的通古斯化的过程,虎尔哈部落可能在这个阶段成为了通古斯语人群的一部分。不过,需要说明的是,黑龙江中游地区是蒙古语人群分布的最东部地区。这里也是蒙古语人群和通古斯语人群长期发生碰撞和融合的区域。因此这一地区的考古文化呈现出相互交融、难以区分的状态是很正常的。

直到清代初期,我们仍然可以观察到相同的状态。在清代初期,达斡尔部与通古斯语人群共同生活在黑龙江中游地区。达斡尔部兼习农业,占据结雅河下游的平原地带。通古斯人则主要分布在东部和北部的山区。两者在同一个地区和平共处,相互影响。根据俄罗斯方面的资料,在清代初期的结雅河流域存在很多达斡尔化了的通古斯部落。虎尔哈部落生活在结雅河至布里亚河之间的黑龙江两岸,这里正是位于西部的达斡尔部落与东部的通古斯语部落交界的地带。据推测,虎尔哈部落在远古时期(约2 400年前)与达斡尔人的祖先有共同的起源,但在相当早的时候(可能是公元8世纪靺鞨文化扩散到这一地区之时)就已经通古斯化了。在达斡尔人兴盛之时,此前通古斯的人群可能再次转化为达斡尔人的一部分。黑龙江中游地区的蒙古语人群和通古斯语人群长期生活在同一个地理区域,其势力在不同的历史时期此消彼长。经过漫长的历史时期,人群遗传成分的相互融合是很自然的结果。在今天的达斡尔族、鄂伦春族以及赫哲族中,我们也都可以观察到相互融合的遗传成分。

蒙古族人是父系类型 C2a-F3796(星簇)扩散的中心。从第2章表2.6可以看到,除了与蒙古人有部分同源关系的哈萨克人和哈扎拉人外,蒙古族人中的 C2a-F3796(星簇)的比例显著高于其他蒙古语人群。同时,蒙古族人中的 C2a-F3796(星簇)既有属于 C2a-F5481 的支系,也有属于 C2a-F3796(星簇)之下的其他支系。在蒙古族人中也发现了一例属于最为罕见的 C2a*-F1918(xM401)的男性样本。可见,现代蒙古族人在很大程度上继承了父系类型 C2a-F3796(星簇)的古代人群的遗传结构。当然,随着人群的发展壮大以及不断分化,来自其他古代人群的混合成分在现代蒙古族人中也占有很高的比例。另一方面,不同地区的蒙古族人的形成历史有较大差异。虽然在现代社会部落结构已经基本不存在,但仍然有足够的史料来追溯不同的古代蒙古部落通过分化和融合形成现代人群的历史。不过,以往的研究大都是把蒙古族人作为一个整体来研究。目前还没有在部落/氏族的层面上对不同地区的蒙古族人进行研究。同时,只有极少数研究试图追溯不同古代蒙古部落之间的遗传结构的差异。在未来,有必要在更大的地理范围内、在部落/氏族的层面上进行精细的遗传学调查,进而研究不同古代蒙古部落的遗传结构的差异以及这些古代部落演化成不同地区现代蒙古族人的复杂历史过程。

综上所述,我们推测父系类型 C2a-F3796(星簇)在距今4 000—1 000年之间的扩散过程如图3.10所示。对于这个父系类型的早期扩散过程,还有很多存在疑问的地方。对嫩江流域新石器时代晚期考古文化(如昂昂溪文化)人群遗骸、大兴安岭北部地区以及黑龙江中游两岸可能属于北室韦部落的考古文化遗骸进行古 DNA 测试,将有望确定这个父系的最初扩散过程。其次,对公元 5—9 世纪之间大兴安岭北麓盘古河和额木河流域考古文化遗骸的古 DNA 研究,将有可能揭示古代蒙兀室韦部落的亲族的遗传结构。再次,对公元 9—10 世纪之间呼伦贝尔地区北部激流河流域及其附近地区考古文化遗骸的古 DNA 研究,将有可能揭示大扩散迁徙开始阶段的蒙兀室韦部落的遗传结构。在未来,还有很多工作有待开展。

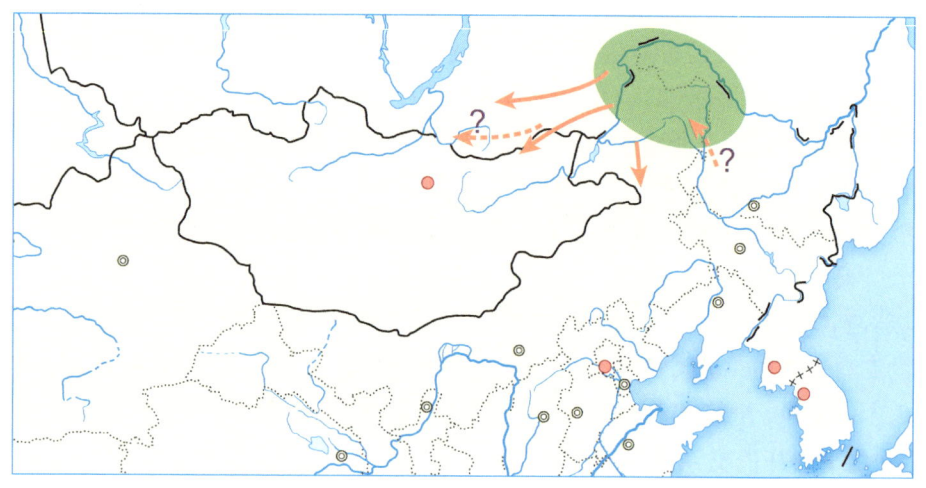

图 3.10 推测的父系类型 C2a‐F3796(星簇)在距今 4 000—1 000 年之间的扩散过程

3.7 父系 C2b‐M407 在蒙古语人群中的扩散历史

在第 2 章第 2.4 节,我们讨论了父系类型 C2b‐M407 在现代人群中的分布及其扩散历史。在第 1 章第 1.3.8—1.4.5 节中,我们讨论了古代乌古、羽厥里、林中百姓、不里牙惕、八剌忽部和卫拉特诸部的活动历史。在第 1 章第 1.3.2 节中,我们还讨论了嫩江流域的考古文化变迁以及汉书二期文化人群和红马山文化人群与后世南室韦诸部的可能联系。结合各个学科的研究成果,我们将推测父系类型 C2b‐M407 的诞生及其在古代人群和现代人群中的扩散过程。

3.7.1 父系 C2b‐F8465 的起源及其融入蒙古语人群之中的历史

由于史料的缺乏,我们并不了解"林中百姓"诸部落起源的具体细节。根据第 1 章第 1.3.7 节的讨论,我们推测乌古-羽厥里部在回纥汗国崩溃之后(约公元 900 年前后)向贝加尔湖地区的扩散是导致贝加尔湖地区人群蒙古化的主要原因。在此前,这一地区主要是丁零-铁勒部落活动的地域。此后,这一地区出现了统称为"林中百姓"的一系列部落,其中大部分是蒙古语部落。

乌古部的早期起源还不十分清晰。呼伦贝尔地区的乌古部逐渐演化为弘吉剌特部(王纪剌、广吉剌、翁吉剌惕)。另据齐达拉图考证,北魏时期始见于史料的乌洛侯部后来演化成为弘吉剌部中的斡勒忽纳惕部[95]。我们推测辽金时期的乌古-弘吉剌特部的主要来源是乌洛侯部以及位于大兴安岭中部的南室韦部落。不过,弘吉剌特部与蒙古部共享"熔铁出山"的起源传说,应该是有一些与源自蒙兀室韦的分支融入了后来的弘吉剌特部之中。

进一步往前追溯。乌洛侯部首次出现在史料中的时间是北魏时期公元 443 年。据张久和考证,南北朝时期的乌洛侯部大致分布在嫩江支流甘河流域沿岸[91]。在此时,其他室韦部落大致居住在嫩江中下游以及西部各个支流的地域之内[80]。"室韦"一词首次出现在公元 544 年。张久和认为,"乌洛侯"是部落专称而"室韦"是泛称。因此,《隋书》虽然没有明确记载乌洛侯部,但可以推定南北朝时期的乌洛侯部在隋代被包含在南室韦诸部之内。到了唐代,乌洛侯部明确被记录为南室韦的一部分。

再进一步往前追溯。根据目前考古学的研究进展,嫩江流域夏代到东汉的考古文化谱系是比较清晰的[76,96]。具体的演变过程是:小拉哈文化(夏至商早期)—古城类型(商晚期)— 白金宝文化(西周至春秋)—汉书二期文化(战国至西汉)—红马山文化(东汉)。从小拉哈文化到白金宝文化,当地的考古文化以继承为主。而在汉书二期和红马山文化时期,嫩江流域和呼伦贝尔地区的考古文化之间有强烈的相互交流和影响[78,79]。这可能是导致两个区域的人群的文化趋向一致的重要原因。张伟论证认为:"红马山文化的形成属于第三层次,是呼伦贝尔地区早期拓跋鲜卑文化因素与嫩江流域文化传统结合的产物。"[77]

从红马山文化结束的东汉末年到乌洛侯部首次出现在史料中的北魏早期,其间有大约 200 年的时间间隔。目前,涉及这一时期嫩江流域考古文化的研究还很少。同时,对于这一时期这一地区的人群,也没有相关的史料。由于早期的鲜卑人与后世的室韦人之间的继承关系,我们推测,南北朝时期嫩江流域的乌洛侯部和室韦部很有可能是东汉时期红马山文化人群的直系后裔。

根据考古方面的材料,红马山文化并不是汉书二期文化的直系后裔,而是呼伦贝尔两汉时期早期鲜卑考古文化与嫩江流域汉书二期文化相互影响和交流下产生的,而前者起到主导性的推动作用[77,96]。汉书二期文化已经扩散到呼伦贝尔地区,与当地的鲜卑考古文化彼此影响和融合[78,79]。汉书二期文化在红马山文化起源的过程中施加了强烈的影响,红马山文化本身也是在原来汉书二期的分布地域之内兴起的[77,96]。但红马山文化也有自身的独特成分,如源自当地更早的白金宝文化的单耳杯等器物。总之,张伟认为"嫩江流域(红马山文化)和呼伦贝尔地区(早期鲜卑文化)在东汉时期应属于一个考古学文化分布区。"[77]而乔梁则认为红马山文化是早期鲜卑文化扩散到嫩江流域的分支[79]。

根据历史学方面的研究,通常认为现代蒙古语人群的直系祖先是南北朝至唐代时期的大兴安岭地区的室韦部落[97]。但是,我们也看到,南北朝至唐代时期室韦部落本身的组成是很复杂的[80]。蒙古室韦部等北室韦部落一直生活在大兴安岭的北部。北室韦和南室韦在地理分布、经济生活方式和风俗习惯等方面均有较大的差异[80,91]。北室韦以采集狩猎生活为主,而南室韦习农业。考古学方面的研究显示,经过汉书二期文化和红马山文化时期的演变,由于鲜卑文化的强势扩散,东汉时期的嫩江流域已经被包含在早期鲜卑文化的范围之内。

为了解释以上历史学所看到的室韦诸部的形成过程和遗传上看到的现代蒙古语人群中特殊父系 C2b-F8465 的来源问题,我们提出以下一系列有待验证的假说:

1) 南北朝至唐代时期的南室韦和北室韦部落在遗传上并不是完全同源的。其中,北室韦部落是当地更早时期采集狩猎人群的直系后裔。而南室韦诸部在遗传上更有可能是当地新石器时代人群的后裔。他们在从呼伦贝尔地区向东南方向扩散的早期鲜卑亲缘人群的影响下演化为室韦部落。

2) 在两汉时期(约公元前 200—公元 200 年),呼伦贝尔地区的早期鲜卑文化强势扩散。在这一时段,汉书二期文化也从嫩江流域自东向西扩散到呼伦贝尔地区。呼伦贝尔地区的早期鲜卑文化和嫩江流域的汉书二期文化的交流是双向且强烈的。最终,这两种考古文化的人群很可能发生了彻底的融合。之后,在东汉时期兴起的嫩江流域的红马山文化尽管有自身独特的成分,但已经可以被认为是鲜卑文化区的一部分。

3) 在红马山人群中,自西向东扩散而来的早期鲜卑亲缘人群的后裔可能只占少数,而源自当地新石器时代人群的部分可能占多数。不过,来自呼伦贝尔地区早期鲜卑文化的强烈影响使得红马山文化人群在文化上(包括语言)已经属于鲜卑—室韦人的一部分。简言之,在两汉期间,嫩江流域的人群发生了彻底的语言替换,从一种未知的语言转向鲜卑语。

4) 汉书二期文化和红马山文化人群是南北朝至唐代时期的南室韦诸部落的主要来源,包括乌洛侯部。

5) 在唐代末年至辽代期间,南室韦部落主要演变为塔塔儿部和乌古-羽厥里部。乌古-羽厥里部的一部分进一步演化为弘吉刺特部,另一部分向贝加尔湖东南部迁徙,与当地族群融合并最终导致当地一系列蒙古部落的出现,包括斡郎改部、豁里秃麻惕、不里牙惕、八刺忽部(巴尔虎部)和斡亦刺惕部等部。这些人群是后世布里亚特和卫拉特蒙古人的直系祖先群体。

6) 现代蒙古语人群中的特殊父系 C2b - F8465 的可能来源:嫩江流域中下游新石器时代人群→两汉时期发生鲜卑化的汉书二期文化人群和红马山文化人群→南北朝至唐代时期的南室韦诸部落→乌古-羽厥里部→斡郎改诸部/林中百姓→现代布里亚特人和卫拉特蒙古人。

上述假说可以解释历史学和考古学方面观察到的各种现象和尚待解决的问题,也足以解释在遗传学数据上看到的父系 C2b - F8465 的特殊分布状态。例如,南室韦部落是掌握农业的部落而北室韦是纯粹的采集狩猎人群,何以都被归为"室韦"部落?另一方面,根据上文的论述,父系 C2b - F8465 在谱系上的所有其他兄弟分支分布在东亚其他人群,特别是中国华北地区和东北地区的汉族以及朝鲜族和日本人之中。特别地区,在 Y - STR 网络图中蒙古语人群支系最接近的样本来自吉林汉族和黑龙江汉族。在分化年代上,父系 C2b - F8465 在 2 400 年前与其他分支发生分化。这个时间为战国时期,可对应汉书二期文化的早段。父系 C2b - F8465 在蒙古语人群内部的扩张时间约为距今 1 100 年,可对应辽代贝加尔湖南部地区斡郎改诸部/林中百姓诸部落出现的历史时期。父系 C2b - F8465 下游特殊支系 C2b1a1a1d1 - F8536 的强烈扩张开始于约距今 700 年前,可对应元代初期卫拉特联盟首次形成的时间。

总之,根据对现代人群中父系 Y 染色体数据的详细分析,我们对现代蒙古语人群中的特殊父系 C2b - F8465 的可能起源过程进行了详尽的研究,讨论了这个父系的地理分布、分化年代及其在不同蒙古语人群之中的差异。其次,结合历史学和民族学方面有关卫拉特诸部演变历史,我们提出这种父系类型很可能是辽代至元代初期贝加尔湖南部林中百姓诸部落的主要父系类型。再次,结合历史学关于早期室韦部落的演变历史以及考古学关于嫩江流域考古文化变迁的研究,我们提出了有关父系 C2b - F8465 的起源和扩散历史的假说。在未来,有必要进行更多的古 DNA 研究,以便揭示相关古代人群的遗传结构以及他们的演化历史。

3.7.2 父系 C2b-M407 起源和扩散的 4 个阶段

在第 1 章第 1.4.5 节,我们讨论历史学和民族学研究所反映的卫拉特诸部的演化历史。父系类型 C2b-M407 在蒙古语人群内的演化过程已经处于有文字记载的历史时期。但是,它的早期分化和扩散历史则处在没有文字记载的时期。我们的推测主要是基于它在现代人群中的分布、谱系树的分化年代以及相关族群的历史记载。此外,考古学、语言学和体质人类学的研究成果也是重要的证据的来源。目前,还没有古 DNA 研究涉及父系类型 C2b-M407。

在遗传学方面,我们观察到的父系类型 C2b-M407 的分化历史如图 3.11

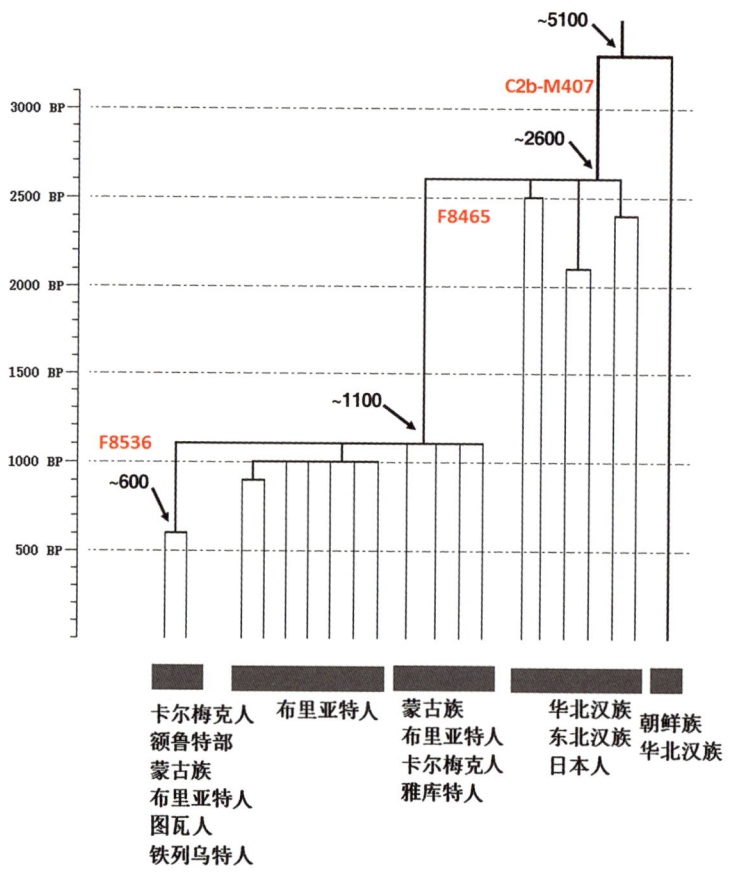

图 3.11　父系类型 C2b-M407 的分化年代及其在现代人中的分布

所示。父系类型 C2b-M407 是 C2b-F1067(C2 南支)的下游支系之一。除了 C2b-M407 之外,单倍群 C2b-F1067 的其他分支主要分布在中国华南和华北地区的人群以及日本人和朝鲜族人之中。单倍群 C2b-F1067 是汉族人群的主要父系类型之一,只有下游支系 C2b-M407 在蒙古语人群中达到很高的频率,这是很特殊的情况。我们观察到,蒙古语人群中的 C2b-M407 都属于一个只有约 1 100 年历史的下游支系 C2b-F8465。除了 C2b-F8465 之外的 C2b-M407 的其他分支都分布在中国华北、东北地区人群以及朝鲜族和日本人之中。因此我们推测这个单倍群是在相当晚的时候才融入蒙古语人群之中的。父系类型 C2b-M407 在布里亚特人和卫拉特蒙古人之中的极度繁荣是更晚时期扩张的结果。

结合其他学科的研究成果,我们推测父系类型 C2b-M407 的起源和扩散过程可以分为 4 个阶段(图 3.12)。

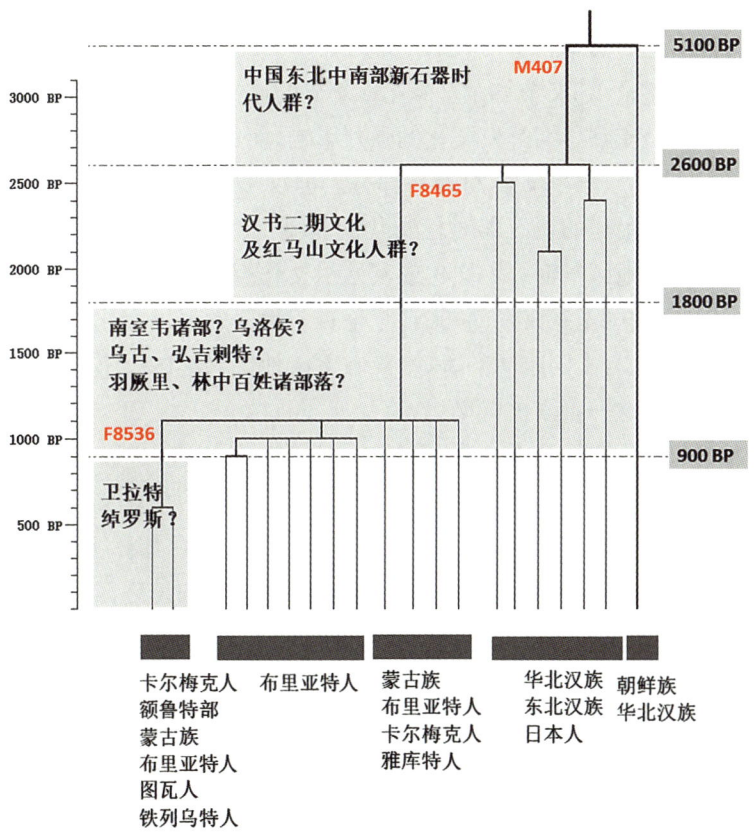

图 3.12　可能与父系类型 C2b-M407 有关的古代人群

1. 第一阶段：距今 5 100—2 600 年之间的时期

早于 5 100 年分化出去的 C2b - M407 的亲缘分支是 C2b * - Z1300 (xM407)。这个支系是现代朝鲜族的主要父系类型,在中国东北汉族和华北汉族中也发现数例。因此我们推测父系类型 C2b - M407 的始祖群体最初应该是中国东北南部地区新石器时代人群的一部分。第一阶段是一个长达 2 500 年的瓶颈期,目前只发现了一个分支。可见,当时的人口规模是很小的。

2. 第二阶段：距今 2 600—1 800 年之间的时期

在距今 2 600 年前,父系 C2b - M407 经历了一次明显的扩张。这次扩张的大部分后裔分支存在于中国华北汉族、东北汉族和日本人之中。可见,这次扩张发生的地点应该还是在中国东北的南部地区。以父系类型 C2b - M407 的早期亲缘分支为主要父系的古代人群只有生活在中国东北地区,才有可能在后世同时扩散到中国东北地区汉族、华北地区汉族以及日本人之中,并且成为朝鲜族的主要始祖群体之一。在这一阶段末期,以 C2b - F8465 为主要父系的古代人群演化为鲜卑—室韦人的一部分。

根据第 1 章第 1.3.2 节和第 2 章第 2.4 节的讨论,嫩江流域的汉书二期文化(战国至西汉)受到早期鲜卑文化的强烈影响,而此后的红马山文化(东汉时期)甚至被认为属于鲜卑文化圈的一部分。但汉书二期文化和红马山文化是在嫩江下游流域更早的新石器时代文化的基础上兴起的,而不是外贝加尔湖地区和呼伦贝尔地区早期鲜卑文化或其始祖文化直接扩散到当地的结果。因此我们认为,在战国至东汉期间,来自呼伦贝尔地区的鲜卑文化是施加影响的一方,在遗传学上有不同起源的、从嫩江中下游地区兴起的汉书二期文化和红马山文化人群在这一阶段被鲜卑化了。

汉书二期文化和红马山文化从嫩江中下游地区兴起,进而向西扩散到呼伦贝尔地区。红马山文化结束的时期(公元 3 世纪初)距离室韦部落首次被记录到史料中的时间(公元 443 年)之间有约 200 年的空白期。不过,在北魏时期被记录的室韦部落(包括乌洛侯部)生活在十分辽阔的地理区域。据张久和考证,南北朝时期室韦部落的活动区域是嫩江中下游流域两岸地区、嫩江流域西部各支流以及嫩江上游的甘河和诺敏流域。在如此广阔的区域内生活的部落显然是长期发展的结果。更为重要的是,隋唐时期的南室韦部落兼习农业而北室韦部落则采用纯粹的采集渔猎的生活方式。据张久和考证,北朝时期的室韦部落在隋唐时期被记录为南室韦诸部,只是隋唐时期所有室韦部落的一小部分。考虑到嫩江中下游地区自夏代以来有一系列繁荣的新石器考古文化,而汉书二期文化和红马山文化又受到早期鲜卑文化的强烈影响,我们推测北朝时期的室韦部落是汉书二期文化和红马山文化人群的后裔,他们的遗传结构由当地居民与向东南方向扩散而来的古代鲜卑人群混合而成的,而在语言和文化上已经完全鲜卑化。这种转变过程可能是他们在后世被称为室韦部落的原因。

3. 第三阶段:距今1800—900年之间的时期

我们在第1章第1.3.7节讨论到,乌古部的亲族羽厥里部在辽代早期向贝加尔湖地区的扩散,可能是导致后世豁里秃麻惕、不里牙惕、八剌忽部和斡亦剌等林中百姓部落出现在贝加尔湖周围地区的直接原因。乌古部在金代发展为弘吉剌特部,而弘吉剌特部中的斡勒忽纳惕部被认为是乌洛侯部发展而来。单纯从部落名称的角度去考证部落来源,总是会有各种各样的争议。此外,通常认为在金代极为强盛的塔塔儿部是室韦部落的后裔,由辽代的敌烈部发展而来。塔塔儿部分布在呼伦湖以南和克鲁伦河以南地区。对比隋唐时期的诸室韦部部落的分布,南室韦诸部以外的其他室韦部落大都生活在大兴安岭北部、黑龙江中游两岸以及额尔古纳河两岸。南室韦诸部的活动区域最接近后世的塔塔儿部和弘吉剌特部的活动区域。因此,我们推测辽代的乌古部和敌烈部室是唐代的南室韦诸部向西扩散的结果,他们在金代进一步发展为塔塔儿部和弘吉剌特部。

根据已有的遗传学数据,作为林中百姓的直接后裔,布里亚特人和卫拉特蒙古人都有很高比例的C2b-M407,而这种父系在其他蒙古语人群中的比例相对较低,在非蒙古语人群中比例极低或不见。因此我们推测,单倍群C2b-M407是金代贝加尔湖南部林中百姓诸部落的主要父系类型之一。按照这样的推测,羽厥里部和乌古部是两个有亲缘关系的部落,单倍群C2b-M407也应该是由乌古部发展而来的弘吉剌特部的主要父系类型之一。但目前我们并没有足够多的古DNA证据来说明金代时期的弘吉剌特部父系遗传结构。不过,在现代哈萨克人中还存在弘吉剌特部。哈萨克人弘吉剌特部的始祖是不剌罕。据《史集》记载,不剌罕出自德薛禅所在的部落分支。在目前唯一一组哈萨克人弘吉剌特部的父系数据中,单倍群C2b-M407占31.4%的比例,并且是C2-M217之下唯一的主要支系[98]。总之,林中百姓部落的后裔(布里亚特人和卡尔梅克人)和古代弘吉剌特部的直系后裔都有高比例的父系类型C2b-M407。

综合以上所有证据,我们认为布里亚特人、卡尔梅克人以及现代弘吉剌特部人中的主要父系类型 C2b-M407 可以追溯到他们的始祖人群乌古-羽厥里部之中,乌古-羽厥里部中的 C2b-M407 可以进一步追溯到嫩江中下游流域的古代人群之中。遗传学的数据显示,父系类型 C2b-M407 的下游支系 C2b-F8465 在约 1 100 年出现大规模的扩张,产生了多个下游支系,这些支系目前都发现于蒙古语人群之中。我们推测,父系类型 C2b-F8465 在约 1 100 年之前发生的遗传学意义上的扩张,就对应了羽厥里部和乌古部在辽代期间在地理上的大范围扩张。在未来,有必要进行更多古 DNA 测试来验证我们的推测,同时厘清 C2b-M407 这种特殊的父系类型在蒙古语人群中的起源和扩散过程。

4. 第四阶段:公元 1 100 年至今

在这一阶段,斡亦剌部与其他林中百姓部落走上不同的发展道路。豁里秃麻惕、不里牙惕和八剌忽部发展成为后世的布里亚特蒙古人。在早期已经诞生的父系类型 C2b-M407 的各个支系,成为现代布里亚特的核心父系类型(图 3.11)。斡亦剌部向蒙古高原西部和阿尔泰山地区发展,并最终扩散到伏尔加河流域,详见第 1 章第 1.4.5 节的讨论。在此过程中,额鲁特部绰罗斯家族的兴起与卫拉特诸部的历史密切相关。目前还未能确定绰罗斯家族的起源,还没有足够的证据表明绰罗斯家族是元代初期斡亦剌部首领忽都合别乞的直系后裔。金峰考证认为绰罗斯部实际上起源自元初不儿罕山的兀良合惕部[99,100]。关于绰罗斯家族的起源,还有待进一步研究。

在遗传学数据中,所有蒙古语人群的 C2b-M407 样本都属于下游单倍群 C2b-F8465。在单倍群 C2b-F8465 之下我们发现了一个特殊的支系 C2b-F8536。这个父系以 DYS385a/b=11/11 为特点,在约 1 100 年前与其他支系发生分离。基于已有的 Y-STR 数据,C2b-F8536(DYS385a/b=11/11)本身的总年代只有约 600 年(580 ± 314)。Y-STR 数据显示这个父系呈现爆发式增长的状态,是卡尔梅克人杜尔伯特部的主要父系类型。蒙古国西北部蒙古人和布里亚特人中也发现了较多属于这个类型的男性样本。在今天的蒙古国西北部仍分布着很多卫拉特蒙古部落。在蒙古国西北部进行的不区分部落的采样会将所有样本都归类为蒙古族人。在卡尔梅克人的土尔扈特部中,父系支系 C2b-F8536 的比例相对较低。在和硕特部的一组数据中,这一父系的比例为零。我们知道,杜尔伯特部是绰罗斯家族领导的额鲁特部分化出来的部落。因此,父系支系 C2b-F8536 可能正是绰罗斯家族的父系类型。在现代卡尔梅克的遗传学数据中,只有这一个父系类型在最近 600 年内获得了爆发式的增长。这一个父系类型很可能是绰罗斯家族的父系类型,其起源和扩张的历史与卫拉特诸部的发展历史非常符合。在未来,可以对有明确谱系传承的绰罗斯家族的男性后裔进行测试,进而确定这个家族的父系类型及其来源。对于卫拉特诸部的历史而言,这是很重要的一个议题。

综上所述,我们推测蒙古语人群中的父系类型 C2b‑M407 在距今 2 600—1 000 年之间的扩散过程如图 3.13 所示。对嫩江中下游地区夏代至东汉时期考古文化遗骸的古 DNA 测试将有助于发现蒙古语人群中的父系类型 C2b‑M407 的最初来源。其次,对公元 10 世纪至 12 世纪之间可能属于乌古部、羽厥里部以及弘吉剌特部的考古文化遗骸的古 DNA 研究将有助于揭示这个父系类型在蒙古语人群内部的早期扩散历史。再次,通过家族谱系调查确定绰罗斯家族的父系类型及其起源,是了解卫拉特蒙古诸部形成历史的一个关键。

图 3.13　推测的父系类型 C2b‑M407 在距今 2 600—1 000 年之间的扩散过程

3.8　父系 C2a‑M77 在蒙古语人群中的扩散历史

在第 2 章第 2.5 节,我们讨论了父系类型 C2a‑M48 在蒙古语人群和部分突厥语人群中的分布和扩散历史。在第 1 章第 1.3.7 节,我们讨论了古代九姓鞑靼、克烈部和乃蛮部的历史。下文涉及考古学、民族学和历史学的描述请参考前文,不再逐一注出。蒙古语人群和突厥语人群中的 C2a‑M48 都属于下游支系 C2a－M77。结合各个学科的研究成果,我们将推测父系类型 C2a－M77 在蒙古语人群中的扩散过程。

我们的推测主要是基于父系类型 C2a－M77 在现代人群中的分布及其谱系树的分化年代。此外,考古学、历史学、语言学和体质人类学的研究成果也是重要的证据来源。目前,还没有古 DNA 研究涉及父系类型 C2a－M77。

在遗传学方面,父系类型 C2a－M77 的分化历史如图 3.14 所示。C2a－M77 之下的两个支系大约 3 400 年前分开。通古斯语人群的 C2a－M77 都属于 C2a－F5484 这个支系(也就是 C2a－M77－东支)。这个支系的分化与通古斯语人群的扩散直接相关,我们将不再讨论这个支系。除了少数的例外,蒙古语人群和突厥语人群中的 C2a－M77 都属于 C2a－F7171(也就是 C2a－M77－西支)。

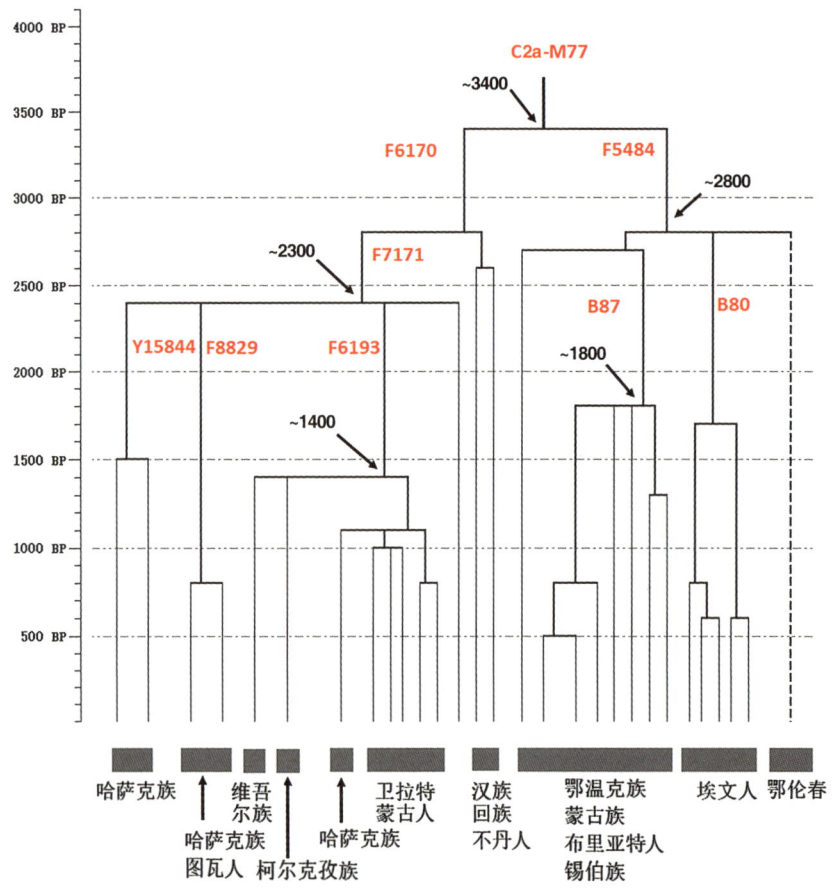

图 3.14　父系类型 C2a－M77 的分化年代及其在现代人中的分布

单倍群 C2a-F7171 大约在 2 300 年前分化出 3 个主要支系。据第 2 章第 2.5 节的讨论，我们推测这 3 个支系分别与古代的克烈部、乃蛮部以及遏罗支部有关。其中被认为与克烈部有关的支系 C2a-F6193 的分布相对广泛一些，不但在卡尔梅克人中很高频，也分布在其他突厥语人群之中，而另外两个支系的分布则相对局限一些。

与 C2a-F7171 扩散有关的考古材料和文字记载都非常缺乏，因此我们无法像上文那样详细地讨论这个父系类型扩散的细节。C2a-F7171 的早期扩散大约发生在贝加尔湖南部、蒙古国西北部和图瓦盆地一带。这一区域内距今 3 400—1 400 年之间的考古文化变迁还不清晰，已有的材料也无法与古代人群相联系。从秦代到隋代，上述区域古代人群的中文史料完全缺乏。在这一时期，蒙古高原北部的人群都包含在丁零、高车和铁勒等非常宽泛的概念之中。到了唐代以后，位于这一区域内的部落才开始出现在史料中，如都波、驳马和遏罗支等。而对于克烈部和乃蛮部确切的文字记载，直到辽代时期才开始出现。总而言之，由于非常缺乏考古材料和文字记载，我们对于 C2a-F7171 早期扩散过程的认识是很模糊的。

如图 3.14 所示，下游支系 C2a-M48-Y15844 目前在哈萨克大帐和中帐部落中没有发现，只在哈萨克人的小帐部落中发现，并且是小帐部落的主要父系类型。可见，这是一个非常特殊的父系类型。哈萨克人的小帐部落也统称为阿里钦（Alshin 或 Alchin）。部落名阿里钦源自哈萨克人传说中的始祖阿拉什（Alash 或 Alaş）。在唐代，蒙古高原西北部、图瓦附近地区存在驳马/遏罗支部。考虑到整个 C2a-M48 都是从贝加尔湖以东地区起源的。我们推测，哈萨克人小帐部落的 C2a-Y15844 与 C2a-F7171 其他两个分支一样，都是起源自蒙古国西北部和贝加尔湖南部地区。不过，我们并不了解唐代活动在图瓦盆地附近的遏罗支部迁徙到哈萨克北部地区的过程。我们也不了解唐代驳马/遏罗支部在更古老时期的起源历史。

单倍群 C2a-F8829 也是一个很特殊的下游支系。目前只在阿尔泰山地区附近的哈萨克人和图瓦人中测试到。在此前的研究中，另外 4 组来自阿尔泰山周围地区的哈萨克族乃蛮部的样本中都有很高比例的 C2a-M48（23.3%—63.2%），这是很特殊的状态。在除了小帐部落之外的其他哈萨克人群中，C2a-M48 的比例是极低或不存在的。我们有理由相信，这一个父系类型就是现代哈萨克乃蛮部的核心父系类型之一，是乃蛮部父系遗传结构与其他哈萨克部落父系遗传结构的主要差异。参考历史方面的研究,12世纪的乃蛮部是非常强大的部落,他们的领地从蒙古国西部与克烈部交界的地方一直向西延伸到阿尔泰西部地区。因此我们推测,尽管现代哈萨克人乃曼部是多个不同人群混合的结果,至少这个部落中每一部人群是12世纪乃蛮部的直系后裔。我们进一步推测,现代哈萨克人乃曼部的主要父系 C2a-F8829 也是12世纪乃蛮部的主要父系类型之一。当然,古代乃蛮部的主要父系类型可能有多种,但 C2a-F8829 是目前唯一有足够数据来进行推测和讨论的父系类型。据齐达拉图考证,乃蛮部的起源很可能与黠戛斯以及未知起源的古出兀惕部有关[101]。因此,乃蛮部的最初起源也指向图瓦盆地和蒙古国西北部一带。

在第2章第2.5节中,我们已经讨论了单倍群 C2a-F6193 与克烈部之间可能的联系。单倍群 C2a-F6193 集中出现在属于卫拉特的额鲁特部之中,在其他一些突厥语人群中也出现。在卡尔梅克人的土尔扈特部中,父系类型 C2a-M48(C2a-F6193 的上游;如果细测的话,很可能是 C2a-F6193)的比例显著高于这个类型在其他卡尔梅克部落中的比例。因此我们推测单倍群 C2a-F6193 可能是土尔扈特所源自的古代克烈部的主要父系类型。根据第1章第1.3.7节的讨论,克烈部由原居住在色楞格河下游地区的九姓鞑靼部演变而来。在回纥汗国时期,克烈部的语言和文化可能经历了较为强烈的突厥化过程。

根据以上讨论,遏罗支部、乃蛮部和克烈部的起源都指向了贝加尔湖南部、蒙古国西北部和图瓦盆地之间的区域。关于这些部落的史料出现的时间相当晚。但与这些部落相关的3个父系类型在2300年前已经发生分化。对于单倍群 C2a-F7171 分化成3个支系之后如何扩散并发展成为上述3个古代人群的过程,我们几乎没有可以利用的信息。不过,我们可以通过 C2a-F7171 的旁系支的分布来推测 C2a-F7171 最初的起源地点。

单倍群 C2a-F7171 最接近的旁系支是 C2a-F8472。目前只在甘肃回族和不丹人中发现数例属于这个支系的样本。我们推测这个支系应该从蒙古高原地区南下的。其次,在谱系树上与 C2a-F7171 接近的还有作为通古斯语人群核心父系的 C2a-F5484 了。蒙古高原东部地区以及大兴安岭南部地区自战国时代(约2500年前)以来就一直是东胡、鲜卑、室韦和蒙古语人群活动的区域。因此,贝加尔湖东岸可能是蒙古高原西部人群与分布在黑龙江中下游流域以及东西伯利亚地区的人群之间发生联系的地区。我们知道,乌里尔文化(约3300—2400 BP)的主体分布在黑龙江中下游,但在黑龙江上游也有分布。而克烈部的

第 3 章　从多学科的角度研究蒙古语人群的渊源与流变

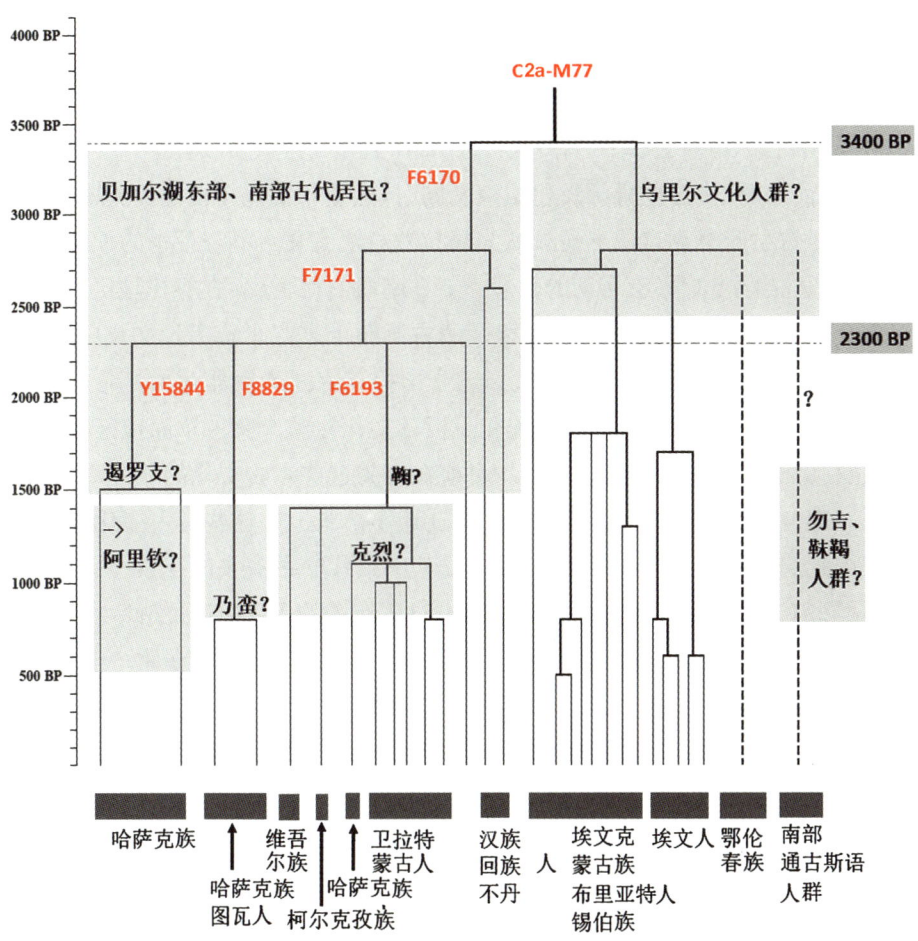

图 3.15　可能与父系类型 C2a-M77 有关的古代人群

始祖九姓鞑靼部最初居住在色楞格河下游地区。因此我们推测,贝加尔湖东岸以及黑龙江上游地区可能是以单倍群 C2a-M77 为主要父系的古代人群发生重大分化的地方。在发生分化之后,下游支系 C2a-F5484 向东迁徙,扩散到黑龙江流域中下游地区,最终发展成通古斯语人群。而另一个支系 C2a-F7171 则向西迁徙,在未知的时间扩散到色楞格河下游、蒙古国西北部和图瓦盆地周围地区。在更晚的历史时期,扩散到上述区域的人群形成了后世的九姓鞑靼部、乃蛮部和遏罗支部等古代人群。由于缺乏考古材料以及文字记载,我们只能推测出大致的迁徙方向,对于上述人群迁徙的细节以及人群形成的复杂过程,还有待更多的证据。

在距今 3 400—2 300 年之间,贝加尔湖东岸地区以及蒙古国北部地区经历了复杂的考古文化变迁过程[48]94-145,282-303。在距今 5 800—3 300 年之间贝加尔湖地区的伊萨科沃-谢洛夫-格拉兹科沃文化(Isakovo-Serovo-Glazkovo Culture)古代人群中,父系类型 Q1a3 - M346 占有绝对优势地位[102]。在距今 3 300 年前之后,格拉兹科沃文化结束。同时,乌里尔文化在黑龙江流域兴起。俄罗斯考古学家奥克拉德尼科夫认为格拉兹科沃文化可能与后世的埃文克人(代表了通古斯语人群)有密切的联系[13]。在南西伯利亚及阿尔泰山地区的卡拉苏克文化的影响下,贝加尔湖南部以及蒙古草原上兴起了希韦拉文化(Shivera Culture,3 300BP—2 800BP)[48]297-303,以出土卡拉苏克式青铜器著称。希韦拉文化之后,鹿石文化、赫列克苏尔传统和石板墓文化在整个蒙古草原地区扩散开来,也扩散到了贝加尔湖南部地区。目前在有关这些考古文化的研究中,蒙古国西北部与东萨彦岭之间的考古文化变迁还不清晰。从这些考古文化变迁的过程中我们也看不到可能与父系类型 C2a - F7171 扩散有关的线索。总之,与父系类型 C2a - F7171 的起源和早期扩散过程有关的古代遗迹还有待发现。

综上所述,我们推测蒙古语人群中的父系类型 C2a - M77 在距今 3 400—1 000 年之间的扩散过程如图 3.16 所示。对距今 4 000—1 500 年之间的贝加尔湖东岸和南岸考古文化遗骸的古 DNA 测试将有助于揭示父系类型 C2a - M77 的最初来源和早期扩散过程。其次,对公元 5 世纪至 12 世纪之间蒙古高原中部和西北部以及图瓦盆地考古文化遗骸的古 DNA 研究将有助于揭示父

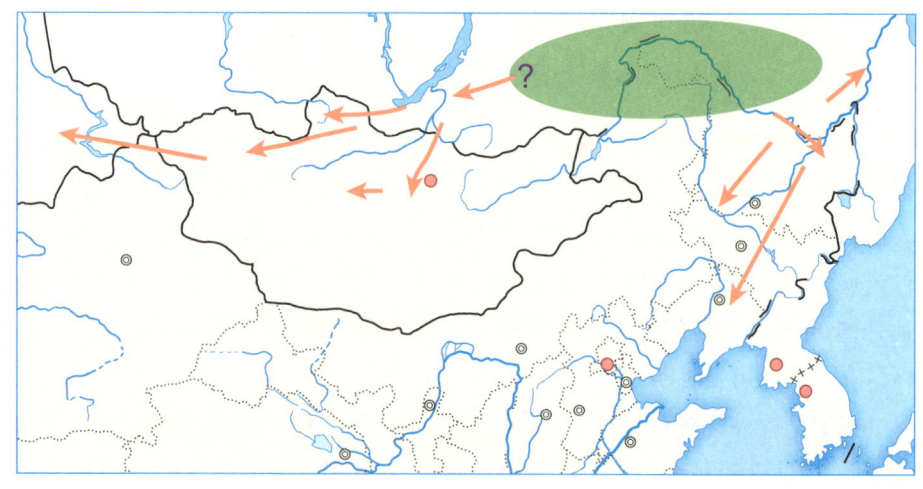

图 3.16　推测的父系类型 C2a - M77 在距今 3 400—1 000 年之间的扩散过程

系类型 C2a-F7171 的 3 个分支的起源和早期扩散历史及其与古代乃蛮部、克烈部和遏罗支部等古代人群的联系。再次，可能还需要结合古 DNA 研究和现代人群的家族谱系研究才能确定古代克烈部和乃蛮部的主要父系类型。这无疑是一项难度很大的工作。

3.9 父系 N-M214 在蒙古语人群中的扩散历史

在第 2 章第 2.7 节，我们讨论了父系类型 N-M214 各个支系在"阿尔泰语"人群中的分布和扩散历史。在第 1 章第 1.3.4 和 1.3.5 节中，我们讨论了古代丁零、高车、铁勒以及突厥和回纥等古代人群的历史。结合各个学科的研究成果，我们将推测父系类型 N-M214 各个支系在"阿尔泰语"人群中的扩散过程。我们的推测主要是基于父系类型 N-M214 在现代人群中的分布及其谱系树的分化年代。此外，考古学、历史学、语言学和体质人类学的研究成果也是重要的证据来源。目前，已有一些古 DNA 研究涉及父系类型 N-M214。

在遗传学方面，"阿尔泰语"人群中父系类型 N-M214 的分化历史如图 3.17 所示。可以看到，它在"阿尔泰语"人群中的扩散模式与上文 4 个父系类型的扩散模式存在极大的差异。根据第 3.5 到 3.8 节的讨论，C2-M217 之下的 4 个支系都是在相对晚近的时间发生分化，在历史时期发生急剧扩张，最终成为现代"阿尔泰语"人群的主要父系类型。与之不同的是，现代"阿尔泰语"人群中的父系 N-M214 主要由 8 个不同的下游支系组成，而这些支系彼此的分离年代都 5 000 多年。"阿尔泰语"人群中这些 N-M214 下游支系也很有地理特异性和族群特异性。并且，"阿尔泰语"人群中 N-M214 支系的亲缘支系是乌拉尔语人群、科里亚科人、楚科奇人和因纽特人的主要父系类型。根据现有的遗传学数据，单倍群 N-M214 广泛分布在欧亚大陆北部的人群之中。单倍群 N-M214 的扩散历史（早于 5 000 年）明显要早于 C2-M217 之下 4 个支系的扩散历史（基本都在最近 4 000 年以内）。因此，整体而言，我们可以认为"阿尔泰语"人群中单倍群 N-M214 是在不同的历史时期融入"阿尔泰语"人群中的父系成分，它在很早的时期就扩散到了整个西伯利亚地区，在不同的地区兴起了不同的下游支系。因此在"阿尔泰语"人群扩张的过程中，不同地区的"阿尔泰语"人群融合了不同的单倍群 N-M214 下游支系，造成了今天所看到的状态。

目前的研究已经揭示了父系类型 N-M214 在欧亚大陆北部地区的扩散

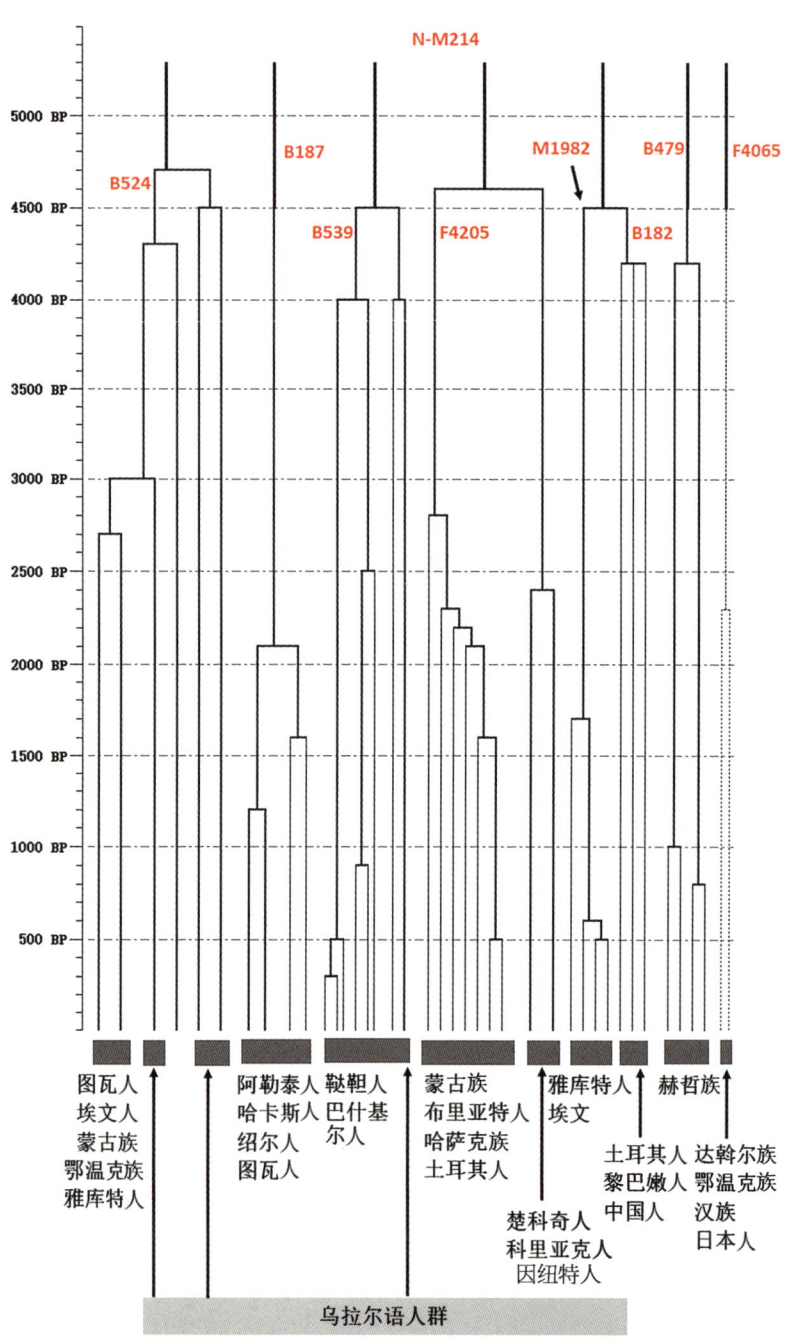

图 3.17 父系类型 N-M241 的分化年代及其在现代人中的分布

过程。单倍群 N-M214 在约 2 万年前分化出 N1a-F1206 和 N1b-F2930 两个支系。其中单倍群 N1b-F2930 主要分布在汉藏语人群之中，而分布在欧亚大陆北部地区的单倍群 N-M214 基本都属于下游支系 N1a-F1206。因此，我们推测单倍群 N-M214 在约 2 万年前的这次分化大致发生在中国华北-东北地区与蒙古高原交界的区域。单倍群 N1a-F1206 在约 1.8 万年前分化出两个支系：N1a1-F2584 和 N1a2-L1420，这两个支系向西伯利亚扩散的时间可能稍有差异。单倍群 N1a1-F2584 之下最早分化的支系（N1a1-F1269 和 N1a1-F4065）目前只出现在中国华北汉族、达斡尔族、鄂伦春族和日本人之中，而西伯利亚地区的单倍群 N1a1-F2584 都属于其他在距今 1.3 万年之后诞生的支系（即 N1a1-M46）。因此我们推测单倍群 N1a1-F2584 的早期分化地点可能在中国东北地区，这个单倍群要到距今 1.3 万年之后才扩散到西伯利亚地区。而单倍群 N1a2-L1420 约在 1.3 万年前分化出 N1a2-F1154 和 N1a2-P43 两个支系。单倍群 N1a2-F1154 目前主要分布在中国华北和东北地区的人群中，而 N1a2-P43 之下最早的分支（N1a2-B520，分化于 9 300 年）目前发现于中国人、越南人和日本人之中。可见，单倍群 N1a2-L1420 的早期分化仍然是发生在西伯利亚之外。下游支系 N1a2-P43 要到距今 9 300 年之后才进入西伯利亚地区。在现代人群中，父系类型 N1a2-P43 的分布要比 N1a1-M46 的分布局限得多。单倍群 N1a2-P43 在西伯利亚地区扩散的时间（约距今 9 300 年之后）要远远晚于 N1a1-M46 在西伯利亚地区扩散的时间（约距今 1.3 万年之后），这可能是单倍群 N1a2-P43 在现代人群中的分布范围要远远小于 N1a1-M46 分布的原因之一。

在距今 1.3 万—5 000 年之间，单倍群 N1a1-M46 和 N1a2-P43 在西伯利亚地区迅速扩散并繁衍出很多个的支系。这两个父系成为后世乌拉尔语人群以及其他古亚细亚人群的主要父系类型。单倍群 N1a1-M46 和 N1a2-P43 之下的很多支系也成为后世兴起的"阿尔泰语"人群的主要父系类型之一。因此，可以把单倍群 N1a1-M46 和 N1a2-P43 之下的这些支系归类为北亚地区人群的主要父系类型。在"阿尔泰语"人群在北亚地区兴起之时，他们融合了一些分布于不同地区以单倍群 N1a1-M46 和 N1a2-P43 下游支系为主要父系的人群（图 3.18），而没有被融合的那一部分人群，在后世被统称为"古亚细亚人"。

关于古代丁零人群的记录在距今 2 300 年之后才开始出现。在匈奴人兴起之时，丁零人群生活在蒙古高原北部地区，是被匈奴人征服的部落之一。通常认为，丁零与后世的高车、铁勒部落有先后继承关系。不过，中原王朝的史

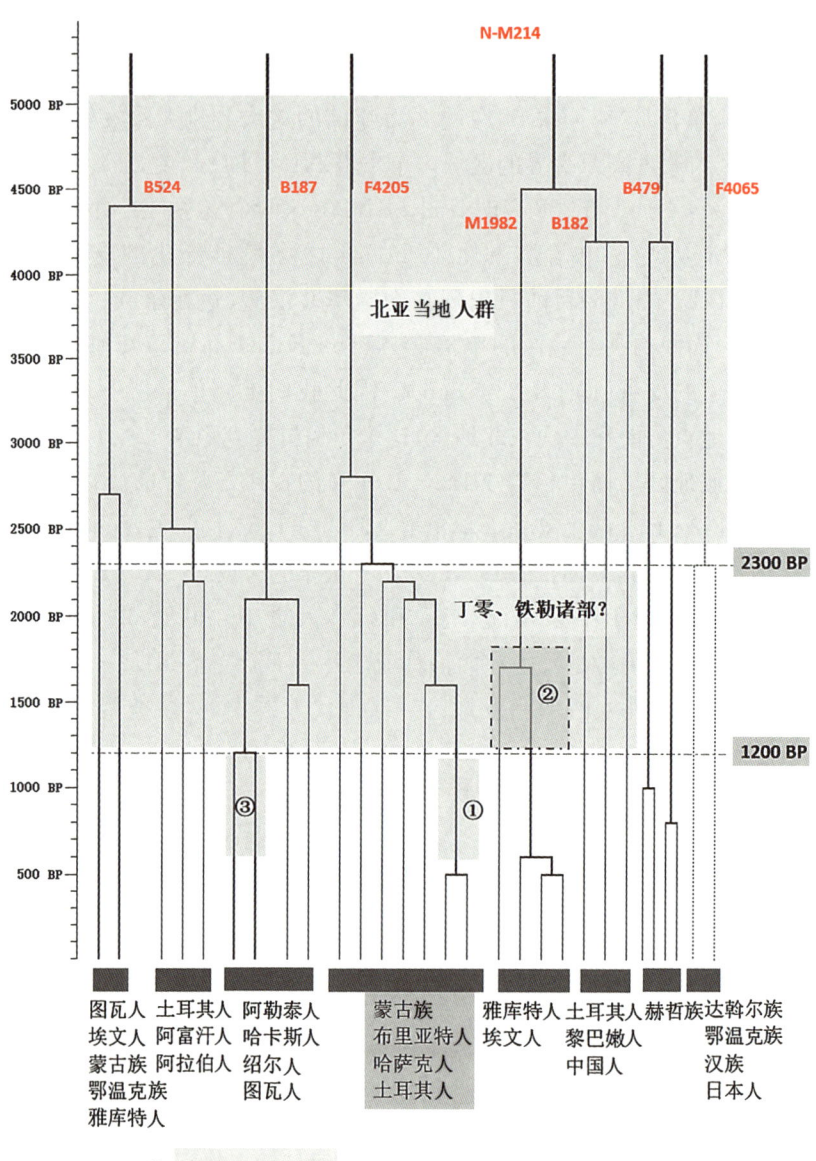

图 3.18 推测的父系类型 N‑M214 在"阿尔泰语"人群中的扩散过程

料对于蒙古高原部落的文字记载相对有限,具体到每一个部落的演变过程,还有很多模糊的地方。在隋唐时期存在种类繁多的铁勒部落,有一些现代人群可以追溯到古代铁勒部落之中。当然,现代人群都是多个古代人群在漫长的历史时期中混合的结果。根据相关的史料,我们仍可以把现代人群的主体部分追溯到某一个古代人群之中。

根据历史学家的考证,铁勒部落拨野古部在后世演变为巴尔虎部,最终成为现代布里亚特人中的一部分。雅库特人可以追溯到骨利干部落。札剌亦儿部可能是回纥部落和蒙古部落的混合。图瓦人可以追溯到都波部落。图法拉尔(Tofalar)人是图瓦人的亲族。哈卡斯人和绍尔人可以追溯到古代的黠戛斯部落。根据现有遗传学数据,上述现代人群中都有很高比例的父系类型 N-M214。上述部落的活动都处在有文字记载的历史时期,可以推测,父系类型 N-M214 是古代铁勒部落的主要父系类型之一,并且可能也是核心父系类型。

根据已有的测序数据(图 3.18),有 3 个支系可能是专属于古代铁勒部落的父系支系。单倍群 N1a1-F4025 不但是布里亚特人的主要父系之一,在其他蒙古语人群和突厥语人群中都有出现。从目前已有的数据看,这个父系可能是蒙古高原上的铁勒部落(包括拨野古以及其他铁勒部落)中最繁荣的父系类型。其次,单倍群 N1a1-M1982 几乎只出现在现代雅库特人中,它可能是古代骨利干人的主要父系类型。再次,单倍群 N1a1-B187 的分布局限在阿尔泰山周围的突厥语人群之中,这个父系类型应该也是古代阿尔泰山周围地区铁勒部落的主要父系类型。在上述 3 个支系之外,还存在很多其他的 N-M214 下游支系。不过,目前还没有足够的数据来推测这些支系与古代人群之间的联系。在未来,有必要进行更多古 DNA 研究以及在更多现代人群的样本中进行更为精确的测试,以便厘清丁零、高车、铁勒以及突厥语和回纥等古代人群的遗传结构及其与现代人群之间的关系。

3.10 父系 Q-M242 在蒙古语人群中的扩散历史

父系类型 Q-M242 在蒙古语人群的整体比例极低,约为 2.435%。在第 2 章第 2.7 节中,我们粗略地讨论了父系类型 Q-M242 的各个支系在"阿尔泰语"人群中的分布和扩散历史。现有的证据表明,在距今 5 000 年—公元 9 世纪(即回纥汗国崩溃之时)之间,以单倍群 Q-M242 为主要父系类型的古代人群很可能在蒙古高原上长期占据优势地位。另一方面,匈奴人在北亚地区人群的发展过程中起到了重要的作用,一度有学者主张蒙古人是匈奴人的后裔。因此,我们很有必要对匈奴人和后世的蒙古语人群之间的关系进行讨论。

目前还没有古 DNA 研究涉及匈奴单于家族或其男性亲属的父系类型。不过,我们可以根据现有的证据进行一些推测。目前所见,青铜时代南西伯利亚-蒙古国西北部地区最繁荣的父系是 Q1a3a1*-L330(原有居民)和 R1a1a-M17(从西部迁来)。匈奴人群的主要父系应是这两种类型,而单于家族的父系可能是两者之一。作为当地原有人群主流父系的 Q1a3a1*-L330 的分化过程见图 3.19。与匈奴单于家族父系有关的证据比较复杂,罗列如下:

其一,在拙著《关于匈奴支系名的一点考证》中,笔者详细地论证匈奴单于家族姓氏的词源与《突厥语大词典相》的 ulayundluγ/ala-yundluγ 部落的关系[103]。匈奴单于家族来源于远古驳马(Hala-yundluγ)部落。在唐代,这个部落被称为驳马国或曷剌国。现代图瓦人的祖先都波人在唐代的活动区域在古代属于驳马国的范围。至于匈奴单于家族为什么要采用这个名词来作为自己的姓氏,还有待进一步研究。推测驳马这个族称可能在更古老的史前时期就已经存在了,唐代的驳马部是远古的驳马部的直系后裔,而匈奴单于家族的祖先在未知的古老时期分化了出去。

唐代驳马部落的父系组成与更古老时代驳马部落的父系组成可能已经发生了变化。正如我们在上文所讨论的那样,父系 C2a-Y15844(C2a-M48 的一个分支)可能是唐代驳马部落的主要父系类型之一。

其二,现代图瓦人中存在 4 种主要父系[104,105]。第一种是 N1b-P43,与乌拉尔语系的萨摩耶德人共享。第二种是 C2a-M48,与邻近的蒙古语人群共享,属于在距今 1 400 年之后才扩张的下游支系。第三种是 Q1a3a1*-L330,在现代图瓦人中高频存在。第四种是 R1a1a-M17。

其三,匈奴语被认为与叶尼塞语有亲缘关系。在现代叶尼塞语的凯特人中,Q-M242 达到极高的比例(93.8%)[106]。已测序的 2 例凯特人样本都属于单倍群 Q1a3a1*-L330[21]。

综上所述,部分图瓦人和凯特人可能与匈奴人有起源上的亲缘关系。而这 2 个群体的父系都含有父系类型 Q1a3a1*-L330。这是一个在距今 5 000—1 500 年之间发生持续扩张的父系类型(图 3.19),其扩张的年代要远远早于我们在上文中提到的蒙古语人群 4 个主要父系类型的扩张年代。种种迹象表明,如果匈奴单于家族的父系类型属于 Q1a3a1*-L330 一个下游支系的

第 3 章　从多学科的角度研究蒙古语人群的渊源与流变 | 269

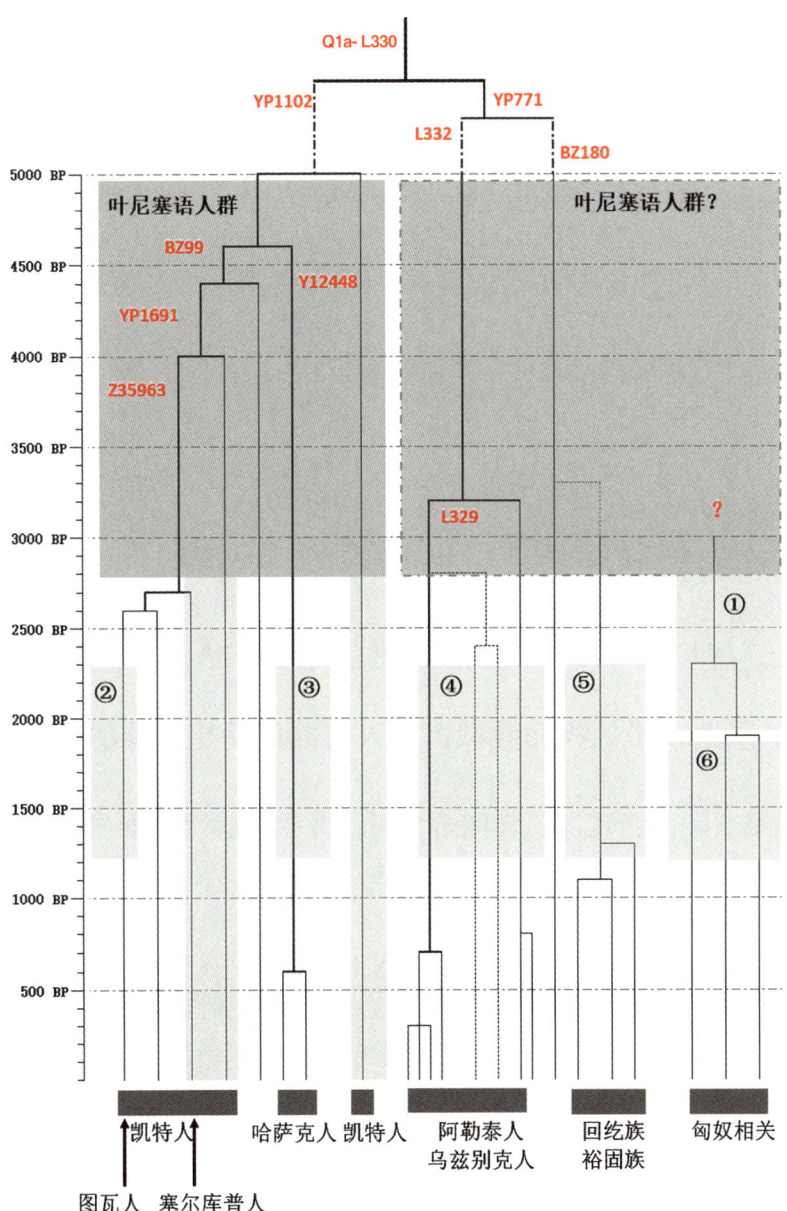

① 匈奴部落　　　　　② 铁勒：都波、木马突厥
③ 铁勒：葛萨/可萨　　④ 铁勒：蒙古西部-阿尔泰山诸部落？
⑤ 铁勒：十姓回纥　　⑥ 铁勒：拔也稽、呼延、贺兰、斛律？

图 3.19　推测的父系类型 Q-L330 的早期分化历史

话,那就足以解释我们现在看到所有与匈奴人的起源有关的各种证据。而如果匈奴单于家族的父系类型不属于 Q1a3a1*-L330,那么就要考虑这种可能性:以 Q1a3a1*-L330 为主要父系的古代人群在新石器晚期到青铜时代期间的南西伯利亚以及蒙古高原地区属于强势人群,其创造的文化传统(包括语言)成为这一地区的主流文化传统,因此也囊括了这一地区的绝大部分人群,包括从西部迁来的以父系 R1a1a-M17 为主要父系的人群。也就是说,匈奴单于家族的文化传统并非继承自其最古老的父系祖先人群,而是经历了文化替换。

根据上述推测,至少从父系 Y 染色体的角度而言,蒙古人的起源与匈奴人很可能是没有关系的。如前文所述,蒙古语人群的 4 个主要父系类型都是 C2-M217 的下游支系,而 Q1a3a1*-L330 和 R1a1a-M17 在蒙古语人群中的比例是很低的,接近痕量。当然,只有对匈奴单于本人或其男性亲属的遗骸进行古 DNA 测试才能最终确定匈奴单于家族的父系类型。另一方面,匈奴人的活动对蒙古高原及其周围地区的历史进程产生了极大的影响,后世的蒙古高原上的人群或多或少都继承了匈奴人的一些文化传统。

3.11 从遗传学的视角看蒙古语人群共同始祖群体的形成

在第 2 章中,我们详细地讨论了在蒙古语人群的父系遗传结构中观察到的所有父系类型的起源和扩散历史。根据第 2 章的研究,有 4 种 Y 染色体单倍群被确定为蒙古语人群的主要父系类型,分别是 C2a-F1756(DYS448del)、C2a-F3796(星簇)、C2b-M407(原称 C2b-M407)和 C2a-M77(原 C2a-M48 的分支)。其他单倍群被认为属于在不同的历史时期融入了蒙古语人群之中的父系类型。在上述 4 个主要父系类型之中,我们认为 C2a-F3796(星簇)是蒙古语人群的核心父系类型,很可能是尼伦蒙古部的特征父系单倍群,代表了最初的蒙古部的主要父系成分。在本章中,我们着重讨论了上述 4 个主要父系类型出现在蒙古语人群之中的详细过程以及在不同的历史时期可能对应的古代人群。我们在讨论中提出了很多推测,有待更多古 DNA 研究来进行验证。

至此,还有一个重要的问题尚待解决,就是蒙古语人群的共同始祖群体的形成过程。从现代人群的遗传学数据看,相对于其他语系的人群如突厥语人群和通古斯语人群,蒙古语人群父系遗传结构的内部一致性比较高,有明显的共同始祖成分。以突厥语人群为例。从现有的所有突厥语人群的父系数据看，不同的突厥语人群的父系遗传结构之间有很大的差异，并不存在一种在全体突厥语人群中都具有优势的父系类型。对于通古斯语人群而言，单倍群 C2a-F5484 是其唯一的主要父系类型，同时也是唯一的核心父系类型。可见，蒙古语人群的形成历史与突厥语人群和通古斯语人群的形成历史都有很大的差异。因此，探究蒙古语人群共同始祖群体的形成过程是非常有意义的。

从历史学的角度而言，成吉思汗统一蒙古各部，并在公元 1206 年建立蒙古汗国是蒙古语人群共同始祖群体形成的标志。此后，原来生活在蒙古高原上种类繁多的部落的后裔逐渐被统一到"蒙古人"这个称呼之下，包括尼伦蒙古各部、迭儿列勤各部、克烈部、乃蛮部、塔塔儿部、篾儿乞部、巴儿忽惕部和斡亦剌惕部等部落的后裔。至此，除了大兴安岭以东地区达斡尔人的祖先外，与最初的蒙古部有亲缘关系的古代人群基本都统一到了一个族群共同体之中。这个新兴的"蒙古人"共同体就是后世蒙古语人群共同始祖群体。随着蒙古帝国在整个欧亚大陆上的扩张，蒙古人扩散到不同的地区。在中世纪以后，分散在不同地区的蒙古人，或参与到当地其他人群的形成过程之中，或形成现代蒙古语人群。

从遗传学的角度看，我们在第 2 章和本章中将现代蒙古语人群的 4 个主要父系类型追溯到了不同的古代人群之中。根据我们的论证，C2a-F1756 (DYS448del) 可能是古代的东胡和鲜卑人群的主要父系类型，C2a-F3796 (星簇) 可能是古代尼伦蒙古及其亲族（如北室韦诸部）的主要父系类型，C2b-M407 可能是南室韦诸部的后裔（如弘吉剌特部）以及林中百姓部落（如巴儿忽惕部和斡亦剌惕部）的主要父系类类型，而 C2a-M77 则可能是克烈部和乃蛮部的主要父系类型。根据上文的讨论，这 4 种父系类型在更古老的历史时期有着不同的起源，他们的扩散发生于不同的历史时期，其扩散路径也不尽相同。但是到了公元 11 世纪的时候，以上述 4 种不同的单倍群为主要父系的人群都生活在蒙古高原东部外贝加尔湖地区以及我国东北地区，采用相似的生活方式，拥有相似的风俗习惯。基于有限的证据，这些人群的语言面貌也很接近。可见，蒙古汗国时期"蒙古人"共同体形成的原因，除了成吉思汗的征服之外，事实上还有更为深刻的、在更加古老的时期就已经形成的族群基础共同文化传统。

上述共同文化传统的形成过程是怎样的？这是一个很关键的问题。我们知道，最初的蒙古部源自北室韦部落中的蒙兀室韦。在公元 9 世纪之后，随着回纥汗国的崩溃，室韦部落大举扩散到草原之上，蒙兀室韦部落只是其中的一小部分。在蒙古部出现的时候，蒙古高原东部和北部的其他部落都已经存在，如克烈部、乃蛮部、札剌亦儿部、塔塔儿部、篾儿乞部、弘吉剌特部、巴儿忽惕部和斡亦剌惕部等。根据历史方面的记载和研究，与最初的蒙古部有直接的共同起源的部落可能仅限于尼伦蒙古各部以及早期的迭儿列勤各部。目前，没有证据说明蒙兀室韦部落或其亲族的分化是克烈部、乃蛮部、札剌亦儿部、塔塔儿部、篾儿乞部、弘吉剌特部和巴儿忽惕部和斡亦剌惕部等部落形成的直接原因。这意味着需要把上述"共同文化传统"追溯到更古老的时代。正如我们在第 1 章第 1.3.7 和 1.3.8 节所讨论的那样，上述部落拥有更古老的渊源，其形成的时间并不晚于尼伦蒙古各部形成的时间。

具体而言，上述各个部落的渊源大致可以追溯到鲜卑时代。其中，弘吉剌特部应该是南室韦部落经由乌古部发展而来，塔塔儿部可能是南室韦诸部向西扩散的部分与克鲁伦河流域的铁勒部落的混合。因此，这两个部落中"共同文化传统"至少可以追溯到室韦时代（南北朝至隋唐时期）。巴儿忽惕部和斡亦剌惕部可能是羽厥里部落西迁之后与当地铁勒部落混合的后裔，因此这两个部落中"共同文化传统"也可以追溯到室韦时代。在第 1 章第 1.3.2 节和第 1.3.7 节中，我们论证认为南室韦诸部是在嫩江中下游地区兴起的，这些部落的祖先很可能是在鲜卑时代被鲜卑化的。以往的研究对于克烈部的族属还有一些争议。总的观点是，即使克烈部最初也是一种"原蒙古"部落，也已经是突厥化最深的部落。至于乃蛮部，通常认为是一个突厥部落。克烈部发生突厥化的过程应该发生在第二突厥汗国和回纥汗时期。对于乃蛮部的早期发展过程，我们知之甚少。篾儿乞部是一个特殊的部落。史料记载，篾儿乞部的语言与蒙古部的语言很接近，但也有一些差异。对于篾儿乞部的早期起源，史料中没有相关的记载。篾儿乞部在辽代被记录为"梅里急"或"密儿纪"，这个部落出现的时间事实上要早于金代各个具体的蒙古部落出现的时间。这其实是一个非常重要的事实。这意味着在南室韦部落和北室韦部落扩散到蒙古草原之前，在起源上与大兴安岭的室韦诸部没有关系的"梅里急部"已经生活在蒙古高原北部地区。上文我们也谈到，南室韦诸部和北室韦部落可能具有不同的遗传学意义上的起源，但在室韦时代，他们的语言和文化可能都已经同质化了。在室韦部落出现之前，只有东胡-鲜卑人能够影响到如此广阔地理范围内的、具有不同起源的人群。从历史学的角度看，在室韦时代以前，蒙古高原东部最活跃的人群是东胡-鲜卑人。东胡-鲜卑人及其后裔契丹人的语言被认为属于"原蒙古语",即与后世的蒙古语很接近但存在的年代又早得多的古代语言。在室韦时代以前存在、又能够对后世的蒙古高原东部人群产生如此广泛而深刻影响的古代人群,也只有东胡-鲜卑人足以担当。我们在这里所说的"东胡-鲜卑人",并不仅仅指活动在中国华北地区的东胡-鲜卑部落,也包括那些活动在贝加尔湖东南部和蒙古高原东部地区的东胡-鲜卑人的亲族。

综上所述,公元13世纪初蒙古汗国的成立是现代蒙古语人群共同始祖群体形成的标志。除达斡尔族外,现代的蒙古语人群都是由蒙古汗国境内新形成的"蒙古人共同体"的后裔演化而来。不过,我们认为蒙古各部在统一之前已经具备了很多共同的文化传统,而这种共同文化传统可以追溯到鲜卑时代。

更进一步,上述共同文化传统也可能基于一定程度的遗传成分的相似性。虽然我们在上文推测统一之前的蒙古各部可能有不同的主要父系类型,但这些古代人群可能拥有相似的常染色体遗传结构。目前,相关的古DNA研究还很少,不足以说明自远古以来人群的分化和融合过程。在未来,有必要加强这方面的研究。

参 考 文 献

[1] 袁祖亮. 中国古代边疆民族人口研究. 郑州:中州古籍出版社,1999.
[2] 姚大力. 蒙元制度与政治文化. 北京:北京大学出版社,2011.
[3] 郭宏珍. 突厥语诸族社会组织研究. 北京:社会科学文献出版社,2008.
[4] 肖爱民. 中国古代北方游牧民族两翼制度研究. 北京:人民出版社,2007.
[5] 余大钧.《蒙古秘史》译注. 石家庄:河北人民出版社,2001.
[6] 谢咏梅. 蒙元时期扎剌亦儿部研究. 沈阳:辽宁民族出版社,2012.
[7] Puzyrev V P, Stepanov V A, Golubenko M V, et al. MtDNA and Y-chromosome lineages in the Yakut population. Genetika,2003,39(7):975-981.
[8] Khar'kov V N, Stepanov V A, Medvedev O F, et al. The origin of Yakuts:analysis of Y-chromosome haplotypes. Mol Biol (Mosk),2008,42(2):226-237.
[9] Pakendorf B, Novgorodov I N, Osakovskij V L, et al. Investigating the effects of prehistoric migrations in Siberia:genetic variation and the origins of Yakuts. Hum Genet,2006,120(3):334-353.
[10] Pakendorf B, Novgorodov I N, Osakovskij V L, et al. Mating patterns amongst Siberian reindeer herders:inferences from mtDNA and Y-chromosomal analyses. Am

J Phys Anthropol, 2007, 133(3): 1013 - 1027.

[11] Keyser C, Hollard C, Gonzalez A, et al. The ancient Yakuts: a population genetic enigma. Philos Trans R Soc Lond B Biol Sci, 2015, 370(1660): 20130385.

[12] Alekseev A N. Ancient Yakutia: The Iron Age and the Medieval Epoch (in Russian). Novosibirsk: Izdatel'stvo Instituta Arkheologii i EtnograWi SO RAN, 1996.

[13] Okladnikov A P. The Neolithic and Bronze Age in the Baikal region (in Russian). Moscow&Leningrad: AN SSSR, 1955.

[14] Konstantinov I V. The origins of the Yakut People and their culture: Yakutia and her neighbors in antiquity (in Russian). Yakutsk: Yakutskiy filial SO AN SSSR, 1975.

[15] Pankratov V, Litvinov S, Kassian A, et al. East Eurasian ancestry in the middle of Europe: genetic footprints of steppe nomads in the genomes of Belarusian Lipka Tatars. Sci Rep, 2016, 6: 30197.

[16] Wells R S, Yuldasheva N, Ruzibakiev R, et al. The Eurasian heartland: a continental perspective on Y-chromosome diversity. Proc Natl Acad Sci U S A, 2001, 98(18): 10244 - 10249.

[17] Tambets K, Rootsi S, Kivisild T, et al. The Western and Eastern roots of the Saami—the story of genetic "outliers" told by mitochondrial DNA and Y chromosomes. Am J Hum Genet, 2004, 74(4): 661 - 682.

[18] Mallick S, Li H, Lipson M, et al. The Simons Genome Diversity, Project: 300 genomes from 142 diverse populations. Nature, 2016, 538(7624): 201 - 206.

[19] Wei L H, Li H. Fuyan human of 120 - 80 kya cannot challenge the Out-of-Africa theory for modern human dispersal. Science Bulletin, 2017, 62: 316 - 318.

[20] Karafet T M, Mendez F L, Sudoyo H, et al. Improved phylogenetic resolution and rapid diversification of Y-chromosome haplogroup K-M526 in Southeast Asia. Eur J Hum Genet, 2015, 23(3): 369 - 373.

[21] Karmin M, Saag L, Vicente M, et al. A recent bottleneck of Y chromosome diversity coincides with a global change in culture. Genome Res, 2015, 25(4): 459 - 466.

[22] Hamilton M J, Buchanan B. Archaeological support for the three-stage expansion of modern humans across Northeastern Eurasia and into the Americas. PLOS ONE, 2010, 5(8): e12472.

[23] Kuzmin Y V. Chronological framework of the Siberian Paleolithic: recent achievements and future directions. Radiocarbon, 2007, 49(2): 757 - 766.

[24] Rybin E P. Tools, beads, and migrations: specific cultural traits in the Initial Upper Paleolithic of Southern Siberia and Central Asia. Quaternary International, 2014, 347 (Supplement C): 39 - 52.

[25] Prufer K, Racimo F, Patterson N, et al. The complete genome sequence of a Neanderthal from the Altai Mountains. Nature, 2014, 505(7481): 43 - 49.

[26] Reich D, Green R E, Kircher M, et al. Genetic history of an archaic hominin group from Denisova Cave in Siberia. Nature, 2010, 468(7327): 1053 - 1060.

[27] Fu Q, Li H, Moorjani P, et al. Genome sequence of a 45,000-year-old modern human from Western Siberia. Nature, 2014, 514(7523): 445-449.

[28] Malyarchuk B, Derenko M, Denisova G, et al. Ancient links between Siberians and Native Americans revealed by subtyping the Y chromosome haplogroup Q1a. J Hum Genet, 2011, 56(8): 583-588.

[29] Raghavan M, Skoglund P, Graf K E, et al. Upper Paleolithic Siberian genome reveals dual ancestry of Native Americans. Nature, 2014, 505(7481): 87-91.

[30] Dulik M C, Zhadanov S I, Osipova L P, et al. Mitochondrial DNA and Y chromosome variation provides evidence for a recent common ancestry between Native Americans and Indigenous Altaians. Am J Hum Genet, 2012, 90(2): 229-246.

[31] Damgaard P B, Marchi N, Rasmussen S, et al. 137 ancient human genomes from across the Eurasian steppes. Nature, 2018, 557(7705): 369-374.

[32] Jeong C, Wang K, Wilkin S, et al. A dynamic 6,000-year genetic history of Eurasia's Eastern Steppe. bioRxiv, 2020: 2020.03.25.008078.

[33] Huang Y Z, Pamjav H, Flegontov P, et al. Dispersals of the Siberian Y-chromosome haplogroup Q in Eurasia. Mol Genet Genomics, 2018, 293(1): 107-117.

[34] Kharkova V N, Khaminaa K V, Medvedevaa O F, et al. Gene pool of Buryats: clinal variability and territorial subdivision based on data of Y-chromosome markers. Russian Journal of Genetics, 2014, 50(2): 203-213.

[35] Zhong H, Shi H, Qi X B, et al. Global distribution of Y-chromosome haplogroup C reveals the prehistoric migration routes of African exodus and early settlement in East Asia. J Hum Genet, 2010, 55(7): 428-435.

[36] Wu Q, Cheng H Z, Sun N, et al. Phylogenetic analysis of the Y-chromosome haplogroup C2b-F1067, a dominant paternal lineage in Eastern Eurasia. J Hum Genet, 2020, 65(10): 1-7.

[37] Kukla G J. Pleistocene land—sea correlations I. Europe. Earth-Science Reviews, 1977, 13(4): 307-374.

[38] Cohmap M. Climatic changes of the last 18,000 years: observations and model simulations. Science, 1988, 241(4869): 1043-1052.

[39] Wei L H, Wang L X, Wen S Q, et al. Paternal origin of Paleo-Indians in Siberia: insights from Y-chromosome sequences. Eur J Hum Genet, 2018, 26(11): 1687-1696.

[40] 刘小元,温有锋,叶丽平,等. 满-通古斯语族人群头面部特征比较. 解剖学报,2018,49(02): 251-257.

[41] 朱泓. 体质人类学. 长春：吉林大学出版社,1993.

[42] 张全超,周蜜. 内蒙古兴和县叭沟墓地汉魏时期鲜卑族人骨研究. 边疆考古研究,2005,1: 261-269.

[43] 陈靓. 匈奴、鲜卑和契丹的人种学考察. 长春：吉林大学,2003.

[44] 张全超. 内蒙古和林格尔县新店子墓地人骨研究. 北京：科学出版社,2013.

[45] 何佳,孙祖栋. 扎赉诺尔人及扎赉诺尔文化研究综述. 黑河学刊,2016,2:21-22.

[46] 中国社会科学院考古研究所等. 哈克遗址——2003—2008 年考古发掘报告. 北京:文物出版社,2010:232.

[47] 赵宾福. 东北石器时代考古. 长春:吉林大学出版社,2003.

[48] 冯恩学. 俄国东西伯利亚与远东考古. 长春:吉林大学出版社,2002.

[49] Edwards M, Bigham A, Tan J, et al. Association of the OCA2 polymorphism His615Arg with melanin content in east Asian populations: further evidence of convergent evolution of skin pigmentation. PLoS Genet, 2010, 6(3): e1000867.

[50] Liu F, Visser M, Duffy D L, et al. Genetics of skin color variation in Europeans: genome-wide association studies with functional follow-up. Hum Genet, 2015, 134(8): 823-835.

[51] Norton H L, Kittles R A, Parra E, et al. Genetic evidence for the convergent evolution of light skin in Europeans and East Asians. Mol Biol Evol, 2007, 24(3): 710-722.

[52] Adhikari K, Fontanil T, Cal S, et al. A genome-wide association scan in admixed Latin Americans identifies loci influencing facial and scalp hair features. Nat Commun, 2016, 7: 10815.

[53] Adhikari K, Fuentes-Guajardo M, Quinto-Sanchez M, et al. A genome-wide association scan implicates DCHS2, RUNX2, GLI3, PAX1 and EDAR in human facial variation. Nat Commun, 2016, 7: 11616.

[54] Attanasio C, Nord A S, Zhu Y, et al. Fine tuning of craniofacial morphology by distant-acting enhancers. Science, 2013, 342(6157): 1241006.

[55] Qiao L, Yang Y, Fu P, et al. Genome-wide variants of Eurasian facial shape differentiation and a prospective model of DNA based face prediction. J Genet Genomics, 2018, 45(8): 419-432.

[56] Sun J, Ma P C, Cheng H Z, et al. Post-last glacial maximum expansion of Y-chromosome haplogroup C2a-L1373 in northern Asia and its implications for the origin of Native Americans. Am J Phys Anthropol, 2020, 174(2): 363-374.

[57] Yi M, Gao X, Li F, et al. Rethinking the origin of microblade technology: a chronological and ecological perspective. Quaternary International, 2016, 400: 130-139.

[58] Goebel T. The "microblade adaptation" and recolonization of Siberia during the Late Upper Pleistocene, 2002, 12(1): 117-131.

[59] Pei S, Gao X, Wang H, et al. The Shuidonggou site complex: new excavations and implications for the earliest Late Paleolithic in North China. J Archaeol Sci, 2012, 39(12): 3610-3626.

[60] Chun C, Xiang Q W. Upper Paleolithic microblade industries in North China and their relationships with Northeast Asia and North America. Arctic Anthropology, 1989, 26(2): 127-156.

[61] 吉笃学,陈发虎,Bettinger R L,等. 末次盛冰期环境恶化对中国北方旧石器文化的影响. 人类学学报,2005,24(4):270-282.
[62] Gómez Coutouly Y A. The emergence of pressure knapping microblade technology in Northeast Asia. Radiocarbon,2018,60(3):821-855.
[63] 郭盛乔,王苏民,杨丽娟. 末次盛冰期华北平原古气候古环境演化. 地质论评,2005,51(4):423-427.
[64] 周本雄. 披毛犀和猛犸象的地理分布、古生态与有关的古气候问题. 古脊椎动物与古人类,1978,16(1):47-59.
[65] 阿勒得尔图. 扎赉诺尔文化考论. 长春:吉林文史出版社,2018.
[66] 黎兴国. 浅谈扎赉诺尔文化时代问题. 呼伦贝尔学院学报,2002(01):1-3+37.
[67] 林黎明. 扎赉诺尔与扎赉诺尔文化. 齐齐哈尔大学学报(哲学社会科学版),1981(Z1):120-122.
[68] 韩康信,潘其风. 古代中国人种成分研究. 考古学报,1984,2:245-263.
[69] 朱泓. 中国东北地区的古代种族. 文物季刊,1998,1:55-65.
[70] Yang X,Wan Z,Perry L,et al. Early millet use in Northern China. Proc Natl Acad Sci U S A,2012,109(10):3726-3730.
[71] 冯恩学. 东北平底筒形罐区系研究. 北方文物,1991,4:28-42.
[72] 胡秀杰. 新开流文化研究. 北方文物,2013,4:7-13.
[73] 孙明明. 乌苏里江流域早期新石器时代文化研究——论中俄邻境地区的"新开流—鲁德纳亚文化". 长春:吉林大学,2013.
[74] 中国社会科学院考古研究所. 昂昂溪考古文集. 北京:科学出版社,2013.
[75] 王俏梅. 昂昂溪考古文化初论. 理论观察,2001,2:71-73.
[76] 赵宾福. 中国东北地区夏至战国时期的考古学文化研究. 北京:科学出版社,2009.
[77] 张伟. 红马山文化辨析. 北方文物,2007,3:1-16.
[78] 倪润安. 呼伦贝尔地区两汉时期考古遗存的分组与演变关系. 边疆考古研究,2010,1:105-125.
[79] 乔梁. 黑龙江汉晋时期考古学遗存的分布与文化格局. 边疆考古研究,2013,1:197-206.
[80] 张久和. 北朝至唐末五代室韦部落的构成和演替. 内蒙古社会科学(汉文版),1997,5:36-43.
[81] 王乐文. 挹娄、勿吉、靺鞨三族关系的考古学观察. 民族研究,2009,4:70-77.
[82] 魏存成. 靺鞨族起源发展的考古学观察. 史学集刊,2007,4:61-67.
[83] С·Ⅱ·涅斯捷罗夫,Я·В·库济明,Л·а·奥尔洛娃,等. 阿穆尔河沿岸早期铁器时代和中世纪的文化. 北方文物,1999,3:104-109.
[84] 安志敏. 海拉尔的中石器遗存——兼论细石器的起源和传统. 考古学报,1978,3:33-60+140-141.
[85] Д.策比克塔洛夫. 蒙古与外贝加尔地区的石板墓文化. 孙危,译. 北京:商务印书馆,2019.
[86] 郑隆. 略述内蒙古北部边疆部分地区的"石头墓"和"石板墓". 内蒙古社会科学(文史

哲版),1990,1:85-87.

[87] 索秀芬,李少兵. 内蒙古地区早期铁器时代考古学文化与周围的关系. 内蒙古社会科学(汉文版),2016,37(3):73-78.

[88] Keyser-Tracqui C, Crubezy E, Pamzsav H, et al. Population origins in Mongolia: genetic structure analysis of ancient and modern DNA. Am J Phys Anthropol, 2006, 131(2):272-281.

[89] Keyser-Tracqui C, Crubezy E, Ludes B. Nuclear and mitochondrial DNA analysis of a 2,000-year-old necropolis in the Egyin Gol Valley of Mongolia. Am J Hum Genet, 2003, 73(2):247-260.

[90] 张久和. 原蒙古人的历史:室韦-达怛研究. 北京:高等教育出版社,1998.

[91] 张久和. 南北朝隋唐时期室韦地域考——室韦史研究之一. 内蒙古社会科学(汉文版),1991,5:57-61.

[92] 屠寄. 蒙兀儿史记. 北京:北京市中国书店,1984.

[93] 姚大力. "狼生"与早期蒙古部族的构成与突厥先世史的比较. 北方民族史十论. 桂林:广西师范大学出版社,2007:141-163.

[94] 舍洛米欣 O A. 中世纪早期米哈伊洛夫卡文化代表的形成过程及民族属性. 孙敏庆,译. 黑河学院学报,2014,6:5-10.

[95] 齐达拉图. 十至十二世纪蒙古高原部族史探究. 内蒙古大学,2015.

[96] 张伟. 嫩江流域夏至东汉时期的五支考古学文化. 北方文物,2010,2:29-37.

[97] 范恩实. 从历史学、考古学、民族学的多重视角看室韦起源问题. 黑龙江民族丛刊, 2017,2:78-86.

[98] Zhabagin M K, Dibirova H D, Frolova S A, et al. The relation between the Y-chromosomal variation and the clan structure: the gene pool of the steppe aristocracy and the steppe clergy of the Kazakhs. Moscow University Anthropology Bulletin, 2014, 1:96-101.

[99] 金峰. 再论兀良合部落的变迁. 新疆师范大学学报(哲学社会科学版),1990,2:37-43.

[100] 金峰. 兀良合部变迁(提要). 内蒙古师范大学学报(哲学社会科学版),1988,3:38-39.

[101] 齐达拉图. 乃蛮部历史若干问题研究. 内蒙古大学,2010.

[102] De Barros D P, Martiniano R, Kamm J, et al. The first horse herders and the impact of early Bronze Age steppe expansions into Asia. Science, 2018, 360:6396.

[103] 韦兰海,李辉. 关于匈奴支系名的一点考证//徐丹,傅京起主编. 语言接触与语言变异. 北京:商务印书馆,2019:69-96.

[104] Chen Z, Zhang Y, Fan A, et al. Y-chromosome haplogroup analysis indicates that Chinese Tuvans share distinctive affinity with Siberian Tuvans. Am J Phys Anthropol, 2011, 144(3):492-497.

[105] Derenko M, Malyarchuk B, Denisova G A, et al. Contrasting patterns of Y-chromosome variation in South Siberian populations from Baikal and Altai-Sayan

regions. Hum Genet, 2006, 118(5): 591-604.

[106] Karafet T M, Osipova L P, Gubina M A, et al. High levels of Y-chromosome differentiation among native Siberian populations and the genetic signature of a boreal hunter-gatherer way of life. Hum Biol, 2002, 74(6): 761-789.

第4章
旧石器时代迁徙、语言演变与东亚游牧势力的兴起

4.1 引言

蒙古语人群起源和兴起的大背景是亚洲北部地区人群数万年的演化历史以及游牧生活方式在欧亚东部草原的扩散。这一宏大背景有很多值得深入讨论的话题,本章讨论了相关的3个议题。

其一,由于语言是定义一个族群的主要因素,族群的分化与语言的分化大致是同步的。本章第4.2节基于遗传学数据所见的人群演化过程,讨论了蒙古语族诸语言的演化过程。其二,遗传学数据显示,亚洲北部地区自远古以来发生了非常剧烈的人群融合和人群替换历史。我们讨论了古代西伯利亚地区的可能的语言替换事件,旨在说明遗传学数据如何用于研究没有文字记载的史前文化变迁事件。

最后,游牧生活方式在欧亚草原东部地区的扩散极大地改变了这一地区的人群演化历史进程。在不同的历史时期,不同的游牧部落相继在蒙古高原及其周围地区兴起,而蒙古语人群只是其中的一部分。我们逐一地对这些游牧部落兴起的驱动因素进行了讨论。

4.2 从遗传学的角度看蒙古语族诸语言的变迁

4.2.1 蒙古语族诸语言的谱系与"原蒙古语"

语言学的研究描述了蒙古语人群与其他语言人群的相互关系,以及各蒙古语人群内部彼此之间的亲缘关系,为我们理解蒙古语人群的起源和分化提

供了基础框架[1]。按照此前的分类,蒙古语族与突厥语族以及通古斯语族一起构成"阿尔泰语系"[2,3]。对于"阿尔泰语系"是否成立的问题,语言学家的争论已经持续了近两百年,是一个世界性的学术难题[4-7]。一部分学者主张三者有同源关系[2,3];而另一部分学者倾向于认为蒙古语族、突厥语族和通古斯语族诸语言之间的相似性是长期相互影响的结果,3个语族并没有共同的起源[8]。但是,在讨论北亚地区历史时,突厥语人群、蒙古语人群和通古斯语族群的活动往往交织在一起[9]。因此,尽管存在这样的争议,用"阿尔泰人群(Altai people)"一词来指代突厥语人群、蒙古语人群和通古斯语人群,在行文的时候是比较方便的。在本书中,我们也将使用"阿尔泰人群"一词。

参考世界语网站(www.ethnologue.com)的分类,蒙古语族诸语言的谱系结构如图4.1所示。需要说明的是,国外学者倾向于把我国学者所认为的方言都当作独立的语言,与我国学者的分类有所不同。但本节只讨论语言的分支关系,所以上述情况不影响本节的讨论。由于早期语言材料的匮乏,语言学家目前还没有对蒙古语的历史分期问题形成共识。目前,通常接受将蒙古语的历史划分为:原始蒙古语(从蒙古—满-通古斯语统一体解体到13世纪);中世纪蒙古语(从13世纪到17世纪);近代蒙古语(从17世纪开始)[10]。对于从共同蒙古语演变为现代蒙古语族诸语言的具体过程,清格尔泰和喻世长在各自的著作中都提出了自己的主张[11-14]。

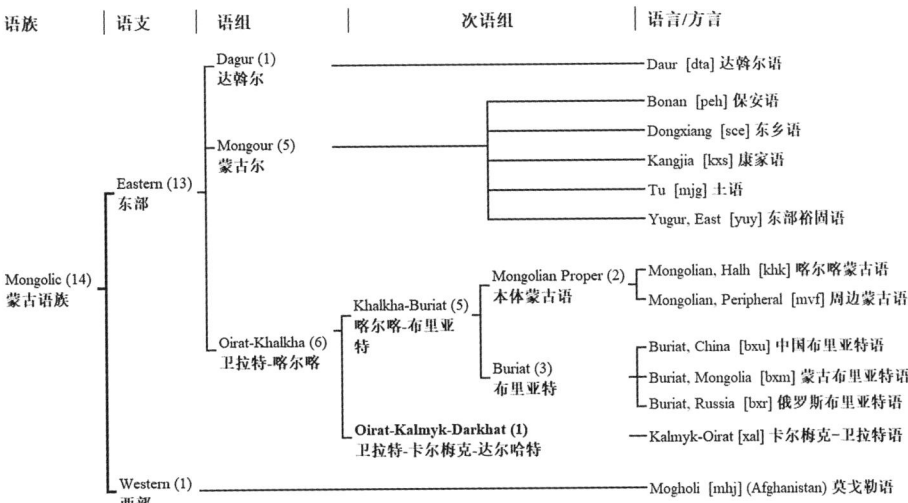

图4.1 蒙古语族诸语言的分类

注:括号中的数字表示分支之下包含的语言的总数。

据研究,鲜卑语同蒙古语有共同的祖源,而契丹语和蒙古语之间有相当近的关系[15]。因此,这两种语言被认为是"原蒙古语(Proto-Mongolic language)"的成员。根据我们上文的研究,从考古学的角度看,大兴安岭北部的室韦部落并不是战国至西汉时期西辽河流域的东胡和鲜卑部落的直系后裔,两者在人群起源上可能是更古老的共同始祖群体的后裔。由此可以推测,鲜卑语和蒙古语应有一个更古老的共同始祖语言。不过,在鲜卑人群出现之前,史料中没有任何关于蒙古语的确切记载。因此,我们无法了解西汉以前的蒙古语和鲜卑语的共同始祖语言的具体状态。

此外,土族和土语(Mongour语)的起源是一个值得注意的问题。如前文第1章第1.4.7节所述,有很多学者倾向于将土族的起源追溯到西晋时期的吐谷浑人[16,17]。而也有一些学者认为13世纪之后来自蒙古的驻军和移民对现代土族的形成起关键作用[18,19]。鲜卑在距今2000年的西汉时期就已经出现在西辽河流域,而此时室韦部落的祖先则生活在大兴安岭北部地区,尚未完全分化并向外扩散。按照语言演化的一般规律,假设土族的语言直接源自吐谷浑语,则土语与其他蒙古语的分离时间应接近2000年,但语言学的材料并不支持土族的语言与其他蒙古语有如此久远的分离时间。关于土族及其语言的来源问题,尚待进一步研究。

达斡尔语在蒙古语族之中的特殊地位也是一个值得特别说明的现象。通过对《蒙古秘史》的研究,额尔登泰、乌云达赉、阿萨拉图和阿尔达扎布等学者先后提出:《蒙古秘史》中的一些词汇在现代蒙古语中已经不使用,却保留在达斡尔语中[20,21]。语言上观察到的这种现象与蒙古语人群本身演化的历史是相符的。大约在公元8世纪之后,蒙兀和乌古等室韦部落西迁并扩散到草原上。除了达斡尔族之外,其他现代蒙古语人群都是成吉思汗时期的蒙古诸部后裔分化的结果。在明代末期,达斡尔人出现在史料中。此时,他们生活在大兴安岭北部的黑龙江中上游两岸。达斡尔族的祖先似乎一直生活在大兴安岭北部地区而远离蒙古草原中部地区。蒙古语人群扩散到草原上之后,从采集狩猎生活方式转变为游牧生活方式,其语言中也加入了很多与游牧生活相关的词汇。而达斡尔族的生活方式则没有经历过这样的转变,这可能就是达斡尔语中保留了更多古代蒙古语词汇的原因之一。此外,达斡尔人一直与鄂温克人和鄂伦春人等通古斯语人群毗邻而居,达斡尔语中也有一些通古斯语词汇。

传统的蒙古文字是成吉思汗时期由塔塔统阿在畏吾儿文的基础上创立

的[22]。元太祖忽必烈授意"国师"八思巴创立"八思巴文",并使之成为元帝国境内的官方文字[23]。在北元时期,八思巴文逐渐被弃用而古老的畏吾尔体蒙古文被重新使用[24]。在清代初期,托忒文广泛使用于卫拉特诸部[25]。在20世纪初,西里尔蒙古文成为今天蒙古国的官方文字。上述文字被创立之后,蒙古人使用这些文字记录自己的历史,创造了灿烂的文化。使用上述蒙古文字编写的史料成为今天研究蒙古人群历史不可或缺的材料。

总之,现代蒙古语人群的语言和文化传统与这一系人群本身的起源和演化过程直接相关。从分子人类学的角度揭示整个蒙古语人群详细的演化历史,将有助于我们理解这一系人群的语言和文化传统的演变过程。

4.2.2 蒙古语族诸语言的演变

语言学家已经对蒙古语族诸语言的内部谱系结构进行了精确的划分。参考世界语网站的划分,蒙古语族诸语言的谱系结构如图4.1所示。在蒙古语族之下,位于阿富汗的莫戈勒语被单独划分为西部语支,而其他蒙古语被划分为东部语支。东部语支之下分为3个语组。达斡尔语单独作为一个语组。蒙古尔语组包括分布在甘肃和青海的5种蒙古语。蒙古族人、卫拉特蒙古诸部以及布里亚特人的语言被划分为卫拉特-喀尔喀语组。卫拉特-喀尔喀语组之下,布里亚特语和蒙古语之间的亲缘关系稍近,而卡尔梅克-卫拉特语与这两种语言的亲缘关系稍远一点。不过,国外研究者与国内研究者的划分标准稍有不同,国内研究者通常把卫拉特语、蒙古语和布里亚特语视为同一种语言的3个方言。

上述现代蒙古语诸语言之间的亲缘关系,与我们在父系遗传结构的数据上看到的人群之间的亲缘关系有较大的差别。由于现代人群及其语言的形成过程中的复杂性,语言学上观察到的亲缘关系与遗传学上观察到的亲缘关系不匹配,这是很正常的现象。正是这种不匹配的现象,促使我们去研究现代人群形成过程中遗传结构的变化以及随之发生的语言变迁之间的相互关系。在本书前3章中,我们已经详细讨论了蒙古语人群的历史过程及其父系遗传结构的形成过程。基于这些研究结果,在本节中,我们将试图还原现代蒙古语人群及其古代亲族的语言亲缘关系的变迁过程。需要说明的是,语言学相关的议题最终还是需要语言学本身的研究来解决。我们在这里只是提出一系列的假说,还有待语言学方面的研究来进行验证。不过,关于远古时期人群的语言,史料中通常只留下极为有限的材料,在很多情况甚至完全没有留下任何材料。如何研究古代人群的语言特征以及现代语言自远古以来的变迁过程,可能还需要一些理论方面的创新。

蒙古汗国(Yeke Mongol Ulus)在公元1206年的建立是现代蒙古语人群的共同始祖群体形成的标志。因此,公元1206年是蒙古语族诸语言的演化过程中的一个关键时间节点。在此前,存在很多与尼伦蒙古部有共同文化传统的部落,如弘吉剌特部、塔塔儿部、巴儿忽惕部、斡亦剌惕部、篾儿乞部。根据历史方面的研究以及上一节的讨论,这些部落与尼伦蒙古部并不存在遗传学意义上晚近的共同起源。而与尼伦蒙古部有确定的、晚近的共同父系祖先的是有一部分迭儿列勤部落。在上一节中,我们描述了上述各个部落可能的迁徙路径。总之,上述尼伦蒙古和迭儿列勤之外的其他部落在被成吉思汗统一之前,拥有与尼伦蒙古部不同的起源、分化和发展历史。因此,我们可以推测,这些部落的语言虽然很可能与尼伦蒙古部的语言属于同一个古代的语族,但也已经发生了一定程度的分化。然而,对于这些古代部落的语言,史料中几乎没有留下任何材料。因此,我们只能借助遗传学的数据来推测这些古代人群之间的亲缘关系。

综合各个学科的研究成果以及本章的讨论,我们推测了远古时期蒙古高原东部和北部的古代部落之间的亲缘关系,如图4.2所示。值得说明的是,各个部落之间语言的亲缘关系可能与基于遗传结果所见的亲缘关系一致,但也有可能不一致。由于没有语言学的材料,我们也就无法从语言学的角度进行讨论。尼伦蒙古各部和部分迭儿列勤部落很可能都是北室韦部落(特别是蒙兀室韦部)的后裔。"迭儿列勤"是一个内涵不断被扩展的词汇,包含越来越多的部落。但最初的"迭儿列勤"是蒙古部内部与尼伦蒙古的祖先保持相互通婚关系的亲族。尼伦蒙古各部和部分迭儿列勤部落的主要父系类型可能是C2a-F3796(星簇)。而达斡尔族的祖先人群的主要父系类型是C2a-F3796(星簇)的兄弟支C2a-F8951。达斡尔族的祖先人群可能是分布于黑龙江中游两岸地区的、没有扩散到草原上的那部分北室韦部落的后裔。因此,尼伦蒙古各部、部分迭儿列勤部落和达斡尔族的祖先人群拥有最为接近的亲缘关系。其次,根据上文的推测,弘吉剌特部和塔塔儿部都是南室韦部落的后裔。相对于其他部落,这两个部落应该拥有相对接近的亲缘关系。布里亚特部和斡亦剌惕部都是贝加尔湖南部诸林中百姓的一部分,可能是西迁的羽厥里部与当地部落混合的结果。因此,这两个应该拥有最为接近的亲缘关系。其次,篾儿乞部可能也属于"原蒙古"部落之一,但没有关于他们语言的详细记录。最后,锡伯人祖先的语言可能也属于一种"原蒙古语"。锡伯族被认为源自古代位于呼伦贝尔地区东部的古代鲜卑部落。但是,对于明代以前的锡伯族的早期历史，史料中没有记载。最后，通常认为克烈部和乃曼部是突厥化很深的部落，不管他们最初的起源如何。为了全面地理解蒙古各部统一前的各个主要部落的亲缘关系，我们在图 4.2 中也罗列了克烈部和乃蛮部。

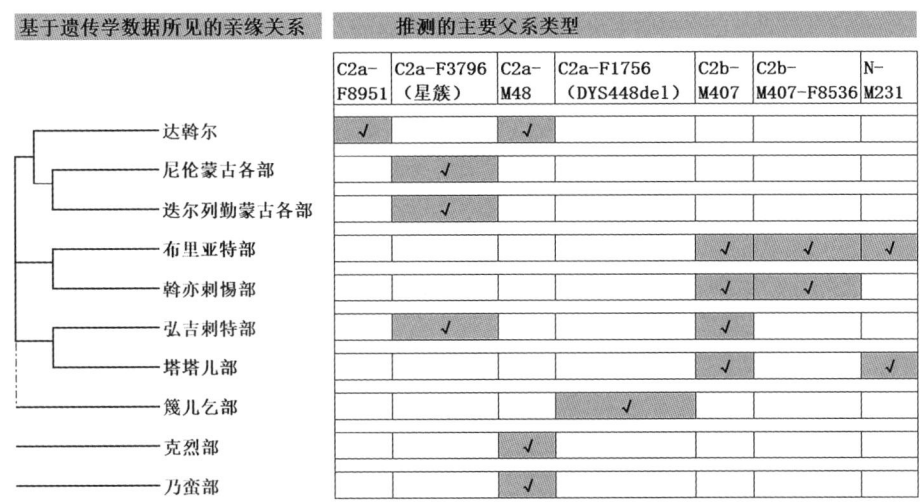

图 4.2　基于遗传学数据推测的公元 12 世纪古代部落之间的亲缘关系

理论上讲，如果两个人群是由同一个始祖群体分化而来，且之后没有经历大规模的与其他人群的混合或者语言替换过程，那么这两个人群的语言也应该拥有彼此接近的亲缘关系。但实际上，古代人群和现代人群的形成过程并非都是分化的结果，在很多时候，人群的融合以及语言的融合和替换才是人群形成的关键因素。我们认为，对于图 4.2 中的部落，在这些部落还处在完全独立的发展状态的时候，遗传学上的亲属关系一定程度上可以反映当时各部落语言之间的亲属关系。但是当人群发生融合之后，语言面貌就可能会发生很大变化。

在这里，我们从现代蒙古语族的谱系关系向前进行追溯。首先，位于阿富汗的莫戈勒语目前被单独构成西部语组。莫戈勒人和哈扎拉人一样，都是元代时期蒙古驻军的后裔。目前还没有关于莫戈勒人的遗传学数据，我们可以参考哈扎拉人的数据进行分析。现有的遗传学数据显示，哈扎拉人中有高频的父系类型 C2a-F3796（星簇）。其中，一部分 C2a-F3796（星簇）属于我们推测的尼伦蒙古的特征父系 C2a-F5481，但也有其他 C2a-F3796（星簇）分支。元代时期被派往欧亚大陆各地的蒙古驻军蒙古汗国境内各个蒙古部落的混合，他们的语言应该与当时蒙古本部人群的语言没有重大差异。因此，我们认为，现代莫戈勒语区别于所有其他蒙古语的语言特征是 13 世纪之后与当地人群的语言混合的结果，而不是因为这个人群的祖先群体的语言本身与元代时期其他蒙古人的语言存在重大差异。

其次，保安语、东乡语、康家语、土语和东部裕固语目前构成一个独立的语组。参考第 1 章第 1.4.8 节以及上文的讨论，元代时期的蒙古驻军和少部分作为上层统治者的蒙古人是这些人群形成的关键基础。同样，我们可以推测这些蒙古驻军或少部分作为上层统治者的蒙古人的语言应该与当时的蒙古本部人群的语言没有重大差异。我们认为，这些语言区别于其他蒙古语的特征是 13 世纪之后蒙古驻军和作为上层统治者的蒙古人的语言与当地的语言混合的结果。从遗传学的数据来看，这些人群的遗传成分并不构成独立于其他蒙古人的一个支系，也不是某一个位于甘肃地区的某一个共同始祖群体分化的结果。因此，这些语言之所以被划分为同一个语组，原因是它们都受到了周围的语言（如汉语和藏语）的影响，经历了相似的语言演变过程，获得了一些相似的语言特征。另一方面，东部裕固语的历史稍微特殊一点。东部裕固族和西部裕固族是在明代时从嘉峪关以西地区迁徙到祁连山地区的。整体而言，上述人群的始祖群体的语言应该和莫戈勒人始祖的语言一样，都属于蒙古汗国统一之后的蒙古人语言的一部分，在分化之初应该没有方言级别的差异。现代的莫戈勒语、保安语、东乡语、康家语、土语和东部裕固语在现代蒙古语族的谱系结构中独立于其他蒙古语，主要是后期发展过程中被当地语言的影响以及自身发展的结果，而不是在分开的时候就具有谱系上特殊的分支地位。

蒙古语、布里亚特语和卫拉特语的谱系关系的形成过程则稍微复杂一点。在 13 世纪之后，分布于蒙古高原之外的蒙古语人群的语言逐渐走上了独立的发展道路，但蒙古部、布里亚特部和卫拉特部之间仍然有密切的接触和交流。由于居住地彼此邻近，蒙古语和布里亚特语之间的相互影响尤为深刻。由于长期生活在同一个区域，呼伦贝尔地区的蒙古语和布里亚特语甚至有渐渐趋同的趋势。在 15 世纪，随着瓦剌政权的兴起，卫拉特诸部与东部蒙古诸部之间的相互交流和联系则更为密切。在上文中我们提到，布里亚特部和卫拉特诸部的始祖人群是古代的林中百姓诸部落，他们很可能是羽厥里部迁徙到贝加尔湖南部地区后与当地人群混合的后裔。再往前追溯，羽厥里部和乌古部是两个有亲缘关系的部落，都是南室韦部落的后裔。可见布里亚特部和卫拉特诸部的始祖人群的发展历程与尼伦蒙古部的发展历程是不同的。因此，我们认为,在蒙古各部统一之前,林中百姓部落的语言与尼伦蒙古部的语言之间应该存在较大的差异,至少应该大于蒙古尔语组诸语言和莫戈勒语的始祖语言与尼伦蒙古部的语言之间的差异。在公元1206年蒙古汗国建立之后,全体蒙古人的语言有一次统一的过程,更古老时期不同部落之间的语言差异应趋于消失。在莫戈勒语和蒙古尔语组诸语言分离之后,蒙古语、布里亚特语和卫拉特语之间仍然在持续发生交流。总之,我们推测,现代蒙古语、布里亚特语和卫拉特语之间的亲缘关系是从13世纪经过统一的蒙古语分化出来之后又再次发生融合的结果,而不是11世纪时尼伦蒙古部和林中百姓诸部落的语言之间的差异的真实反映。

达斡尔语在谱系上的分类与这个人群的起源历史十分吻合。根据我们上文的研究,达斡尔族中的主要父系类型C2a-F8951是我们推测的尼伦蒙古部的主要父系类型C2a-F3796(星簇)最接近的分支。达斡尔族的始祖人群应该是那些在公元9世纪之后没有西迁到草原之上而继续留在大兴安岭北部和黑龙江中游两岸地区的北室韦诸部的后裔。根据语言学方面的研究,很多《蒙古秘史》中的古老词汇在后世的蒙古语中已经被其他词汇替换,而这些古老词汇在达斡尔语继续使用。可见,在公元9世纪室韦诸部大举扩散到蒙古草原上的时候,达斡尔语的始祖语言已经与其他蒙古语发生了决定性的分离。此后,蒙古人在蒙古高原以及欧亚大陆上的扩散,极大地影响了欧亚大陆的历史进程。而达斡尔族的始祖人群则一直生活在黑龙江中游两岸地区,直到16世纪下半叶才首次出现在史料之中,被《蒙古源流》记录为"达奇鄂尔"部。基于上述人群演化过程,我们推测大蒙古国时期的达斡尔语已是独立于其他所有蒙古人语言的分支。

综上所述,我们将蒙古语族诸语言的谱系关系的变迁分为5个阶段,如图4.3所示。第一阶段是公元12世纪末,即成吉思汗统一蒙古各部前夕(图4.3-A)。此时,达斡尔语与尼伦蒙古部的语言已经发生分离。莫戈勒语和蒙古尔语组诸语言还没有从尼伦蒙古语中分离出来。布里亚特语和卫拉特语与尼伦蒙古部的语言存在一定差异。第二阶段是公元13世纪期间(图4.3-B)。首先,统一的蒙古语形成,除了达斡尔语之外的其他蒙古语族语言都是这个统一的蒙古语的后裔。此后,不同的蒙古人扩散到欧亚大陆各地,或作为驻军,或作为上层统治阶层,或作为普通的蒙古人群而扩散。在这一阶段,莫戈勒人和保安人、东乡人、康家人、土族和东部裕固族的始祖人群的语言还都属于统一的蒙古语的一部分。第三阶段相当于公元14世纪至15世纪期间(图4.3-C)。

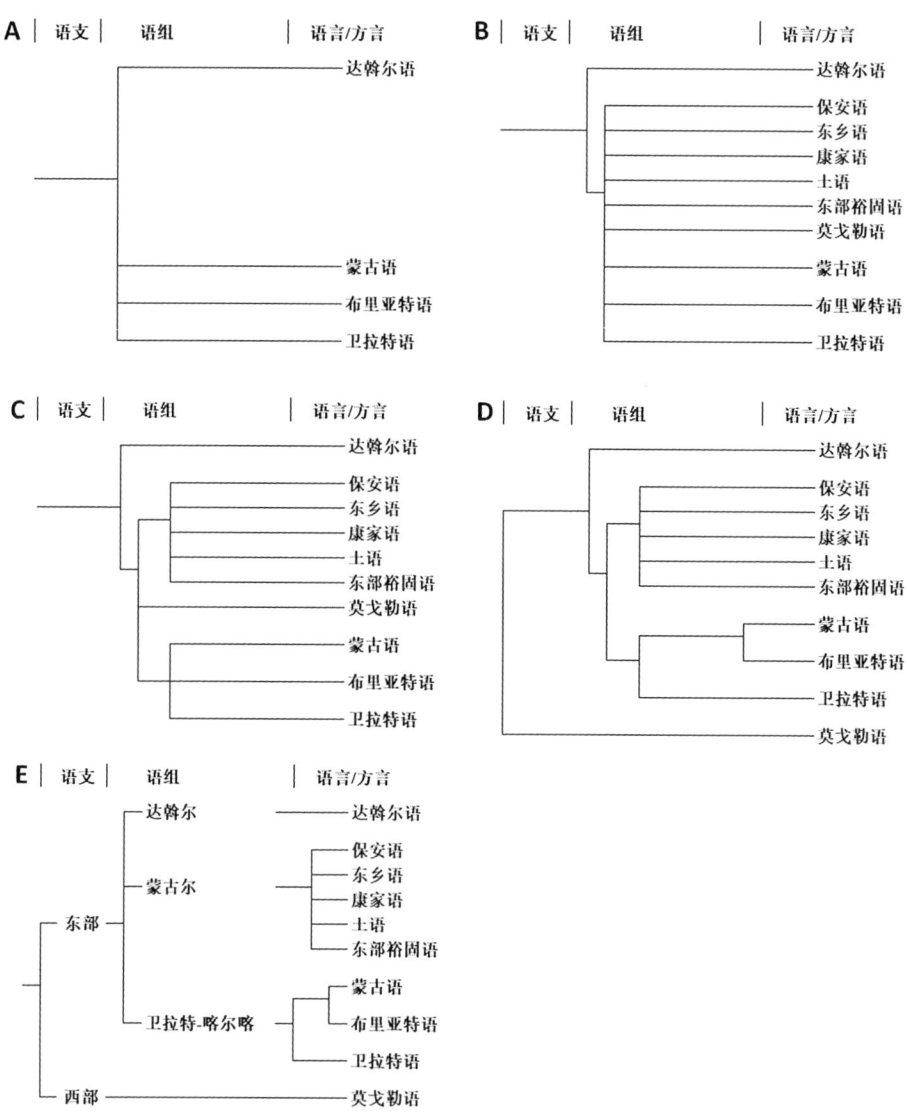

图 4.3 推测的蒙古语族诸语言的谱系关系的变迁过程

在这一阶段,分布在阿富汗的莫戈勒人的语言受周围语言的影响,走上独立发展的道路。分布在甘肃和青海的保安人、东乡人、康家人、土族和东部裕固族的语言受当地语言的影响,也走上了独立发展的道路。在这一阶段,蒙古人、卫拉特人和布里亚特人仍生活在蒙古高原上,他们的语言之间仍在相互影响。第四阶段相当于公元 16 世纪至 17 世纪期间(图 4.3 - D)。在这一阶段,莫戈勒人的语言进一步演变并呈现出独立与其他所有蒙古语族语言的特点。卫拉特诸部主要在哈萨克草原活动并西迁到伏尔加河地区。卫拉特语开始走上独立的发展道路。第五阶段相当于公元 18 世纪至今(图 4.3 - E)。在上一个阶段分化的基础上,现代蒙古语族诸语言最终形成。

值得说明的是,上述推测主要是基于遗传学所观察到的人群之间的亲缘关系以及历史学和语言学的相关研究成果,我们的假说还有待语言学本身的研究来进行验证。

4.3 古代西伯利亚地区的语言替换

西伯利亚地区的人群结构和语言分布情况十分复杂。这一地区的人群演化历史与匈奴、丁零-铁勒、蒙古、突厥、回纥和通古斯语人群的起源有密切的关系。因此,本节重点从分子人类学的角度研究西伯利亚地区可能存在的语言替换。

在现代族群理论中,共享同一种语言、文化或宗教传统以及共同的始祖传说被认为是族群认同的关键要素[26]。但正如历史文献所记载的那样,绝大部分现代人群都是多个古代人群在不同历史时期长期混合的结果。最近数十年来,分子人类学有关 Y 染色体的研究成为追溯人类群体父系历史的一个强有力工具。整体而言,人类群体的语言分布情况与 Y 染色体类型(代表父系支系)的相关性更强,而非 mtDNA 类型(代表母系支系)[27]。在现代人群中,来自同一个语支的人群通常会共享一组主要的父系类型。在全世界范围内只有少数例外[27]。

西伯利亚地区远离古代各大文明中心。对于西伯利亚地区的人口地理历史以及这一区域语言的起源和分化历史,相关的历史记载非常稀少。因此,历史学和语言学的研究尚未能提供这一地区自远古以来的人群和语言演化详细图景。从遗传学的角度研究相关议题有可能成为一个有效的途径。由"精英模式"主导的语言替换通常发生在比较复杂的社会结构中[28],语言替换事件或者大规模的人群混合通常会在后裔人群的基因库中留下强烈的遗传学痕迹。因此,我们可以通过遗传学信号来分辨远古人群是否发生过混合以及混合的程度。在本节中,我们总结了绝大部分公开发表的文献中西伯利亚地区人群的父系 Y - SNP 数据,据此研究了这一地区可能发生过的语言替换事件。

4.3.1 判断语言替换的准则

语言替换也称语言转变,是一种文化现象。在语言替换的过程中,一个群体所说的语言从一种变成另外一种。导致这一现象的原因可能有多个,其中一个主要的过程是由"精英模式"主导的语言替换。在这种模式下,一个群体放弃了其原有的语言,而转向在其社会结构中"地位较高"的语言[28]。另一种主要的模式是融合模式[29],当一个人群从别处迁入一个新的地区之后,逐渐改说在当地占优势的语言。

在本节中,我们主要用两个准则来判断一个语言替换事件。

1. 在来自同一语支的绝大部分人群中,存在唯一的一个占绝对优势的父系类型,并且这个类型经历了晚近的人口扩张。此时,我们认定这种父系类型是这个语支人群父系的奠基者类型,而来自同一个语支的其他少数人群的主要父系类型则是其他的类型。此时,我们推测这个少数人群经历了语言替换。

2. 在来自同一语支的绝大部分人群中,存在两个或多个的父系类型,并且这些类型大致在相同或相近的历史时期经历了晚近的人口扩张。此时,我们认定这些父系类型都是这一个语支人群父系的奠基者类型,而来自同一语支的其他少数人群的主要父系类型则是其他类型。对于这种情况,我们把群体历史分成两个阶段。在第一阶段,在起源上不同源的多个群体经过融合后形成新的群体。之后,包含多个父系类型的始祖共同体发生了群体扩张。此时,群体内的多个父系类型都在相同或相近的历史时期得到了遗传学意义上的扩张。在第一阶段,语言替换在同语支之下人群的共同始祖群体形成之前就已发生。在第二阶段,扩张之后的人群通过族群融合或经由"精英模式",使含有不同父系类型的其他人群的语言发生替换。这一阶段的过程与上述第一准则中的情况类似,只是主体人群含有多个奠基者父系类型而非仅仅只有一个。

通过比较不同人群中的 Y-SNP 单倍群的频率差异以及父系支系的扩张年代,我们可以结合上述两个准则判断一个语言替换事件。在本节中,我们也将结合人类学其他分支学科的研究成果来进行讨论。

4.3.2 父系遗传结构数据总结

为了得到西伯利亚人群父系遗传结构的清晰图景,我们总结了几乎所有公开文献发表的数据,总共包含 145 个人群的 Y-SNP 数据,见本书附表一。由于不同的文献中测试的标记点各有差异,我们根据 www.isogg.org 的单倍群命名对所有数据进行了整理。通过对 Y-SNP 单倍群在不同人群中的分布以及各个 Y-SNP 支系的分化和扩张年代的研究,我们逐一讨论西伯利亚地区可能发生过的语言替换事件。

4.3.3 塞尔库普人可能源自叶尼塞语人群

根据当前的语言学划分,塞尔库普语属于乌拉尔语系萨摩耶德语支[30]。塞尔库普人生活在西伯利亚叶尼塞河与额毕河(Ob River)之间的塔兹河(Taz River)流域[31]。根据之前的遗传学研究,单倍群 N1b-P43 和 N1c-M178 是绝大部分乌拉尔语人群的绝对主要父系[32]。在萨摩耶德语支人群的父系遗传结构中,N1b-P43 的比例极高,如恩加那桑人(Nganasan,91.1%)和涅涅兹(Nenets,74.6%)。这一单倍群同样也是汉特人(Khanty)和曼西人(Mansi)的绝对主要父系。与此相反,塞尔库普人中 N1b-P43 的比例极低(6.9%)而单倍群 Q 是主要父系类型(66.4%)。另一方面,作为叶尼塞语人群唯一现存的后裔,凯特人中单倍群 Q 的比例也很高(93.8%)。在整个欧亚大陆的人群中,凯特人和塞尔库普人父系遗传结构中 Q 类型的比例是最高的。单倍群 Q-M242 和 N1b/N1c 分离的年代超过 4 万年,它们在欧亚大陆的扩散代表了完全不同的人群演化历史。可见,塞尔库普人中高比例 Q 可能与叶尼塞语人群有关。

Y 染色体全序列测试为上述推测提供了更为准确的证据。根据 Karmin 等人的计算[33],塞尔库普人的 Q 属于在凯特人中发现的单倍群 Q1a3a3-L330 的下游支系。如图 4.4 所示,Q1a3a3-B287 的整体年代约为 5 000 年,而塞尔

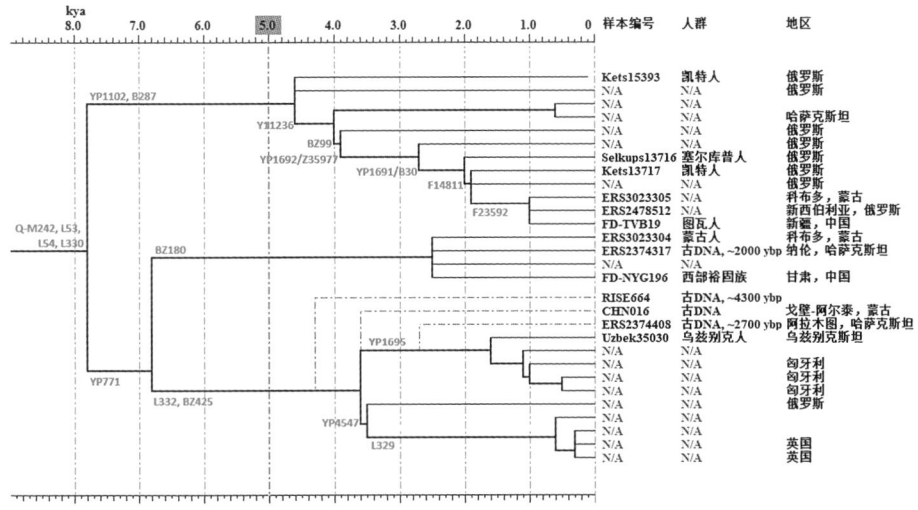

图 4.4 凯特人和塞尔库普人父系支系 Q1a3a3-L330 的谱系结构

修改自文献[33]中的图 S3;N/A 表示因故不显示具体信息。

库普人的样本在相当晚近的时候才从凯特人群的谱系上分离出去(约2 700年前)。考虑到叶尼塞语曾经广泛分布在叶尼塞河流域,而塞尔库普人群现今的居住地与叶尼塞河十分接近,我们认为塞尔库普人很有可能源自叶尼塞语人群。塞尔库普人的祖先向西北方向迁徙,进入萨摩耶德人居住的地域,于是逐渐接受了萨摩耶德语。上述迁徙应该发生在距今2 700年前之后的某个时间。而这一迁徙发生年代的下限,可以通过塞尔库普人群内部Q-B287样本的最晚共祖时间来推测,但目前还没有这方面的数据。

4.3.4 米努辛斯克盆地的哈卡斯人和绍尔人

在哈卡斯人和绍尔人中有4种主要的父系类型,分别是N1b-P43、N1c-M178、Q-M242和R1a1a-M17。根据之前的研究,单倍群N1c-M178和Q-M242在旧石器时代就已生活在南西伯利亚地区[32,34]。古DNA证据表明,单倍群R1a1a-M17从安德罗诺沃文化时代开始就是阿尔泰山地区的主要父系类型之一[35]。在现代米努辛斯克盆地和萨彦岭地区已不存在操萨摩耶德语的人群。但是,在早期俄罗斯人的一些游记中,在17世纪的米努辛斯克盆地和萨彦岭地区仍存在不少萨摩耶德语部落,他们被统称为南部萨摩耶德人[36,37]。在之后的历史时期中,他们完全消失了。从遗传学的角度而言,现今萨彦岭地区的主要居民图瓦人中也有一定比例的N1b-P43。根据Y-STR数据,哈卡斯人和绍尔人中的N1b-P43与图瓦人中的N1b-P43同属一个支系。Y染色体全序列测试的数据显示,图瓦人中N1b-P43与萨摩耶德人中的主要父系N1b-P43属于同一个支系N2a1-B478。单倍群N2a1-B478的整体年代只有3 600年,如图4.5所示。因此,我们认为历史上的南部萨摩耶德

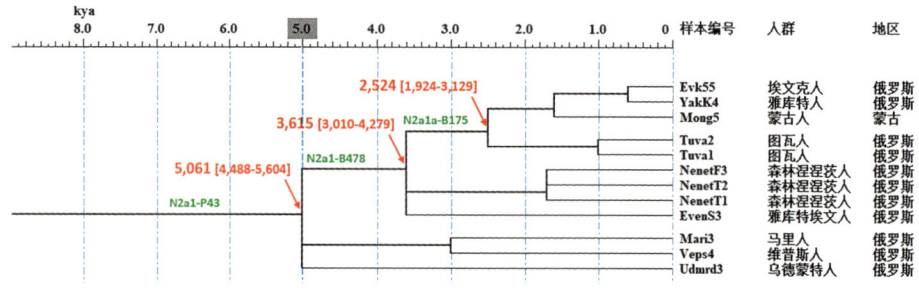

图4.5 萨摩耶德人、图瓦人和其他人群中的N1b-P43的谱系结构

红色数字表示下游分支的分化年代,修改自文献[33]中的图S3;涅涅茨人属萨摩耶德语人群,马里人、维普斯人和乌德蒙特人属乌拉尔语人群。

人已经完全被同化并改变了他们的语言,他们的后裔现在存在于图瓦人、哈卡斯人和绍尔人等南西伯利亚地区的突厥语人群中。

4.3.5 图瓦人和图法拉尔人

图法拉尔人(或译作托发拉尔人)生活在东萨彦岭北麓的西部区域,他们被认为是图瓦人的亲缘群体。此外,部分学者把图瓦人中的托德斤人和索约特人(Sojots)单独列为独立的人群[38],但这两个人群通常被认为是图瓦人的一个支系。不同文献中图瓦人的父系 Y-SNP 组成比例差异很大。在不同来源的数据中,N1b-P43、Q-M242、R1a1a-M17 和 N1c-M46 可以被认为是图瓦人的主要父系类型,而单倍群 C2-M217(或 C-M130)同样也是不可忽略的一部分。图法拉尔人的父系组成与图瓦人的很类似。而文献[39]中的索约特人样本有很高比例的 C2b-M407。C2b-M407 是布里亚特人和卡尔梅克人的一种主要父系类型。

图瓦人和图法拉尔人中高度多样的父系遗传组成与南西伯利亚地区,特别是萨彦岭和阿尔泰山地区极其复杂的人口地理历史是吻合的。之前的研究表明南西伯利亚旧石器时代的居民对现今欧亚大陆北部绝大部分族群都有遗传学贡献,同时也是美洲原住民(父系 Q-M242 极端高频)的祖先人群[40]。在古代,有很多人群曾经生活在这一地区,包括创造了阿凡纳谢沃文化、安德罗诺沃文化、克木尔切克文化以及这些文化的后续文化的人群。在晚近的历史时期,曾经生活在这一区域的人群有叶尼塞语人群、萨摩耶德语人群、突厥语人群和蒙古语人群。所有这些人群都在现代的图瓦人、图法拉尔人以及当地的其他突厥语人群的父系中留下了痕迹。因此,语言替换在这一地区可能发生了很多次。

正如在上节讨论的那样,部分南部萨摩耶德语人群可能改变了他们的语言并成为了图瓦人中的一部分。需要测试更多的 Y 染色体序列,才能对这一地区的父系遗传结构的变化以及不同历史时期的语言变迁提供更清晰的图景。尽管如此,图瓦-索约特人的主要父系 C2b-M407 的 Y-STR 明显属于布里亚特人的一个支系,其多样性极低。据此我们可以推测,一个小的蒙古语人群从布里亚特的祖先群体中分化了出来并向西迁徙到了东萨彦岭山区。最后他们的语言发生了变化,从蒙古语转向了突厥语。

4.3.6 吉尔吉斯人和哈萨克人

吉尔吉斯人中的主要父系类型是 R1a1a-M17。此外,单倍群 C*-M130

也存在一定的比例。Karmin 等人的研究显示,吉尔吉斯人的 R1a1a‑M17 本身由两部分组成[33]：一支是 R1a2a2‑B116,它是阿尔泰山区人群的 R1a1a‑M17 的兄弟支系；另一支是 R1a2c'd‑Z2125,广泛分布在中亚地区、中东地区和印度-伊朗语人群之中。根据历史记载,吉尔吉斯人源自阿尔泰山区的古代黠戛斯人。此外,本实验室未发表的一组数据表明,N1b‑P43 和 C2a‑F3796(星簇)也是吉尔吉斯人中不可忽略的两种父系类型。结合历史学的相关记载,我们认为单倍群 R1a2a2‑B116 和 N1b‑P43 代表了吉尔吉斯人与南西伯利亚地区古代居民的联系,而 R1a2c'd‑Z2125 和 C2a‑F3796(星簇)则代表了他们迁徙到现居地之后发生的人群混合。值得说明的是,在中国东北地区黑龙江省富裕县发现的富裕柯尔克孜语与南西伯利亚地区的哈卡斯语有较近的亲缘关系。据此我们认为现今吉尔吉斯斯坦吉尔吉斯人的始祖语言与南西伯利亚地区的突厥语更为接近(可能属于所谓的"突厥语族北部语支")。在迁徙到中亚地区之后,他们生活在维吾尔族、乌兹别克人和哈萨克人之间,导致他们的语言发生了变化,从一种接近"北部语支"的语言转向一种突厥语的"西部语支"(与古代钦察语有关)的语言。

对于哈萨克人而言,在各个文献的数据中都可以观察到高比例的 C2‑M217(表 2.6)。进一步研究显示,绝大部分 C2‑M217 属于 C2a‑F3796(星簇)[41]。这一父系类型的分布,与 13 世纪蒙古人的扩张有直接的关系。根据相关历史记载,这一父系类型与哈萨克人本身的起源和哈萨克汗国的形成有关。哈萨克人本身是从蒙古人建立的金帐汗国的居民中分化而来的。在哈萨克汗国成立的初期,大量原东察合台汗国的蒙古部落加入哈萨克部落联盟之中,最终演化为现代哈萨克人的一部分[42]。在现代,哈萨克人的部落结构仍然十分明显。最初的哈萨克人的语言属突厥语的"钦察语支"(即"西部语支")。因此,我们认为,不同的蒙古语部落在不同的历史时期加入哈萨克人中,导致现代哈萨克人中有大比例的父系类型 C2a‑F3796(星簇)。在不同来源的群体融合成为现代哈萨克人的过程中,语言学要素很可能也发生了大量的混合。因此,使用哈萨克语中的词汇去追溯"阿尔泰语系"的共同词汇时,需要十分谨慎。

4.3.7 雅库特人

单倍群 N1c‑M46 是雅库特人中唯一的主要父系类型。据 Karmin 等人对测序数据的分析[33],雅库特人的 N1c‑M46 属于一个特殊的支系 N3a2'5‑

P298。这一支系与兄弟支系 N3a1 - B211 的分离时间约在 7 000 年前，如图 4.6 所示。而另一方面，绝大部分来自突厥语和蒙古语人群的 N1c - M46 属于另外一个支系 N3a1 - B211。根据考古方面的材料，公元 5—7 世纪贝加尔湖西南岸的半游牧人群遗存被认为是讲突厥语的骨利干人的遗存[43,44]。此类遗存的文化因素与古代雅库特人的文化极为相似。由于雅库特语中有很多来自南方的因素，研究者普遍接受雅库特人就是贝加尔湖地区古代突厥语人群（骨利干人）的后裔[43,44]。但是，从遗传学的角度看，单倍群 N1c - M46 在现代的其他突厥语人群的比例很低，在部分人群中甚至不存在。考虑到在谱系结构上雅库特人的父系 N1c - M46 与其他突厥语和蒙古语人群的 N1c - M46 的分离年代久远（7 000 年左右，处在南西伯利亚的旧石器时代），我们认为，雅库特人的祖先（很可能就是唐代的铁勒部落骨利干人）的始祖本身是旧石器时代西伯利亚南部地区的居民。他们在突厥语人群兴起之后，改说了突厥语。正如语言学家所论证的那样，突厥语本身的扩散是由突厥汗国时期（552—744）的"精英模式"主导的。尽管目前突厥汗国统治家族（阿史那氏）的父系类型还未确定，由于突厥汗国时期的骨利干人处在所有突厥语人群分布的最东北部边沿位置，我们认为雅库特人的祖先在某一个历史时期从一种未知的语言转向

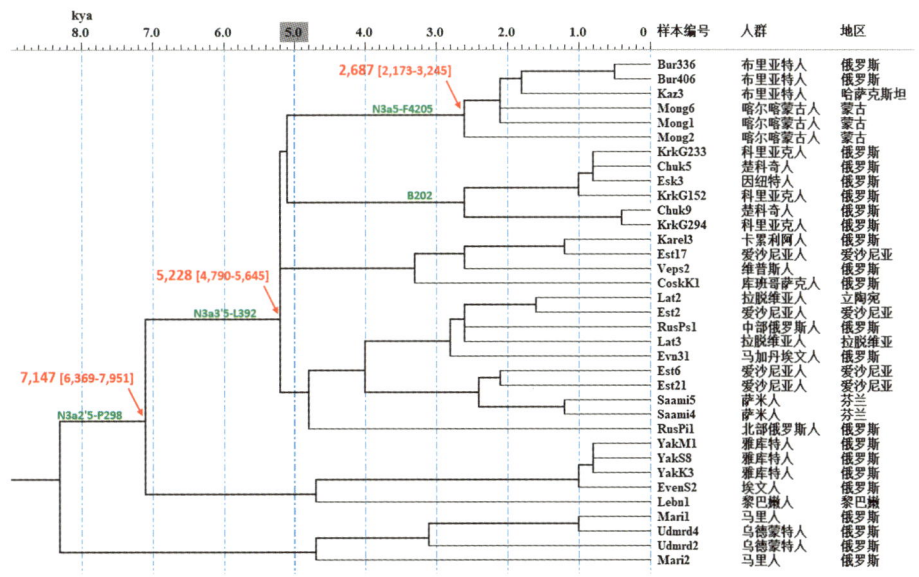

图 4.6　北部欧亚地区 N1c - M46 的谱系结构

红色数字表示下游分支的分化年代，修改自文献[33]中的图 S3。

了突厥语。至于语言替换发生的具体时间,有待进一步研究。

4.3.8 蒙古人、卡尔梅克人、布里亚特人和喀木尼堪人

根据遗传学的研究,蒙古人、卡尔梅克人、布里亚特人和喀木尼堪人(Khamnigan)有3个主要的父系类型,即C2*-M217、C2a-M48和C2b-M407。此外,单倍群C2a-F1756(DYS448del)普遍而低频地存在。对Y-STR数据的分析表明,绝大部分蒙古语人群中的C2*-M217属于源自尼伦蒙古及其远古亲族的C2a-F3796(星簇)[45,46]。除了那些与蒙古人有直接起源关系的人群(比如哈萨克人和阿富汗的哈扎拉人)以及通古斯语人群,本书前文所述4个支系在其他非蒙古语的人群中的比例较低,因此我们认为这4个父系类型是蒙古语人群的4个主要父系类型。另一方面,其他的父系在蒙古语人群的父系结构中也占有一定的比例,包括D-M174、O-M175、N1b-P43、N1c-M46、Q-M242和R-M207。由于这些单倍群主要分布在蒙古语之外的群体中,我们认为这些类型在现代蒙古语人群中的出现是后期人群融合的结果。蒙古人在蒙古草原上占据优势之前,蒙古高原以及欧亚大草原上曾经生活过相当多的人群。由于蒙古人的迅速扩张和强势覆盖,这些古代人群可能都被融合进了蒙古语人群之中。此外,在晚近的历史时期(公元15世纪之后),蒙古语人群与邻近人群的遗传交流也不应被忽略。

在有关布里亚特人的父系Y-SNP的研究中,几乎都可以看到高比例的C2b-M407和N1c-M46。根据布里亚特人自身记述的历史,最初的布里亚特人是由浩里-土默特(Khori-Tumed)部落、巴尔虎(Bargu)部落以及其他一些采集狩猎家族组成的[47]。民族学家考证认为,远古的巴尔虎部落很可能是拨野古(Bayarqu或Bayegu或Baiyrku)部落的后裔[48]。据历史记载和历史学家的考证,拨野古部是唐代的一个突厥语部落,他们生活在诸突厥语部落的最东北边,可达石勒喀河流域,与森林地带其他未知部落邻近(如鞠部)[49]。石勒喀河流域与后世布里亚特的聚居地毗邻。因此我们认为说突厥语的古代部落(其称呼可能发生了从Bayarqu到Bargu的变化)的语言发生了变化,与蒙古起源的其他部落以及一些小的采集狩猎家族混合,形成了现代布里亚特人。C2b-M407几乎只分布在蒙古语人群中。而单倍群N1c-M46在除了布里亚特人之外的蒙古语人群中比例极低,在部分突厥语人群有较高的比例。因此我们推测,父系单倍群N1c-M46可能是布里亚特人的始祖人群——巴尔虎部的主要父系类型。关于这一议题,有待古DNA方面的证据。

喀木尼堪人[Khamnigan 或哈米尼干(Hamnigan)]的早期演化历史并不清晰。他们主要生活在外贝加尔地区赤塔州东南的尼布楚(涅尔琴斯克，Nerchinsk)一带。民族学家认为喀木尼堪人起源自讲通古斯语的鄂温克人，在大约16世纪早期经历了蒙古化[50]。不过，根据遗传学的研究，喀木尼堪人的父系遗传结构中有高频的C2b-M407(52.9%)，而没有通古斯人普遍高频的C2a-M48。基于文献[46]给出的Y-STR数据，我们推测喀木尼堪人也有高频的父系类型N1c-M46(33.3%)，同时拥有高频的C2b-M407和N1c-M46，这种父系组合状态与布里亚特人最为接近。因此，我们推测，喀木尼堪人最早的祖先群体很可能是一个与布里亚特人有亲缘关系的人群。遗传学证据不支持喀木尼堪人起源于通古斯语人群的主张。不过，也可能存在这种情况：喀木尼堪人的祖先人群在古老的时候曾经通古斯化，而后又在16世纪经历了蒙古化的过程。关于喀木尼堪人的早期演化历史，还有待更多的证据。

4.3.9　埃文克人和埃文人

在雅库特人扩张之前，埃文克人(Evenks)和埃文人(Evens)是东西伯利亚地区最主要的居民，分布在堪察加半岛至叶尼塞河之间的广大地域范围之中[51]。在有关这两个人群的父系遗传结构的调查之中，单倍群C2a-M48都是唯一的主要父系类型(表2.6)。在南部通古斯语人群之中这一单倍群的比例也很高，尽管也含有其他的父系类型。但Pakendorf等人报道的说雅库特语的埃文克人的父系遗传结构中，单倍群N1c-M46的比例很高(72.7%)而单倍群C2a-M48的比例很低(12.1%)[52]。这一人群的族群认同较为特殊，他们把自己的祖先追溯到雅库特人，但认为他们自身现在属于埃文克人。这一特殊现象可能源自长距离迁徙或者族际通婚导致的人群混合。

4.3.10　科里亚克人和楚科奇人

单倍群N1c-M46和Q-M242是楚科奇人的两个主要父系。楚克奇人中的N1c-M46属于独特的下游分支B202，与乌拉尔人的支系的分化时间约为4500年，拥有晚近的共同祖先[33]。在科里亚克人中，除了这两个类型之外，C2*-M217也是一个重要的部分。通过对Y染色体的测序发现，科里亚克人的C2*-M217均属于C2a-B90[33]，是通古斯语人群常见的C2a-M77的兄弟分支。这是一个十分罕见的支系，其Y-STR组合也十分独特。目前这种 Y-STR 组合仅零星见于埃文克人和雅库特人中[52]。这种父系类型可能代表了那些未得到大范围扩张的旧石器时代西伯利亚远古居民的后裔。总之,科里亚克人和楚科奇人中存在三类完全不同源的父系类型。这两个人群的形成过程应伴随着多次语言替换事件。

4.3.11 讨论

根据遗传学相关研究的最新进展[33,53],在乌拉尔人群中存在 6 种奠基者父系类类型,即 N2a1-L1419、N2a1a-B169、N3a1-B211、N3a3a-L550、N3a3b-VL39 和 N3a4-Z1936。

对于这 6 种父系类型的详细起源和扩散过程及其与乌拉尔人群形成的关系,需要更多的 Y 染色体测序数据以及更大的样本量才能给出比较清晰的答案。在这些单倍群之外,单倍群 N 之下还有其他支系存在于欧亚大陆北部人群中,比如雅库特人和楚科奇人。这些下游支系可视为西伯利亚地区人群的遗传学背景。在"阿尔泰语系"人群在晚近的历史时期得到大范围扩张之前,这些旧石器时代就存在的支系曾经是南西伯利亚地区人群的主要父系类型。因此,这些支系也是理解"阿尔泰语"人群的遗传学起源和语言形成历史的关键因素。

突厥语人群的父系类型有很高的多样性,目前尚未发现一种在所有突厥语人群都存在的父系类型。因此,有关原始突厥语人群的父系类型及其活动历史,目前尚不清晰。在不同的突厥语人群中存在不同的占据优势的父系类型,比如土库曼人中的 Q-M25[54,55]、哈萨克人中的 C2a-F3796(星簇)[41]、阿尔泰山区居民和吉尔吉斯人中的 R1a1a-M17[56]、图瓦/图法拉尔人中的 N1b-P43[57] 和 Q-L53[58] 以及雅库特人中的 N1c-M46。从遗传学上看到的状态与语言学家所主张的突厥语扩散的"精英模式"十分吻合。这种模式认为,在突厥汗国时期,处于统治阶层的上层突厥人(包括阿史那氏以及其他的亲缘家族)把他们的语言传播给了那些被统治的部落。而阿史那氏在起源上与那些被统治的部落可能并不同源。对于突厥汗国时代以及更早时代的草原居民的遗传结构,还有待古 DNA 提供更为明确的证据。

根据前文的讨论,对于蒙古语人群而言,现有的遗传学数据表明他们有 4 种奠基者父系类型,包括 C2a-F3796(星簇)、C2a-M48(实为下游 C2a1a2a2-F6170)、C2b-M407 和 C2a-F1756(DYS448del)。其中,C2a-F1756(DYS448del)在蒙古语人群中普遍而低频地存在。这 4 种父系类型的最初来源各不相同，但在现今蒙古语人群的共同始祖群体（如 10—13 世纪的广义蒙古部落）中很可能已经存在。这意味着在这个共同体形成之前，有多个始祖人群发生了语言替换，才导致了含有多个主要父系类型的共同始祖群体的形成。随着蒙古语人群的强烈扩张，这 4 种父系类型都得到了不同程度的遗传学意义上的扩张。需要对这 4 种父系类型以及更多的古 DNA 证据才能了解蒙古语人群以及语言起源的详细历史。

总之，目前与西伯利亚人群有关的遗传学证据为我们提供了一个比较清晰的不同父系支系扩张以及这一区域内人群和语言扩张和替换的图景。来自同一语支的人群往往倾向于共享一个或多个父系类型。而那些例外的群体往往经历过大规模的人群混合和语言替换事件。在本节中，通过对亚洲北部地区 145 个人群的 Y - SNP 数据以及 Y 染色体全序列的数据进行分析，我们提出了一系列在西伯利亚地区语系和语支形成过程中可能发生过的语言替换事件。尽管如此，更多的 Y 染色体测序以及古 DNA 证据将为我们提供有关这一地区人群和语言演化历史更坚实的证据。

4.4 从遗传学的角度看东亚游牧势力的兴起

4.4.1 蒙古语人群兴起的地理和族群因素

蒙古高原上典型游牧社会的兴起是一系列历史进程共同作用的结果。根据拉铁摩尔[59]和王明珂[60]等学者的研究，在全世界范围内，有很多种不同模式的游牧社会，而蒙古高原上的游牧方式被认为是比较典型的游牧方式。相比于欧亚大陆外围地区的大河平原流域，内亚地区环境中的生存资源相对匮乏。对于辽阔的蒙古草原而言，纯粹的采集渔猎生活方式能够供养的人口极少。蒙古国中部的旧石器时代遗址几乎都分布在河流和湖泊附近，且数量不多。相反，南西伯利亚地区、环贝加尔湖地区以及黑龙江-大兴安岭地区的森林-湖泊环境能够为采集渔猎人群提供更多的生存资源。蒙古高原的气候环境也不适合发展农业。蒙古国东部靠近呼伦贝尔地区的坦萨布拉格遗址出土了比较丰富的农业相关的遗存。不过，在当地类似的遗存很快就消失了。总之，由于生存环境的限制，从旧石器时代到新石器时代（从远古至 4 500 BP），蒙古高原中部地区的人口数量比较稀少。

在青铜时代至早期铁器时代之间，在欧亚大陆上陆续出现了一系列的技术和文化要素,包括青铜/铁制作的工具/武器、马的骑乘、奶制品的制作及马/牛/绵羊/山羊的驯化[61]。马/牛/绵羊/山羊等牲畜将草这种人类无法直接消化的食物转换成人类可以食用的乳制品和肉类,因此是草原地区可以支撑大规模人口最为关键的因素。而马的骑乘使人类可以大范围地移动,使得绵羊和山羊的大规模饲养以及长距离的季节性转场成为可能。同时,马的骑乘以及各种金属工具/武器的出现,使得草原上各个部落之间冲突和交流更加频繁,在客观上促进了历史进程的发展。上述技术和文化要素在蒙古高原及其周围地区的广泛传播,促使了当地典型游牧生活方式的形成。参考郭物关于三道海子文化和阿尔然王冢的研究,公元前8—前2世纪是蒙古高原及其周围地区的典型游牧生活方式形成的关键时期[62]191-201。这种生活方式形成之后,就迅速扩散到了整个蒙古高原及其周围地区。

自匈奴时代以来的不同历史时期,不同的部落在蒙古高原上占据优势地位或建立起游牧政权。在此,我们追随前贤学者有关地理环境决定因素的研究方向,对蒙古高原及其周围地区的地理环境进行分析,以期找到不同时代不同游牧部落兴起的一些规律。我们将分别对内蒙古中南部地区、中国东北的南部地区、呼伦贝尔地区、环贝加尔湖地区、萨彦岭-图瓦盆地-米努辛斯克盆地-阿尔泰山区、河西走廊及巴里坤地区、新疆北部-哈萨克草原地区以及蒙古国北部草原地区进行讨论。

4.4.1.1 地理因素

在历史上,匈奴人、鲜卑人和突厥汗国曾立足于内蒙古中南部地区。内蒙古中南部地区有较好的牧场,但其西部和北部地区都属于荒漠化地带。因此,这一地带适合作为部落发展初期的活动地域,但难以支撑庞大的人口数量,且距离中原农耕区太近,远离欧亚草原东部地区,因此并不适合作为一个庞大的游牧帝国的统治中心。匈奴人一度在阴山地区兴起,但由于中原地区强大政权的压力,匈奴人的统治中心在阴山与漠北的色楞格河流域之间反复移动。南匈奴的统治算是特例,他们获得了来自汉王朝持续的物资资助。在发展壮大之后,拓跋鲜卑部将统治中心从内蒙古中南部地区迁往中原地区,以便统治中国华北地区。在创立之初,第二突厥汗国的统治中心也位于阴山地区,但他们很快就北上征服了漠北地区。整体而言,对于游牧政权而言,内蒙古中南部地区可以认为是一个非常重要的区域。但对于维持长久而稳定的覆盖欧亚草原东部地区的统治而言,单靠这一区域是不够的。

曾经在中国东北的南部地区活动过的主要人群包括东胡、乌桓、鲜卑、室韦、契丹、女真以及满族等。这一系列人群建立的政权的复杂程度是逐渐加强的。东胡、乌桓和室韦诸部基本还处在松散的部落联盟阶段,东部鲜卑人则在公元 4 世纪到 5 世纪之间建立了一系列的小王国,而契丹、女真和满族建立的政权则被认为是中国历史的多个朝代的一部分。正如王明珂所总结的那样,中国东北地区属于农牧交错地带,在这一带兴起的人群对农业生产方式以及农耕社会的生活方式有深刻的理解,因而在统治更南方的农业区后,不会对农业生产方式和农耕社会的生活方式采取敌视的态度。辽代首创了两院制,对农业区与非农业区采取不同的统治制度[63]。辽代的两院制被女真人建立的金代以及满族建立的清代所继承。

呼伦贝尔及其周围地区的草原是欧亚大陆东部最好的草场之一,是非常适合游牧人群生活的区域。鲜卑人和室韦人曾经生活在这一地区。在 13 世纪以前,蒙古诸部落在这里发展壮大。不过,呼伦贝尔远离中原地区,与蒙北草原地区也有一定距离,因此无法作为统治整个蒙古草原地区的游牧政权的统治中心。此外,克鲁伦河流域是一个特别值得讨论的地方。克鲁伦河两岸的草场也是非常优质的草场。克鲁伦河呈东西走向,恰好使克鲁伦河流域成为沟通嫩江下游地区与蒙古高原核心区域的便捷通道。室韦-鞑靼诸部主要经由这一区域向西扩散。辽代和金代对蒙古高原上部落的战争和统治主要经由这一走廊进行。喀尔喀部也是经由这一区域向西扩张的。总之,克鲁伦河流域具有东西走廊性质,是文化传播和人群扩散的重要通道。

环贝加尔湖地区是非常适合采集渔猎和畜牧人群生活的区域。部分丁零、高车和铁勒部落曾在这一地区生活。在 12 世纪之后,西迁到环贝加尔湖地区的蒙古语部落与当地的突厥语部落融合,形成了林中百姓诸部落。大约在 14 世纪,雅库特人的祖先从环贝加尔湖地区向东北方向迁徙到了勒拿河流域中游一带,最终形成了现代雅库特人[45,64]。大约在 11 世纪前后,贝加尔湖南部的部分林中百姓部落向蒙古国西北部以及阿尔泰山地区扩散,他们之后形成了卫拉特诸部[65]。卫拉特诸部在 15 世纪之后的历史活动,极大地影响了中亚以及蒙古高原地区的历史进程[65,66]。总之,环贝加尔湖地区和呼伦贝尔地区一样,属于远离政治中心的地区。

萨彦岭-图瓦盆地-米努辛斯克盆地-阿尔泰山区的地形属于高山、河谷和山间盆地地貌。分散生活在这一区域的不同地区的部落各自基本上可以自给自足,这些部落的族群面貌有极高的多样性。由于地理上的阻隔,很难把这一地区的所有人群统一到一起。柯尔克孜人的祖先黠戛斯人可能曾一度统治过这一区域,但他们的国家没有延续很久。在其他历史时期,上述地区的人群或处在各自分散的状态,或处在建立于蒙古高原中部的游牧政权之下。不过,在欧亚大陆东西方的文化交流之中,上述地区的人群扮演了十分重要的角色。丰富的金属矿藏使得这一地区成为青铜时代考古文化十分繁荣的区域。青铜技术、铁器技术以及很多其他的文化因素,都是以这一地区作为中介而在欧亚草原东部和西部之间双向传播的。

河西以及新疆东北部地区的草场过少,很难从这个区域兴起强大的部落。根据历史记录,几乎所有从东北方向上迁徙到新疆北部地区的族群,最终都会融入西域和中亚人群之中。月氏、北匈奴、西铁勒-薛延陀汗国、西突厥、九姓乌护、西州回鹘、西辽、察合台汗国和瓦剌等政权或部落的历史都属于这种情况。这是因为在中原地区和蒙古高原中部地区总会不断地兴起强大的政权。这些政权从东部和东北部方向上给新疆北部的人群持续施加压力。因此,迁入新疆北部的人群往往会向西方和西南方继续迁徙。阿史那突厥人的兴起算是一个特例。阿史那突厥语人本是阿尔泰山区中的居民,其出现在史料之前活动地点可能在新疆北部的准噶尔盆地周围。阿史那突厥是在吞并了铁勒部落的"5万余落"之后才开始发展壮大的。在击灭柔然之后,阿史那突厥把统治中心移到于都斤山东麓,进而创立了辽阔而强盛的突厥汗国。

哈萨克草原是欧亚大陆东西方的人群和文化交流的关键中间地带。在青铜时代早期和中期,以阿凡纳谢沃文化和安德罗诺沃文化共同体人群为代表的西欧亚人群经由哈萨克草原向东方和东南方向大举扩散,在最东部的方向上到达新疆地区东部、蒙古国西部以及南西伯利亚地区,对当地人群的遗传结构产生了重要的影响。不过,在青铜时代晚期以后,也就是随着卡拉苏克文化的兴起之后直到近代,欧亚草原上的人群迁徙的方向主要是自东向西。迁徙到哈萨克草原的人群又不断被更晚的时候从东方迁来的人群继续推向西方或者南方。总之,从哈萨克草原兴起的部落基本不太可能在蒙古高原中部地区建立游牧帝国。

正如前贤学者已经指出的那样,务必要控制蒙古国北部色楞格河流域的草场,才有可能稳固地统治整个蒙古高原[60]。蒙古国北部的色楞格河流域,不但拥有蒙古高原地区最辽阔的草地,同时也是整个蒙古高原的地理中心。从这一地区出发前往河西走廊、我国华北地区、我国东北地区、贝加尔湖地区、阿尔泰山-米努辛斯克盆地以及新疆北部,直线距离都大致相近。蒙古高原上历代游牧帝国的统治者对这一点也有清醒的认识。如古突厥文碑铭《阙特勤碑》提到,"没有比于都斤(即今杭爱山)山林更好的地方。统治国家的地方是于都斤山林。"[67]

4.4.1.2 人群

本书以讨论人群起源和演化为主,因此我们将从人群的角度去讨论历代游牧政权的历史进程。在历史上,人群之间的冲突是战争的主要诱因之一,这是无法回避的事实。而现代人群几乎都是多个古代人群融合的后裔。从现代的角度描述历史上族群之间的冲突,应该不会对现代人群之间的相互关系产生影响。

匈奴人建立了强大而持久的帝国,其原因之一是一直据有呼尼河以及鄂尔浑河流域的领地作为稳固的后方。根据基于人类骨骼遗存的生物考古研究,在公元前3世纪到前2世纪之间从阴山地区兴起的匈奴人群的颅骨特征与蒙古中央石板墓文化人群和蒙古东部石板墓文化人群最为接近[68]。因此,匈奴人群最初的起源应与蒙古中央石板墓文化人群有密切的关系。可见,匈奴人统治蒙古草原中央区域是有稳固的族群基础的。在匈奴崩溃之后,其亲缘人群大举西迁,而丁零和鲜卑部落则大举迁入蒙古草原中部地区。不过,鲜卑人主要活动于中国华北以及中国东北的南部地区,他们并没有大规模扩散到蒙古高原中部和西部地区。在公元2—8世纪之间,高车-铁勒诸部才是蒙古高原上最优势的部落群。主要活动于中国华北地区的鲜卑诸政权,不但没能在蒙古高原上建立稳固的统治,似乎也没有这个意愿。对于柔然汗国而言,统治集团与其统治之下的铁勒部落从始至终一直处在战争状态。高车诸部的臣服或者反叛,在一定程度上决定了柔然汗国的命运。柔然汗国的统治阶层是以郁久闾氏为核心的一系列不同来源的氏族的混合。因此,可以认为柔然汗国统治蒙古高原的族群基础是十分脆弱的。在突厥汗国兴起之前,铁勒部落已经分布到十分辽阔的区域,东到大兴安岭,西至里海北岸。在中亚南部地区生活的嚈哒人可能源自阿尔泰山地区的乌揭部落和匈奴人群的混合,因此也可以算是与突厥语人群有亲缘关系的人群。我们可以看到,数目众多的铁勒部落及其亲缘人群事实上是强大而辽阔的突厥汗国稳固的族群基础。突厥汗国虽然征服了很多部落,但其统治边界事实上并没有超出铁勒部落及其亲缘人群的分布范围太多。契丹和室韦诸部曾长期臣服于突厥汗国,但在突厥汗国崩溃之后,他们又恢复了自身原有的文化传统。西域和河中地区是突厥汗国崩溃之后突厥人扩散的区域,因此这一地区迅速突厥化了。之后兴起的回纥汗国的统治基础也是广大的铁勒部落。公元 9 世纪中叶,回纥汗国崩溃,其部落居民大举南迁和西迁。此后,室韦-鞑靼部落大举西迁并广泛分布在蒙古高原上。在蒙古人兴起之前占据草原中部地区的是克烈人,他们被认为是突厥化很深的原蒙古部落。而此时,克鲁伦河流域主要为塔塔儿诸部以及札剌亦儿诸部,在贝加尔湖南部至蒙古国西北部则为林中百姓诸部。可见,13 世纪初蒙古汗国的建立是以室韦-鞑靼部落在此前的 300 年内扩散到整个蒙古草原为基础的。蒙古部落在蒙古高原中部地区的优势一直延续至今。总而言之,占据以色楞格河流域为中心的蒙古北部草原,以及拥有数目众多的亲族部落作为族群基础是在蒙古高原上建立稳固而长久统治的两个最关键的因素。

4.4.2 北亚历史上的游牧族群

自青铜时代以来,在蒙古高原上曾经兴起过很多游牧部落和政权,兴起的原因有一些共性,但也各有差异。

蒙古人的很多文化因素可以追溯到古老的西伯利亚南部森林狩猎民族的文化传统。乌瑞夫人在这方面进行了开创性的研究。钟焓对乌瑞夫人的相关研究进行十分详细的介绍[69]。蒙古人与北亚地区其他人群共享的文化因素包括:萨满、狩猎文化、桦树皮、狼、鹿、山神、生育守护神和万物有灵崇拜等。比如,乌瑞夫人认为《蒙古秘史》提到的独眼都蛙锁豁儿的形象是从古老的西伯利亚相关传说中衍生而来的。此外,她考证认为,《蒙古秘史》中一些难以用蒙古语来解释其词源的名词可以尝试用通古斯语来解释,蒙古汗国建立前后的蒙古人中有部分来自通古斯人的底层成分。这一推测是十分大胆而精妙的。这意味着扩散到草原之前的蒙古人,也就是蒙兀室韦部与通古斯人有过非常深刻的接触。这一推测与早期蒙兀室韦部落的活动历史是吻合的。据张久和论证,作为北室韦诸部落的一部分,蒙兀室韦可能生活在大兴安岭北麓、盘古河流域一带[70,71]。这一地区与黑龙江中游以北、外兴安岭以南的通古斯语人群的聚居地只有一江之隔。根据第 2 章第 2.5 节和第 3 章第 3.8 节关于父系类型 C2a - M77 的讨论,已有的遗传学数据也支持蒙古语人群和通古斯语人群的多个历史层次的深度接触,在蒙古语人群中有很多来自通古斯语人群或者其古代亲族的遗传成分。当然,在现代蒙古语人群之中,其文化传统以游牧生活方式为主,来自旧石器时代的森林狩猎民族的文化传统已经沉淀到比较深远的层次之中。

现代人很容易对游牧生活方式产生误解，认为那是一种自由而不拘、美好而惬意的田园牧歌式的生活方式。但实际上，正如王明珂所指出的那样：游牧者所处在的生活环境是一种自然资源不稳定而处处充满危机的环境，无法完全地自给自足[60]。一场严重的大雪或严重的疫情就可以让最富有的牧人都变得赤贫。蒙古人的游牧生活方式是人类长期发展而来的、最适应草原地带生存资源匮乏的环境的一种生活方式。一个游牧家庭为了能在草原深处独立生存下来，需要掌握非常多的技巧，包括驯养马、牛、羊等牲畜、转场、制作奶产品、采集野生食物、制作狩猎需要的各种工具以及日常生活中的各种物品等。蒙古人生活中的一些习惯也是来自对自然资源的保护，包括使用牛、羊、马粪和干的树枝作为烧火的材料而不会砍伐树木、进行周期性转场以保护植被和避免在野生动物繁衍的时节狩猎等。另一方面，在游牧生活方式被发明之前，草原深处能够供养的人口是很少的。河流湖泊里的鱼以及前来饮水的野兽是可供捕获的食物来源。在草原-森林交界地带，生活着比草原深处更多的野兽。在旧石器时代，人群依靠采集和渔猎生活，更多地生活在河流湖泊附近，或者草原-森林交界地带[72]。这一点已经被考古学的研究所证实。马、牛、羊等牲畜能把草原上的植物纤维转化成为人类可直接利用的肉类和乳类产品。因此，只有在发明了完善的驯养这些牲畜的方法之后，大规模的人群才能长久地在草原上生活下去。

首先值得说明的是，作为最底层的游牧家庭和氏族的状态。由于游牧生活方式的独特性，任何一个游牧家庭在拥有足够牲畜的情况下，都基本可以自给自足并在草原深处独立生存下去。当然，与外界进行必要的物资交换也是必需的。为抵御自然灾害以及来自他族的劫掠，具有血缘关系的诸多游牧家庭往往聚集在一起进行游牧，从而构成游牧社会的最底层结构，即部落。基于血缘关系凝聚成群体是早期人类社会的普遍情况——无论这种血缘关系模糊到了什么程度。在发展的过程中，部落也会容纳很多外来的人口。部落会不断分化和融合，也会被击溃或者重新组合。因此，部落的边界是动态的，但通常会有其核心氏族。部落首领往往由具有一定威望和个人能力的人来担任的。对于单纯的游牧生活方式而言，事实上并不需要比部落更高级别的政治结构。同时，在绝大部分时候，部落民的追随对象是部落首领/酋长，而非单于或可汗。

游牧社会底层结构的上述状态，在很大程度上影响了游牧社会的历史进程。蒙古草原及其周围地区较为一致的地理环境使得游牧部落可以在这一地区不断建立其强大的游牧政权,但游牧生活方式本身决定了每一个小部落可以不依赖其他部落而独立生存下去。正如我们在第 2 章和第 3 章所研究的那样,蒙古高原及其周围地区不同区域的人群在遗传上有较大的差异,这些因素使得必须经过武力征服才可以统一整个蒙古高原。当蒙古高原及其周围各部被统一到一个旗帜之下时,会形成很强大的战斗力,足以支持强势的对外扩张。然而,一旦强大的首领去世而继任者个人没有足够的能力和威信,政权就难以维系。统一的政权崩溃之后,各个被统治的部落又再次恢复到各自独立的、离散的状态。在蒙古高原上近两千多年以来的历史中,上述状态重复了很多次。为此,我们将简略地描述不同时代的不同游牧部落或者政权兴起的原因和过程,以期找到一些规律。

我国华北及西北北部地区的畜牧-游牧部落的起源时间是很早的,这些部落被统称为戎狄[73]。这些部落本身可能是由在人口数量上占多数的当地更早时期的农人的后裔与稍晚时期从更北部地区迁来的少量畜牧-游牧人群混合而成。在距今 4 300 年之后,我国北方地区经历了持续的气候干旱化过程,戎狄人群兴起[74,75]。这些高度武装化的半农半牧人群是先秦时期中原地区人群最强大的敌人之一。随着来自更北方的匈奴和东胡人群的压力,这些游牧部落或者融入匈奴和东胡,或者融入华夏人群之中。目前,没有迹象表明我国古代西北地区戎狄人群本身曾强势影响过同时代的蒙古高原。

卡拉苏克文化人群的扩张很大程度上取决于他们先进的青铜技术。而斯基泰人的扩张则很大程度上是由于他们掌握了铁器技术。匈奴崛起的原因包括:① 阴山地区的草场足以支撑早期扩张所需的军队和马匹;② 创立者冒顿单于的个人能力和手段;③ 与中原地区长期的冲突带来了先进的武器制作技术以及战斗策略;④ 在游牧社会与中原地区的物资交换中占据支配地位;⑤ 漠北色楞格河流域作为稳固的后方基地。可以说,相对于公元前 2 世纪从大兴安岭到阿尔泰山地区的其他部落而言,匈奴人具有极大的优势。此外,战国至秦汉期间中原地区的混战,也为匈奴人的崛起提供了客观的有利条件。

早期的乌桓和鲜卑部落由一系列松散的游牧民组成。在与中原政权发生接触后,他们迅速地组织起自己的政治结构,出现了"豪帅"、"部落大人",最终建立了自己的独立王国以及占据华北地区的朝代(如北魏)。东汉末期至魏晋时期中国华北地区的长期战乱也为鲜卑人的兴起提供了客观的有利条件。细观这一时期的历史,实际上拓跋氏的统治几度濒临消失,而由氐族建立的前秦事实上很有希望统一中国全境。可见,由激烈的族群冲突以及长期的战乱走向族群大融合以及华北地区政治的统一,是历史的趋势,而最终由哪一个族群实现这一历史趋势,则是诸多因素(包括随机因素)共同作用的结果。

柔然汗国的首领家族郁久闾氏是一个历史很短的家族,因此柔然汗国的统治阶层本身是由很多个不同来源的部落糅合而成的。柔然汗国主要的被统治人群是高车-敕勒部落。由于统治方法失当,柔然汗国自始至终都处在战争状态,未能建立稳固而长久的统治。

在匈奴征服蒙古高原全境以前就已存在的丁零、坚昆以及其他部落,与匈奴余部以及后来迁入的鲜卑部落发生融合,形成了高车-铁勒诸部。匈奴以及高车诸部的西迁使阿尔泰山地区以及哈萨克草原东西都遍布了高车部落的亲族。此后,柔然人的出现也带来了一系列新的部落。所有这些部落在南北朝时期形成了遍布欧亚草原东部和中部地区的数目众多的铁勒部落,从克鲁伦河流域一直延续到里海北岸。在高车诸部中,最初居于领导地位的是狄部。从北魏时期开始,原来在高车六部中排在第二位的袁纥(韦纥)部在高车诸部中居于领导地位。在突厥汗国灭亡(630)至第二突厥汗国兴起(682)之时,漠北地区名义上在唐王朝的控制之下,但实际上是通过回纥部落进行统治的。在第二突厥汗国期间,以回纥为首的铁勒部落对阿史那氏的统治时叛时服。在公元745年,回纥人最终建立起了自己的汗国,即回纥汗国(745—846)。因此,可以认为回纥汗国是丁零、高车和铁勒诸部近一千年以内发展的最终结果。

纵观蒙古高原的历史,我们可以看到,历代在蒙古高原上建立起庞大帝国的游牧人群都与中国华北地区和东北地区的政权发生过密切的互动。如匈奴人与秦汉王朝,柔然人与北魏王朝,突厥人与北朝以及隋朝,回纥人与唐王朝,蒙古人与金代和辽代,满族与明朝等。如上文所言,从大兴安岭直至阿尔泰山地区之间的古代游牧部落,在不需要国家层面的复杂政治结构的情况下,完全可以独立自主地生活在草原上。对于更北部的黑龙江上游地区、环贝加尔湖地区以及南西伯利亚地区的采集渔猎人群而言,更是如此。以上观点,有助于解释丁零、高车和铁勒诸部需要发展近千年之后才建立自己的国家政权。另一方面,我们也可以看到,室韦部落至少从3世纪开始就生活在大兴安岭中部和北部地区。只有在突厥-回纥一系人群全面退出蒙古高原,室韦-鞑靼部落扩散到整个蒙古高原上之后,由尼伦蒙古部领导的室韦后裔才能够建立起自己的国家政权。可见,与更复杂的社会结构发生互动是促进游牧人群产生复杂社会结构的因素之一。

突厥汗国和回纥的统治基础都是数目众多的铁勒部落。不同的是，阿史那氏从阿尔泰山地区兴起，吞并铁勒部落的"5万余落"是其发展过程中的一个重要事件。而回纥人生活在色楞格河流域的历史非常悠久。回纥人所建立的汗国是与阿史那氏突厥人长期斗争的结果。克烈人在回纥汗国时期居住在哈剌和林附近，因此在回纥汗国崩溃之后占据了有利地形，从而兴起成为强大的部落。

蒙古诸部兴起的原因包括成吉思汗家族的始祖在蒙古诸部中的长期领导地位、遍布蒙古草原地区室韦-鞑靼诸部所形成的族群基础、成吉思汗个人的雄才伟略、对外战争形成了"劫掠-分配财富-继续劫掠"的有利循环等。卫拉特诸部兴起的原因包括绰罗斯家族在卫拉特诸部中长期的领导地位、东部蒙古汗权的衰落以及迁徙到了有利于发展的新疆北部地区等等。

根据上述蒙古高原及其周围地区的部落兴起的历史，我们可以总结出与东亚游牧势力兴起的一些关键因素，包括：① 技术进步（如金属武器的制作、军事制度和作战策略）；② 在发展早期占据一片有利于人口增加的地理区域（如阴山地区、呼伦贝尔地区以及色楞格河流域）；③ 有数目众多的亲缘部落作为统治的族群基础；④ 首领家族长期在一群亲缘部落中占据领导地位；⑤ 创立者的个人才能和威望；⑥ 周围强权的衰落。这些只是粗略的总结，具体的因素和过程可能是很复杂的。

根据本书全文的研究，我们可以对蒙古高原上不同历史时期的优势部落的主要父系类型进行推测。匈奴单于家族的父系类型可能是 Q-YP1102、Q-YP771 或 R1a1a-M17。东胡人和鲜卑人的主要父系可能是 C2a-F1756。柔然汗国的郁久闾氏本身的起源不明，但较大概率与鲜卑人一样，是 C2a-F1756。丁零-高车-铁勒诸部的主要父系类型可能是单倍群 Q-M242 和 N-M231 之下的多个支系。阿史那氏突厥人的父系可能是 R1a1a-M17-B110 之下的一个支系。回纥王室的父系类型可能是 Q-YP771。克烈部的主要父系可能是 C2a-M77-F7171。公元4—10世纪的室韦诸部的主要父系可能包括 C2a-F1756、C2b-M407-F8465 和 C2a-F1918。这3种父系加上 C2a-M77-F7171 就是13世纪统一的蒙古部落的4种主要父系。对于卫拉特人而言，主要父系是 C2b-M407-F8465、C2a-M77-F7171 和 C2a-F1918。卫拉特诸部的父系与其他蒙古语部落的父系的构成类型基本相同，但在每种类型的具体比例上有较大差异。通古斯人的核心父系是 C2a-F5484，但爱新觉罗家族的父系类型则是较为少见的 C2a-F8951。上述各种父系类型，在现代

"阿尔泰语"人群之中都存在，只是具体比例差异很大。有的类型在某一个人群中达到极高的比例（如 C2a-F1918），有的类型几乎以痕量的程度出现。总之，我们可以看到，几乎所有在蒙古高原及其周围地区存在过的主要父系类型，在某一个历史时期都曾经兴起并形成强大的部落。可见，决定人类历史进程的主要是地理、技术和文化等因素，而并非人群本身的遗传学起源。

从遗传学的角度看东亚游牧势力，会得到有趣的结果。根据本节讨论到的 Y 染色体序列数据，我们使用 Beast 软件模拟了整个"阿尔泰语"人群的父系有效始祖人口数量在最近 5 万年以来的变化过程，如图 4.7 所示。

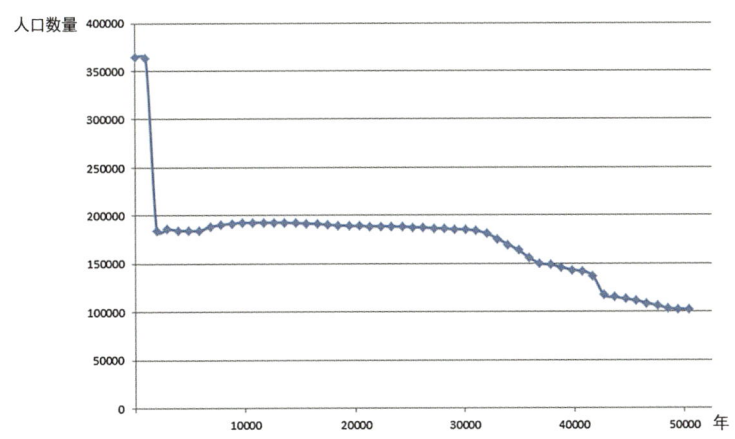

图 4.7 近 5 万年以来"阿尔泰语"人群的父系有效始祖人口数量的变化趋势
注：假设初始人口为 10 万。可忽略实际人口数量，而只需关注人口变化趋势。

现代人类（也就是晚期智人）大约在 4.5 万年前就已经扩散到亚洲北部地区。亚洲北部地区的主要父系 C2-M217、N-M214、Q-M242 和 R-M207 在旧石器时代就已经产生并发生了分化。从图中可以看到，就"阿尔泰语"系人群而言，在距今 4 万—4 000 年之间，整体的有效人口数量几乎没有增加。这一时段对应的是采集渔猎生活方式的时段。在距今 3 000 年以后，有效人口数量急剧增加。这一时段对应的是典型游牧生活方式的出现。可见，纵观整个北亚地区近 4 万年的人类演化史，由技术进步引发的经济生产方式的改变是导致人口扩张的决定性因素。典型游牧生活方式的产生，使人口迅速增加，加剧了不同起源的部落之间的冲突、交流和融合。在适当的历史环境下，强大的游牧政权在蒙古高原上一再兴起。在匈奴时代之后近 2 000 年以来的历史中,不同起源的部落在蒙古高原及其周围地区发生了反复而深刻的接触和融合。"阿尔泰语"系诸语言正是在这样的人群演化历史背景之下产生的。

总之,我们在本节中讨论了不同历史时期蒙古高原主导人群的兴起过程中的地理因素和族群因素。最终认为,蒙古高原及其周围地区的历代游牧势力的兴起主要取决于地理、技术和文化等因素。

值得说明的是,我们在本节讨论的关于各个游牧政权兴起的因素和过程,都属于人类在过去的古代历史的一部分。在现代社会中,人类的价值取向、生产生活方式以及各个人群之间的相处方式已经发生了本质上的改变。我们衷心希望不同人群之间能够和平共处,遵守现代社会普遍接受的原则,尊重彼此的生活方式和文化,通过协商解决矛盾和冲突,共同创建一个平等、包容、和谐的人类社会。

参 考 文 献

[1] 德力格尔玛,波·索德. 蒙古语族语言概论. 北京:中央民族大学出版社,2006.

[2] Ramstedt G J. Einführung in die altaische Sprachwissenschaft I. Lautlehre,"Introduction to Altaic Linguistics, Volume 1: Phonology". 104. 1. Helsinki: Suomalais-Ugrilainen Seura,1952.

[3] Ramstedt G J. Einführung in die altaische Sprachwissenschaft II. Formenlehre,"Introduction to Altaic Linguistics, Volume 2: Morphology". 104. 2. Helsinki: Suomalais-Ugrilainen Seura,1957.

[4] Avrorin V A. Grammatika nanaiskogo iazyka: Fonetika i morfologiia, vols. 1 - 2. Moscow: Leningrad,1959 - 1961.

[5] Baskakov N A. Алтайская семья языков и ее изучение. Москва: Издательство "Наука",1981.

[6] Benzing J. Die tungusischen Sprachen: Versuch einer vergleichenden Grammatik, Abhandlungen der geistes- und sozialwissenschaftlichen Klasse, Wiesbaden: Akademie der Wissenschaften und der Literatur in Mainz in Kommission bei Franz Steiner Verlag,1955.

[7] Cincius V I. Comparative dictionary of Tungus-Manchu languages: materials for an etymological dictionary (in Russian). Leningrad: Nauka,1977.

[8] Vovin A. The End of the altaic controversy. Central Asiatic Journal,2005,49(1): 71 - 132.

[9] 孟达来. 北方民族的历史接触与阿尔泰诸语言共同性的形成. 北京:中国社会科学出

版社,2001.

[10] 卜·图力更. 蒙古语历史发展及其方言形成概述. 内蒙古社会科学(文史哲版),1988,1: 37-42+50.

[11] 清格尔泰. 蒙古语语法. 呼和浩特:内蒙古人民出版社,1991.

[12] 清格尔泰. 中国蒙古语族语言及蒙古语方言概况. 蒙古语文,1957(11).

[13] 清格尔泰. 中国蒙古语族语言及蒙古语方言概况. 蒙古语文,1958(12).

[14] 喻世长. 论蒙古语族的形成和发展. 北京:民族出版社,1983.

[15] 张久和. 关于室韦语言的几个问题——室韦史研究之二. 内蒙古社会科学(汉文版),1992,2: 96-100.

[16] 吕建福. 土族名称考释. 青海民族大学学报:社会科学版,2007,33(1): 39-49.

[17] 吕建福. 土族史. 北京:中国社会科学出版社,2002.

[18] 李克郁. 土族(蒙古尔)源流考. 西宁:青海人民出版社,1993.

[19] 祁进玉. 土族族源研究及其反思. 青海民族学院学报,2009,35(4): 61-65.

[20] 阿尔达扎布,斯琴高娃.《蒙古秘史》中的达斡尔语词汇(蒙文). 呼和浩特:内蒙古人民出版社,2004.

[21] 额尔登泰,乌云达赉,阿萨拉图.《蒙古秘史》词汇选释. 呼和哈特:内蒙古人民出版社,2000.

[22] 永前扎布. 试论蒙古文的起源. 内蒙古民族大学学报(社会科学版),1990,1: 27-28.

[23] 古文义. 八思巴及八思巴文. 青海民族学院学报(社会科学版),2000,1: 39-41.

[24] 张军. 认同与建构:蒙元时期语文建设的历史考察. 宁夏社会科学,2008,4: 134-137.

[25] 乌兰 M. 托忒文历史文献对西方史学的影响——以帕拉斯《内陆亚洲厄鲁特历史资料》为中心. 民族研究,2011,3: 69-73.

[26] Anderson B. Imagined communities: reflections on the origin and spread of nationalism, Revised edition. London: Verso, 2006.

[27] Forster P, Renfrew C. Evolution, mother tongue and Y chromosomes. Science, 2011, 333(6048): 1390-1391.

[28] Renfrew C. Archaeology and language: the puzzle of Indo-European origins. London: Pimlico, 1998.

[29] Ehret C. Language change and the material correlates of language and ethnic shift. Antiquity, 1988, 62: 564-574.

[30] Lewis M P, Simons G F, Fennig C D. Ethnologue: languages of the world. Dallas, Texas: SIL International, 2015.

[31] Kolga M, Tõnurist I, Vaba L, et al. The red book of the peoples of the Russian empire: Thomas Niimann, 2013.

[32] Rootsi S, Zhivotovsky L A, Baldovic M, et al. A counter-clockwise northern route of the Y-chromosome haplogroup N from Southeast Asia towards Europe. Eur J Hum Genet, 2007, 15: 204-211.

[33] Karmin M, Saag L, Vicente M, et al. A recent bottleneck of Y chromosome diversity

coincides with a global change in culture. Genome Res, 2015, 25(4): 459-466.

[34] Dulik M C, Zhadanov S I, Osipova L P, et al. Mitochondrial DNA and Y chromosome variation provides evidence for a recent common ancestry between Native Americans and Indigenous Altaians. Am J Hum Genet, 2012, 90(2): 229-246.

[35] Keyser C, Bouakaze C, Crubezy E, et al. Ancient DNA provides new insights into the history of south Siberian Kurgan people. Hum Genet, 2009, 126(3): 395-410.

[36] Popov A A, Dolgikh B O. The Kets//Levin M G, Potapov L P. The peoples of Siberia. Chicago: University of Chicago, 1964: 587-606.

[37] Hajdú P. The samoyed peoples and languages. Bloomington: Indiana University, 1968.

[38] Vainshtein S. Nomads South Siberia: the pastoral economies of Tuva. Cambridge: Cambridge University Press, 1980.

[39] Karafet T M, Osipova L P, Gubina M A, et al. High levels of Y-chromosome differentiation among native Siberian populations and the genetic signature of a boreal hunter-gatherer way of life. Hum Biol, 2002, 74(6): 761-789.

[40] Raghavan M, Steinrucken M, Harris K, et al. Genomic evidence for the Pleistocene and recent population history of Native Americans. Science, 2015, 349(6250): aab3884.

[41] Abilev S, Malyarchuk B, Derenko M, et al. The Y-chromosome C3 * star-cluster attributed to Genghis Khan's descendants is present at high frequency in the Kerey clan from Kazakhstan. Hum Biol, 2012, 84(1): 79-89.

[42] 刘迎胜. 察合台汗国史研究. 上海: 上海古籍出版社, 2011.

[43] Konstantinov I V. The origins of the Yakut people and their culture: Yakutia and her neighbors in antiquity (in Russian). Yakutsk: Yakutskiy filial SO AN SSSR, 1975.

[44] Okladnikov A P. Yakutia: before its incorporation into the Russian state. Montreal: McGill-Queen's University Press, 1970.

[45] Zerjal T, Xue Y, Bertorelle G, et al. The genetic legacy of the Mongols. Am J Hum Genet, 2003, 72(3): 717-721.

[46] Malyarchuk B, Derenko M, Denisova G, et al. Y-chromosome diversity in the Kalmyks at the ethnical and tribal levels. J Hum Genet, 2013, 58(12): 804-811.

[47] Abide B. Brief history of Buryat Mongolian. Hulunbuir: Inner Mongolia Cultural Publishing House, 1982.

[48] Tsydendambaev T B. Buryat historical chronicles and pedigree (historical and linguistic investigation) (in Russian). UlanUde: Buryat. knizh. izd, 1972.

[49] 包文胜. 唐代漠北铁勒诸部居地考. 内蒙古社会科学(汉文版), 2013, 34(1): 49-54.

[50] Shubin A C. Brief essay of ethnic history of the Evenks from Trans-Baikal region (XVIII-XX centries) (in Russian). Ulan-Ude: Buryat Publishing House, 1973.

[51] Naumov I V. The History of Siberia. London: Routledge, 2006.

[52] Pakendorf B, Novgorodov I N, Osakovskij V L, et al. Investigating the effects of

prehistoric migrations in Siberia: genetic variation and the origins of Yakuts. Hum Genet, 2006, 120(3): 334-353.

[53] Ilumäe A M, Reidla M, Chukhryaeva M, et al. Human Y chromosome haplogroup N: a non-trivial time-resolved phylogeography that cuts across language families. Am J Hum Genet, 2016, 99(1): 163-173.

[54] Di C J, Pennarun E, Mazieres S, et al. Afghan Hindu Kush: where Eurasian sub-continent gene flows converge. PLoS One, 2013, 8(10): e76748.

[55] Haber M, Platt D E, Ashrafian B M, et al. Afghanistan's ethnic groups share a Y-chromosomal heritage structured by historical events. PLoS One, 2012, 7(3): e34288.

[56] Derenko M, Malyarchuk B, Denisova G A, et al. Contrasting patterns of Y-chromosome variation in South Siberian populations from Baikal and Altai-Sayan regions. Hum Genet, 2006, 118(5): 591-604.

[57] Derenko M, Malyarchuk B, Denisova G, et al. Y-chromosome haplogroup N dispersals from South Siberia to Europe. J Hum Genet, 2007, 52(9): 763-770.

[58] Chen Z, Zhang Y, Fan A, et al. Y-chromosome haplogroup analysis indicates that Chinese Tuvans share distinctive affinity with Siberian Tuvans. Am J Phys Anthropol, 2011, 144(3): 492-497.

[59] 拉铁摩尔. 中国的亚洲内陆边疆. 唐晓峰, 译. 南京: 江苏人民出版社, 2017.

[60] 王明珂. 游牧者的抉择: 面对汉帝国的北亚游牧部族. 桂林: 广西师范大学出版社, 2008: 304.

[61] Anthony D W. The horse, the wheel, and language: how Bronze-Age riders from the Eurasian Steppes shaped the modern world. illustrated. Princeton: Princeton University Press, 2010: 589.

[62] 郭物. 新疆史前晚期社会的考古学研究. 上海: 上海古籍出版社, 2012.

[63] 任爱君. 应当重新认识契丹辽朝的"一国二制"——兼谈其南北兼制的政治体制的确立. 赤峰学院学报(汉文哲学社会科学版), 1992, 2: 15-26.

[64] Gogolev A I. Basic stages of the formation of the Yakut People. Anthropology & Archeology of Eurasia, 1992, 31(2): 63-69.

[65] 刘志宵. 卫拉特蒙古简史. 乌鲁木齐: 新疆人民出版社, 1992.

[66] 帕拉斯. 内陆亚洲厄鲁特历史资料. 昆明: 云南人民出版社, 2002.

[67] 耿世民. 古代突厥文碑铭研究. 北京: 中央民族大学出版社, 2005.

[68] 张全超. 内蒙古和林格尔县新店子墓地人骨研究. 北京: 科学出版社, 2013.

[69] 钟焓. 民族学视角下的古代蒙古人传说——读乌瑞夫人蒙古学论著札记//姚大力, 刘迎胜主编. 清华元史(第2辑), 北京: 商务印书馆, 2013: 417-471.

[70] 张久和. 北朝至唐末五代室韦部落的构成和演替. 内蒙古社会科学(汉文版), 1997, 5: 36-43.

[71] 张久和. 南北朝隋唐时期室韦地域考——室韦史研究之一. 内蒙古社会科学(汉文版), 1991, 5: 57-61.

[72] 吉笃学. 中国北方现代人扩散与农业起源的环境考古学观察. 兰州: 兰州大学, 2007.

[73] 姚磊. 先秦戎族研究. 武汉：武汉大学出版社, 2016.
[74] 韩建业. 老虎山文化的扩张与对外影响. 中原文物, 2007(01): 20-26.
[75] 方修琦, 孙宁. 降温事件: 4.3 ka BP 岱海老虎山文化中断的可能原因. 人文地理, 1998(01): 71-76.

附录

亚洲北部人群的父系 Y-SNP 单倍群频率表

编号	人群	语言	个数	其他 Y	BT SRY1532.1	DE M1	D M174	C M130	C2* M217	C2a M48/M77	C2a M86	C2b M407	F* M89	K* M9	NO* M214	N M231	N1* LLY22g	N1b P43	N1c M46	P* M45	Q M242	R* M207	R1a1* SRY1532.2	R1a1a M17	参考文献
1	萨米人	乌拉尔	23	0	0	8.7	0	0	0	0	0	0	21.74	0	0	0	0	0	39.1	0	0	8.7	—	21.74	4
2	汉特人	乌拉尔	28	0	0	0	0	0	0	0	0	0	3.6	0	0	0	0	25	64.3	0	0	0	0	7.1	22
3	汉特人	乌拉尔	27	0	0	0	0	0	0	0	0	0	0	0	0	0	0	77.8	3.7	0	3.7	0	0	14.81	25
4	曼西人	乌拉尔	25	0	0	0	0	0	0	0	0	0	12	0	0	0	0	60	16	0	0	4	0	8	22
5	涅涅茨人	乌拉尔	54	0	0	0	—	0	0	—	—	—	5.6	50	—	0	—	—	29.6	—	0	3.7	—	11.11	4
6	涅涅茨人-森林	乌拉尔	89	1.2	—	—	—	0	0	—	—	—	—	—	0	0	1.1	44.9	51.7	—	0	—	—	—	30
7	涅涅茨人-苔原	乌拉尔	59	1.7	—	—	—	0	0	—	—	—	—	—	0	0	0	74.6	23.7	—	0	—	—	—	30
8	塞尔库普人 (Selkup)	乌拉尔	131	26.7	—	—	—	0	0	—	—	—	—	—	—	0	0	6.9	0	—	66.4	—	—	—	30,31
9	凯特人 (Kets)	叶尼塞	48	6.2	—	—	—	0	0	—	—	—	—	—	—	0	—	0	0	—	93.8	—	—	—	30,31
10	雅库特人-Cheriktei	突厥	46	0	0	0	0	2.2	0	0	0	0	0	—	0	2.2	—	0	89.1	0	0	0	0	6.5	18
11	雅库特人-Byadi	突厥	35	0	0	0	0	0	0	0	0	0	0	—	0	0	—	8.6	91.4	0	0	0	0	0	18
12	雅库特人-Dyupsya	突厥	28	0	0	0	0	3.6	0	7.1	0	0	0	—	0	0	—	0	85.7	0	0	0	0	3.6	18
13	雅库特人-cent, okayush	突厥	49	0	0	0	0	0	2.0	0	0	0	0	—	0	0	—	2.0	93.9	0	0	0	0	2.0	19

(续表)

编号	人群	语言	个数	其他 Y*	BT SRY1532.1	DE M1	D M174	C M130	C2* M217	C2a M48/M77	C2a M86	C2b M407	F* M89	K* M9	NO* M214	O M175	N M231	N1* LLY22g	N1b P43	N1c M46	P* M45	Q M242	R* M207	R1a1* SRY1532.2	R1a1a M17	参考文献
14	雅库特人-cent, akayush	突厥	47	0	0	0	0	0	2.1	0	0	—	0	0	0	0	0	0	0	93.6	0	0	0	0	4.3	19
15	雅库特人-Vilyuy	突厥	56	0	0	0	0	0	0	0	0	—	1.8	0	0	0	0	0	0	98.2	0	0	0	0	0	19
16	雅库特人-东北	突厥	32	0	0	0	0	0	3.1	0	3.1	—	0	0	0	0	0	0	0	87.5	0	3.1	0	0	3.1	19
17	雅库特人	突厥	46	0	0	0	0	0	0	0	0	—	0	2.2	0	0	4.4	0	0	87	0	0	0	6.52	0	21
18	雅库特人	突厥	10	0	—	—	—	0	0	20	0	—	0	0	0	0	0	0	0	80	0	0	0	0	0	14,26
19	塔塔人	突厥	126	31.8	—	—	—	1.6	0	0	—	—	0	0	0	0	0	4.8	0	18.3	—	0.8	8.7	34.1	—	24
20	塔塔尔人	突厥	33	0	—	—	—	0	0	0	0	0	33.33	0	0	6.1	0	0	0	15.6	0	0	0	0	60,61	27
21	哈卡斯人	突厥	64	48.4	—	—	—	0	1.6	0	0	—	0	0	0	0	0	0	34.4	—	—	—	—	—	—	14,26
22	哈卡斯人	突厥	53	0	0	0	0	5.7	0	0	0	—	3.8	5.7	0	0	0	28.3	—	13.2	7.6	—	7.6	0	28.3	11,12
23	绍尔人	突厥	51	0	0	0	0	2.0	0	0	0	—	2.0	0	0	0	0	13.7	15.8	2.0	2.0	—	19.61	0	58.82	11,12
24	绍尔人	突厥	38	79	—	—	—	2.6	0	0	0	0	0	0	0	0	0	0	—	2.6	—	—	—	—	—	14,26
25	图法拉尔人	突厥	19	0	0	0	0	10.5	0	7.8	0	—	0	36.84	0	0	0	0	—	47.4	0	0	0	0	5.3	17
26	图法拉尔人	突厥	32	0	0	0	0	6.3	0	5.9	0	0	3.1	3.1	0	0	0	34.4	—	25	3.1	0	12.5	0	12.5	11,12
27	图法拉尔人	突厥	30	30	—	—	—	0	—	4.2	0	0	0	0	0	0	0	0	43.3	26.7	—	—	—	—	—	26
28	图瓦人-托德斤人	突厥	36	0	0	2.8	0	8.3	0	7.1	0	0	5.6	13.89	0	11.8	0	2.78	—	11.1	22.2	0	2.8	0	30,56	11,12
29	图瓦人	突厥	51	0	0	0	—	3.9	—	7.8	—	—	5.9	50,99	0	9.8	0	—	—	2.0	3.9	9.8	2.0	—	2.0	6
30	图瓦人	突厥	51	0	0	0	—	7.8	—	5.9	—	—	5.9	58,83	0	2.1	0	—	—	2.0	3.9	5.9	2.1	—	0	6
31	图瓦人	突厥	48	0	0	0	—	0	—	4.2	0	0	4.2	14.59	0	2.4	0	—	—	4.2	6.3	62.5	2.4	—	14,29	6
32	图瓦人	突厥	42	0	0	0	—	9.5	—	7.1	—	—	0	26.19	0	—	0	—	—	21.4	16.7	—	—	—	—	4
33	图瓦人	突厥	40	0	0	2.5	—	10	—	20	—	0	0	27.5	—	—	0	—	—	17.5	15	—	—	—	7.5	17

（续表）

编号	人群	语言	个数	其他 Y*	BT SRY1532.1	DE M1	D M174	C M130	C2* M217	C2a M48/M77	C2a M86	C2b M407	F* M89	K* M9	NO* M214	O M175	N M231	N1* LLY22g	N1b P43	N1c M46	P* M45	Q M242	R* M207	R1a1* SRY1532.2	R1a1a M17	参考文献
34	图瓦人	突厥	55	0	0	0	0	0	5.5	9.1	9.1	—	0	1.8	—	—	—	1.8	27.3	9.1	—	16.4	7.3	—	21.82	19
35	图瓦人	突厥	113	0	0	0.9	—	7.1	—	—	—	—	5.3	8.9	—	—	—	14.2	—	9.7	35.4	—	0.9	—	17.7	11,12
36	图瓦人及托德仁人	突厥	134	61.9	—	—	—	0	1.5	6.0	—	1.5	—	—	—	—	—	—	—	10.5	—	—	—	—	—	14,26
37	图瓦人-索约特人	突厥	34	35.7	0	—	—	17.7	—	—	—	—	2.9	26.47	—	—	—	8.8	—	11.8	8.8	—	—	0	—	23.53	11,12
38	图瓦人-索约特人	突厥	28	35.7	—	—	—	0	—	—	—	53.6	—	—	—	—	—	—	—	10.7	—	—	—	—	—	—	14,26
39	吉尔吉斯人	突厥	41	0	7.3	0	0	7.3	0	12.2	0	—	0	2.4	—	—	—	0	0	2.4	4.9	—	0	0	63.41	8
40	吉尔吉斯斯	突厥	13	0	0	0	—	8.9	7.7	—	—	—	0	30.77	—	—	—	0	0	—	—	—	—	61.5	—	10
41	吉尔吉斯人	突厥	45	0	0	—	0	0	—	—	5	—	0	2.2	—	8.9	4.4	0	5	0	2.2	2.2	2.2	0	68.89	27
42	吉尔吉斯人-西南	突厥	20	0	0	0	0	25	—	5	0	—	5	0	—	10	5	—	—	0	0	—	5	—	45	29
43	吉尔吉斯人-中部	突厥	40	0	0	0	0	20	—	7.5	0	—	2.5	2.5	—	8.11	2.7	—	—	0	2.5	2.5	5	—	45	29
44	吉尔吉斯人-西北	突厥	37	0	0	0	1.9	10.8	—	0	0	—	10.81	2.7	—	—	—	—	—	0	0	—	5.405	—	59.46	29
45	吉尔吉斯人-东部	突厥	35	0	0	0	0	5.71	—	8.57	0	—	11.43	—	0	—	5.71	0	0	0	0	—	2.857	—	65.71	29
46	哈萨克人	突厥	54	0	0	0	1.9	9.3	16.7	57.4	0	—	1.9	0	—	11.1	—	0	0	1.9	5.6	—	7.4	—	3.7	4
47	哈萨克人	突厥	38	0	0	2.6	—	10.5	75.5	63.2	0	—	0	13.16	—	—	2.7	—	—	—	7.9	—	—	—	2.6	8
48	哈萨克人	突厥	30	0	0	0	—	0	40	—	5	—	30	10	—	—	—	0	0	10	3.3	—	6.7	—	0	10
49	哈萨克人	突厥	41	0	25	3.6	2.4	58.5	41.2	0	0	—	0	9.8	2.4	—	7.3	9.8	—	0	0	0	—	4.9	—	4.9	27
50	哈萨克人-阿尔泰地区	突厥	36	41.7	0	—	—	0	16.7	41.7	0	—	1.9	0	—	—	—	—	—	—	—	—	—	—	—	14
51	哈萨克人	突厥	53	0	0	2.6	1.9	0	75.5	0	0	—	1.9	9.4	—	—	—	0	0	0	—	0	1.9	—	9.4	15,28
52	乌兹别克人	突厥	28	0	25	3.6	—	14.3	40	—	—	—	30	3.6	—	7.3	—	—	—	0	10	21.4	0	6.7	0	32.14	8
53	乌兹别克人	突厥	17	0	0	5.88	0	0	41.2	—	—	—	5.88	5.88	0	0	5.88	—	0	0	0	—	17.64	0	17.64	13

（续表）

编号	人群	语言	个数	其他 Y*	BT SRY1532.1	DE M1	D M174	C M130	C2* M217	C2a M48/M77	C2a M86	C2b M407	F* M89	K* M9	NO* M214	O M175	N M231	N1* LLY22g	N1b P43	N1c M46	P* M45	Q M242	R* M207	R1a1* SRY1532.2	R1a1a M17	参考文献
54	维吾尔族	突厥	33	0	0	0	0	15.2	—	3.03	—	—	—	15.15	—	—	—	—	—	—	—	9.1	—	—	—	21.21	8
55	维吾尔族	突厥	67	0	0	—	4.5	1.5	4.5	—	1.5	—	14.9	0	—	17.9	—	3.0	3.0	—	0	3.0	46.27	0	—	9
56	维吾尔族	突厥	68	0	0	—	4.4	1.5	5.9	—	—	—	14.71	10.3	—	13.2	—	—	—	—	4.4	—	23.53	22.1	28.57	10
57	维吾尔族	突厥	49	0	0	—	2	6.1	—	—	—	—	28.6	12.24	—	12.2	—	—	4.1	—	8.2	—	—	—	16	23
58	维吾尔族	突厥	50	0	0	—	0	4	—	—	—	—	42	18	—	10	2	—	—	—	—	4	2	—	29.17	27
59	维吾尔族	突厥	48	0	0	—	0	6.25	—	—	—	—	27.08	10.41	—	10.4	4.2	—	—	—	—	2.1	10.4	—	35.21	28
60	维吾尔族	突厥	71	2.8	0	—	1.4	7.0	—	—	—	—	18.31	2.8	—	12.7	4.2	—	—	—	—	8.5	7.0	—	22.22	28
61	维吾尔族	突厥	18	5.6	0	—	5.6	0	—	—	—	—	22.22	0	—	27.8	5.6	—	—	—	—	5.6	5.6	—	24	28
62	维吾尔族	突厥	50	0	0	—	8	8	—	—	—	—	16	4	—	14	6	—	—	—	—	6	14	—	—	15
63	维吾尔族	突厥	187	93.1	0	—	—	1	4.3	0.5	—	1.1	—	—	—	—	—	—	—	—	—	—	—	—	—	27
64	裕固族		32	0	0	—	43.8	3.1	—	—	—	—	12.5	6.3	—	18.8	6.3	—	—	—	—	—	9.4	0	—	23
65	裕固族_西部	突厥	52	0	0	19.2	0	21.2	33.3	37.4	—	—	7.7	48.08	—	1.66	1.66	—	3.0	—	1.9	—	—	—	1.9	13
66	哈扎拉人	印欧	60	0	5	0	0	21.2	33.3	—	—	—	36.7	3.33	0	1.66	1.66	—	—	—	—	6.67	0	36	0	6.7	29
67	哈扎拉人	印欧	25	0	0	0	0	8	40	—	—	—	8.0	—	0	8	0	—	—	—	—	8	36	—	0.0	29
68	哈扎拉人-巴尔赫	印欧	8	0	0	0	0	1.45	50	—	—	—	12.5	12.5	0	12.5	0	—	—	—	—	0	12.5	—	0.0	29
69	哈扎拉人-巴米扬	印欧	69	0	0	10.1	—	24.2	33.3	37.4	—	—	36.2	2.9	—	—	—	—	—	—	—	2.9	2.899	—	10.2	20
70	卡尔梅克人	蒙古	99	0	0	1.0	0	70.6	—	45.1	—	—	6.1	13.13	—	—	6.3	—	—	1.0	—	11.1	—	6.06	—	0	11,12
71	卡尔梅克人	蒙古	68	0	—	—	—	—	—	—	—	—	0	5.9	—	—	—	2.9	3.3	—	11.8	—	2.9	—	5.9	20
72	卡尔梅克人	蒙古	60	96.7	—	—	—	—	—	—	—	—	—	—	—	—	—	—	—	—	—	—	—	—	—	—	26
73	卡尔梅克人	蒙古	91	37.4	—	—	—	0	5.5	45.1	—	12.1	—	—	—	—	—	—	—	—	—	—	—	—	—	—	14

(续表)

编号	人群	语言	个数	其他 Y*	BT SRY1532.1	DE M1	D M174	C M130	C2* M217	C2a M48/M77	C2a M86	C2b M407	F* M89	K* M9	NO* M214	O M175	N M231	N1* LLY22g	N1b P43	N1c M46	P* M45	Q M242	R* M207	R1a1* SRY1532.2	R1a1a M17	参考文献
74	卡尔梅克人-杜尔伯特	蒙古	165	0	0	0	1.2	0	5.5	33.3	—	18.8	2.4	0	0	7.9	—	—	—	5.5	0	3.6	17	—	3.6	32
75	卡尔梅克人-和硕特	蒙古	82	0	0	0	0	0	1.2	37.8	—	0	0	5	—	17.1	2.4	—	—	36.6	0	1.2	2.4	—	0	32
76	卡尔梅克人-土尔扈	蒙古	150	0	0	0.67	2	0	10.7	46	—	8.7	3.4	—	—	16.7	—	—	1.3	2	0	0.67	3.4	—	4.7	32
77	霍屯人	蒙古	40	0	0	0	0	0	0	10	—	0	5	10.4	2.5	—	—	—	—	0	0	0	0	0	82.5	7
78	蒙古人-兀良哈部	蒙古	60	0	0	0	1.67	25	—	33.3	—	—	3.3	5	—	11.7	—	—	—	8.3	8.3	—	—	—	6.7	7
79	蒙古人-扎哈沁部	蒙古	60	0	0	0	3.3	16.7	—	30	—	—	3.3	5	—	20	—	—	—	3.3	5	—	—	—	13.33	7
80	蒙古人-喀尔喀部	蒙古	48	4.2	—	2.1	0	43.8	—	—	—	—	2.1	10.4	14.6	25	—	6.4	—	—	—	—	—	—	—	2
81	蒙古人-喀尔喀部	蒙古	85	0	0	0	3.5	41.2	37.8	15.3	—	—	4.7	3.5	—	18.8	—	0	0	4.7	4.7	—	4.3	0	3.5	7
82	蒙古人	蒙古	24	0	0	0	4.2	12.5	33.9	45.8	—	—	8.3	12.5	—	12.5	—	—	3.1	—	—	—	—	—	4.2	4.5
83	蒙古人	蒙古	47	0	0	0	0	57.5	34.2	—	—	—	2.1	21.28	0.7	12.5	—	6.4	6.0	2.1	4.3	—	4.3	—	2.1	11.12
84	蒙古人	蒙古	24	0	0	4.2	0	58.3	52.4	—	—	—	8.3	12.5	—	12.5	—	—	—	—	—	—	—	—	4.2	1
85	蒙古人	蒙古	45	0	4.4	0	—	0	37.8	8.9	—	—	—	4.5	—	31.1	—	—	—	13.3	4.6	—	2.0	—	0	3
86	蒙古人	蒙古	65	0	6.2	1.5	4.2	0	33.9	20	—	—	—	1.5	—	12.3	6	0	3.1	7.7	0	0	2	2.0	9.23	3.8
87	蒙古人	蒙古	149	0	0	0	2.7	0	34.2	—	18.1	—	4.0	25.5	—	—	—	6.4	6.0	2.2	4.6	—	4.0	—	2.1	9
88	蒙古人	蒙古	147	0	0	0	2.7	0	52.4	10.9	—	—	4.1	31.29	—	38	—	—	—	2.7	2.7	—	2	—	4.2	10
89	蒙古人	蒙古	50	0	0	0	4	40	—	—	—	15.2	—	4	—	—	4.6	—	—	—	—	2	2	—	4	27
90	蒙古人	蒙古	46	26.1	0	0	0	0	39.1	10.9	15.2	0	9.1	18.18	—	—	—	—	6.5	2.2	—	4.6	8.3	—	—	14.26
91	蒙古人	蒙古	22	0	0	0	0	54.6	—	—	—	—	9.1	18.18	—	4.6	—	—	—	—	—	0	—	—	9.1	28
92	蒙古人	蒙古	12	0	0	—	0	25	—	0	—	0	0	58.33	—	8.3	8.3	—	—	—	—	0	8.3	—	0	15.28

（续表）

编号	人群	语言	个数	其他 Y*	BT SRY1532.1	DE M1	D M174	C M130	C2* M217	C2a M48/M77	C2a M86	C2b M407	F* M89	K* M9	NO* M214	O M175	N M231	N1* LLY22g	N1b P43	N1c M46	P* M45	Q M242	R* M207	R1a1* SRY1532.2	R1a1a M17	参考文献
93	蒙古人	蒙古	23	47.8	—	—	—	0	34.8	17.4	—	0	—	—	—	—	—	—	—	—	—	—	—	—	—	—	15
94	蒙古人-中部	蒙古	18	0	0	0	11.1	0	22.2	—	22.2	5.55	5.55	—	5.55	—	—	5.56	0	0	11.1	11.11	0	0	29
95	蒙古人-东北	蒙古	20	0	0	0	5	0	20	—	15	10	0	—	30	—	—	10	10	0	0	0	0	0	29
96	蒙古人-西北	蒙古	97	0	0	0	1	0	16.5	—	29.9	6.18	7.22	—	13.4	—	—	1.03	12.4	0	7.22	3.093	0	2.062	29
97	蒙古人-东南	蒙古	23	0	0	0	8.7	0	34.8	—	4.35	8.69	4.35	—	17.4	—	—	4.35	0	0	4.35	13.04	0	0	29
98	布里亚特人	蒙古	2	0	0	0	0	0	50	—	0	50	0	—	0	—	—	0	0	0	0	0	0	0	29
99	布里亚特人	蒙古	61	0	6.6	4	0	38	83.6	—	—	—	—	—	9.84	—	—	—	—	—	—	—	—	—	16
100	布里亚特人	蒙古	50	4	—	0	—	0	—	7.69	—	—	4	30	20	—	—	—	—	—	—	—	—	—	2
101	布里亚特人	蒙古	13	0	0	0	0	0	55.6	—	4.9	0	7.7	61.54	—	0	—	2.5	23.1	0	0	2.5	1.2	—	17
102	布里亚特人	蒙古	81	0	0	0	0	0	0	—	—	2.5	2.5	—	—	—	—	2.5	28.4	1.7	0	2.5	0.8	0	—	9,10
103	布里亚特人	蒙古	238	0	0	0	0	63.9	8.3	6.0	53.9	—	2.5	8.8	—	—	1.3	0.5	18.9	13.3	0	—	—	—	—	11,12
104	布里亚特人	蒙古	217	12.9	—	—	—	0	0.5	0	52.9	—	—	—	—	—	—	0.5	18.4	—	0	—	—	—	2.1	14,26
105	喀木尼堪人	蒙古	51	46.6	0	0	0	4.4	28.2	2.6	—	—	17.78	15.55	2.6	44.5	—	0	0	13.3	0	0	0	0	0	14
106	裕固族-东部	蒙古	45	0	5.1	0	8	0	9.8	58.1	34.2	—	—	—	0	53.9	—	2.4	7.7	0	2	2.5	4	4.9	2.2	23
107	达斡尔族	蒙古	39	0	0	0	—	28	—	—	54.7	—	4	2	—	40	10	—	9.7	—	2	4	0	—	—	3
108	土族	蒙古	50	0	0	0	0	0	9.8	—	12.1	—	0	22.58	0	36.6	—	2.1	16.8	0	9.8	1.1	0	0	27
109	埃文基人	通古斯	41	0	0	0	—	0	13.7	—	54.7	—	7.4	0	0	0	—	—	72.7	—	4.2	—	—	—	—	9,10
110	埃文基人-叶尼塞河	通古斯	31	0	0	0	0	0	0	58.1	—	—	—	22.58	0	—	2.4	6.1	16.8	13.3	9.7	1.1	4.9	9.7	17
111	埃文基人	通古斯	95	0	0	0	0	0	13.7	—	54.7	—	7.4	0	0	0	—	2.1	16.8	0	4.2	1.1	—	—	—	9
112	埃文基人(说雅库特语)	通古斯	33	0	0	0	0	0	0	3.0	12.1	—	0	0	0	0	0	6.1	72.7	0	0	0	0	6.06	19

（续表）

编号	人群	语言	个数	其他 Y*	BT SRY1532.1	DE M1	D M174	C M130	C2* M217	C2a M48/M77	C2a M86	C2b M407	F* M89	K* M9	NO* M214	O M175	N M231	N1* LLY22g	N1b P43	N1c M46	P* M45	Q M242	R* M207	R1a1* SRY1532.2	R1a1a M17	参考文献
113	埃文基人-西部	通古斯	40	0	0	0	0	0	0	0	70	0	2.5	0	0	0	0	0	27.5	0	0	0	0	0	0	19
114	埃文基人	通古斯	95	0	0	0	0	0	68.4	0	—	—	7.4	2.1	—	0	—	—	—	16.8	4.2	0	0	1.1	—	10
115	埃文基人	通古斯	50	0	0	0	0	40	0	—	—	—	6	0	—	0	0	18	—	16	0	0	6	0	14	11,12
116	埃文基人	通古斯	41	22	—	—	0	0	2.4	43.9	—	2.4	—	—	—	—	—	—	24.4	4.9	—	0	0	0	—	14,26
117	埃文基人	通古斯	31	0	—	—	0	12.9	—	—	—	—	0	0	—	74.2	12.9	—	—	—	—	0	0	0	0	28
118	鄂温克族	通古斯	26	0	—	—	0	3.9	26.9	26.9	—	—	—	3.8	3.9	34.6	—	—	—	—	—	0	0	0	0	3
119	鄂温克族	通古斯	57	66.7	—	—	0	0	14	19.3	—	0	—	—	0	—	0	—	—	—	—	—	—	—	—	15
120	埃文人	通古斯	31	0	—	—	0	12.9	61.3	61.3	—	3.2	0	0	0	0	0	0	12.9	0	3.2	6.5	0	0	9
121	埃文人	通古斯	11	90.9	—	—	0	1.6	52.4	—	—	—	0	—	0	—	—	—	9.1	—	0	0	0	0	26
122	埃文人	通古斯	63	46	—	—	—	—	91.3	—	—	—	—	—	—	—	—	—	4.4	—	—	—	—	—	14
123	鄂伦春族	通古斯	23	0	—	—	0	19.4	41.9	—	0	—	3.2	0	29	0	0	6.5	4.4	0	0	0	0	0	10
124	鄂伦春族	通古斯	31	0	—	—	0	22.7	—	68.2	0	—	—	0	4.55	—	—	—	4.6	—	—	—	—	—	3
125	赫哲族	通古斯	22	0	—	—	0	11.1	11.1	—	0	—	0	—	51.1	—	—	17.8	0	0	0	0	0	0	9
126	乌尔奇人/那乃人	通古斯	45	0	—	—	—	6.7	—	37.7	—	—	—	18.87	2.2	—	—	—	9.4	3.8	—	—	—	—	17
127	涅吉达尔人-上游	通古斯	53	0	—	—	—	30.2	—	100	—	—	—	—	—	—	—	—	—	—	—	—	—	—	17
128	乌德盖人	通古斯	10	0	—	—	—	0	60	—	0	—	—	0	29	0	0	—	0	10	—	—	—	—	3
129	锡伯族	通古斯	20	0	—	—	—	0	0	—	0	—	25	—	4.55	—	—	—	4.6	2.4	—	—	—	—	17
130	锡伯族	通古斯	41	0	9.8	2.4	0	22	4.9	—	0	3.1	4.9	2.2	36.6	12.2	—	0	4.9	—	0	0	0	5	3
131	锡伯族	通古斯	32	0	0	0	12.5	29.5	—	—	0	9.4	—	56.3	15.6	—	—	—	—	0	0	0	3.13	27
132	锡伯族	通古斯	61	0	0	3.3	6.6	29.5	0	—	0	1.6	0	—	39.3	18	—	—	—	—	0	0	0	1.64	15,28

(续表)

编号	人群	语言	个数	其他 Y*	BT SRY1532.1	DE M1	D M174	C M130	C* M217	C2a M48/M77	C2a M86	C2b M407	F* M89	K* M9	NO* M214	O M175	N M231	N1* LLY22g	N1b P43	N1c M46	P* M45	Q M242	R* M207	R1a1* SRY1532.2	R1a1a M17	参考文献
133	满族	通古斯	18	0	—	0	0	16.7	—	—	—	—	11.11	22.22	—	50	—	—	—	—	0	0	—	—	0	1
134	满族	通古斯	48	0	—	2.1	—	20.8	—	—	—	—	—	2.1	2.1	72.9	—	—	—	—	—	0	—	—	—	2
135	满族	通古斯	35	0	0	2.9	—	0	22.9	2.9	—	—	—	2.9	0	54.3	—	11.4	2.9	—	0	0	0	0	0	3
136	满族	通古斯	52	0	0	0	—	0	26.9	—	—	—	1.92	0	0	57.7	—	5.8	0	—	0	0	5.8	1.9	—	9,10
137	满族	通古斯	25	56	0	—	—	0	32	12	—	0	—	—	—	—	—	—	—	—	—	—	—	—	—	15
138	满族	通古斯	111	77.5	0	0	—	0	17.1	0.9	—	4.5	—	0	—	—	—	—	—	—	—	—	—	—	—	15
139	尼夫赫人	尼夫赫语	21	0	0	0	—	0	38.1	—	—	—	—	—	—	28.6	—	—	—	—	19.1	—	—	9.5	—	16
140	尼夫赫人	尼夫赫语	17	0	0	0	—	11.8	—	35.3	—	—	0	17.65	—	—	—	—	—	—	35.3	—	—	—	0	17
141	尤卡吉尔人	尼夫赫语	13	0	0	0	—	0	7.7	7.7	15.4	—	7.7	0	—	—	—	—	0	30.8	0	30.8	—	0	—	19
142	科里亚克人	科里亚克语	27	0	0	0	—	25.9	—	33.3	—	0	0	0	0	—	—	0	0	22.2	18.5	—	—	0	0	17
143	科里亚克人	科里亚克语	16	75	0	—	—	—	—	—	—	—	—	—	—	—	—	—	—	25	—	—	—	—	—	26
144	科里亚克人	科里亚克语	39	61.5	0	0	—	0	38.5	—	—	0	—	0	0	—	—	0	0	—	0	—	—	0	—	14
145	楚科奇人	楚科奇语	24	0	0	0	—	0	0	4.17	—	0	0	0	0	—	—	0	0	58.3	33.3	—	—	—	4.2	17

参 考 文 献

[1] Su B, Xiao J, Underhill P, et al. Y-chromosome evidence for a northward migration of modern humans into Eastern Asia during the last Ice Age. Am J Hum Genet, 1999, 65: 1718-1724.

[2] Hong S, Jin H, Kwak K D, et al. Y-chromosome haplogroup O3-M122 variation in East Asia and its implications for the peopling of Korea. Korean J Genet, 2006, 28: 1-8.

[3] Xue Y, Zerjal T, Bao W, et al. Male demography in East Asia: a north-south contrast in human population expansion times. Gene, 2006, 172: 2431-2439.

[4] Wells R S, Yuldasheva N, Ruzibakiev R, et al. The Eurasian heartland: a continental perspective on Y-chromosome diversity. Proceedings of the National Academy of Sciences of the United States of America, 2001, 98: 10244-10249.

[5] Shi H, Zhong H, Peng Y, et al. Y chromosome evidence of earliest modern human settlement in East Asia and multiple origins of Tibetan and Japanese populations. BMC biology, 2008, 6: 45.

[6] Chen Z, Zhang Y, Fan A, et al. Y-chromosome haplogroup analysis indicates that Chinese Tuvans share distinctive affinity with Siberian Tuvans. Am J Phys Anthropol, 2011, 144: 492-497.

[7] Katoh T, Munkhbat B, Tounai K, et al. Genetic features of Mongolian ethnic groups revealed by Y-chromosomal analysis. Gene, 2005, 346: 63-70.

[8] Zerjal T, Wells R S, Yuldasheva N, et al. A genetic landscape reshaped by recent events: Y-chromosomal insights into central Asia. Am J Hum Genet, 2002, 71: 466-482.

[9] Hammer M F, Karafet T M, Park H, et al. Dual origins of the Japanese: common ground for hunter-gatherer and farmer Y chromosomes. Hum Genet, 2006, 51: 47-58.

[10] Karafet T, Xu L, Du R, et al. Paternal population history of East Asia: sources, patterns, and microevolutionary processes. Am J Hum Genet, 2001, 69: 615-628.

[11] Derenko M, Malyarchuk B, Denisova G A. Contrasting patterns of Y-chromosome variation in South Siberian populations from Baikal and Altai-Sayan regions. Hum Genet, 2006, 118: 591-604.

[12] Derenko M V, Malyarchuk B A, Wozniak M, et al. The diversity of Y-chromosome lineages in indigenous population of South Siberia. Doklady biological sciences: proceedings of the Academy of Sciences of the USSR, Biological sciences sections / translated from Russian, 2006, 411: 466-470.

[13] Haber M, Platt D E, Ashrafian Bonab M, et al. Afghanistan's ethnic groups share a

Y-chromosomal heritage structured by historical events. PloS one, 2012, 7: e34288.

[14] Malyarchuk B, Derenko M, Denisova G, et al. Phylogeography of the Y-chromosome haplogroup C in northern Eurasia. Annals of human genetics, 2010, 74: 539-546.

[15] Zhong H, Shi H, Qi X B, et al. Global distribution of Y-chromosome haplogroup C reveals the prehistoric migration routes of African exodus and early settlement in East Asia. Journal of human genetics, 2010, 55: 428-435.

[16] Tajima A, Hayami M, Tokunaga K, et al. Genetic origins of the Ainu inferred from combined DNA analyses of maternal and paternal lineages. Journal of human genetics, 2004, 49: 187-193.

[17] Lell J T, Sukernik R I, Starikovskaya Y B, et al. The dual origin and Siberian affinities of Native American Y chromosomes. American journal of human genetics, 2002, 70: 192-206.

[18] Kharkov V N, Stepanov V A, Medvedev O F, et al. The origin of Yakuts: analysis of Y-chromosome haplotypes. Molekuliarnaia biologiia, 2008, 42: 226-237.

[19] Pakendorf B, Novgorodov I N, Osakovskij V L. Investigating the effects of prehistoric migrations in Siberia: genetic variation and the origins of Yakuts. Human genetics, 2006, 120: 334-353.

[20] Nasidze I, Quinque D, Dupanloup I, et al. Genetic evidence for the Mongolian ancestry of Kalmyks. American journal of physical anthropology, 2005, 128: 846-854.

[21] Puzyrev V P, Stepanov V A, Golubenko M V, et al. MtDNA and Y-chromosome lineages in the Yakut population. Genetika, 2003, 39: 975-981.

[22] Pimenoff V N, Comas D, Palo J U, et al. Northwest Siberian Khanty and Mansi in the junction of West and East Eurasian gene pools as revealed by uniparental markers. European journal of human genetics: EJHG, 2008, 16: 1254-1264.

[23] Zhou R, Yang D, Zhang H, et al. Origin and evolution of two Yugur sub-clans in Northwest China: a case study in paternal genetic landscape. Annals of human biology, 2008, 35: 198-211.

[24] Tambets K, Rootsi S, Kivisild T, et al. The western and eastern roots of the Saami—the story of genetic "outliers" told by mitochondrial DNA and Y chromosomes. American journal of human genetics, 2004, 74: 661-682.

[25] Mirabal S, Regueiro M, Cadenas A M, et al. Y-chromosome distribution within the geo-linguistic landscape of northwestern Russia. European journal of human genetics: EJHG, 2009, 17: 1260-1273.

[26] Derenko M, Malyarchuk B, Denisova G. Y-chromosome haplogroup N dispersals from South Siberia to Europe. Journal of human genetics, 2007, 52: 763-770.

[27] Shou W H, Qiao E F, Wei C Y. Y-chromosome distributions among populations in Northwest China identify significant contribution from Central Asian pastoralists and lesser influence of western Eurasians. Journal of human genetics, 2010, 55: 314-322.

[28] Zhong H, Shi H, Qi X B. Extended Y chromosome investigation suggests postglacial

migrations of modern humans into East Asia via the northern route. Molecular biology and evolution, 2011, 28: 717-727.

[29] Di Cristofaro J, Pennarun E, Mazieres S, et al. Afghan Hindu Kush: where Eurasian sub-continent gene flows converge. PloS one, 2013, 8: e76748.

[30] Rootsi S, Zhivotovsky L A, Baldovic M, et al. A counter-clockwise northern route of the Y-chromosome haplogroup N from Southeast Asia towards Europe. European journal of human genetics: EJHG, 2007, 15: 204-211.

[31] Karafet T M, Osipova L P, Gubina M A. High levels of Y-chromosome differentiation among native Siberian populations and the genetic signature of a boreal hunter-gatherer way of life. Human biology, 2002, 74: 761-789.

[32] Malyarchuk B, Derenko M, Denisova G. Y-chromosome diversity in the Kalmyks at the ethnical and tribal levels. Journal of human genetics, 2013, 58: 804-811.

索 引

A

阿尔泰　4
埃文克人　297
埃文人　297
爱新觉罗家族　83,154—157,159—162,237
昂昂溪文化　223,236

B

八剌忽　3
巴尔虎　4
保安族　3,88,244
贝加尔湖　14
不里牙惕　3
布里亚特　3,71,135,139,140,142,244,245,251,253,255,296
部落人口　205

C

采集渔猎　12
察哈尔　65
楚科奇人　297

D

达斡尔　3,79,80,154,160—162,233,237,245,247,282,284
鞑靼　3,45
大体继承型　207
大兴安岭　31
迭儿列勤　53,58,59,123,241—243,284
丁零　28,39,263,265,267
东胡　3,28,31,32,133,134,228,231,232
东乡族　3,88,244
杜尔伯特部　77
杜拉特　124
朵儿边氏　6
朵颜三卫　63

E

额尔古纳河　38
额鲁特　4,76
鄂尔多斯　25,66
鄂嫩河　20
鄂温克　4,154
遏罗支　153,154,259—263

F

分子年代计算　118
分子人类学　1
父系遗传结构　173,175

G

高车　39,40,263,265,267
格拉兹科沃文化　18,22
格尼格斯　124
共同始祖成分　173
共同始祖群体　270,271

H

哈卡斯人　292
哈萨克　22,120,121,293
哈扎拉　125
汉书二期文化　31,249—251,254
和硕特部　4,64,66,67,69,75—78,186,256
核心父系成分　173
弘吉剌特　47—49,60—62,68,76,87,92,249,251,255,271,272,284
红马山文化　36,38,249—251,254
呼伦贝尔　20
虎尔哈　79,82,155,160,161,246,247
辉特部　75
回纥　3,41,263,267
混合成分　174
豁里秃麻　3

J

吉尔吉斯人　293
金帐汗国　123
九姓鞑靼　151,152,257,260
旧石器时代　13

K

卡尔梅克　3,140—142,147,149,151,255,296
卡拉苏克文化　22,24
喀木尼堪人　4,296
康家人　88
科尔沁　63
科里亚克人　297
克烈　3,45,124,151,152,154,257,259,260,263

L

林中百姓　3,49,74,142,248,249,251,256
鹿石-赫列克苏尔　22
鹿石文化　23

M

马尔他男孩　14
马尔他文化　14
曼格特　123
蒙古　3
《蒙古秘史》　5,53
蒙古人　3,63,296
蒙古语人群　3
蒙兀室韦　50,52,53,236,239,240,248
篾儿乞　3,45,46
名义继承型　210
末次盛冰期　17,217,220,221
慕容鲜卑　32

N

乃蛮　3,152—154,260,261,263
乃曼　257,259,260
嫩江　36
尼伦蒙古　53,58,116,123,125,240—243,

284

Q

契丹　3,44
青铜时代　3,21,221

R

柔然　3,38

S

塞尔库普人　291
色楞格河　15
少量继承型　209
绍尔人　292
石板墓文化　14,22,25,26,228
《史集》　6,53
始祖群体　90,92
室韦　3,35—37,134,249,250,254

T

塔塔儿　3
体质特征　215,216
铁勒　3,39—41,263,265,267
通古斯　143,145—147,150
突厥　3,41,146,263,267
图法拉尔人　293
图瓦人　20,268,293
土尔扈特部　4,78
土默特　66,67
土族　3,84,245
吐谷浑　34
拓跋鲜卑　33

W

完全继承型　206

汪古部　41,43
卫拉特　3,4,74,75,142,143,146,147,150,153,243,244,251,253,255
斡亦剌惕　3,74
乌古　45,47,48,249,251,255,256
乌桓　3,31,32,133,134,230,231
乌拉尔　13
乌梁海　4
乌洛侯　36,249
乌斯季伊希姆　14
乌孙　124
兀良哈　54,55

X

西辽河　20
希韦拉文化　22,228,262
细石器技术　13,16,17
鲜卑　3,31,32,133,134,230,231,249
新开流文化　222
新石器时代　17,221,222,228
匈奴　28
匈奴人　3,268,270

Y

雅库特人　15,294
叶尼塞　13
叶尼塞语人群　291
永谢布-喀喇沁　65
游牧社会　299
宇文鲜卑　33
羽厥里　45,47—49,249,251,255,256
语言的谱系　280
语言替换　289
裕固族　3,85
原蒙古人　3,7,49,50
原蒙古语　282,284

Z

札剌亦儿 42,43

准噶尔部 76

阻卜 45

C2a1a2a2-F6170 188—190

C2a-F1396 214

C2a-F14735 162

C2a-F8951 154,160,161

C2a-F1756(DYS448del) 126—128,134,188—190,226,228,231,232

C2a-F3796(星簇) 116,126,188—190,233,234,236,237,241,247

C2a-M77 257,258,262

C2a-M48 143,147—150,154

C2a-达斡尔簇 157—161

C2b1a1a1d-F8465 188,190

C2b1a1a1-M407 139,141

C2b-F8465 248

C2b-M407 135,136,188,190,248,252—254,256,257

C2-M217 180,181,183,185,186,213,215

C2-达斡尔簇 157,159

N-M214 162,165,263,265

Q-M242 162,163,212,214,267

R-M207 162,163

作者简介

韦兰海(1984—),出生于广西柳州,内蒙古师范大学民族学人类学学院教授。毕业于复旦大学,获人类生物学博士学位。曾任职于厦门大学社会与人类学院。主要研究领域为人类遗传学、民族学人类学、历史人类学和语言人类学等。发表中英文论文20余篇,出版两部专著。

李辉(1978—),出生于上海,复旦大学生命科学学院教授、博导,现代人类学教育部重点实验室主任,亚洲人文与自然研究院院士,复旦大同中华民族寻根工程研究院院长,中国人类学民族学研究会常任理事,中国人类学学会理事,上海人类学学会常务副会长。主要研究分子人类学,从DNA探索人类起源与文明肇始,被 *Science* 以《复活传奇》为题专版报道,应邀在联合国总部做文明起源报告。在 *Science*、*Nature*、*PNAS* 等期刊发表论文290多篇。出版《Y染色体与东亚族群演化》《人类起源与迁徙之谜》等科技著作,《岭南民族源流史》等史学著作,《茶道经译注》《道德经古本合订》等哲学著作,《自由而无用的灵魂》《谷雨》等文学著作,翻译《夏娃的七个女儿》等科普名著。